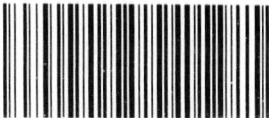

GW01454397

THE ART OF THE EUROPEAN SILVERSMITH 1430-1830

CARL HERNMARCK

THE ART OF THE EUROPEAN SILVERSMITH

1430-1830

Volume II   PLATES

SOTHEBY PARKE BERNET
LONDON AND NEW YORK

© Carl Hernmarck 1977

Published and produced by Philip Wilson Publishers Limited for
Sotheby Parke Bernet Publications
Russell Chambers, Covent Garden, London WC2

Edition for the U.S.A. available from
Sotheby Parke Bernet Publications
Biblio Distribution Center
81 Adams Drive, Totowa, New Jersey 07512

Edition for The Netherlands available from
H.J.W Becht's Uitgeversmaatschappij b.v.
Keizersgracht 810, Amsterdam

ISBN 0 85667 034 0

Designed by Peter Ling
Printed and bound in Great Britain by W. S. Cowell Ltd, Ipswich

MEMORIAE

SERENISSIMI PRINCIPIS

GUSTAVI VI ADOLPHI

REGIS SVECIAE

ARTIUM ET SCIENTIARUM

DOCTISSIMI ET LIBERALISSIMI FAUTERIS

BENEFICIIS SUMMOPERE OBLIGATUS

LIBRUM DEDICAVIT

CARL HERNMARCK

CONTENTS

PLATES

1 'Kovsch'. Gold. Russia, Imperial Court Workshop, after 1563. Made for Ivan the Terrible. D. 23 cm. *Grünes Gewölbe, Dresden*
2 Bowl, 'bratina' (fraternity bowl), Russia, 17th century. *State Armoury Museum, Kremlin, Moscow*

3, 3a Bowl, 'kåsa'. Lorenz Hartman, Stockholm, c. 1610. D. 17·5 cm. *Nordiska Museet, Stockholm*

4 'The Radziwil Bowl'. Gold. Attributed to Hans Karl, Salzburg, *c.* 1600. H. 12 cm. *Schatzkammer, Residenz, Munich*

5 Brandy bowl. J. H. van Brunsvelt, Leeuwarden, 1635. H. 8 cm. *Rijksmuseum Amsterdam*

6 Bowl with etched ornament, chalcedony handle. Caspar Widmann, Nuremberg, 1570. L. (with handle) 26 cm. *Grünes Gewölbe, Dresden*

7 Bowl with inset Roman coins. Augsburg, *c.* 1540. D. 26 cm. *Bayerisches Nationalmuseum, Munich*

8 Bowl with engraved ornament and (later) inscriptions. Dated 1594, Denmark. H. 11 cm. *Nationalmuseet, Copenhagen*

9 Bowl on foot. Melchior Baier the elder, Nuremberg, *c.* 1545. H. 13 cm. *Schatzkammer, Residenz, Munich*

10 Mazer bowl, 'the Bute Mazer', mounts *c.* 1522. D. 12·7 cm. *The Marquess of Bute, Mount Stuart, Scotland*
11 Mazer bowl on foot, 'the Tulloch Mazer'. Dated 1557, Canongate. *The Marquess of Bute, Mount Stuart, Scotland*
12 'The Ernestine Welcome'. Silver. In the form of a 'Mazerkopf'. Wenzel Jamnitzer, Nuremberg, 1539. H. 54 cm. *Veste Coburg, Germany*

13 Bowl. Jan Lutma, Amsterdam, 1641. H. 7·8 cm. *Rijks-museum, Amsterdam*
14 Soup bowl, 'écuelle'. Made for 'le Grand Dauphin'. Sebastien Leblond, Paris, 1690-92. D. 29·8 cm. *Louvre, Paris*
15 Soup bowl 'écuelle'. Thomas Germain, Paris, 1733-34. H. 9 cm. *Louvre, Paris*

16

17

16 Soup bowl, 'écuelle' with rich decoration, made for the Portuguese cardinal João da Motta e Silva. Thomas Germain, Paris, 1733–34. H. 13 cm. *Louvre, Paris*

17 Soup bowl, 'écuelle', of rococo form. Turin, *c.* 1750. *Österreichisches Museum für angewandte Kunst, Vienna*

18 Soup bowl, 'Wöchnerinnenschüssel'. Johann Ludwig I Biller, Augsburg, *c.* 1700–05. H. 8·7 cm. *Collection Huelsmann, Hamburg*

18

19

20

21

19 Bowl, 'Quaich'. Charles Blair, Edinburgh, 1736–37. H. 7·1 cm. *Royal Scottish Museum, Edinburgh*

20 Bowl, 'Kallskål'. Aryid Falck, Stockholm, 1667–91. D. 22·5 cm. *Stockholms Stadsmuseum, Stockholm*

21 Small bowl with inset coins. Gold, *c.* 1500–50. D. 21·5 cm. *Württembergisches Landesmuseum, Stuttgart*

22 Monteith with chinoiserie flat chased ornament. London, 1686–87. D. 37·4 cm. *Metropolitan Museum, New York*

23 Monteith with detachable rim. Gabriel Sleath, London, 1710–11. H. 26 cm. *The Hermitage Museum, Leningrad*

22

23

24

24 Monteith with detachable rim. Edmund Pearce, London, 1709–10.
H. 27·9 cm. *Goldsmiths' Company, London*

25 'Fürstenbergischer Lehensbecher'. Strasbourg(?), *c.* 1480. *Private owner.*
26 Beaker with cover. Germany, *c.* 1410. H. 18·4 cm. *Historisches Museum, Bern*
27 'The Monkey Beaker'. Flanders–Burgundy, 1425–50. H. 20 cm. *The Cloisters Metropolitan Museum, New York*
28 Beaker, made for Emperor Frederick III. Burgundy, 1450–75. H. 43 cm. *Kunsthistorisches Museum, Vienna*

26

28

29

30

31

31a

29 Beaker. Hans Greiff, Ingolstadt, c. 1470. H. 32·5 cm. *Bayerisches Nationalmuseum, Munich*
30 Beaker. On the cover a man carrying a shield with Nuremberg coat of arms. Nuremberg, c. 1465. H. 29·5 cm. *Victoria & Albert Museum, London*
31 Beaker made for King Karl Knutsson of Sweden. Franziskus Burmester, Lübeck, c. 1468. H. 43·5 cm. *Statens Historiska Museum, Stockholm*
32 'The Mercury Beaker'. Gold. Germany or France, c. 1560. *Kunsthistorisches Museum, Vienna*

33

34

33 Beaker. Stefan Schirlinger, Nuremberg, *c*. 1540–49. H. 12·5 cm. *Germanisches National-museum, Nuremberg*

34 Beaker, 'The Foundress' beaker. London, 1507. H. 24·2 cm. *Christ's College, Cambridge*

35 Beaker. Possibly Cologne, *c*. 1490. H. 35 cm. *Cathedral St Paul, Liège.*

36 Beaker, the 'Rigasche Willkomm'. Riga, 1616. H. 62 cm. *Schwarzhäupter Schatz, Lüneberg*

35   36

37

38

39

40

37 Beaker decorated with filigree work. Venice, 16th century. H. 17 cm. *Palazzo Venezia, Rome*

38 Beaker with engraved ornament and figures. Zwolle, 1606. H. 22 cm. *Rijksmuseum, Amsterdam*

39 Beaker with engraving showing Dirck Schey's military expedition up the Rhine in 1626. Amsterdam, 1628. H. 24 cm. *Rijksmuseum, Amsterdam*

40 Beaker with engraved flowers. Conrad Jacob Kesebug(?), Danzig, *c.* 1690. H. 25·5 cm. *Kunstgewerbemuseum, Preussischer Kulturbesitz, West Berlin*

41

42

43

44

45

46

Bell-shaped beaker. Paris, 1713–14. H. 21 cm. *Silberkammer, Residenz,* *nich*

Beaker on three ball feet. Augsburg, 1550–1600. H. 23 cm. *Bayerisches* *tionalmuseum, Munich*

Beaker embossed with facetted lozenges. Königsberg, *c.* 1630. H. 20·2 *. Private owner*

Beaker on three pomegranate feet. Copenhagen, 1654. H. 19·1 cm. *tionalmuseet, Copenhagen*

Beaker. One of twelve sent in 1699 as a gift from Charles XII of *eden* to the Tzar of Russia. Johan Nützel, Stockholm, 1698. H. 31 cm. *rdiska Museet, Stockholm*

Beaker, made as a gift to the bishop officiating at the funeral of King *derik* I of Sweden. Gustaf Staf hell the elder, Stockholm, 1751. H. *cm. Nationalmuseum, Stockholm*

Beaker from a travelling set. London, *c.* 1690. 9 cm. *Victoria & Albert* *useum, London*

47

48

49

50

Eight beakers, 'Häufebecher'. Made for Franz von Sick-
~~ren~~. Dated 1519, Speyer. H. 6·2 cm. *Staatliche Kunstsamm-*
~~ungen, Kassel~~

Beaker, said to have belonged to Martin Luther. Nurem-
~~berg~~(?), c. 1540. H. 14·5 cm. *Grünes Gewölbe, Dresden*

Beaker, one of a pair. Hans Petzolt, Nuremberg, c. 1600.
9 cm. *Ashmolean Museum, Oxford*

Two beakers, 'Stürzbecher'. Hans Petzolt, Nuremberg,
~~c.~~ 1600. H. 28 cm, 18 cm. *Germanisches Nationalmuseum,*
~~Nuremberg~~

Wager cup, 'Jungfernbecher'. Meinrad Bauch the elder,
~~Nu~~remberg, 1575–1600. H. 27·5 cm. *Grünes Gewölbe,*
~~Dresden~~

Windmill beaker, c. 1590. H. 20·1 cm. *Frisian Museum,*
~~Leeuwarden~~

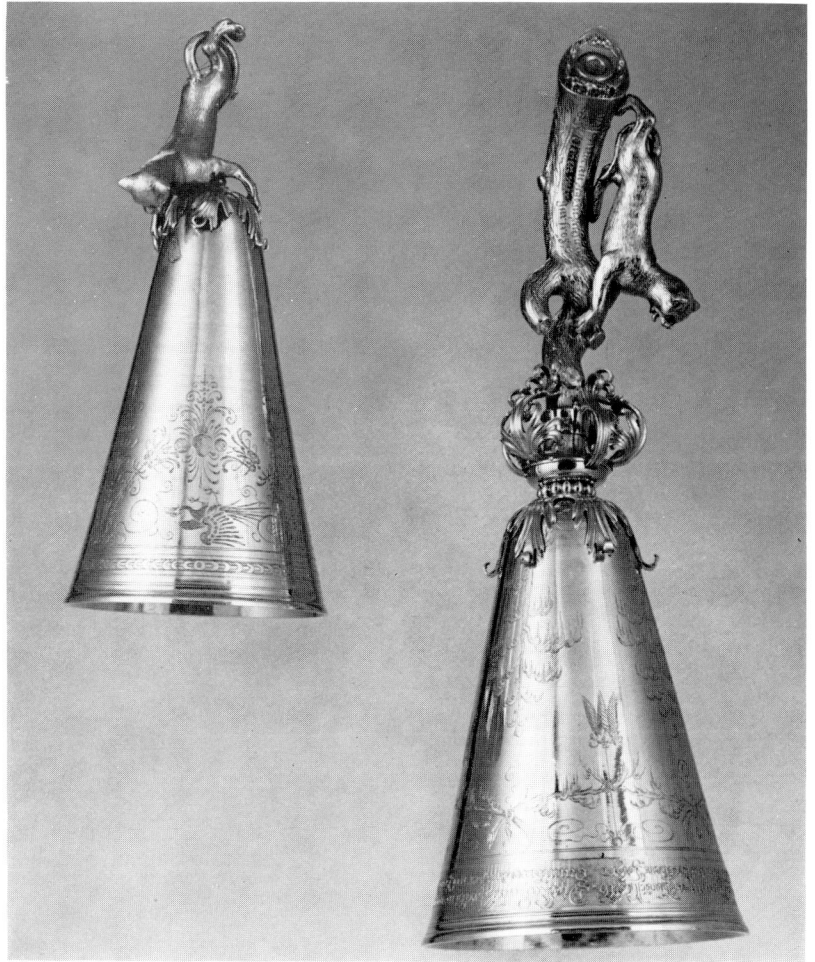

51

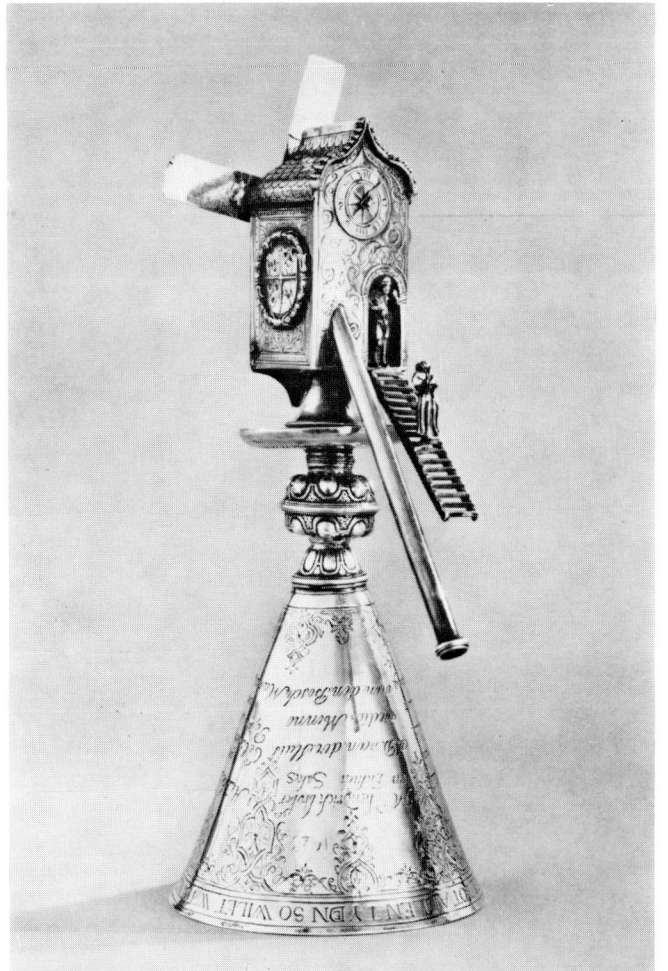

53

54

54 Two-handled cup, early type with floral decorati[on]
London, 1660–61. H. 15·7 cm. *Victoria & Albert Museu[m]
London*

55 Two-handled cup with chinoiseries in flat chasi[ng]
Thomas Jenkins, London, 1682. *Private owner*
56 Two-handled cup with acanthus ornament, Lond[on]
1683–84. H. 14·2 cm. *Victoria & Albert Museum, London*

62

63

Two-handled cup. William Holmes and Nicholas Duméc. London,
1774–75. *Drapers' Company, London*
'The Doncaster Race Cup'. John Wakelin and William Taylor,
London, 1786–87. H. 49·5 cm. *Museum & Art Gallery, Birmingham*

64

65

64 The 'Matthias Corvinus Cup'. Transylvania or Germany, *c.* 1480(?).
1.81 cm. *Stadt-Museum, Wiener Neustadt*

65 Double cup. Nuremberg, *c.* 1500. *The Wernher Collection, Luton Hoo, England*

66 Albrecht Dürer: Designs for six standing cups, *c.* 1507. *Dresden Landesbibliothek*

67 Double cup, the smaller serving as cover. Nuremberg, *c.* 1520. H.
9·6 cm. *State Armoury Museum, Kremlin, Moscow*

68 Standing cup. Lübeck, dated 1504, probably made by Berthold Holt-husen. 'Lüneburger Ratssilber'. *Kunstgewerbe Museum, West Berlin*

66

67

68

69

70

69 The 'Dürer Cup'. Nuremberg, *c.* 1500. H. 47·8 cm. *Kunsthistorisches Museum, Vienna*

70 The 'Maximilian Cup'. The bosses are in the form of pears. Nuremberg, *c.* 1510. H. 56 cm. *Kunsthistorisches Museum, Vienna*

71 Standing cup. London, 1499–1500. H. 41·2 cm. *Mercers' Company, London*

72 Standing cup. London, *c.* 1490. H. 31·7 cm. *Armourers and Brasier Company, London*

73 Font-shaped cup. London, 1515. H. 19·6 cm. *Corpus Christi College, Oxford*

71

72

73

74

75

76

74 Standing cup or ciborium, decorated with inset shell reliefs. Signed LK. Drawing in the 'Hallesches Heiltum Codex'. Attributed to Ludwig Krug, Nuremberg, c. 1515–20. H. 35 cm. *Aschaffenburg Castle, Germany*
75 Standing cup with Adam and Eve. Attributed to Ludwig Krug, Nuremberg, c. 1515–20. *Drawing in the Lobkowitz inventory, formerly in Raudnitz Castle, Bohemia*
76 Standing cup in the form of an apple. Attributed to Ludwig Krug, Nuremberg, c. 1520. H. 21·5 cm. *Germanisches Nationalmuseum, Nuremberg*

77 Standing cup in the form of a pear. Decorated in niello. Hans Pflaum(?), Ulm, 1576. H. 23·5 cm. *Germanisches Nationalmuseum, Nuremberg*
78 Standing cup. Cologne, c. 1560. H. 24·7 cm. *Kunstgewerbemuseum, Preussischer Kulturbesitz, West Berlin*
79 Standing cup in the form of a pear. Lübeck, c. 1525. H. 38·5 cm. *Museen für Kunst und Kulturgeschichte der Hansestadt, Lübeck*

77

78

79

80

81

82a

80 Standing cup in the form of a stylized apple. *Saragossa Cathedral*
81 Standing cup, formed as a pomegranate. London, 1563. H. 20 cm.
Inner Temple, London

82, 82a Standing cup, the 'Tree of Jesse'. Franz Gruwel, Lüneburg, 156
The 'Lüneburger Ratssilber'. H. 55 cm. *Kunstgewerbemuseum, Preussisch.
Kulturbesitz, West Berlin*
83, 83a The 'Holzschuher Coconut cup'. Peter Flötner and Melchi
Baier the elder, Nuremberg, before 1540. H. 44 cm. *Germanisches Nation.
museum, Nuremberg*

84

85

84a

84, 84a Standing cup. Agate and gold. On the cover, scenes from legal history. Melchior Baier the elder, Nuremberg, 1526. H. 30·5 cm. *Schatzkammer, Residenz, Munich*

85 Standing cup, set with casts of Roman coins. Strasbourg, *c.* 1530, possibly by Erasmus Krug. H. 29·2 cm. *Schatzkammer, Residenz, Munich*

86 The 'Pfinzing Cup'. Gold. Melchior Baier, Nuremberg, 1534. Cover 1536, probably by Peter Flötner. H. 17 cm. *Germanisches Nationalmuseum, Nuremberg*

87 Albrecht Dürer: Drawings for standing cups with acanthus decoration, *c.* 1520. *Dresden, Landesbibliothek*

88 Standing cup. Krug workshop. Nuremberg, *c.* 1540. H. 28·3 cm. *Württembergisches Landesmuseum, Stuttgart*

89 Standing cup. Antwerp, 1546–47. H. 32·8 cm. *Bayerisches Nationalmuseum, Munich*

86

88

89

90

91

92

90 Double cup. Theophil Glaubich, Augsburg, c. 1
H. 46·2 cm. *The Hermitage Museum, Leningrad*
91 Double cup. Hans Waidely, Augsburg, c. 1590. H. 61
The Vatican Museum, Rome
92 The 'Holzschuher Double Cup'. Elias Lencker, Nur
berg, 1575. H. 51 cm. *Museum für Kunst und Gew*
Hamburg

94

93

95

Standing cup. Theophil Glaubich, Augsburg, c. 1560.
42 cm. *The Vatican Museum, Rome*

Standing cup. Hans Schebel, Augsburg, 1575–1600. H.
cm. *Grünes Gewölbe, Dresden*

The 'Interim Cup'. Ambrosius Worm(?), Lüneburg,
53. H. 60 cm. *Kunstgewerbemuseum, Preussischer Kultur-
itz, West Berlin*

96

97

96 The "Michael Cup". Gold. Usually called French 1530–40, b[?] probably of Flemish (Antwerp) origin. H. 51·7 cm. *Kunsthistorisch[?] Museum, Vienna*

97 Standing cup of a form similar to the 'Michael Cup'. Antwe[?] *c.* 1590. H. 43 cm. *The Vatican Museum, Rome*

98, 98a Standing cup. Antwerp, *c.* 1550. *Private owner*
99, 99a Standing cup. Possibly by Hans de Hanns or Johann van Sick[?] Antwerp, dated 1563. H. 73 cm. *Knutsgillet, Malmö*

99

99a

100

101

100 The 'Bowes Cup'. Rock crystal bowl. London, 1554. H. 48 cm. *Goldsmiths' Company, London*

101 The 'Electors' Cup". Heinrich Folman(?), Lüneburg, *c.* 157 H. 60 cm. *Kunstgewerbemuseum, Preussischer Kulturbesitz, West Berlir*

102, 102a The 'Rappolstein Cup'. Georg Kobenhaupt, Strasbour *c.* 1543(?), possibly later. H. 75 cm. *Schatzkammer, Residenz, Munic*

103 The 'Emperor Cup'. Wenzel Jamnitzer, Nuremberg, *c.* 156 H. 69 cm. *Kunstgewerbemuseum, Preussischer Kulturbesitz, West Berlir*

103

102a

104

105

106

104 The 'Second Holzschuher Cup'. Elias Lencker, Nuremberg, 1564–73. H. 40·5 cm.
Germanisches Nationalmuseum, Nuremberg

105 Standing cup. Amsterdam, 1569. H. 28 cm. *Rijksmuseum, Amsterdam*

106 Standing cup. Adam van Vianen, Utrecht, 1594. H. 53·5 cm. *The Hermitage Museum, Leningrad*

107 Standing cup. Johann Andreas Thelot's masterpiece, Augsburg, 1689. H. 29·3 cm.
Städtische Kunstsammlungen, Augsburg

108 Welcome cup for the masters of the Bergen cabinet makers' guild. Harmen Antoni Reimers, Bergen, 1709. H. 41·4 cm. *Historisk Museum, Bergen*

108

107

109

110

111

112

109 Hans Holbein: design for a gold cup, given by Henry VIII to Jane Seymour, probably 1536. *Bodleian Library, Oxford*
110 Beaker with battle scenes. Probably Nuremberg, c. 1540. H. 28·5 cm. *Württembergisches Landesmuseum, Stuttgart*
111 Standing cup. Adrian de Groet, s'Hertogenbosch, 1540. H. 27·5 cm. *Rijksmuseum, Amsterdam*
112 Standing cup with scenes from Emperor Charles V's campaigns. Probably Nuremberg, c. 1536. H. 47 cm. *Order of Teutonic Knights, Vienna*

113

114

115

3 Standing cup. Gold and enamel. Attributed to Hans
:imer, Munich, 1562. H. 27 cm. *Schatzkammer, Residenz,*
unich

4 Standing cup. London, 1553. H. 35 cm. *Armourers and*
siers Company, London

5 The 'Skovgaard Cup'. Denmark, *c.* 1580. H. 24·4 cm.
hsska Konstslöjdmuseet, Gothenburg

116

117

118

119

120

122

123

116 Standing cup. London, 1543. Given by Henry VIII to its present owners. *Barber Surgeons Company, London*
117 Hans Holbein the younger: design for a cup similar to fig. 116. *Öffentliche Kunstsammlungen, Basel*
118 Double cup in gothic form. Hans Petzolt, Nuremberg, c. 1590. H. 57 cm. *Rijksmuseum, Amsterdam*
119 Standing cup. Hans Petzolt, Nuremberg, c. 1610. H. 62 cm. *Bayerisches Nationalmuseum, Munich*
120 Gigantic standing cup. Hans Petzolt and Hans Beutmüller. Nuremberg, 1610–20. H. 134 cm. *State Armoury Museum, Kremlin, Moscow*

121 Double cup in gothic form. Wenzel Jamnitzer, Nuremberg, 1564. H. 43·5 cm. *Germanisches Nationalmuseum, Nuremberg (on loan)*
122 The 'Diana Cup'. Hans Petzolt, Nuremberg, c. 1610–20. H. 79·5 cm. *Kunstgewerbemuseum, West Berlin*
123 Standing cup. Christoph Jamnitzer, Nuremberg, c. 1600. H. 55·5 cm. *Det danske Kunstindustrimuseum, Copenhagen*

124

125

126

127

128

124 Two columbine cups, Nuremberg masterpieces made after the model
* Rehlein (126). H. 20·5 cm. *Germanisches Nationalmuseum, Nuremberg*
125 Columbine cup with auricular ornaments. Probably a masterpiece,
uremberg, 1600–25. H. 20·1 cm. *British Museum, London*
126 Columbine cup. Probably made by Martin Rehlein, Nuremberg,
72–73 as a model cup for the Nuremberg masterpiece. H. 21 cm. *Victoria
Albert Museum, London*

127 Columbine cup. Christoff Ritter II, Nuremberg, 1577–1616. H.
25·5 cm. *The Hermitage Museum, Leningrad*
128 Grape cup, the 'Little Petzolt Cup'. Hans Petzolt, Nuremberg, before
1603. H. 50 cm. *Kunstgewerbemuseum, Preussischer Kulturbesitz, West Berlin*

129

130

131

2   133   134

29 Standing cup. Eberwein Kossmann, Nuremberg, 1575–84. H. 54·9
m. *Metropolitan Museum, New York*

30 Standing cup. Made for the Butchers' Guild. Augsburg, *c.* 1580.
I. 41 cm. *Bayerisches Nationalmuseum, Munich*

31 Columbine cup. Georg Mond, Dresden, 1599–after 1623. H. 70 cm.
Grünes Gewölbe, Dresden

32 Standing cup with etched moresques. Jeremias Nathan, Augsburg,
604–23. H. 30·5 cm. *Kestner Museum, Hanover*

33 'The miners' cup from the Saigerhütte'. Dated 1625. David Winckler,
reiberg. H. 67 cm. *Grünes Gewölbe, Dresden*

34 Standing cup. Martin Szent Kiralyi, Kosice, Hungary, *c.* 1660. H.
4·5 cm. *Iparművészeti Muzeum, Budapest*

35 Drawing of a standing cup. *The Lobkowitz inventory*

135

136

136a

137

138

139

140

6 Standing cup. Paris, 1625–49. H. 37 cm. *The Vatican Museum, Rome*
7 'The Bacon Cup'. Made in London, 1573–74, of silver from the eviously melted Great Seal. H. 29·6 cm. *British Museum, London*
8 Standing cup. London, 1514. *Private owner*

139 Double standing cup. Germany, c. 1530–40. H. 33 cm. *Kunst-historisches Museum, Vienna*
140 Standing cup with (possibly later) embossed exotic scenes. Antwerp, c. 1525. H. 47·5 cm. *Schatzkammer, Residenz, Munich*

141

142

143

141 Standing cup with a bust of Gustavus Adolphus as finial. Pa Birckenholz, Frankfurt am Main, 1634. *British Museum, London*

142 Standing cup. Gold. The 'Kurfürstenpokal'. Imperial court wor shop, Vienna, or Prague, 1620. H. 28 cm. *Schatzkammer, Residenz, Muni*

143 Steeple cup. London, 1613–14. H. 59·4 cm. *The Wallace Collectio London*

144 Standing cup. Hans Petzolt, Nuremberg, *c.* 1600. H. 30·9 cm. *Mus de Cluny, Paris*

145 Standing cup. London, 1611–12. H. 47·3 cm. *Victoria & Albe Museum, London*

146 'The Feake Cup'. London, 1663–65. H. 50·2 cm. *Goldsmiths' Con pany, London*

147 Standing cup. London, 1640–41. H. 19 cm. *Sterling and Francine Cla Art Institute, Williamstown, Massachusetts*

144

145

146

147

148

149

148 Standing cup. Jacob Schenauer, Augsburg, 1583–1608. H. 50 cm.
Bayerisches Nationalmuseum, Munich
149, 149a Standing cup. Gold and enamel. Hans Reimer, Munich, 1563.
H. 48·6 cm. *Schatzkammer, Residenz, Munich*

151

152

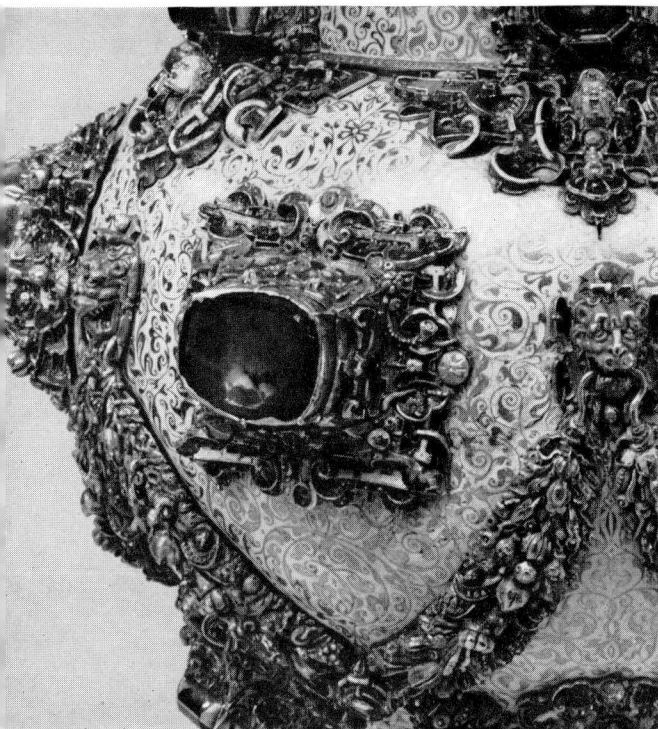

150 'The Imhof Cup'. Hans Petzolt, Nuremberg, *c.* 1600. H. 47 cm. *Private owner*

151 Standing cup. Franssoys Elioet, Utrecht, 1626. H. 33·6 cm. *Central Museum, Utrecht*

152 Standing cup. Hans Conraadt Brechtel. The Hague, 1641. Given to the City of Leiden by Queen Elizabeth of Bohemia. H. 29 cm. *Stedelijk Museum de Lakenhal, Leiden*

153

154

155

156

157

153 Coconut cup. Dated 1599. The Netherlands(?). H. 21 c:
Kunstgewerbemuseum, Schloss Köpenick, East Berlin

154 Ostrich-egg cup. Elias Lencker, Nuremberg, 1562–
H. 46 cm. *Historisches Museum, Basel*

155 Coconut cup. Heinrich Hamma, Konstanz (mention
1603). H. 50 cm. *Kunstgewerbemuseum, Schloss Köpenick, E
Berlin*

156 'The Goodricke Cup'. London, 1563. The origi:
ostrich egg, replaced by a silver bowl about 1620. H. 34·6 c
British Museum, London

157 Ostrich-egg double cup. Denmark(?), *c.* 1550–75.
48·1 cm. *Museum für Kunst und Gewerbe, Hamburg*

159

Ewer. Wenzel Jamnitzer, Nuremberg, *c.* 1570. H. 32·5
Schatzkammer, Residenz, Munich
Turbo cup (one of two). Hans Petzolt, Nuremberg,
600. H. 57 cm. *Württembergisches Landesmuseum, Stuttgart*

160

161

162

163

165

Turbo cup. South Germany, *c.* 1510. H. 22 cm. *Museo Argenti, Palazzo Pitti, Florence*
Nautilus cup. Venice, *c.* 1600–10. *Collezion Bulgari,*
e
Turbo cup. Hans Heinrich Riva, Zurich. Dated 1621.
llschaft der Schildner zu Schneggen. H. 34 cm. *On loan, veizerisches Landesmuseum, Zurich*
Nautilus cup. London, 1585–86. H. 23·8 cm. *Fitzwilliam eum, Cambridge*

164 Nautilus cup. Nicolaus Schmidt, Nuremberg, *c.* 1600. H. 50·8 cm. *H.M. The Queen of England*
165 Turbo cup. Friedrich Hillebrandt, Nuremberg, 1595. H. 39 cm. *Germanisches Nationalmuseum, Nuremberg*

166

167

168

166 Nautilus cup. Rotterdam, 1589. H. 29 cm. *Museum Boymans–van Beuningen, Rotterdam*
167 Nautilus cup. Antwerp, 1581. *British Museum, London*
168 Nautilus cup. Delft, 1592. H. 27 cm. *Het Prinzenhof, Delft*

166

167

168

166 Nautilus cup. Rotterdam, 1589. H. 29 cm. *Museum Boymans–van Beuningen, Rotterdam*
167 Nautilus cup. Antwerp, 1581. *British Museum, London*
168 Nautilus cup. Delft, 1592. H. 27 cm. *Het Prinzenhof, Delft*

165

Turbo cup. South Germany, *c.* 1510. H. 22 cm. *Museo Argenti, Palazzo Pitti, Florence*

Nautilus cup. Venice, *c.* 1600–10. *Collezion Bulgari,* *e*

Turbo cup. Hans Heinrich Riva, Zurich. Dated 1621. *llschaft der Schildner zu Schneggen. H. 34 cm. On loan, veizerisches Landesmuseum, Zurich*

Nautilus cup. London, 1585–86. H. 23·8 cm. *Fitzwilliam eum, Cambridge*

164 Nautilus cup. Nicolaus Schmidt, Nuremberg, *c.* 1600. H. 50·8 cm. *H.M. The Queen of England*
165 Turbo cup. Friedrich Hillebrandt, Nuremberg, 1595. H. 39 cm. *Germanisches Nationalmuseum, Nuremberg*

169 Cup with bowl in the form of a nautilus shell. Adam
van Vianen, Utrecht, 1625. H. 16·5 cm. *Rijksmuseum,
Amsterdam*

170

171

170 The 'Tigerschweinpokal'. Bowl of rhinoceros horn. Anton Schweinberger. Imperial court workshop, Prague. H. 49·7 cm. *Kunsthistorisches Museum, Vienna*

171, 171a Standing cup. The bowl of bezoar stone. Michiel Esselbeeck, Amsterdam, 1647. *Nationalmuseet, Copenhagen*

172 Standing cup with rock crystal bowl. Florence, 15th century. H. 44 cm. *San Lorenzo, Florence*

173 Standing cup with jasper bowl. Germany, *c.* 1590. H. 29 cm. *Kunstgewerbemuseum, Schloss Köpenick, East Berlin*

174 Glass holder. Leendert Glaesz van Emden. Amsterdam, 1609. H. 24·5 cm. *Rijksmuseum, Amsterdam*

171a

173

172

174

175

175 Christian IV of Denmark tilting at the ring. Heinrich Beust, Braunschweig, 1596. H. 130 cm. *Rosenborg Castle, Copenhagen*

176 St George fighting the Dragon. Bernhard Koch, Basel, 1600. H. 29·5 cm. *Historisches Museum, Basel*

177 Diana riding a stag. Joachim Friess, Augsburg, c. 1600. H. 35 cm. *Hessisches Landesmuseum, Darmstadt*

178 St George fighting the Dragon. Hans Keller, Nuremberg, c. 1600. H. 52 cm. *Grünes Gewölbe, Dresden*

179 Centaur with Diana on his back. Augsburg, c. 1600. H. 39·5 cm. *Kunsthistorisches Museum, Vienna*

176

177

178

179

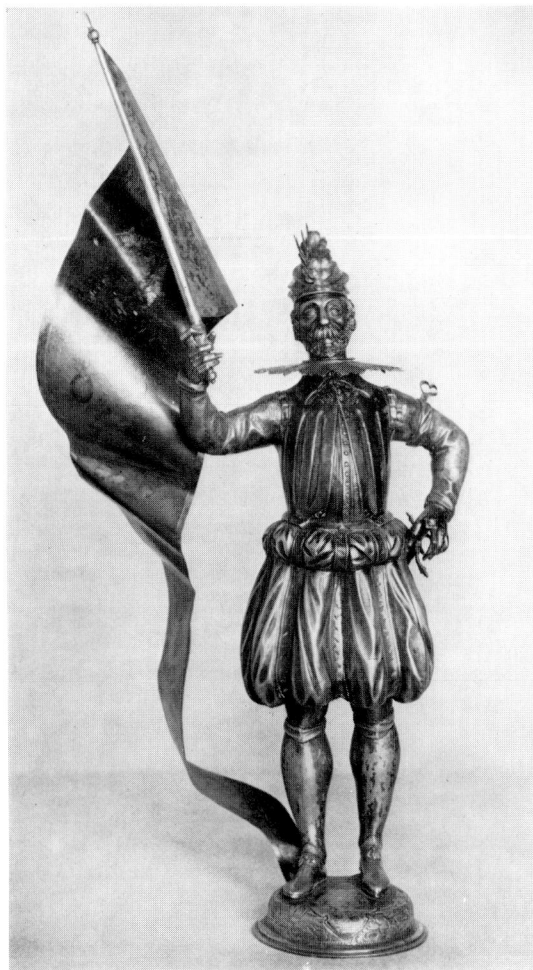

180

181

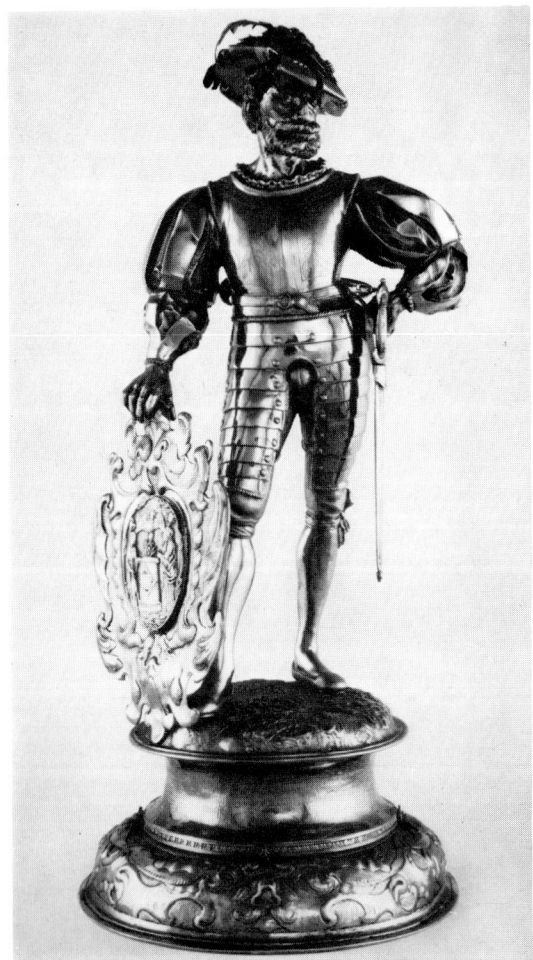

182

183

180 Standard-bearer. Christolph Lencker, Augsburg, 1583–1613. H. 37 cm. *Kunsthistorisches Museum, Vienna*

181 Gustavus Adolphus of Sweden on horseback. Daniel Lang, Augsburg, 1630–35. H. 48 cm. *Museum für Kunsthandwerk, Frankfurt am Main*

182 'Der alte Schweizer'. Hans Heinrich Riva, Zurich, 1616–60. H. 43 cm. *Schweizerisches Landesmuseum, Zurich*

183 Hans Friedrich Schorer: Gustavus Adolphus of Sweden. Design for a silver statuette of the type shown in 181. With annotations by the goldsmith David Schwestermüller. Augsburg, c. 1632. *Nationalmuseum, Stockholm*

184 'Gluttony' pushed on a wheelbarrow by the devil in the form of a barrel. Christolph Lindenberger, Nuremberg, 1546–80. H. 19 cm. *Grünes Gewölbe, Dresden*

185 Elephant with warriors. Urban Wolff, Nuremberg, 1600. H. 52 cm. *Grünes Gewölbe, Dresden*

186 Elephant with warriors. Christolph Jamnitzer, Nuremberg, *c.* 1600. H. 43 cm. *Kunstgewerbemuseum, Preussischer Kulturbesitz, West Berlin*

187 Hart chased by a hound. Meinrad Bauch the elder, Nuremberg, 1575–1623. H. 37 cm. *Grünes Gewölbe, Dresden*

184

185

186

187

188

190

189

191

188 Four ostriches with ostrich-egg bodies. Elias Geyer, Leipzig before 1610. H. 46, 44·5, 47, 46 cm. *Grünes Gewölbe, Dresden*

189 Eagle. Christoph Jamnitzer, Nuremberg, 1592–95. W. 89 cm. *State Armoury Museum, Kremlin, Moscow*

190 Dog drinking vessel made for Georg Hund von Wenckheim, Nuremberg, *c.* 1550. H. 34 cm. *Order of Teutonic Knights, Vienna*

191 Owl. Germany or Switzerland. 16th century. H. 17·5 cm. *Museum für Kunst und Kulturgeschichte der Stadt Dortmund, Cappenberg Castle*

192, 193 Terrestrial and celestial globe cups, the former carried by Hercules, the latter by Atlas. Christoph Jamnitzer and Jeremias Ritter, Nuremberg, 1610–30. Given in 1632 by the City of Nuremberg to King Gustavus Adolphus. Terrestrial globe H. 57·8 cm, Celestial globe H. 58·2 cm. *Royal Palace, Stockholm*

194

195

196

194 Globe cup. Abraham Gessner, Zurich, c. 1600. H. 52 cm. *City of Plymouth*
195 Globe cup. Abraham Gessner, Zurich, dated 1602. H. 63 cm. *Schweizerisc Landesmuseum, Zurich*
196 Globe cup. Lorenz Biller II, Augsburg, 1690. H. 81 cm. *Kunstgewerbemuse Schloss Köpenick, East Berlin*

198

Globe cup (also a candlestick). Hamburg, c. 1650. H. 67 cm. *State Armoury Museum, Kremlin, Moscow*

8, 199 Terrestrial and celestial globe cups, the former carried by Hercules, the other by St Christopher. The engraving of the terrestrial globe is signed by Johannes Schmidt. Augsburg, before 1629. Both H. 64 cm. *Grünes Gewölbe, Dresden*

199

200

201

200 Cup. Adam van Vianen, Utrecht, 1614. The earliest known example of his fully developed auricular style. H. 26·2 cm. *Rijksmuseum, Amsterdam*
201 'The Coronation Cup'. Gold. Hans Conraadt Brechtel, The Hague, 1653. Made for King Frederick III of Denmark. H. 32·5 cm. *Rosenborg Castle, Copenhagen*

202 Drinking horn. Crakow, 1534. H. 36 cm. *Salt Mines Museum, Wieliczka, Poland*
203, 203a Drinking horn. South German, dated 1545. H. 25·5 cm. *Staatliche Kunstsammlungen, Kassel*

202

203a

203

204

205

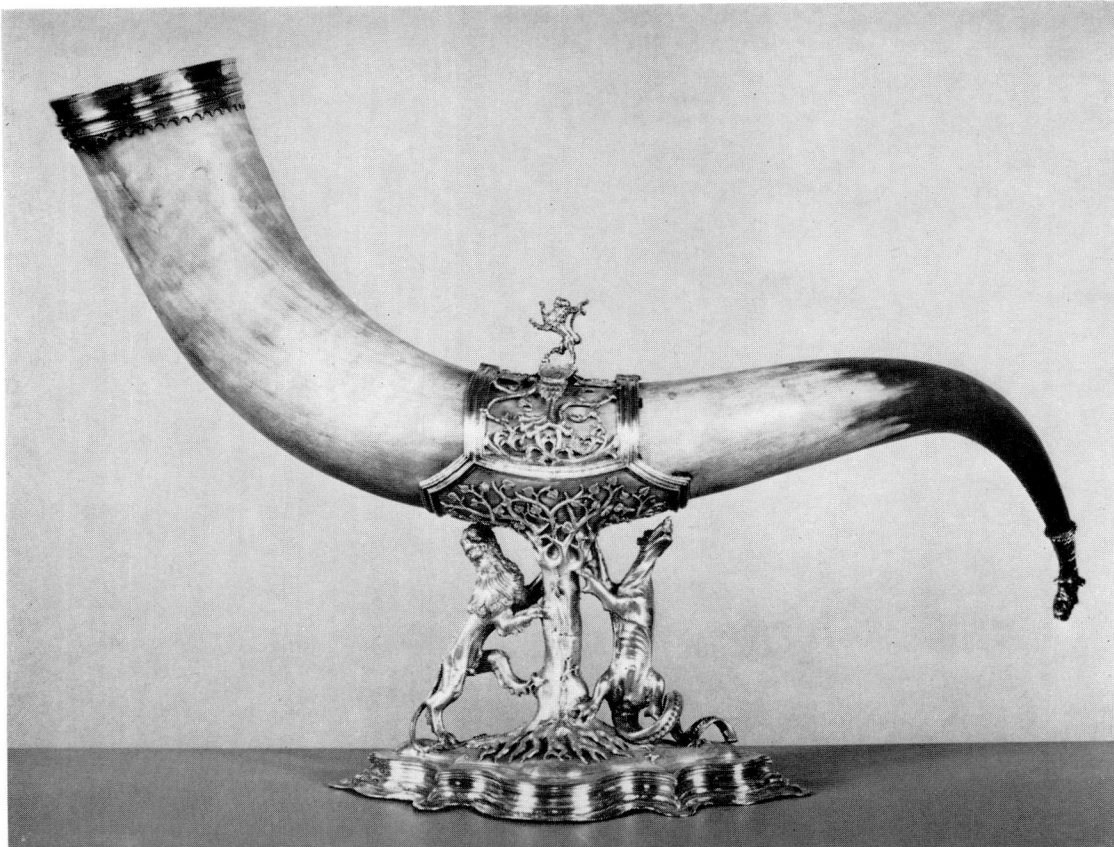

206

208

209

Drinking horn with Jonah swallowed by the whale. Northeast or
~~~~dle Germany, 1600–10. H. 45 cm. *Kunstgewerbemuseum, Preussischer
~~turbesitz, West Berlin*

'Det Oldenborgske Horn', probably by a German goldsmith work-
~in Denmark, c. 1470–80. H. 35 cm. *Rosenborg Castle, Copenhagen*

Drinking horn of the Arquebusiers' Guild, Amsterdam, 1547. H.
~5 cm. *Rijksmuseum, Amsterdam*

Tankard, serpentine stone with silver mount. Max Kornblum,
~~nna, 1570–91. H. 16·5 cm. *British Museum, London*

Tankard with filigree decoration. Hans Ment(?), Augsburg, about
~o. H. 21·5 cm. *Bayerisches Nationalmuseum, Munich*

Tankard. Augsburg, about 1600. H. 23 cm. *Nationalmuseum, Stock-*

210

211

212

213

'Hansa' tankard. Peter Henniges, Hamburg, before 1591. H. 29·3 cm. *Museum für Kunst und Gewerbe, Hamburg*

'Hansa' tankard. Lübeck, *c.* 1610. H. 39 cm. *British Museum, London*

'Hansa' tankard. Denmark, *c.* 1600. H. 21 cm. *Det danske Kunstindus-museum, Copenhagen*

Tankard, painted glass with silver mounts. Hans Heinrich Riva, Zurich, *c.* 1620–30. H. 19·5 cm. *Schweizerisches Landesmuseum, Zurich*

214 Tankard. Christian Mundt, Hamburg, *c.* 1680. *Victoria & Albert Museum, London*

215 Tankard. Jürgen Richels, Hamburg, 1664–1711. H. 24 cm. *Kunstgewerbemuseum, Preussischer Kulturbesitz, West Berlin*

216 Tankard. Stefan Sömmering, Hamburg, dated 1650. H. 24·5 cm. *Museum für Kunst und Gewerbe, Hamburg*

217 Tankard. Balthasar Lauch, Leipzig, dated 1687. H. 23 cm. *Grünes Gewölbe, Dresden*

214

215

216

217

218

219

220

221

222

223

224

225 Tankard. Bartholomaus Jacobsen, Aarhus, 1655–84. H. 16 cm. *Det danske Kunstindustrimuseum, Copenhagen*

226 Tankard. Hans Clerck, Stockholm, 1664–79. H. 18·8 cm. *Nationalmuseum, Stockholm*

226

225

227 Tankard. Georg Dechant, Riga, 1701. H. 26·2 cm. *Schwarzhäupterschatz, Lüneburg*

228 Tankard. Sebastian Hann, Hermannstadt, *c.* 1680–90. H. 24·5 cm. *National Museum, Budapest*

227

228

29

230

229 Tazza with cover, decorated with moresques in niello. Germany, probably Augsburg, 1560–70. H. 18·1 cm. *Louvre, Paris*

230 Flat bowl on foot. Late gothic. South Germany, *c.* 1490–1500. H. 22 cm. *Schweizerisches Landesmuseum, Zurich*

231 Inside of tazza, 'Fortitudo'. Paul Hübner, Augsburg, 1580–90. H. 22·3 cm. *Museo degli Argenti, Palazzo Pitti, Florence*

232 Inside of tazza, 'The month of March'. Paul Hübner, Augsburg, 1580–90. H. 16·5 cm. *Museo degli Argenti, Palazzo Pitti, Florence*

231

232

233, 233a Tazza. Christoph Lencker, Augsburg, *c.* 1595. H. 14·8 cm. *Bayerisches Nationalmuseum, Munich*
234 Tazza from the Aldobrandini set, with original foot. Italy or France. 1580–90. H. 42 cm. *Private collection, England*
235 Tazza from the Aldobrandini set. Inside of bowl. Italy or France, 1580–90. *The Wernher Collection, Luton Hoo, England*

233

234

233a

235

236 The 'Weltallschale'. Commissioned by the Emperor Rudolph II.
Jonas Silber, Nuremberg, 1589. H. 34·3 cm. *Kunstgewerbemuseum,*
Preussischer Kulturbesitz, West Berlin

237

238

237, 238 Two tazzas from a set of four, depicting 'The story of Phaeton'. Christoph Jamnitzer, Nuremberg, 1592–1618. D. 25 cm. *The Hermitage Museum, Leningrad*

239

239 Tazza, 'Autumn', from a set of 'The
[Fo]ur Seasons'. Abraham Gessner, Zurich,
[15]71–1613. D. 17·6 cm. *Schweizerisches
[La]ndesmuseum, Zurich*

240 Tazza. Engraved decoration showing
[th]e liberation of Switzerland, after en-
[gr]avings by Christoph Murer. Switzerland,
[en]d of the 16th century. D. 16·3 cm,
[Sch]weizerisches Landesmuseum, Zurich

240

241

242

243

241 Tazza, 'Founder's Cup'. Antwerp, 1545. H. 38·7 cm. *Emmanu[el]*
College, Cambridge
242 Tazza. Probably M. Molckman, Middleburg, 1595. H. 20 cm. *Rijk[s-*
museum, Amsterdam
243 Tazza, 'Minos before the walls of Megara', after a plaquette by Ha[ns]
Jamnitzer. Breda, *c.* 1590. H. 18·2 cm. *Rijksmuseum, Amsterdam*

244, 244a, 244b Tazza, 'Paris and the three Goddesses'. Paulus v[an]
Vianen, Prague, 1607. An early example of his auricular style. H. 17 c[m.]
Rijksmuseum, Amsterdam

244

244a

244b

245

245a

245, 245a Tazza, Albert Verhaer, Utrecht, 1602. The relief, 'The dying Meleager'
chased by Ernst Jansz van Vianen. H. 17 cm. *Victoria & Albert Museum, London*
246 Tazza. London, 1584. H. 34·3 cm. *Goldsmiths' Company, London*
247 Tazza. In the bowl 'The alliance of France and Germany against Turkey'. Ha
Heinrich Riva, Zurich, *c.* 1650. H. 20·5 cm. *Historisches Museum, Basel*

246

247

248a

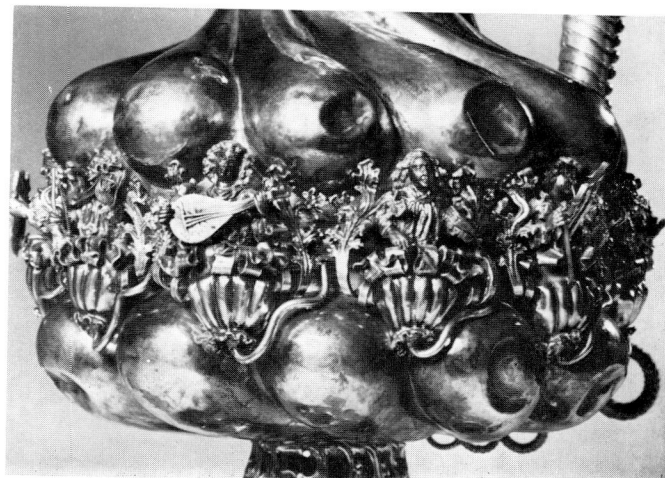

248b

248, 248a, 248b The 'Goslarer Bergkanne'. Germany, dated 1477.
H. 73 cm. *Council House, Goslar*

249

250

251

252

254

255

256

257 Giant flagon. London, 1615–16. H. 62·5 cm. *State Armoury, Kremlin, Moscow*

258 German stoneware jug with Exeter silver mounts of about 1585. H. 25 cm. *Glasgow Museums and Art Gallery (Burrell Collection)*

259 Giant flagon in the form of a leopard (one of two). London, 1600–01. *State Armoury Museum, Moscow*

257

259

260

261

262

260 Flagon (one of a pair). London 1597–98. H. 42 cm. *Irwin Untermy Collection, New York*

261 Flagon. Probably Lübeck, *c.* 1590. H. 42·5 cm. *Trefaldig Letskyrkan, Gäv Sweden*

262 Flagon. London, 1646–47. H. 25·4 cm. *Victoria & Albert Museum, London*

263 Albrecht Dürer: drawing of pilgrim bottle, 1510–20. *Landesbibliothe Dresden*

264 Pilgrim bottle. France, 16th century. From the chapel of the Order St Esprit. H. 30·5 cm. *Louvre, Paris*

265 Pilgrim bottle decorated in niello. Hans Pflaum, Ulm, *c.* 1570–80. H. 20 cm. *Germanisches Nationalmuseum, Nuremberg*

266 Pilgrim bottle. South Germany, *c.* 1540. H. 81 cm. *Grünes Gewölbe, Dresd*

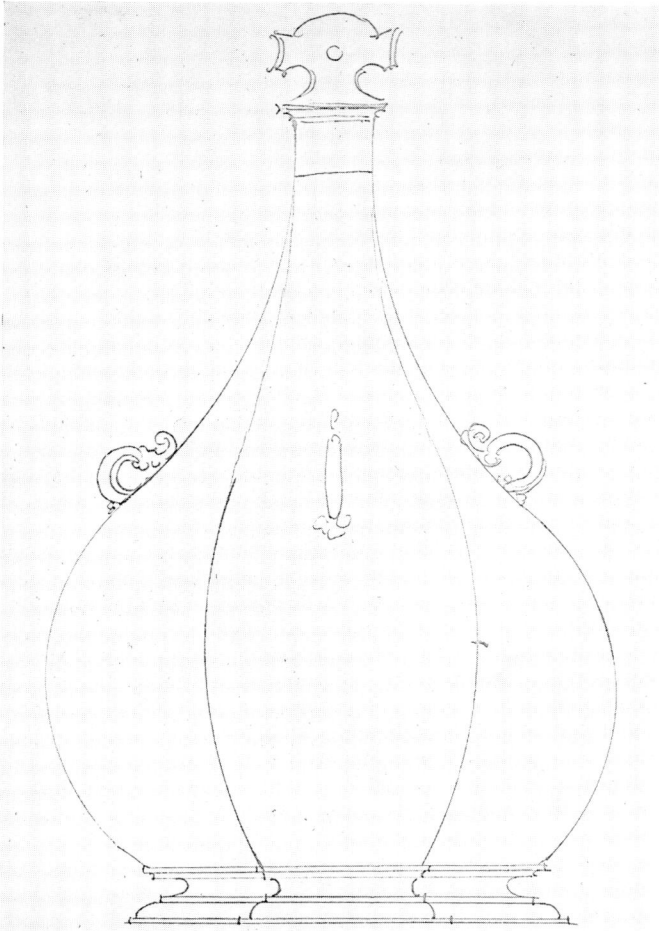

263

264

265

266

267 Pilgrim bottle. Anthony Nelme, London, 1715–16. H. 86·4 cm. *Devonshire Collection, Chatsworth, England*
268 Pilgrim bottle. Paris, 1657 or 1682. *Earl Spencer, Althorp, England*
269 Pilgrim bottle. Coat of arms of the first Duke of Marlborough. John Goode, London, 1701–02. *Earl Spencer, Althorp, England*

270 Drinking vessel, 'Rosenblommen', imitating a wooden barrel. Denmark, dated 1577. H. 37·5 cm. *Nationalmuseet, Copenhagen*

271

271 Table fountain. Gothic, probably Burgundian. H. 48 cm. *Cleveland Museum of Art, Ohio*. Gift from J. H. Wade

273

The 'Merkel' table centre. Wenzel Jamnitzer, Nuremberg, 1549. H. 100 cm. *Rijks-
eum, Amsterdam*

Boxwood figure. Model for the 'Merkel' table centre. Wenzel Jamnitzer(?), Nurem-
, before 1549. H. 29 cm. *Kunstgewerbemuseum, Preussischer Kulturbesitz, West Berlin*
Albrecht Dürer: drawing for a table fountain, *c.* 1495. *British Museum, London*

274

275

276

277

275 Table fountain. Silver and ebony. H
Peters, Augsburg, c. 1660. H. 103 cm. Ro
borg Castle, Copenhagen

276 Table fountain. Peter Oehr, Ha
burg(?), c. 1650. H. 76·2 cm. The To
London

277 Table fountain in the form of a triump
car. Hieronymus Orth, Breslau, c. 1560-
Breslau, L. 38·3 cm. Mercers' Company, Lor

278

279

278 Wine cooler. Philip Rollos, London, 1699–1700. H. 82·5 cm. *The Hermitage Museum, Leningrad*

279 Wine cooler. George Garthorne, London, 1694–95. H. 27·9 cm. *Bank of England, London*

280

281

282

281a

283

284

o Wine cooler. Augsburg, *c.* 1710. H. 40 cm. *Collezione lgari, Rome*

1, 281a Wine cooler. Lewis Mettayer, London, 1709–10. 79·3 cm. *Irwin Untermyer Collection, New York*

2 Drawing of a wine cooler from the table service of uis XIV, probably delivered in 1698. *Nationalmuseum, ckholm*

283 Wine cooler. Paul de Lamerie, London, 1726–27. H. 71 cm. *The Hermitage Museum, Leningrad*

284 Wine cooler. Charles Kandler, London, 1732–35, after a model by Michael Rysbrach. H. 109 cm. *The Hermitage Museum, Leningrad*

285

285 Wine fountain and wine cooler. Pierre Harache, London, 1701–03. *Earl Spencer, Althorp, England*

286 Wine fountain. J. J. Biller, Augsburg, 1716–19. H. 80 cm. *The Hermitage Museum, Leningrad*

287 Wine fountain and wine cooler. Jonas Olsen Førsløv, Copenhagen, 1744. Fountain W. 69·2 cm, cooler H. 75·1 cm. *Rosenborg Castle, Copenhagen*

289 Wine fountain. Paul de Lamerie, London, 1720–21. H. 71·5 cm. *The Hermitage Museum, Leningrad*

288 Wine fountain. Johan Heinrich Muhl, Copenhagen, probably 1714. *The Hermitage Museum, Leningrad*

286

287

288

289

290

291

290 Ice pail. Paris, 1701–02. H. 21·5 cm. *Priva
owner*
291 Ice pail. Thomas Germain, Paris, 1727–2
H. 22 cm. *Louvre, Paris*

292

Ice pail. William Lukin, London, 1716–17.
21 cm. *Irwin Untermyer Collection, New York*
Ice pail. Robert-Joseph Auguste, Paris, 1767–
The Hermitage Museum, Leningrad

293

294

295

294 Ice pail. Frederick Kandler, London, 1775–76. H. 19 cm. *Victoria Albert Museum, London*

295 Ice pail. Henry Auguste, Paris, 1793–1804. H. 31 cm. *Musée Malmaison, France*

296 Ice pail. Paul Storr, London, 1810–11. H. 27·3 cm. *Goldsmiths' Company, London*

297 Casket for wine bottles, 'Mundkeller'. Claude Ballin the younge Paris, 1712. H. 33·5 cm. *Residenzmuseum, Munich*

296

297

298 Glass cooler. Jean-Baptiste-Claude Odiot. Paris, *c.* 1800. H. 12 cm. *Residenzmuseum, Munich*

299 Glass cooler from Napoleon's coronation service. Henry Auguste, Paris, 1793–1804. H. 21·5 cm. *Musée de Malmaison, France*

300

301

300 Teapot. London, 1670. The first European silver teapot. H. 33·8 cm. *Victoria & Alb[...] Museum, London*
301 Teapot. London, *c.* 1685. H. 14·5 cm. *Victoria & Albert Museum, London*
302 Oil painting; a family at tea. On the table, among other things, a teapot on stan[...] England, *c.* 1720. *Victoria & Albert Museum, London*

302

304

303 Tea-kettle on stand and table. Simon Pantin, London, 1724–25. H. 64·1 cm. *Irwin Untermyer Collection, New York*

304 Teapot. Gold. James Ker, Edinburgh, dated 1736. Racing prize. H. 12·7 cm. *Private owner*

305 Teapot. Gabrynus van der Lely, Leeuwarden, 1738. H. 21·3 cm. *Rijksmuseum, Amsterdam*

305

306

306 Drawing of a teapot, belonging to the Duc d'Aumont. The drawing made in Paris 1702 by the goldsmith Ambroise Nicolas Cousinet. *Nationalmuseum, Stockholm*

307 Teapot. Paris, 1699–1700. H. 14·3 cm. *Metropolitan Museum, New York*

308 Tea-set. Silver and agate. Tobias Baur, Augsburg, 1696–1700. H. 15·5 cm. *Staatliche Kunstsammlungen, Kassel*

309 Teapot. Silver and agate. Tobias Baur. Augsburg, c. 1700. H. 15 cm. *Germanisches Nationalmuseum, Nuremberg*

307

309

311

312

310 Teapot. Silver and agate. Elias Adam, Aug*
burg, 1716–19. H. 16 cm. *Württembergisches Land*
museum, Stuttgart
311 Teapot. Augsburg, c. 1700. H. 15 cm. *Priv*
owner

312 Tea-set. Johann Ulrich Baur, Augsbu*
c. 1700. Teapot H. 18·2 cm, Milk pot H. 15 c*
Tea-caddy H. 10·9 cm. *Collection Dr H. Seli*
Munich
313 Teapot. Andreas Wall, Stockholm. H*
masterpiece. H. 23 cm. *The Hallwyl Museu*
Stockholm

313

314

315

314 Tea-kettle on stand. Charles Kandler, London, 1727
H. 33·7 cm. *Victoria & Albert Museum, London*
315 Tea-kettle on stand. Paul de Lamerie, London, 1745
H. 33·1 cm. *Sterling and Francine Clark Art Institute, Willi
town, Massachusetts*

6

6 Tea-kettle. Nicholas Sprimont, London, 1750–51. H.
·5 cm. *The Hermitage Museum, Leningrad*

317 Tea-urn. Thomas Whipman and Charles Wright. London, 1767–68. H. 53·3 cm. *Victoria & Albert Museum, London*

318 Tea-kettle with stand, made for the Portuguese court. François-Thomas Germain, Paris, 1757. H. 43 cm. *Museu Nacional de Arte Antiga, Lisbon*

319 Teapot with the arms of Viscount Bateman in relief. Thomas Germain, Paris, 1735–36. H. 15 cm. *Louvre, Paris*

317

318

319

6 Tea-kettle. Nicholas Sprimont, London, 1750–51. H.
·5 cm. *The Hermitage Museum, Leningrad*

317

317 Tea-urn. Thomas Whipman and Charles Wright. London, 1767–68. H. 53·3 cm. *Victoria & Albert Museum, London*

318 Tea-kettle with stand, made for the Portuguese court. François-Thomas Germain, Paris, 1757. H. 43 cm. *Museu Nacional de Arte Antiga, Lisbon*

319 Teapot with the arms of Viscount Bateman in relief. Thomas Germain, Paris, 1735–36. H. 15 cm. *Louvre, Paris*

318

319

321

320 Tea-urn. Copenhagen, 1762, possibly by Christian Waerum. H. 47·5 cm. *Det danske Kunstindustrimuseum, Copenhagen*
321 Tea-urn. Friedrich Wilhelm Sponholz, Danzig, 1771–79. H. 44 cm. *Germanisches Nationalmuseum, Nuremberg*
322 Teapot. Edme François Godin, Paris, 1749–50. H. 16 cm. *Musée des Arts Décoratifs, Paris*

323

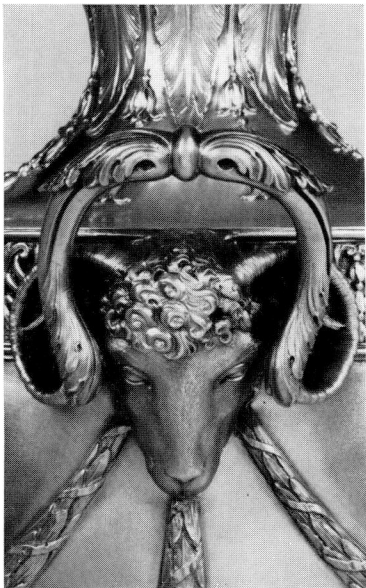

323a

324

5

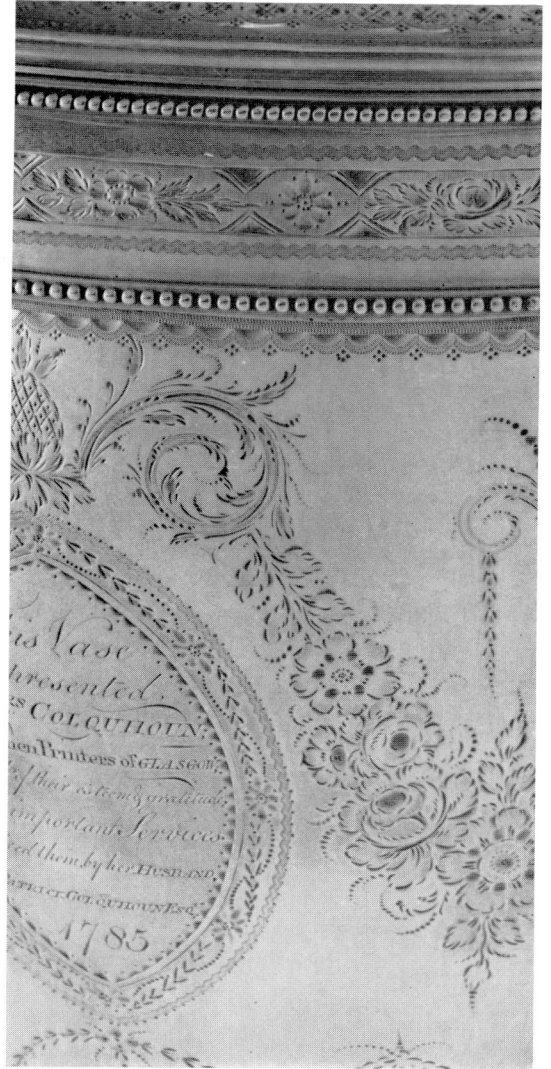

325a

3, 323a Tea-set. Andrew Fogelberg, London. The tea-urn 1772–73, the teapot 1783–84.
a-urn H. 55 cm, teapot H. 13 cm. *Nationalmuseum, Stockholm*

4 Teapot. Andrew Fogelberg, London, 1778–79. H. 12·7 cm. *Victoria & Albert Museum,*
don

5, 325a Tea-urn. Hester Bateman, London, 1786–87. H. 54·6 cm. *Glasgow Museums &*
Galleries

326

327

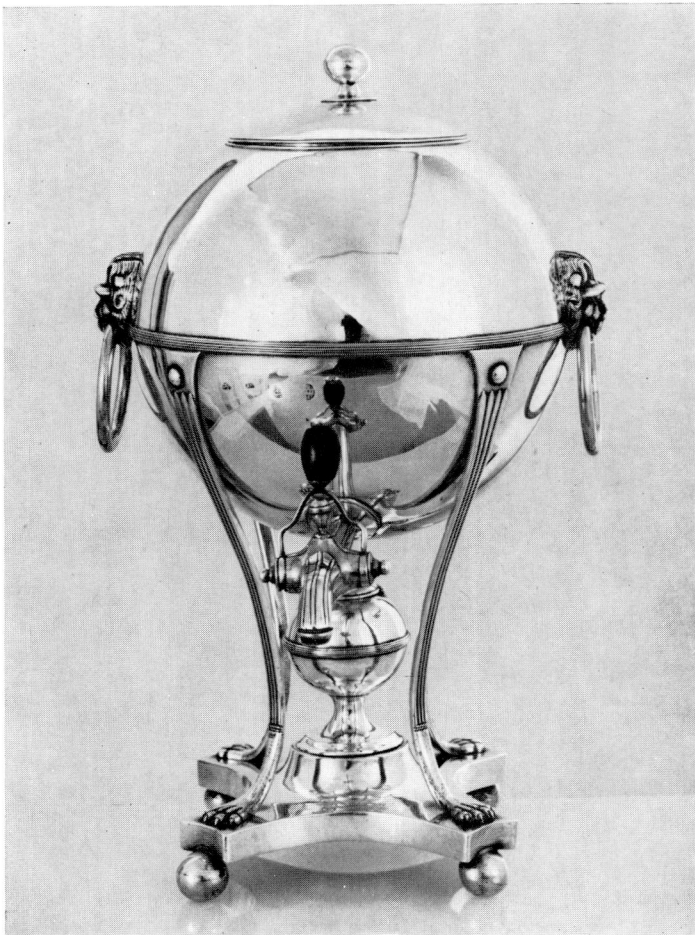

328

326 Tea-urn. Patrick Robertson, Edinburgh, 1778–79. H. 48·9 cm. *Ro... Scottish Museum, Edinburgh*
327 Tea-urn. Christian Waerum, Copenhagen, 1780–90. H. 54·1 c... *Det danske Kunstindustrimuseum, Copenhagen*
328 Tea-urn. Abraham Nyemann. Copenhagen, 1808. H. 32·5 cm. ... *danske Kunstindustrimuseum, Copenhagen*

9

Tea-set, made for Napoleon and Marie Louise. Martin Guillaume
~nnais, Paris, 1809–10. *Louvre, Paris*

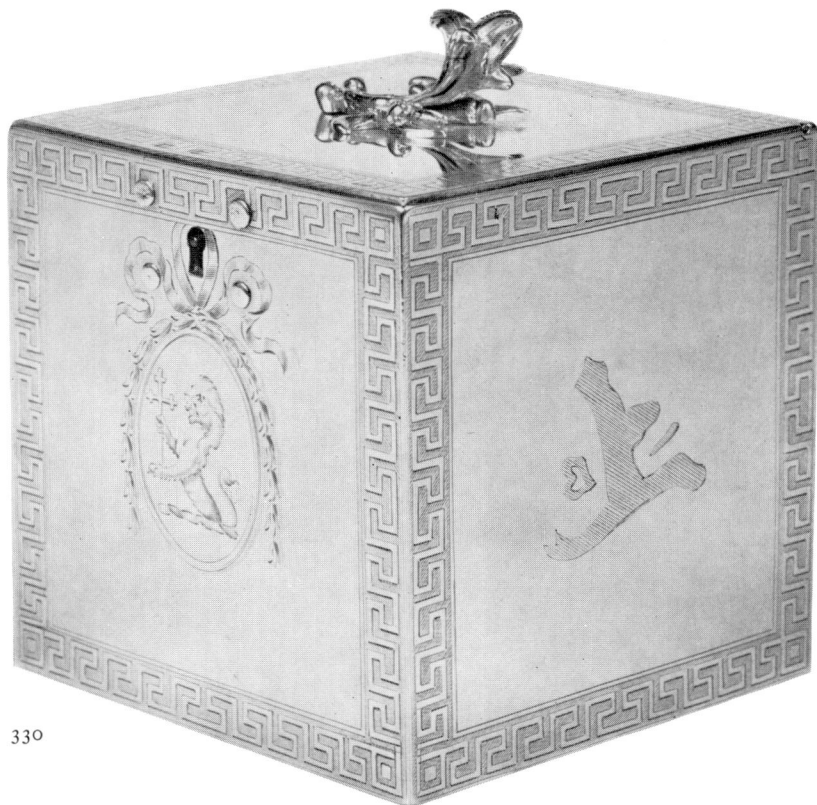

330

330 Tea-caddy. Louisa Courtauld and G. Cowles, London
1773–74. H. 8·9 cm. *Victoria & Albert Museum, London*
331 Tea-caddy. Esajas Busch, Augsburg, *c.* 1730. H. 14 cm.
Collection Baron Carl de Geer, Stora Väsby, Sweden
332 Tea-caddy. Paul de Lamerie, London, 1747–48. H.
13·3 cm. *Goldsmiths' Company, London*

331

332

333

33 Tea-caddy with engravings by Simon Gribelin. London, 1706. H. 11·1 cm. *Victoria & Albert Museum, London*
34 Three urns, one for sugar, two for tea. Samuel Taylor, London, 1751–52. H. (large) 14·6 cm, (small) 13·7 cm. *Wallace Collection, London*

34

The Guift of Richard Sterne Esqr
by ye Honorable East India Compa.

335

336

337

338

339

340

341

335 Coffee-pot. London, 1681–82, possibly by George Garthorne. H. 24·7 cm. *Victoria & Albert Museum, London*

336 Chocolate-pot. Robert Cooper, London, 1705–06. H. 25·4 cm. *Glasgow Museums and Art Galleries (Burrell Collection)*

337 Coffee-pot. Richard Bayley, London, 1716–17. H. 26·8 cm. *Victoria & Albert Museum, London*

338 Chocolate-pot. William Fawdery, London, 1704–05. H. 25·4 cm. *Victoria & Albert Museum, London*

339 Coffee-pot, made for the Portuguese court. François-Thomas Germain, Paris, 1757. H. 29·5 cm. *Metropolitan Museum, New York*

340 Drawing dating from 1702 of a coffee-pot, from the silver service of Louis XIV, *Nationalmuseum, Stockholm*

341 Coffee-pot. Antoine Bailly, Paris, 1735–54. H. 16 cm. *Musée des Arts Décoratifs. Paris*

342

343

344

342 Coffee-pot. Walter Brind, London, 1769–70. *Victoria & Al[bert] Museum, London*

343 Chocolate-pot. Henry Greenway, London, 1777–78. H. 32·4 c[m]. *Victoria & Albert Museum, London*

344 Coffee-pot. Charles Woodward, London, 1776–77. H. 34·9 c[m]. *Victoria & Albert Museum, London*

345 Coffee-pot. Gold and enamel. Melchior Dinglinger, Dresden, 17[..]. From a coffee-set. H. 20 cm. *Grünes Gewölbe, Dresden*

346

347

Coffee-pot and milk jug. Joh. Georg Klosse, Augsburg, 47–49 and 1757–59. Coffee-pot H. 26 cm, Milk jug H. cm. *Germanisches Nationalmuseum, Nuremberg*

Januarius Zick: oil painting (detail), 1776. The family my at table with their coffee-pot and milk jug (same set as). *Germanisches Nationalmuseum, Nuremberg*

Coffee-pot from the gold service made for Empress ne of Russia by Johann Ludwig Biller, Augsburg, 1730– H. 23 cm. *The Hermitage Museum, Leningrad*

Coffee-pot on stand. Johann Erhard II Henglin, Augs-rg, about 1725. H. 21·5 cm. *Schatzkammer, Residenz, unich*

Coffee-pot. Gold. Anton Matthias Domanek, Vienna, 1750. From Empress Maria Teresia's breakfast service. H. ·4 cm. *Kunsthistorisches Museum, Vienna*

348

50

349

351

351 Coffee-pot. Turin, 1770–82. H. 28 cm. *Private owner*
352 Coffee-pot. Domenico Gabriele Mariani, Rome, 175
H. 31 cm. *Private owner*
353 Coffee-pot. Portugal, *c.* 1750. H. 32 cm. *Museu Nacion*
de Arte Antiga, Lisbon

352

353

354

Coffee-pot. Genoa, 1754. H. 31 cm. *Private owner*
Coffee-pot. Bologna, *c.* 1750. H. 29 cm. *Private owner*
Coffee-pot. Angelo Spinazzi, Rome, *c.* 1725. H. 23·5 cm.
stgewerbemuseum, Preussischer Kulturbesitz, West Berlin

355

356

357

358

359

360

357 Coffee-pot. Sivert Torsteinsson, Copenhagen, 1753. 16·5 cm. *Det danske Kunstindustrimuseum, Copenhagen*

358 Coffee-pot. Niels Ebbesen, Copenhagen, 1812. H. 17 cm. *Det danske Kunstindustrimuseum, Copenhagen*

359 Coffee-pot. Johannes Krøyer, Copenhagen, 1725. H. 23 cm. *Det danske Kunstindustrimuseum, Copenhagen*

360 Coffee-pot. Mikael Åström, Stockholm, 1764 (his masterpiece). H. 26 cm. *Collection Harald Almquist, Stockholm*

361 Coffee-pot. Mikael Nyberg, Stockholm, 1787. H. 21 cm. *Private owner*

361

362

363

364

366

367

2 Coffee-pot. Martin Guillaume Biennais, Paris, c. 1814. om a travelling set made for the King of Rome. H. 18 cm. fsilberkammer, Vienna

3 Coffee-pot. Pietro Paolo Spagna, Rome, 1817–30. vate owner

4 Coffee-set. Nuremberg, c. 1800. Coffee pot H. 33 cm, k jug H. 25·5 cm, candlesticks H. 23 cm. Germanisches tionalmuseum, Nuremberg

Coffee-urn. Jesayas Engouw, The Hague, 1720. H. 33 . Rijksmuseum, Amsterdam

5 Coffee-urn. Andele Andeles, Leeuwarden, 1729. H. 42 . Rijksmuseum, Amsterdam

7 Coffee-urn. John Main, Edinburgh, 1732–33. H. 33 cm. yal Scottish Museum, Edinburgh

368

369

370

368 Sugar box. Esajas Busch, Augsburg, c. 1730. From
breakfast set. H. 6·5 cm. Collection Baron Carl de Geer. Sto
Väsby, Sweden
369 Sugar box. Fredrik Petterson Ström, Stockholm, 176
H. 13 cm. Nationalmuseum, Stockholm
370 Cream boat. Paul de Lamerie, London, 1745–46. H
10·7 cm. Sterling and Francine Clark Art Institute, William
town, Massachusetts

371 The 'Tsjitsjerin service'. Decorated in niello. Tobols
1774–75. The Hermitage Museum, Leningrad
372 Coffee-set. Josephus Szent Pétery, Pest, 1823. Coffee-p
H. 39 cm, milk pot H. 35 cm, sugar box H. 28 cm. Iparm
vestzeti Muzeum, Budapest

373

374

373 Standing salt, the stem in the form of a monkey, *c.* 1500. *New College, Oxford*
374 Standing salt, *c.* 1490. Given by Bishop Foxe. H. 29·9 cm. *Corpus Christi College, Oxford*

375

376

375 Standing salt. London 1584–85. H. 28·8 cm. *Metropolitan Museum, New York*

376 'Queen Elizabeth's Salt'. Standing double salt. London, 1572–73. H. 34·9 cm. *The Tower of London*

377

377 'The Gibbon Salt'. A rock crystal cylinder surrounding a figure of Neptune. London, 1576–77. H. 36 cm. *Goldsmiths' Company, London*

378 'The Vyvyan Salt'. The sides in glass, painted with flowers. London, 1592–93. H. 39 cm. *Victoria & Albert Museum, London*

379

380

381

379 Bell-shaped salt. London, 1594–95. H. 23·1 cm. *Victoria & Albe[rt] Museum, London*

380 Standing salt. London, 1569–70. H. 30·5 cm. *Vintners' Compan[y] London*

381 Standing double salt. London, 1620–21. H. 34·3 cm. *Irwin Untermye[r] Collection, New York*

382

382 'The Moody Salt'. London, 1664–65. Gold-
smiths' Company, London

383 'The Seymour Salt'. London, c. 1662, when it
mentioned in Samuel Pepys' diary. H. 26·6 cm.
Goldsmiths' Company, London

383

385

386

387

384 The Tudor clock salt. Paris, 1532–33. The rock crystal bowl on top with its cover are modern reconstructions. H. 39 cm. *Goldsmiths' Company, London*

385 Two-storeyed cylindrical salt. Valladolid, *c.* 1590. *Victoria & Albert Museum, London*

386 'The Exeter Salt'. Made in the form of a castle. Johann Hass, Hamburg, *c.* 1630. H. 52·4 cm. *The Tower of London*

387 Salt. Leiden, 1655. H. 24·5 cm. *De Lakenhal, Leiden*

388

389

388 Two salts. The stems are formed [as]
putti. Joannes Lutma, Amsterdam, 163[9].
H. 24 cm. *Rijksmuseum, Amsterdam*
389 Two salts. The stems are formed [as]
'Abraham's sacrifice' and 'Cain and Abel'.
Adam van Vianen, Utrecht, 1620. H. 26
cm. *Rijksmuseum, Amsterdam*

o 'The Burghley Nef'. Pierre le Flamand, Paris, 1482–83. H. 34·5 cm.
ctoria & Albert Museum, London
 'The Ursula Reliquary'. Gold and enamel. Originally a secular
f, made by Raymond Cuyonnet, Tours, 1500–01, as a gift to Queen
ne de Bretagne. H. 46 cm. *Rheims Cathedral*

392

393

394

395

396

7

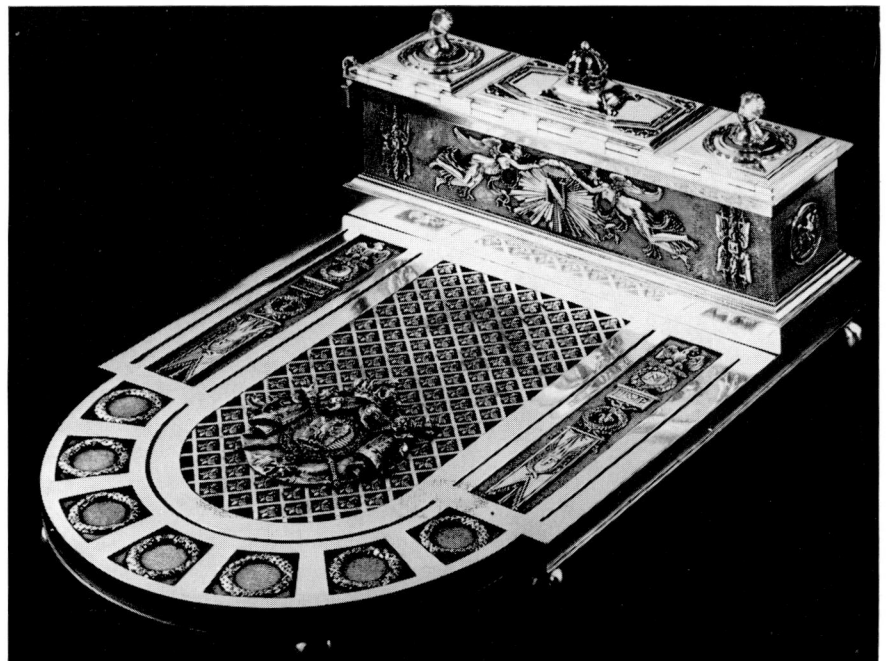

398

399

399a

400

399, 399a Drawing of Louis XIV's 'surtout d table', one of the two which Nicolas Delaunay de livered in 1698. *Nationalmuseum, Stockholm*

400 'Surtout de table'. Johann Ludwig Biller, Augs burg, 1718–20. H. 71 cm. *The Hermitage Museum Leningrad*

401 Design by Claude Ballin the younger for th 'surtout de table' (the same as no. 401). 38 × 54 cm. *Musée des Arts Décoratifs, Paris*

402 'Surtout de table'. Claude Ballin the younger Paris, 1727. H. 63 cm. *The Hermitage Museum Leningrad*

401

402

403

404

403 'Surtout de table' with two side pieces. François-Thomas Germain, Paris, 1763–64. H. (centrepiece) 53 cm, (side pieces) 40 cm. *Calouste Gulbenkian Museum, Lisbon*

404 'Surtout de table'. Thomas Germain, Paris, 1729–31, with additions by François-Thomas Germain, Paris, 1757. H. 73 cm. *Museu Nacional de Arte Antiga, Lisbon*

405 Centrepiece. London, 1741–42. Paul Crespin's marks, but probabl made by Nicholas Sprimont. H. 68·5 cm. *The Royal Collection of H Majesty Queen Elizabeth II*

406 Centrepiece. Nicholas Sprimont, London, 1747–48. *Victoria Albert Museum, London*

405

406

407

408

09

07 Epergne. Thomas Potts, London, 1764–65. *Sterling and Francine Clark Art Institute, Williamstown, Massachusetts*

08 Centrepiece. Augsburg, 1757–59. H. 40 cm. *Museum für Kunsthandwerk, Frankfurt am Main*

09 Epergne. Thomas Powell, London, 1778–79. H. 36·8 cm. *Victoria & Albert Museum, London*

10 Centrepiece, made in Portugal after designs by Domingos Antonio de Sequeira and given to the first Duke of Wellington in 1816. H. 135 cm. *Wellington Museum, Apsley House, London*

410

411

411 Drawing of a 'Pot à oille', used at the table of Louis XIV. One of several delivered at the end of the 17th century. *Nationalmuseum, Stockholm*
412 'Pot à oille'. Probably Claude Ballin the younger, Paris, 1714–15. 'Pot à oille' H. 20 cm, Saucer D. 28·6 cm. *Residenzmuseum, Munich*

413 François Desportes: oil painting showing, among other silver, tureen, probably identical with an extant one by Thomas Germain, Pari[s] 1733. *Nationalmuseum, Stockholm*
414 Tureen. François-Thomas Germain, Paris, 1757. L. 59·5 cm. *Muse[um] Nacional de Arte Antiga, Lisbon*

412

413

414

415

416

415 Tureen. Marggraff and Müller, Berlin, *c.* 1765. F
34 cm. *Kunstgewerbemuseum, Preussischer Kulturbesitz, We*
Berlin
416 Tureen, quilted pattern. Thomas Gilpin, London, 175
55. *Earl Spencer, Althorp, England*
417 Tureen from a hunting service. Joh. Bartemann an
B. H. Weyhe, Augsburg, 1761–69. H. 26·2 cm. *Bayerisch*
Nationalmuseum, Munich

417

418

Tureen. Frederick Kandler, London, 1752–53. H. 34 cm. *ional Trust, Ickworth, England*

Tureen from the Orloff service. Louis Joseph Lendrick, Paris, 1769. H. 39 cm. *Calouste Gulbenkian Museum, on*

419

420

420a

421

422

420, 420a 'Pot à oille'. Robert-Joseph Auguste, Paris, 1772. H. 36·3 cm. *Museum für Kunst und Gewerbe, Hamburg*
421 'Pot à oille' from the Orloff service. Jacques-Nicolas Roettiers, Paris, 1769. H. 36 cm, Stand D. 48 cm. *Louvre, Paris*
422 Tureen from the Creutz service. Robert-Joseph Auguste, Paris, 1775–76. H. 32 cm. *Royal Palace, Stockholm*

'Pot à oille' from the Turin service. Turin, *c.* 1780–90.
Hermitage Museum, Leningrad

Luigi Valadier: design for a tureen. Rome. *c.* 1779.
coteca Comunale, Faenza

'The Darwin Tureen'. Andrew Fogelberg and Stephen
ert, London, 1790–91. H. 29·1 cm. *Museum & Art*
ry, Birmingham

423

424

425

426

427

428

26 Tureen from Napoleon's coronation service. Henry
uguste, Paris, 1789–1804. H. 51 cm. *Musée de Malmaison,*
France

27 Tureen from the Borghese service. Martin Guillaume
iennais, Paris, 1794–1814. After a design by Percier and
ontaine. H. 46·4 cm. *Metropolitan Museum, New York*

28 Tureen, Egyptian style. Paul Storr, London, 1805–06.
. 36 cm. *The Royal Collection of Her Majesty Queen*
lizabeth II

29 Tureen from the Deccan service. John Edwards,
ondon, 1806–07. H. 20·2 cm. *Wellington Museum, Apsley*
House, London

429

430 Drawing of a caster belonging to the service used Louis XIV, probably delivered 1697. *Nationalmuseu Stockholm*

431 Design for a caster, similar to plate 433. French, *c.* 17 *Nationalmuseum, Stockholm*

432 Caster. London, 1692–93. H. 15·8 cm. *Victoria Albert Museum, London*

433 Caster. David André, Paris, 1709–19. H. 22·8 c *Metropolitan Museum, New York*

434 Caster. John Chartier, London, 1718–19. *Earl Spenc Althorp, England*

430

431

432

433

434

5

6

435 Cruet stand. Nicolas Dandrieux, Paris, 1728–29. H. 10·1 cm. *Musée des Arts Décoratifs, Paris*
436 Cruet stand. Paris, 1694–95. H. 9 cm. *Louvre, Paris*
437 Drawing of a cruet stand made for the Duc d'Aumont. French, *c.* 1700. *Nationalmuseum, Stockholm*

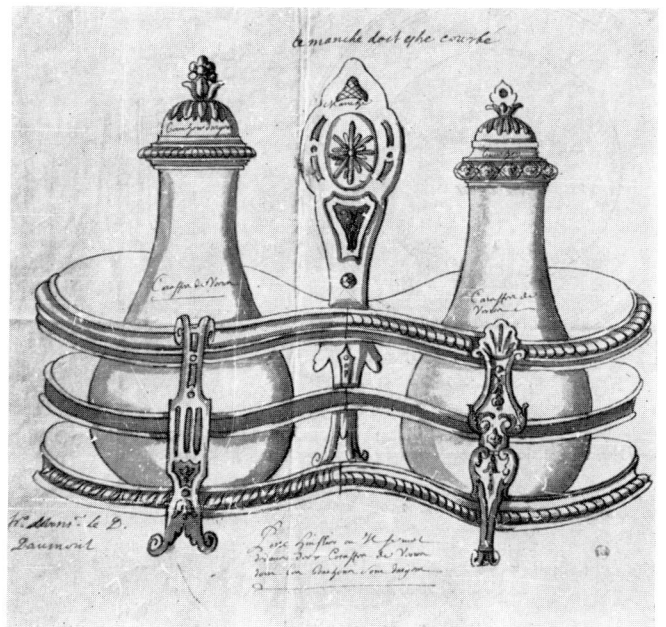

437

438

439

440

438 Cruet stand. Probably Fisacq Samuel Busard, The Hague, 1767. Caster, Pieter Kersbergen, The Hague, 1767. L. 29 cm, Castor H. 15 cm. *Rijksmuseum, Amsterdam*

439 Stand for three casters. Paul de Lamerie, London, 1735–36. H. 24·7 cm. *Ashmolean Museum, Oxford*

440 Cruet stand. Joseph-Pierre-Jacques Duguay. Paris, 1762–63. L. 28·5 cm. *Metropolitan Museum, New York*

441 Cruet stand in the form of a boat. François-Thomas Germain, Paris, 1757–58. L. 38 cm. *Museu Nacional de Arte Antiga, Lisbon*

442 Cruet stand from the Creutz service. Robert-Joseph Auguste, Paris, 1775–76. L. 38 cm. *Royal Palace, Stockholm*

1

442

444

443

445

447

446

443 Drawing of a spice box belonging to the service of Louis XIV, probably one of four, delivered 1687. *Nationalmuseum, Stockholm*

444 Salt cellar (one of four). Paul de Lamerie, London, 1731–32. *Earl Spencer, Althorp, England*

445 Spice box. Edme Pierre Balzac, Paris, 1745–46. L. 8·2 cm. *Metropolitan Museum, New York*

446 Salt cellar. François-Thomas Germain, Paris, 1764–65. H. 5·6 cm. *Museu Nacional de Arte Antiga, Lisbon*

447 Design for a salt cellar and a spice box. French, *c.* 1710. *Nationalmuseum, Stockholm*

448 Salt from the 'Lisbon service'. François-Thomas Germain, Paris, 1757–58. H. 19·2 cm. *Museu Nacional de Arte Antiga, Lisbon*

449 Salt made for Frederick, Prince of Wales. Nicholas Sprimont, London, 1742–43. H. 12·7 cm. *The Royal Collection of Her Majesty Queen Elizabeth*

448

449

450

450 Salt and spice box. Thomas Germain, Paris, 1734–36. L. 26·5 c *Louvre, Paris*

451 Salt from a hunting service. Joh. Bartermann and B. H. Weyl Augsburg, 1761–69. H. 7·6 cm. *Bayerisches Nationalmuseum, Munich*

452 Salt and spoon. Paul de Lamerie, London, 1739–40. Salt H. 3·6 c Spoon L. 9·8 cm. *Sterling and Francine Clark Art Institute, Williamstou Massachusetts*

451

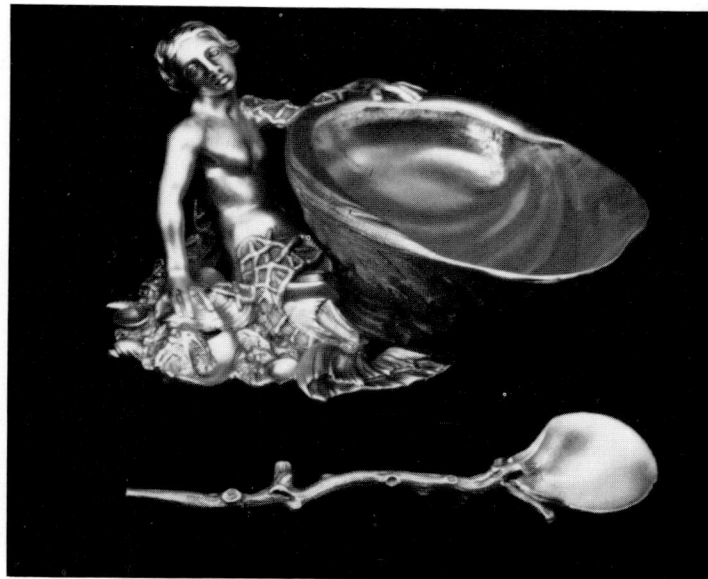

452

3 Standing salt. Sebastiano Juvara, Messina, *c.* 1690. H. 27·9 cm.
Victoria & Albert Museum, London

455

454 Mustard pot from a hunting service. Joh. Barterma[n] and B. H. Weyhe, Augsburg, 1761–69. H. 10 cm. *Bayerisch[e] Nationalmuseum, Munich*

455 Mustard pot. Antoine-Sebastien Durand, Paris, 1753–[ ] The same type was also made for Madame de Pompado[ur] H. 19·5 cm. *Musée des Arts Décoratifs, Paris*

454

457

458

9

460

461

6 Urn-shaped sugar bowl from the 'Lisbon' service.
ançois-Thomas Germain, Paris, 1756–57. H. 17·8 cm.
useu Nacional de Arte Antiga, Lisbon

7 Sugar bowl with blue glass liner. John Swift, London,
78–79. H. 11 cm. *Victoria & Albert Museum, London*

8 Urn-shaped sugar bowl. John Arnell, London, 1772–73.
. 21 cm. *Victoria & Albert Museum, London*

9 Urn-shaped sugar bowl with spoons, from the travelling
of the King of Rome. Martin Guillaume Biennais, Paris,
1814. *Österreichisches Museum für angewandte Kunst, Vienna*

0 Sugar bowl. Digby Scott and Benjamin Smith, London,
05–06. H. 17·1 cm. *Victoria & Albert Museum, London*

1 Sugar bowl with blue glass liner. The silver mount is
rmed as the arcades of the Palais Royal in Paris. Etienne
odenx, Paris, 1786–87. H. 13 cm. *Metropolitan Museum,
w York*

462

463

464

462 Sauce boat. Jean Deharchies, Paris, 1732–33. H. 8·1 cm. *Louvre, Paris*
463 Sauce boat made for Madame de Pompadour. François Joubert, Paris, 1754–55. H. 12·5 cm. *Musée des Arts Décoratifs, Paris*
464 Sauce boat from the 'Creutz' service. Robert Joseph Auguste, Paris, 1775–76. H. 15 cm. *Royal Palace, Stockholm*

Design for a sauce tureen, similar to 467. Boulton and
▌ergill. *Birmingham Assay Office*
Sauce boat made for Frederick, Prince of Wales.
▌holas Sprimont, London, 1743–44. 38·1 × 25·4 cm.
Royal Collection of Her Majesty Queen Elizabeth II
Sauce tureen, one of a pair. Matthew Boulton and John
▌ergill, Birmingham, 1776–77. H. 14 cm, L. 41·9 cm.
▌ingham Assay Office

466

467

468

469

470

468 Fruit basket. Paul de Lamerie, London, 1732–33. *Devons[hire]
Collection, Chatsworth, England*
469 Bread basket. Reijnier Brandt, Amsterdam, 1775. H. 1[]
cm. *Rijksmuseum, Amsterdam*
470 Drawing of fruit basket (two types), from the service [of
Louis XIV. French, late 17th century. *Nationalmuseum, Stockh[olm*

471 Fruit basket on stand from the first Duke of Wellingto[n's
ambassadorial service. Paul Storr, London, 1810–11. H. 35·2 c[m
Wellington Museum, Apsley House, London

471

472

473

474

472 Dish-warmer 'réchaud'. Gold. From Empress A▮
breakfast and toilet service. Johann Ludwig Biller, Augsb▮
1730–40. H. 13 cm. *The Hermitage Museum, Leningrad*
473 Design for a dish-warmer 'réchaud'. French, *c.* 1▮
Nationalmuseum, Stockholm
474 Dish-cover from a service formerly belonging to▮
Dukes of Orléans. Antoine-Sebastien Durand, Paris, 1754▮
H. 23 cm. *Calouste Gulbenkian Museum, Lisbon*

475 Salver with coat of arms engraved by Joseph Sym▮
the elder. William Lukin, London, 1717–18. H. 36·8▮
Victoria & Albert Museum, London
476, 476a Salver engraved by Simon Gribelin with▮
Great Seal of William and Mary and the coat of arms o▮
Earl of Halifax. D. 34·3 cm. *Art Gallery & Museum, Gla.*▮
477 Design for a salver, 'soucoupe'. French, *c.* 1▮
Nationalmuseum, Stockholm

475

476

476a

4. Soucouppes

477

478a

478

479

480

478, 478a Salver engraved by William Hogarth with the Great Seal of George I, made for Sir Robert Walpole. Paul de Lamerie, London, 1728–29. H. 49·5 cm. *Victoria & Albert Museum, London*

479 Octofoil salver. David Willaume, London, 1714–15. D. 34·3 cm. *Private owner*

480 Salver with the coat of arms of the Goldsmith's Company engraved by Charles Gardner. Thomas Farren, London, 1740–41. D. 51·8 cm. *Goldsmith's Company, London*

481 Salver engraved with the royal coat of arms of Portugal. Robert-Joseph Auguste, Paris, 1784. D. 30 cm. *H.M. The King of Sweden*

482 Oval tray. Richard Gardner, London, 1786–87. 50·8 × 76·2 cm. *Glasgow Museums & Art Galleries*

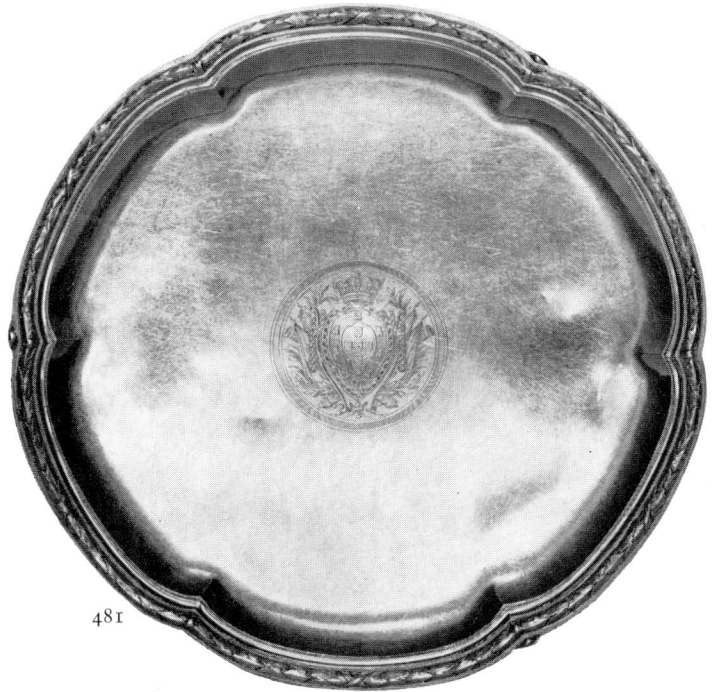

481

482

483

484

485

483 Plate (one of six) with engraved decoration. D. 25·3 cm. *Victoria & Albert Museum, London*

484 Plate with engraving showing Hannah, Samuel and Eli. Johannes Looff, Middelburg, 1631. D. 31 cm. *Rijksmuseum, Amsterdam*

485 Plate with engravings in the style of Esias van de Velde, Holland, c. 1610. D 29·7 cm. *Museum Boymans-van Beuningen, Rotterdam*

486

487a

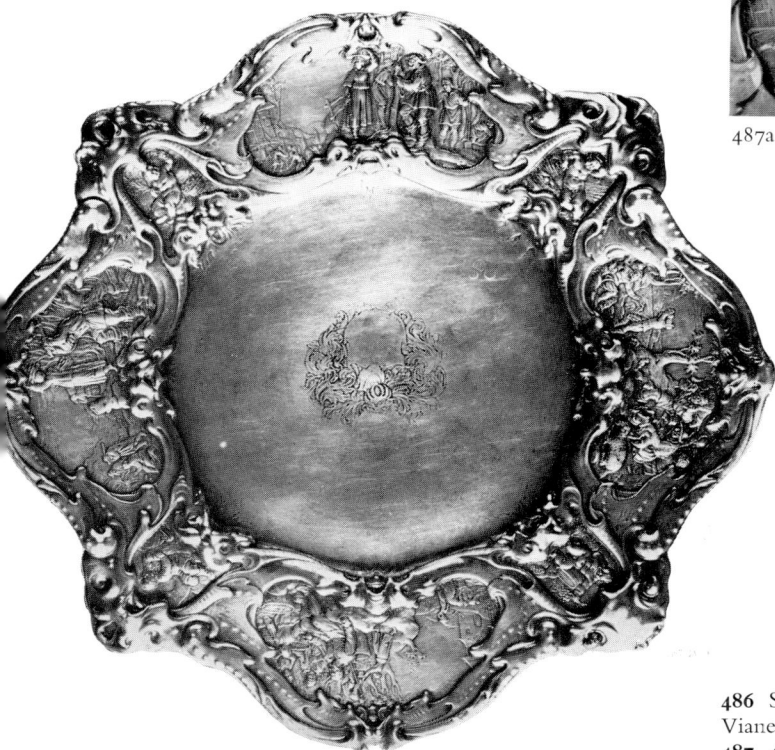

487

486 Small dish with Bacchus, Venus and Ceres on the brim. Adam van Vianen, Utrecht, 1629. 24 × 20 cm. *Rijksmuseum, Amsterdam*
487, 487a Dish. Jan Lutma, Amsterdam, 1653. D. 35 cm. *The Hallwyl Museum, Stockholm*

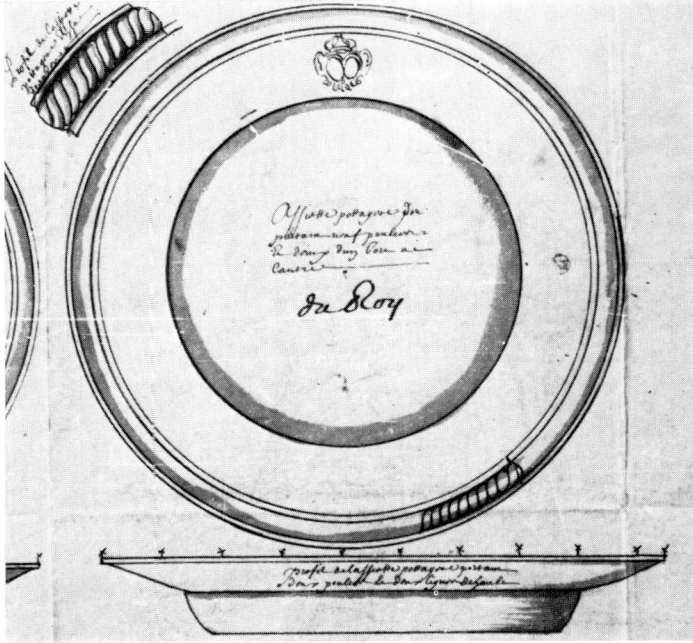

488

490

489

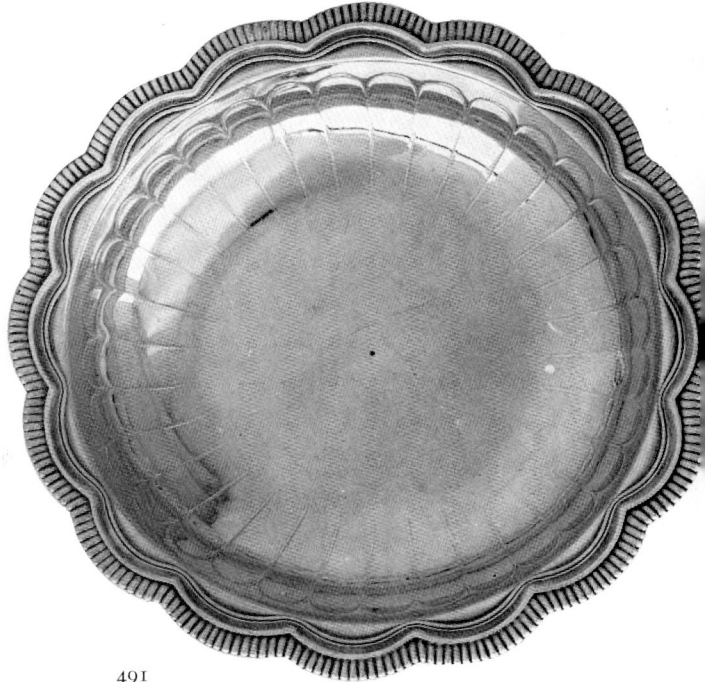

491

492

493

488 Drawings of the plates from the service of Louis XIV. France, c. 1690. *Nationalmuseum, Stockholm*

489, 490, 491 Three types of French early 18th-century plates. D. 24 cm, W. 24 cm, D. 25·3 cm. *Metropolitan Museum, New York*

492 Dish of a common French type, also popular in other countries. Paris, 1733–34. 36·2 × 21·7 cm. *Louvre, Paris*

493 Dish with decoration in relief on the brim and an engraved coat of arms in the middle. Benjamin Pyne, London, 1698–99. W. 24 cm. *Victoria & Albert Museum, London*

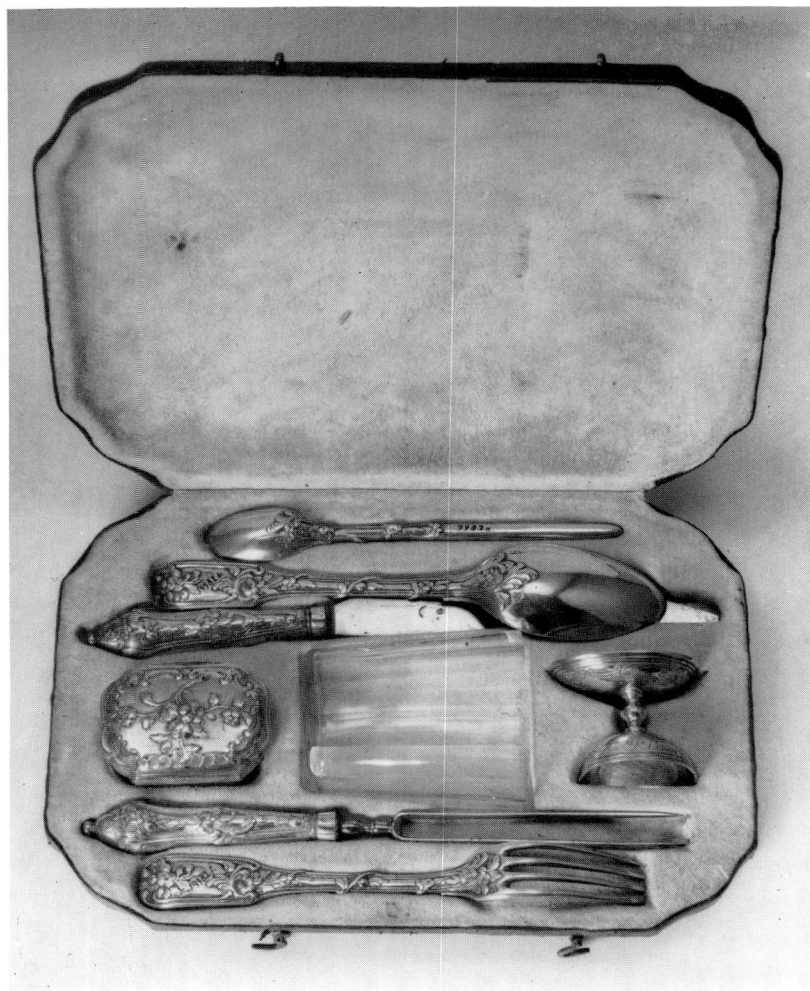

494

495

496

497

494 Breakfast service with egg cup of the double type. I. E. Niggus, Augsburg, 1769–71. Etui 25 5 × 19 cm. *Museum für Kunsthandwerk, Frankfurt am Main*

495 Egg-cup made for the Portuguese court. Gold. François-Thomas Germain, Paris, 1764–65. *Museu Nacional de Arte Antiga, Lisbon*

496 Egg-cup made for Charles Theodor of the Palatinate. Gold. Germany, 1750–60. H. 5 cm. *Residenzmuseum, Munich*

497 Coaster. Benjamin and James Smith, London, 1810–11. *Goldsmith's Company, London*

499

498 Knife. Florence, 1550–75. L. 21 cm. *Museo Poldi Pezzoli, Milan*
499 Early English spoons. From left to right: **1** Diamond point, *c.* 1450. **2** Lion, *c.* 1580. **3** Seal top, 1598. **4** Maid, *c.* 1600. **5** Puritan spoon, 1681. *Goldsmith's Company, London*
500 Spoon with stem in the form of St George. Probably Lübeck, *c.* 1490. L. 13 cm. *National-museum, Copenhagen*
501 Three spoons of North European renaissance type. a) Cologne, 1550–1600, L. 16·5 cm, b) Dutch, *c.* 1590, L. 16·8 cm, c) German, *c.* 1600, L. 17·5 cm. *Museum für Kunst und Gewerbe, Hamburg*

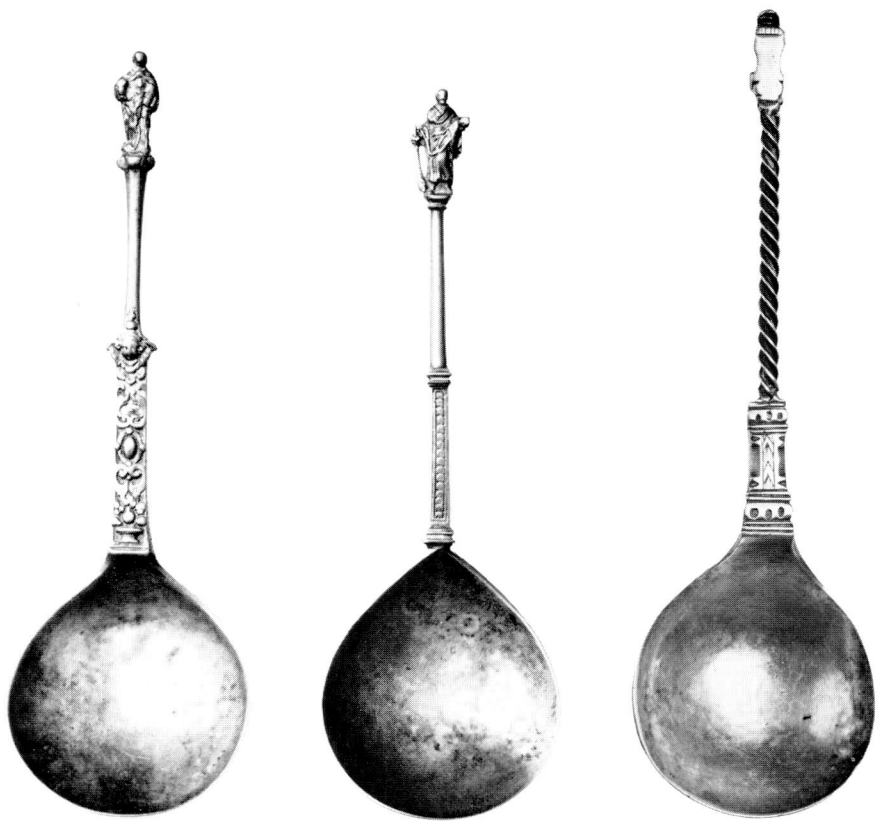

500

501

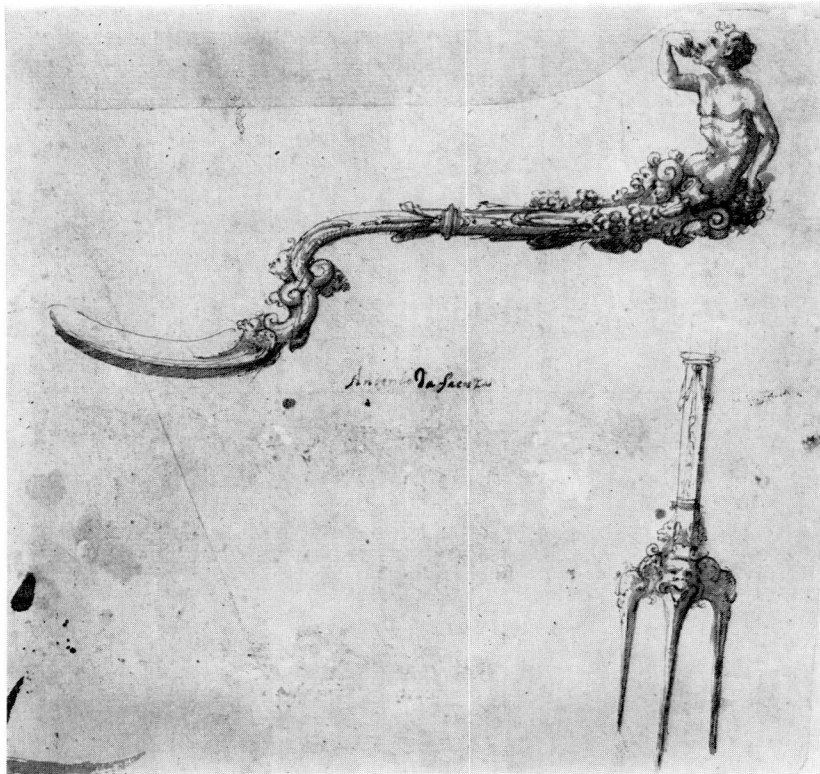

502

503

504

505

506

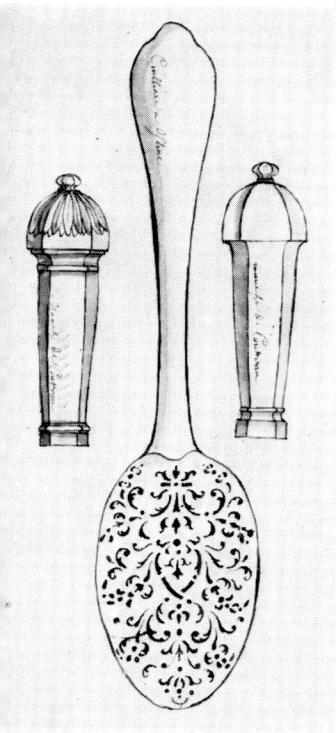
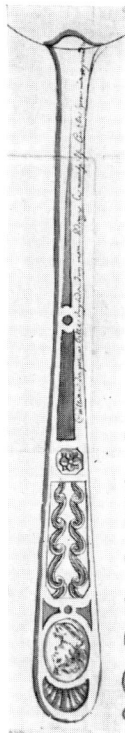

07   508   509

02 Design for spoon and fork, 504, 506, by Antonio Gentili
a Faenza, Rome, *c.* 1580. *Metropolitan Museum, New York*

03 Botticelli, S.; the wedding between Gianozzo Pucci and
ucrezia Bini, 1483. (Detail showing the ladies eating with a
ork). *Private owner*

04, 505, 506 Spoon, knife and fork. Antonio Gentili da
aenza, Italy, *c.* 1580. Spoon L. 17 cm. Knife L. 27 cm. Fork
18·4 cm. *Metropolitan Museum, New York*

07 Drawing of knife handles and olive spoon used at the
rench court, *c.* 1700. *Nationalmuseum, Stockholm*

08 Drawing of a large spoon for a 'pot à oille' from the
lver service of Louis XIV. French, 1697. *Nationalmuseum,
tockholm*

09 Fork, knife, spoon and egg spoon. Gold. En suite with
he egg cup 499. Germany, 1750–60. Fork L. 18 cm. Knife
. 22 cm. Spoon L. 19·3 cm. Egg spoon L. 16·6 cm. *Residenz-
useum, Munich*

10 Spoon for a 'pot à oille'. Pierre Hannier, Paris, 1722.
he same model as the spoon on the drawing No. 508.
. 40·5 cm. *Louvre, Paris*

11 Spoon. Pierre Louis Reynard, Paris, 1759–62, with the
ms of the Duke of Choiseul-Preslin. L. 32·5 cm. *Louvre,
aris.*

12 Two forks. Jacques-Nicholas Roettiers, Paris, 1770–71.
. 35·1 cm. *Louvre, Paris*

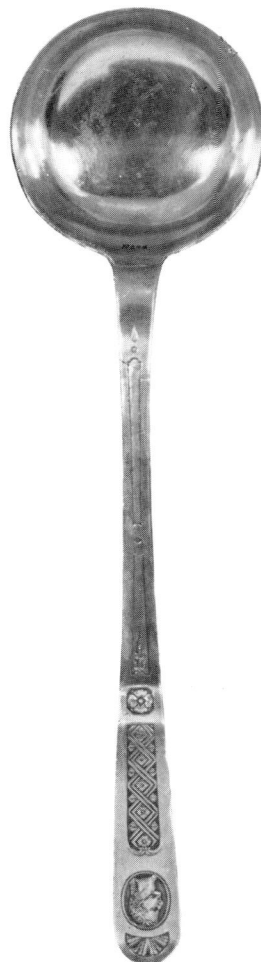
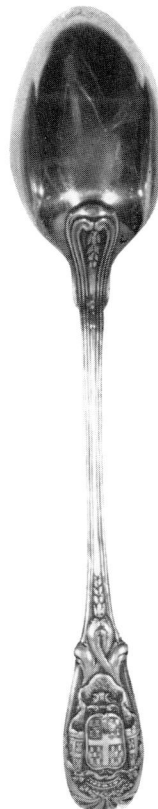

510   511   512

513

514

515

517

518

3 Silver chair with arms said to have belonged to King
~~M~~artin I of Aragon (1395–1410). Probably Spanish. H. 127
~~c~~m. *Barcelona Cathedral*

~~51~~4 Gobelin tapestry. Louis XIV visiting Les Gobelins,
~~w~~here he is shown silver furniture for Versailles. Woven
~~16~~65–78. Detail. *Musée de Versailles*

~~51~~5 Table top with relief decoration. Spain, 16th century.
~~…~~ × 64 cm. *Rijksmuseum, Amsterdam*

~~51~~6, 517 Designs for a table and guéridon by Claude
~~B~~allin the elder. *Nationalmuseum, Stockholm*

~~51~~8, 519 Two designs of tables made for the 'Grands
~~A~~ppartements' in Versailles. *Nationalmuseum, Stockholm*

519

520

521

520, 521 Table and mirror, given by the Corporation London to William III. Andrew Moore, London, *c.* 169 Mirror H. 228·6 cm. Table H. 73·7 cm. *The Royal Collecti of Her Majesty Queen Elizabeth II*

522 Table, guéridons and mirror made for Charles England, *c.* 1680. *The Royal Collection of Her Majesty Que Elizabeth II*

522

523

524

523 Table and mirror. Philip Jacob Drentwett, Augsburg, 1739–40. Also Copenhagen marks for 1740. Table H. 90 cm. Mirror H. 342 cm. *Rosenborg Castle, Copenhagen*

524 Table top with engraved decoration after a print by Gerard de Lairesse. Probably Dutch, *c.* 1690. 116·8 × 99·1 cm. *Victoria & Albert Museum, London*

525 The Cradle of the King of Rome. Jean-Baptiste-Claude Odiot and Pierre Philippe Thomire, Paris, 1811. After a model by Pierre Paul Prud'hon H. 216 cm. *Weltliche Schatz-kammer, Vienna*

526 Table. Ivar Winfeld Buch, St Petersburg, 1802. H. 98·5 cm. *The Hermitage Museum, Leningrad*

525

526

527

527, 527a Throne made for the coronation of Queen Christina of Sweden in 1650. Abraham Drentwett, Augsburg. H. 170 cm. *Royal Palace, Stockholm*

528 Throne with the arms of Russia. London, 1731. H. 182·5 cm. *The Hermitage Museum, Leningrad*

529 Armchair. A. F. Holling, Copenhagen, 1740. H. 148·8 cm. *Rosenborg Castle, Copenhagen*

530 Folding chair. Sebastian Mylius, Augsburg, c. 1700. H. 99 cm. *Kunstgewerbemuseum, Schloss Köpenick, East Berlin*

527a

528

529

530

531

532

532a

531 Chandelier given by William III to the first Duke of Devonshire.
Probably by Johannes van der Lely, Leeuwarden, before 1694. H. 88·7 cm.
Devonshire Collection, Chatsworth, England
532, 532a Chandelier. Andreas Wickhardt the Elder, Augsburg, *c.* 1650.
H. 160 cm. *Storkyrkan, Stockholm*

533

534

5

3 Wall sconce (one of a pair). Signed by Adam van Vianen, Utrecht,
22. H. 59·6 cm. *Private owner*

4 Wall sconce (one of six). London, *c.* 1670 with later monogram of
illiam and Mary. H. 46·9 cm. *The Royal Collection of Her Majesty Queen
zabeth II*

5 Design for a silver chandelier. French, *c.* 1690. *Nationalmuseum,
ockholm*

6 Wall sconce (one of ten). Johann Ludwig Biller II, Augsburg, 1737–
H. 58 cm. *Dep. from City Council Museum für Kunsthandwerk, Frankfurt
Main*

536

537

538

537 Design for a fire-dog with the Colbert coat of arms. Claude Ballin the Elder, Paris. After his death in 1678, signed by Nicolas Delaunay. *Nationalmuseum, Stockholm*

538 Fire-dog. Andrew Moore, London, 1696. H. 40·9 cm. *The Royal Collection of Her Majesty Queen Elizabeth II*

539 Bellows with silver mounts. English, *c.* 1680. H. 74·9 cm. *Ashmolean Museum, Oxford*

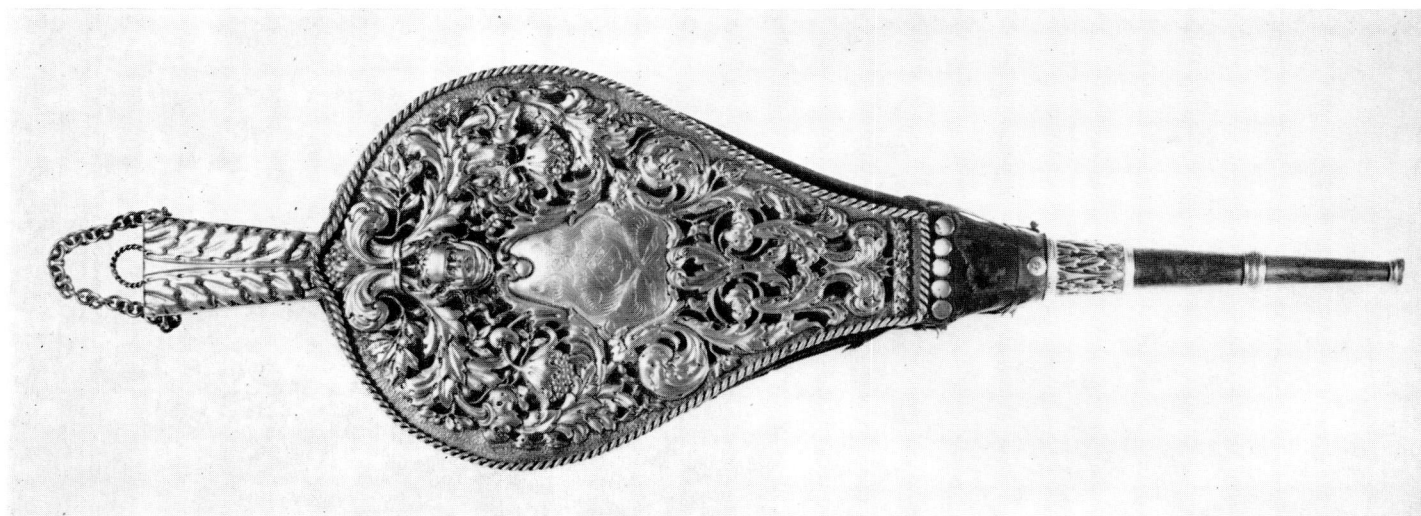

539

540

541

540, 541 Two vases from a garniture of seven. Albrecht Biller, Augsburg, *c.* 1700. H. 50 cm, H. 40·5 cm. *Staatliche Kunstsammlungen, Kassel*
542 Vase from a garniture. London, 1675–76. H. 33·8 cm. *Victoria & Albert Museum, London*

542

543

544

545

546

547

3 Vase with Thorwaldsen's 'Triumph of Alex-ander' as a frieze. Jacques Frederic Kirstein, ~~S~~trasbourg, 1825. H. 75 cm. *Musée de la Ville, ~~St~~rasbourg*

4 Vase. Antoine-Sebastien Durand. Paris, 1765. ~~H~~ 55·9 cm. *Private owner*

5 The 'Theocritus Cup'. After design by John ~~Fla~~xman. Paul Storr, London, 1812–13. H. 23·4 ~~cm~~. *The Royal Collection of Her Majesty Queen ~~Eli~~zabeth II*

6 The 'Trafalgar Vase'. After a design by John ~~Fla~~xman. Digby Scott and Benjamin Smith, Lon-~~do~~n, 1805–06. H. 43·2 cm. *Victoria & Albert ~~M~~useum, London*

7 'The Shield of Achilles'. After a design by John ~~Fla~~xman. Philip Rundell, London, 1821. D. 94 cm. ~~Th~~e *Royal Collection of Her Majesty Queen Elizabeth*

8 Silver lion. One of three made to stand in ~~fro~~nt of the Danish royal throne. Ferdinand Kyb-~~lic~~k, Copenhagen, 1665–70. L. 130 cm. *Rosenborg ~~Ca~~stle, Copenhagen*

549

550

549 Statuette, 'Athena'. Abraham Dentwett, Augsbur[
c. 1650. H. 42 cm. *Grünes Gewölbe, Dresden*
550 Statuette, 'Athena'. Philipp Küsel, Augsburg, *c.* 169[
H. 39 cm. *Grünes Gewölbe, Dresden*

551

552

51, 552 Two of sixteen statuettes, Ambroise Nicolas Cousi-
et, Paris, 1757–58. H. 40 cm. *Museu Nacional de Arte Antiga,*
isbon

553

554

555

557

553 Incense burner. London, 1680. H. 40·9 cm.
The Hermitage Museum, Leningrad

554 Incense burner with spirit lamp, 'cassolette
royale'. French(?), *c.* 1680. H. 86·7 cm. *Devonshire
Collection, Chatsworth, England*

555 Drawing of a buffet. On the lowest shelf five
incense burners. French, *c.* 1700. *Musée des Arts
Décoratifs, Paris*

556 Perfume burner. French, mid–17th century.
H. 23·5 cm. *Metropolitan Museum, New York*

557 Perfume burner. Andrew Fogelberg and
Stephen Gilbert, London, 1785–86. H. 16·2 cm.
Private owner

558 Incense burner in the form of a castle. Ditrich
Uttermarke, Hamburg, *c.* 1610. H. 54 cm. *State
Armoury Museum, Kremlin, Moscow*

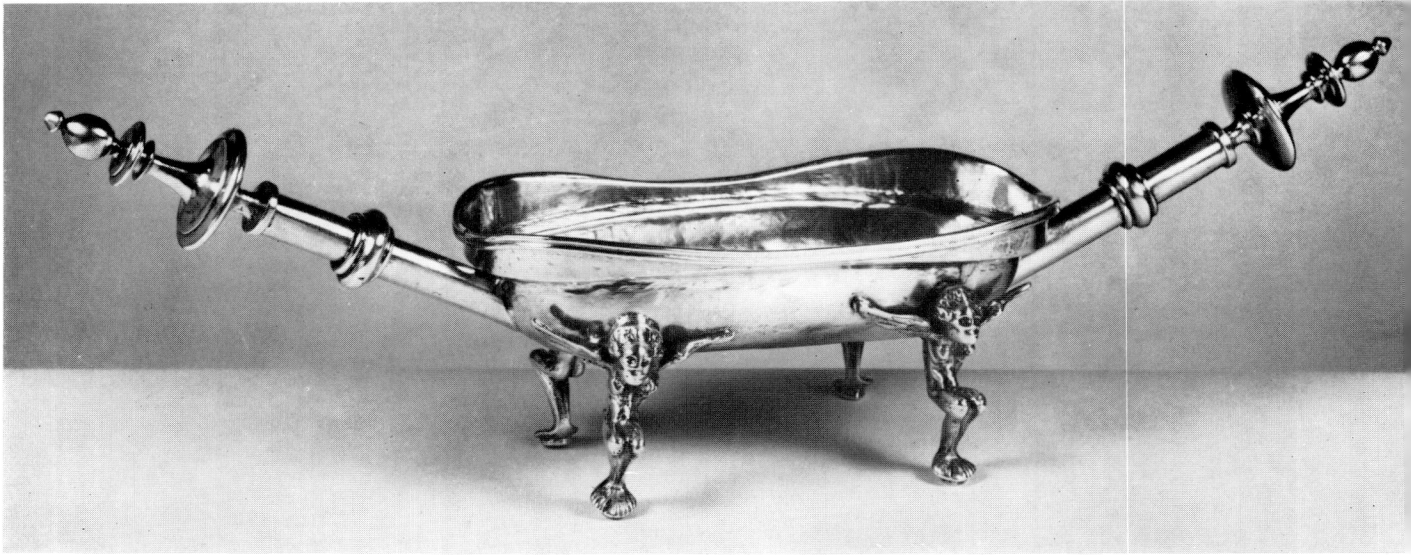

559

560

561

559 Brazier. Spain, *c.* 1640. W. 33 cm. *Victoria & Albert Museum, London*

560 Brazier. Probably Cordova, *c.* 1525–50. H. 14·7 cm. *Cordova Cathedral*

561 Hand warmer, 'Scaldino'. Bologna(?), *c.* 1725. H. 14·8 cm. *Kunstgewerbemuseum, Preussischer Kulturbesitz, West Berlin*

562, 562a The hand mirror of Isabella de Castille. Probably Florence, *c.* 1490. Now converted into a reliquary. *Granada Cathedral*

562

562a

563a Mirror frame. Probably Luleff Meier and Dirich Utermarke, ~~L~~neburg, 1592, with later additions. 115 × 85 cm. *Grünes Gewölbe, Dresden*

Mirror frame with inset stones. Antwerp, *c.* 1565. H. 31·3 cm. *Rosenborg* ~~Cas~~tle, *Copenhagen*

Mirror frame. Wenzel Jamnitzer, Nuremberg, *c.* 1568. H. 29·5 cm. ~~Met~~ropolitan Museum, *New York*

~~56~~ Frame. Paris, 1672–77. *Victoria & Albert Museum, London*

564

566

567

567, 567a Standish with decoration in the style of Christian van Vianen. London, 1639–40. *Private owner*
568 Writing casket. Johann Kilian(?), Augsburg, *c.* 1650. H. 15 cm. *Royal Palace, Stockholm*

567a

568

569

570

Standish. James Fraillon, London, 1716–17. W. 27·9 cm. *The yal Collection of Her Majesty Queen Elizabeth II*

Standish from the agate toilet service. Tobias Baur, Augsburg, 700. H. 9·5 cm. *Germanisches Nationalmuseum, Nuremberg*

Jean I. Berain; design for a standish. Paris, *c.* 1700. L. 29 cm. *sée des Arts Décoratifs, Paris*

571

572

573

574

572 Standish. Philip Lorenz Weghorst, Copenhagen, 1723.
29 cm. *Det danske Nationalmuseum, Copenhagen*
573 Standish of gold, silver and wood. Frederick I. Fabrit
Copenhagen, 1729–30. H. 19·5 cm. *Rosenborg Castle, Copenho*
574 Standish. Claude-Antoine Charvet, Paris, 1767–68. *The H
mitage Museum, Leningrad*

575 Standish. Thomas Germain, Paris, 1746–47. H. 24·5
Louvre, Paris
576 'Treasury inkstand'. William Lukin, London, 1699–17
H. 17·1 cm. *Glasgow Museum and Art Galleries (Burrell Collection*
577 Standish. Giovanni Valadier, Rome, 1790. H. 21 cm.
Vatican Museums, Rome

5

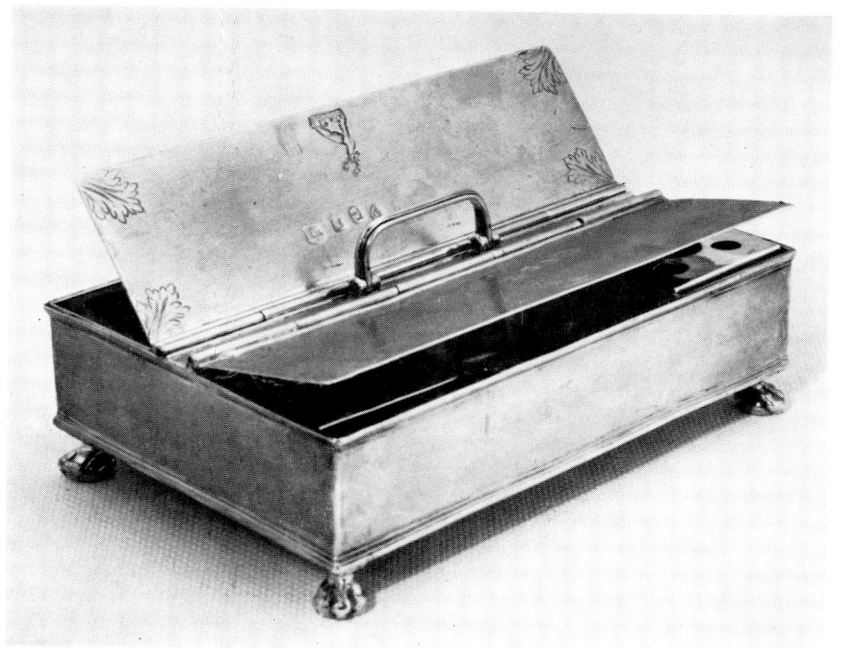

576

7

578

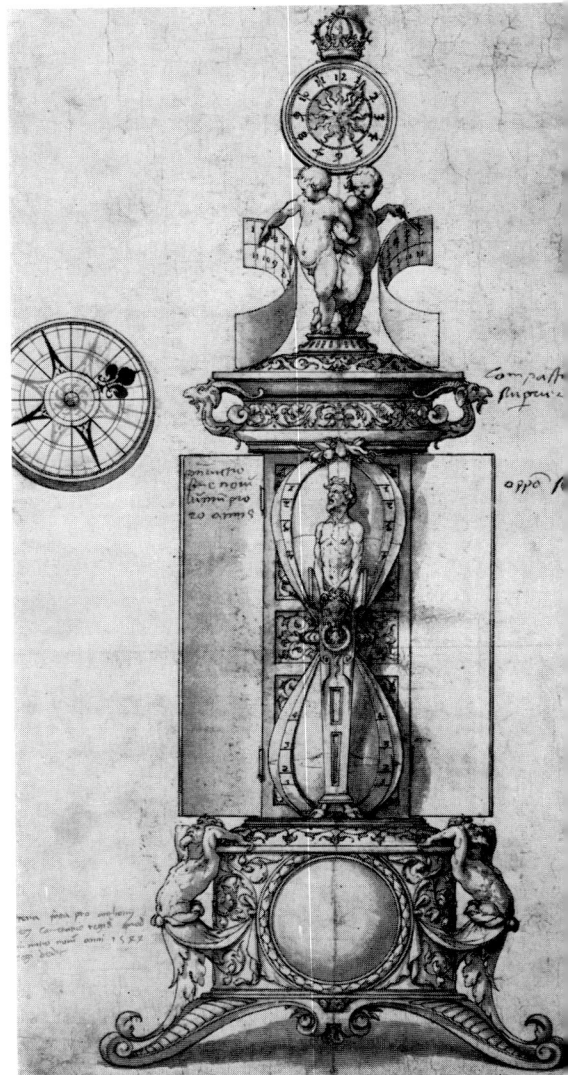

579

580

581

578 Clock-case decorated with filigree work. Hans Conraadt Breghtel, The Hague, c. 1600. H. 9·5 cm. *Victoria & Albert Museum, London*

579 Hans Holbein the Younger: design for a combined clock and hourglass. The piece was presented to Henry VIII, 1545. *British Museum, London*

580 Clock-case. Christoph Drentwett, Augsburg, c. 1640. H. 26 cm. *Treasury of the Teutonic Order, Vienna*

581 Clock-case with enamelled decoration signed by David Attemstetter. Made by a member of the Gross family, Augsburg, c. 1610. H. 21·8 cm. *Kunsthistorisches Museum, Vienna*

582 Sandro Botticelli: detail of painting showing a buffet with silver basins. Florence, 1483. *Private owner*
583 Ewer. Spain, 15th century. *Saragossa Cathedral*
584 Basin. Lisbon, *c.* 1520. D. 32·5 cm. *The Wallace Collection, London*

583

584

585

586

587

588

585 Basin with 'wild men'. Portugal, *c.* 1510. D. 27·7 cm. *Museu de Artes Decorativas, Lisbon*

586 Basin with African scenes. Portugal, *c.* 1510. D. 32 cm. *Ajuda Palace, Lisbon*

587 Basin, probably with biblical scenes. Portugal, 1500–25. D. 50·7 cm. *Kunsthistorisches Museum, Vienna*

588 Basin with hunting scenes. Portugal, *c.* 1500. D. 26·5 cm. *Ashmolean Museum, Oxford*

589 Basin with inset rock crystals and precious stones. In the centre the arms of Pope Leo X. Valerio Belli, Venice or Padua, c. 1520. D. 30 cm. *Schatzkammer, Residenz, Munich*

590 Ewer and basin decorated in relief with scenes from Genoa's and Milan's victory over Venice in 1431. Genoa, dated 1621. (The square foot of the ewer is later.) Ewer H. ?cm, Basin D. 51 cm. *Private owner*

589

591

592

593

594

596

5

7

591, 592 Ewer and basin decorated with Megollo Lercaro's voyages. Antonio de Castro, Genoa, 1565. Ewer H. 42 cm, basin D. 51 cm. *Private owner*

593, 594 Ewer and basin. Italian or Spanish, 1590–1600. Ewer H. 46·3 cm, basin D. 62·5 cm. *Metropolitan Museum, New York*

595, 596 Ewer and basin decorated in relief with scenes from the life of Caesar and Pompey. Possibly Italian, *c.* 1610. Ewer H. 45·3 cm, basin D. 69·5 cm. *Schatzkammer, Residenz, Munich*

597 Ewer. Probably Italian, *c.* 1590–1610. H. 39 cm. *Bayerisches Nationalmuseum, Munich*

598

599

598 Basin of silver and lapis lazuli. The decoration shows symbols of four European countries, Italy, France, Spain and Germany, and a portrait of Pope Gregorius XIII, who introduced the Gregorian calendar. Signed 'Gaspa Mola facis' and 'Joan et Ralph Sadeler inven'. 1600–50. D. 54 cm. *Private owner*

599 Bernardo Strozzi: painting showing a basin, *c.* 1625. A silver basin has been executed in Genoa after this painting. *Ashmolean Museum, Oxford*

600, 601 Ewer and basin in gold and enamel. German or Italian, before 1571. Ewer H. 34·5 cm. *Weltliche Schatzkammer, Vienna*

600

601

602

602a

2, 602a Basin decorated in relief with battle scenes. Paris, 1586. D. 66·5
~~1~~. *Louvre, Paris*
3 Ewer of the cylindrical type. France, 16th century. H. 17·8 cm. *Louvre,*
~~ris~~
4 Ewer with spherical body. France, 1600–25. H. 20·7 cm. *Brodick Castle,*
~~otland~~

3

604

605

606

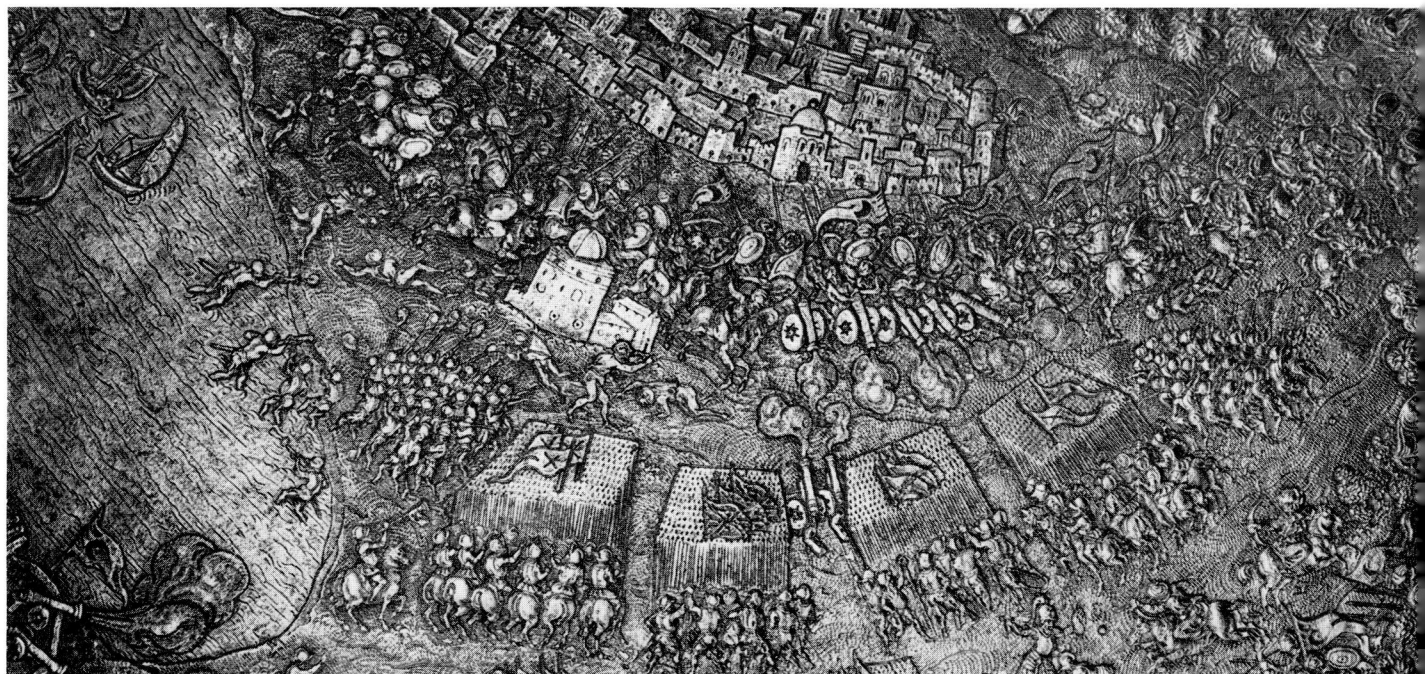

606a

608

Amphora-shaped ewer (one of two). Antwerp (?), 1550–
o. H. 61 cm, (with handle) 80 cm. *Seville Cathedral*

Basin, decorated in relief with four 'Triumphs'. Antwerp(?),
o–1600. D. 60 cm. *Seville Cathedral*

Basin with typical Mannerist strapwork. Antwerp, c. 1580.
ish Museum, London

609

610

611

a

, **610a** Ewer and basin. Adam van Vianen(?), Utrecht, *c.* 1600. Ewer H. 38·8 cm,
in D. 45·8 cm. *Rijksmuseum, Amsterdam*

   Ewer and basin with enamel work and inset turquoises. Augsburg, *c.* 1570–80.
er H. 30·3 cm, basin D. 43·5 cm. *Schatzkammer, Residenz, Munich*

, **613** Ewer and basin with inset pieces of mother-of-pearl. Nicolaus Schmidt,
remberg, 1582–1609. Ewer H. 53·3 cm, basin D. 78·9 cm. *Kunsthistorisches Museum,*
nna

613

614

615

616

614 Basin, decorated in 'style rustique'. Wer[
Jamnitzer, Nuremberg, *c.* 1570. D. 45 cm. *Lou[*
Paris
615, 616 Ewer and basin with engraved date 15[
Nuremberg. *Private owner*

7 Basin, decorated with a battle of giants.
dreas Attemstedt(?), Augsburg, *c.* 1598. D. 57
. *Schatzkammer, Residenz, Munich*

8, **619** Ewer and basin, the latter with Orpheus
ying for the animals. Paul Hübner, Augsburg,
1585. Ewer H. 45 cm, basin D. 61 cm. *Museo
li Argenti, Palazzo Pitti, Florence*

617

618

619

620

621

620, 621 Ewer and basin. Johannes Lencker, Augsburg, *c.* 1620. The ewer, 'Europa and the Bull', is probably a copy of the lost ewer for 627. Ewer H. 39·6 cm, basin 73·7 × 62 cm. *Private owner*

622 Statuette, 'Europa on horseback'. Probably Christoph Lencker, Augsburg, *c.* 1600. To be compared with the ewer 619. H. 36·5 cm. *Louvre, Paris*

623 Basin, decorated with scenes from Ovid's 'Metamorphoses'. Christoph Lencker, Augsburg, 1583–1613. 68 × 56·8 cm. *Kunsthistorisches Museum, Vienna*

624, 625 Ewer and basin, decorated with 'Triumphs'. Christoph Jamnitzer, Nuremberg, 1603(?). Ewer H. 42·3 cm, basin 65 × 53 cm. *Kunsthistorisches Museum, Vienna*

626 'The Dragon Ewer'. Christoph Jamnitzer, Nuremberg, *c.* 1610. H. 41 cm. *Grünes Gewölbe, Dresden*

622

623

624

626

625

627

628

627, 628 Ewer and basin. Freiburg in Breisgau, *c.* 1590. Ewer H. 31 cm, basin D. 39·8 cm. *Schweizerisches Landesmuseum, Zurich*
629 Basin with hunting scenes. Elias Geyer, Leipzig, *c.* 1612, W. 76 cm. *Grünes Gewölbe, Dresden*

630, 631 Ewer and basin. London, 1610–11. Ewer H. 40 cm, basin D 49·5 cm. *Irwin Untermyer Collection, New York*
632, 633 Ewer and basin. London, 1586–87. *Private owner*
634, 635 Ewer and basin. London, the ewer 1574, the basin 1556. Ewe H. 26 cm, basin D. 44·5 cm. *Goldsmiths' Company, London*

629

630

631

632

633

634

635

636

637

638

639

640

6 Basin with grotesque ornament. Spain, 1550–1600. *Toledo Cathedral*

7 Ewer. Spain, *c.* 1590. H. 16·6 cm. *Hispanic Society, New York*

8 Ewer. Toledo or Cuenca, *c.* 1560–70. H. 26·5 cm. *Victoria & Albert Museum, London*

9 Basin. Spain, 1550–1600. D. 31 cm. *Kunsthistorisches Museum, Vienna*

0 Basin with decoration in enamel. Herrera style. Spain, 1610. D. 59 cm. *Seville Cathedral*

1 Juan Baptista Despinxja: Still life oil painting with examples of Spanish silver. Spain, 1624. *Private owner*

41

642

643

44

646

5

642, 643 Ewer and basin decorated with Neptune and Amphitrite. Elias Drentwett the elder, Augsburg, 1619. Ewer H. 29 cm, basin 59 × 47 cm. *Bayerisches Nationalmuseum, Munich*

644 Ewer. Jeremias Wild the elder. Augsburg, *c.* 1610. H. 23 cm. *Museum für angewandte Kunst, Vienna*

645 Ewer. Gold. Germany, Hamburg(?), *c.* 1650. H. 25·4 cm. *Rosenborg Castle, Copenhagen*

646 Basin decorated with the conquest of Carthage. David Schwestermüller, Augsburg, *c.* 1640. L. 98 cm. *State Armoury Museum, Kremlin, Moscow*

647 Ewer and basin decorated with Apollo and Marsyas. Daniel Kellerthaler, Dresden, 1629. Ewer H. 42 cm, basin L. 84·5 cm. *Grünes Gewölbe, Dresden*

7

648

649

650

651

652

653

649 Ewer and basin decorated with Diana and Acteon, ~~ter~~ and Callisto. Paulus van Vianen, Prague, 1613. Ewer ~~34~~ cm, basin 52 × 41 cm. *Rijksmuseum, Amsterdam*

651 Ewer and basin, decorated with scenes from the ~~ch~~ liberation war. Adam van Vianen, Utrecht, 1614. ~~er~~ H. 38 cm, basin D. 70 cm. *Rijksmuseum, Amsterdam*

653 Ewer and basin, decorated with sea deities. Jan ~~ma~~, Amsterdam, 1647. Ewer H. 50·4 cm, basin D. 70 cm. ~~ksmuseum~~, *Amsterdam*

Basin, decorated with fishes. Christian van Vianen, ~~gland~~, 1635. *Victoria & Albert Museum, London*

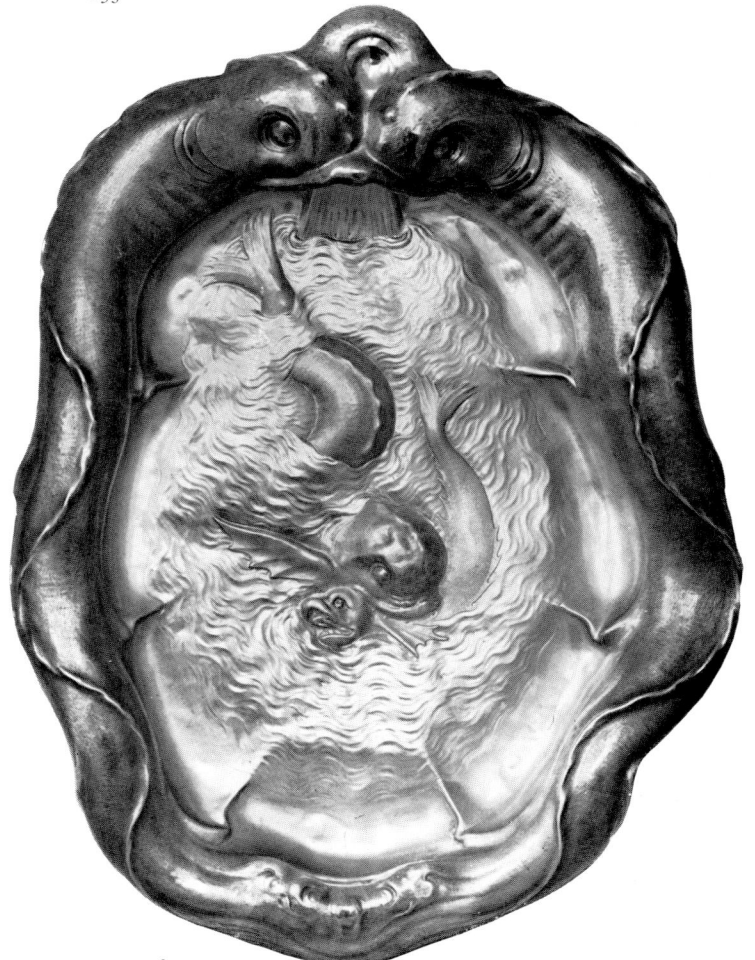

654

655

656

657

658

659

660

Ewer and basin, made for the inauguration of the Amsterdam Town
l. Jan Lutma, Amsterdam, 1655. Ewer H. 31 cm, basin D. 60·5 cm.
ksmuseum, Amsterdam

Ewer and basin. Hans Jacobsz Wesson, The Hague, 1640. Ewer 21·9
basin D. 55·9 cm. *The Royal Collection of Her Majesty Queen Elizabeth II*

657 'The Holte Dish'. London, 1671–72. D. 41·4 cm. *Museum & Art
Gallery, Birmingham*

658 Dish with engraved acanthus decoration. Giovanni Giardini, Rome,
1697. D. 54 cm. *Private owner*

659 Dish decorated with Amalasuntha, Queen of the Ostrogoths. Rome,
c. 1660–80. D. 50 cm. *Museo degli Argenti, Palazzo Pitti, Florence*

660 Dish decorated with Europa and the Bull. Carol Bolcool, Genoa,
1674. D. 54 cm. *Nationalmuseum, Stockholm*

661

662

661, 662 Ewer and basin. Paris, 1649. Attributed to R
Cousinet. Basin D. 73·5 cm. *State Armoury Museum, Krem*
Moscow

663 Basin with bacchic scenes. Johann Andreas The
Augsburg, 1714. D. 47 cm. *Grünes Gewölbe, Dresden*
664 Dish. Augsburg, *c.* 1720. 40 × 47·5 cm. *Museum*
Kunst und Gewerbe, Hamburg

663

664

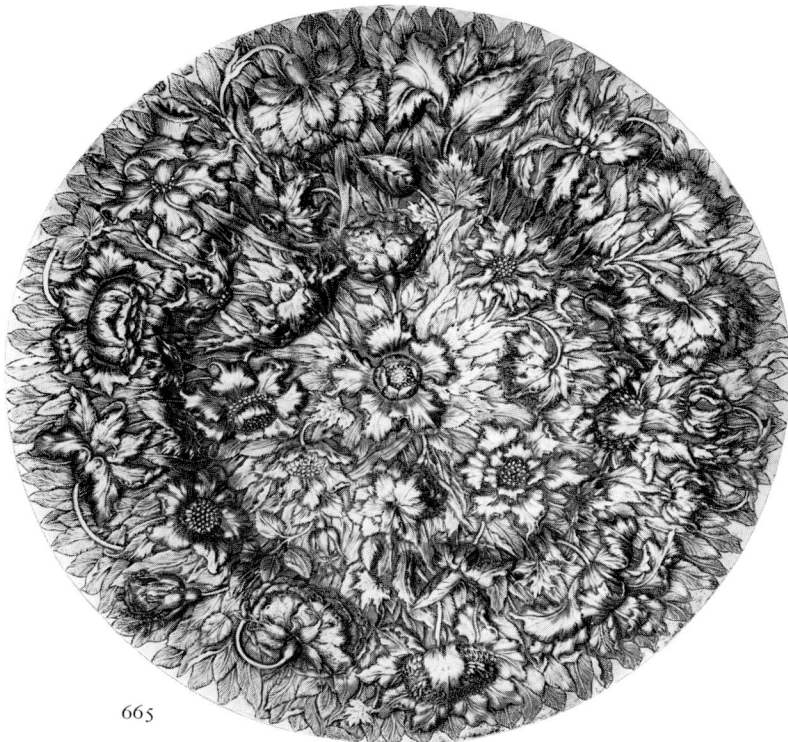

665

666

665 Dish. Hans Lambrecht, Hamburg, *c.* 1660. D. 41·5 cm. *Museum für Kunst und Gewerbe, Hamburg*

666 Ewer. Gold and rubies with engraved floral decoration. Dated 1650, and made for a Danish princess. German or Danish. H. 24·7 cm. *Det danske Kunstindustrimuseum, Copenhagen*

667 Drawing of a ewer, belonging to the Duc d'Aumont. *c.* 1690. *Nationalmuseum, Stockholm*

668 Ewer. Probably Paris, *c.* 1700–20. H. 25 cm. *Louvre, Paris*

667

668

670

Francois Desportes: oil painting depicting a baroque ewer. *Dépôt,*
res
Ewer. Nicolas Delaunay, Paris, 1697. H. 33 cm. *Poitiers Cathedral*
Ewer and basin. Charles Petit, Paris, 1674–75. Ewer H. 20·3 cm, dish
49·5 cm. *Ashmolean Museum, Oxford*

671

672

673

674

675

2 Ewer and basin, probably engraved by Simon Gribelin. Samuel astrell, London, 1717–18. Basin D. 50·4 cm, ewer H. 31·7 cm. *St John's llege, Cambridge*

3 Ewer and basin. Pierre Harache, London, 1701–02. *Earl Spencer, horp, England*

4 Ewer (one of two). Francis Garthorne, London, 1690–91. H. 24·1 cm. *e Royal Collection of Her Majesty Queen Elizabeth II*

5 Ewer. Pierre Platel, London, 1714–15. *Victoria & Albert Museum, ndon*

677

678

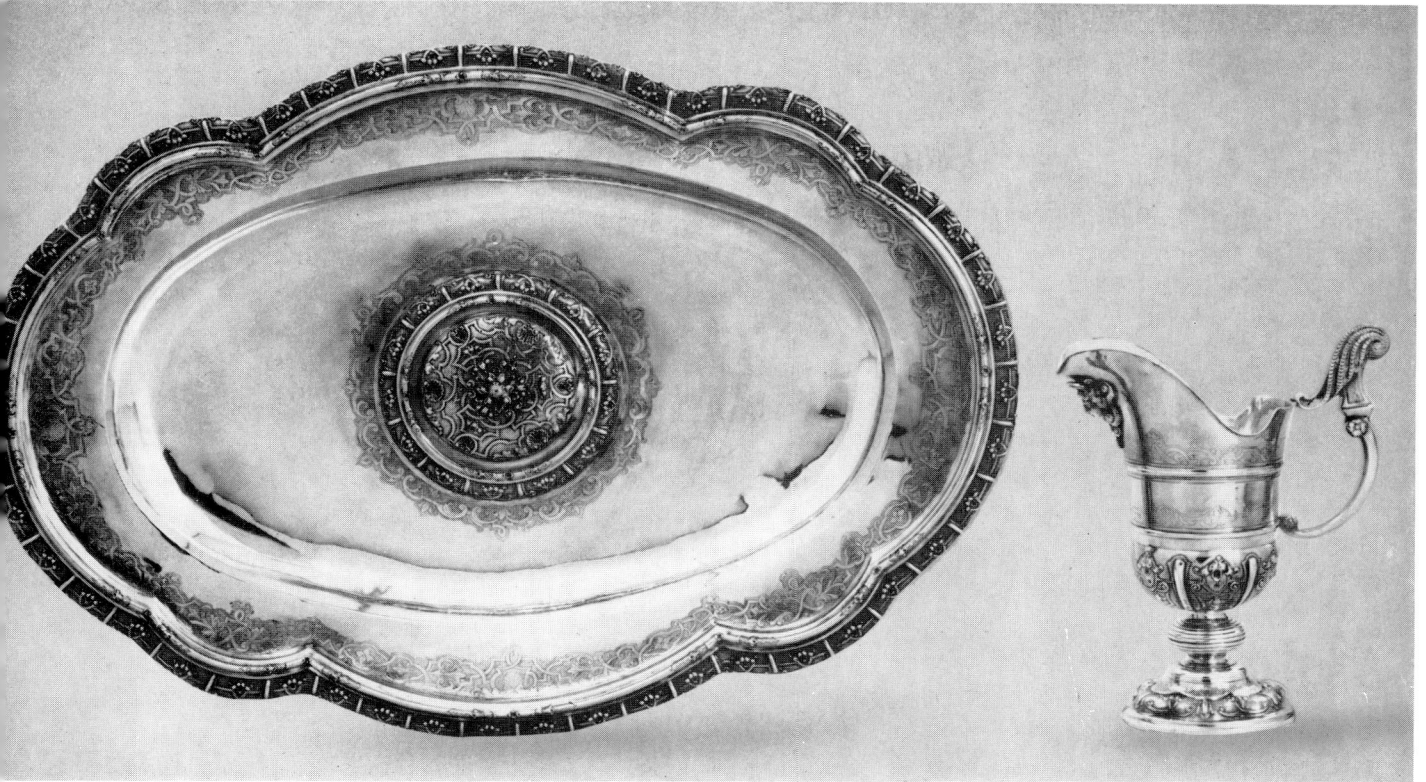

7 Ewer and basin. Johann Friedrich Brandmüller, Basel,
98. Ewer H. 27 cm, basin 59 × 47 cm. *Historisches
useum, Basel*

8 Ewer and basin with engraved decoration. Augsburg,
1700. Ewer H. 15·4 cm, basin 40·2 × 31 cm. *Städtische
nstsammlungen, Augsburg*

679 Ewer and basin. Jacob Wahren, Augsburg, *c.* 1715.
Ewer H. 21·5 cm. *Nationalmuseum, Stockholm*
680, 681 Ewer and basin. Augsburg, *c.* 1710. Ewer H 22
cm, basin D. 48 cm. *Museum für Kunsthandwerk, Frankfurt
am Main*

680

681

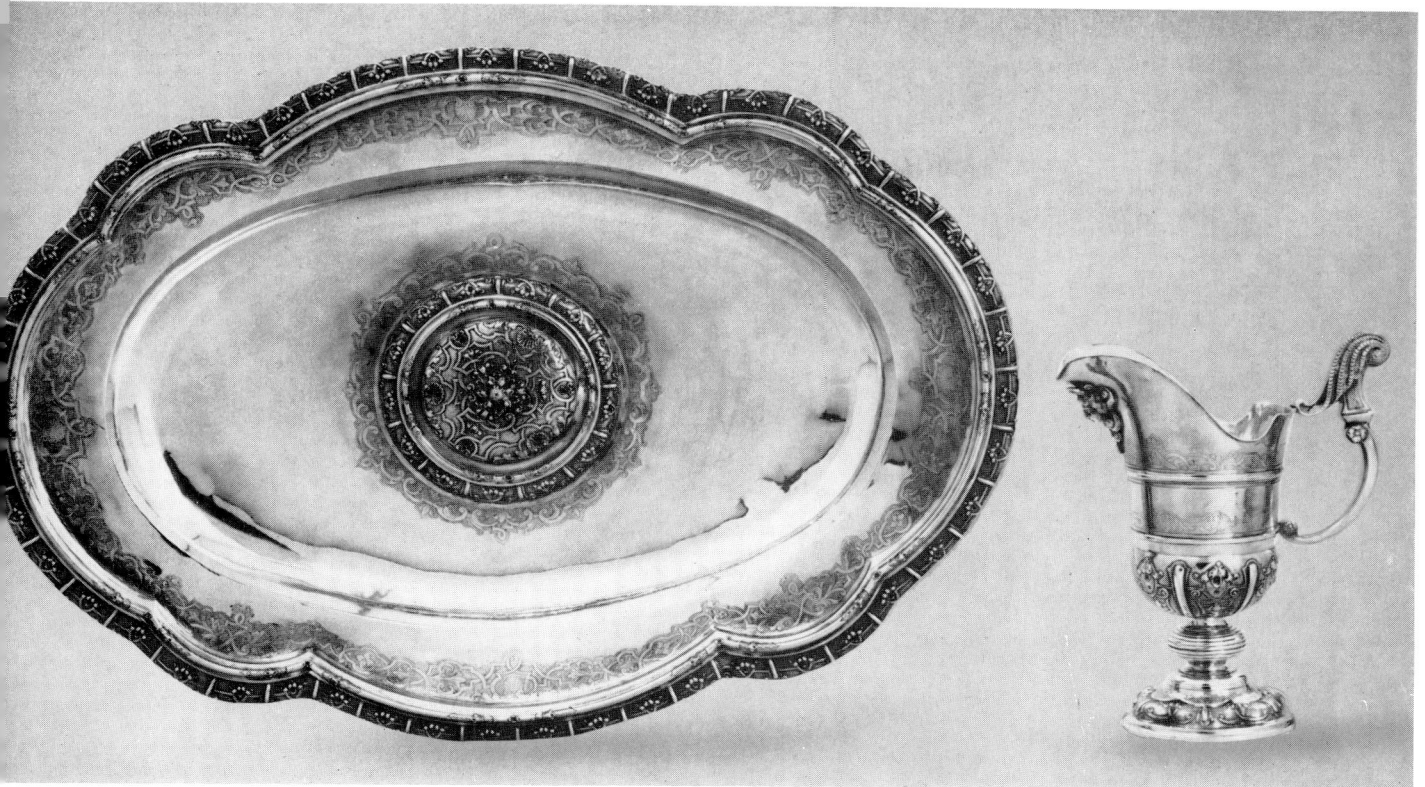

7 Ewer and basin. Johann Friedrich Brandmüller, Basel,
98. Ewer H. 27 cm, basin 59 × 47 cm. *Historisches
useum, Basel*
8 Ewer and basin with engraved decoration. Augsburg,
1700. Ewer H. 15·4 cm, basin 40·2 × 31 cm. *Städtische
nstsammlungen, Augsburg*

679 Ewer and basin. Jacob Wahren, Augsburg, *c.* 1715.
Ewer H. 21·5 cm. *Nationalmuseum, Stockholm*
680, 681 Ewer and basin. Augsburg, *c.* 1710. Ewer H 22
cm, basin D. 48 cm. *Museum für Kunsthandwerk, Frankfurt
am Main*

680

681

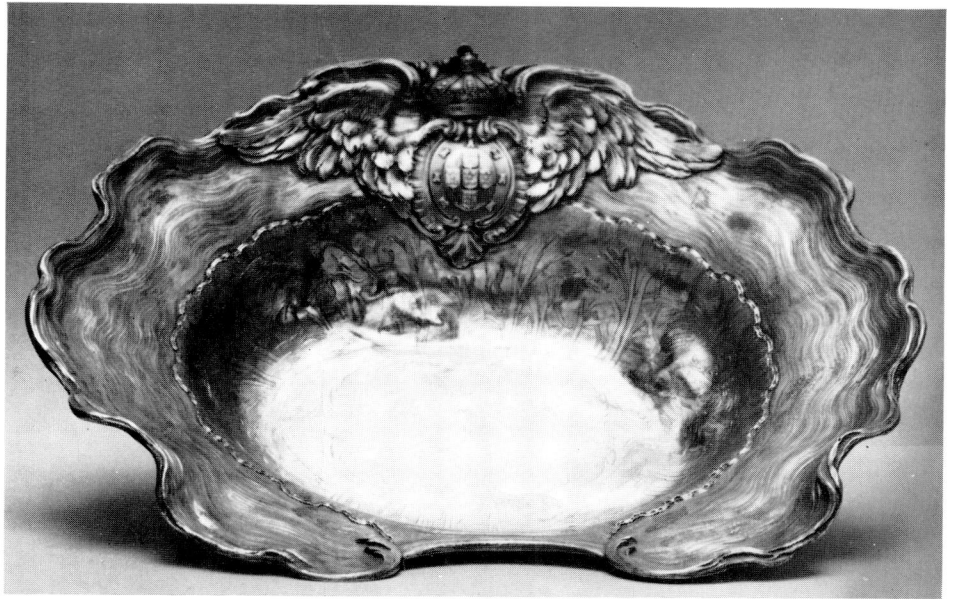

684

2 Ewer. François-Thomas Germain, Paris, 1756–57.
26·5 cm. *Museu Nacional de Arte Antiga, Lisbon*

683, 684 Ewer and basin for shaving. Antoine-Sebastien
Durand, Paris, 1752–53. Made for the King of Portugal.
Ewer H. 27 cm, basin 37 × 30 cm. *Museu Nacional de Arte
Antiga, Lisbon*
685 Ewer. Louis Samson, Toulouse, 1761–62. H. 26 cm.
Musée des Arts Décoratifs, Paris
686 Ewer and basin. Joseph-Pierre-Jacques Duguay, Paris,
1761–62. Ewer H. 24·5 cm, basin L. 34·9 cm. *Metropolitan
Museum, New York*

686

687

688

687 Ewer and basin, with the coat of arms of the Goldsmiths' Company in relief. Paul de Lamerie, London, 1741–42. Ewer H. 37·5 cm, basin D. 79 cm. *Goldsmiths' Company, London*

688 Basin. Paul de Lamerie, London, 1736–37. D. 69 cm. *Private owner*

689, 690 Ewer and basin. Augsburg, 1745–47. Ewer H. 26·3 cm, basin D. 45·8 cm. *Bayerisches Nationalmuseum, Munich*

691 Luigi Valadier: design for a ewer, Rome, 1769–70. *Pinacoteca Communale, Faenza*

689

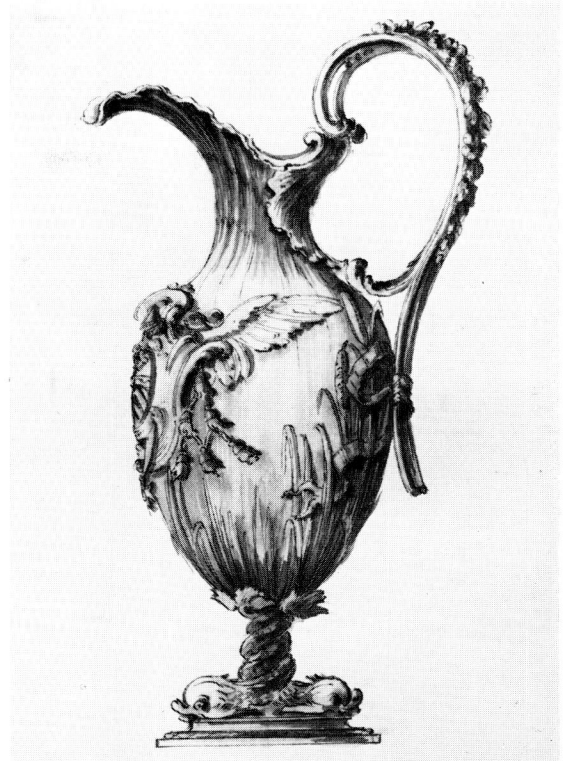

691

690

MOINSAC • AÎNÉ •

692

693

92 Ewer. Signed 'Vinsac ainé'. Toulouse, c. 1770.
. 26 cm. *Musée des Arts Décoratifs, Paris*

93 Ewer and basin. Jean-Baptiste-François Chéret,
aris, 1776. Ewer H. 34 cm, basin L. 48 cm. *Collezione
ulgari, Rome*

94 Ewer and basin. Thomas Chancellier, Paris,
764–65. Ewer H. 33 cm, basin L. 35·5 cm.
ijksmuseum, Amsterdam

694

695

696

697

698

699

699a

699b

699, 699a, 699b, 699c Toilet service. Paris, 1659–69. Bo[x]
L. 27·8 cm, mirror H. 61 cm, brush H. 26 cm. *Rosenbor[g]
Castle, Copenhagen*

699c

Toilet service. Paris, 1669–71. Most pieces
marked by Pierre Prevost. The Royal arms of William and
Mary added in 1677, when they married. *Devonshire Collection, Chatsworth, England*

701

701a

702

701, 701a Toilet service. Paris, *c.* 1670. Mirror H. 72·4 cm,
salver W. 40 cm. *Private owner*
702 Gantière and two candlesticks from the Lennoxlove
service. Paris, 1666 and 1661. Gantière H. 7 cm, candle-
stick H. 31 cm. *Royal Scottish Museum, Edinburgh*

3 Gantière with Aeneas leaving the burning Troy, in
lief. Paris(?), *c.* 1670. D. 22 cm. *Private owner*

4, 705, 706, 707 Jean Berain: designs for a toilet service.
ewer and basin, b) casket with pin cushion, c) bottle,
1700. *Nationalmuseum, Stockholm*

703

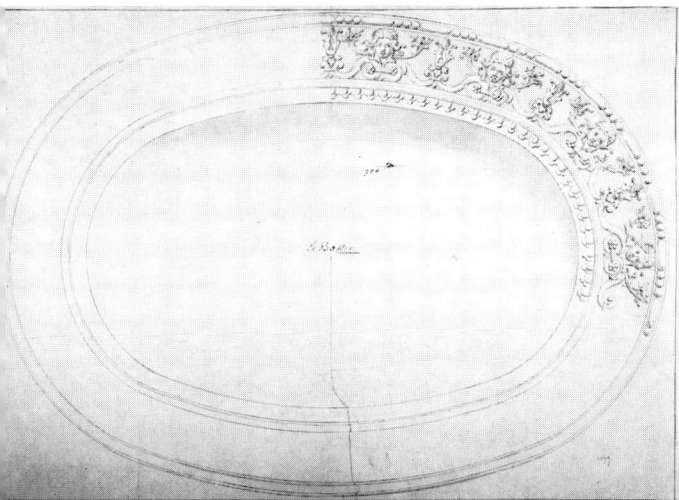

4

706

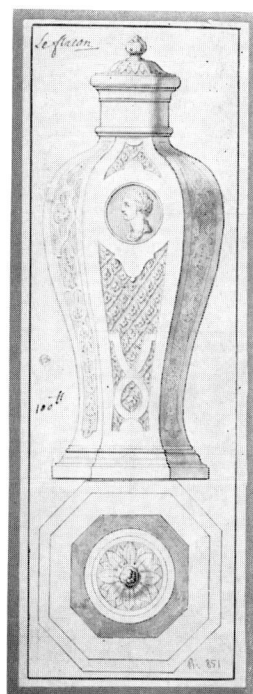

707

708

708a

708, 708a 'The Calverly service'. London, 1683–84. V
toria & Albert Museum, London

709 Toilet service with chinoiseries in flat chasing. Lond
c. 1680. Victoria & Albert Museum, London
710 Gantière from a toilet service. Pierre Harache, Lond
1695–96. W. 40·6 cm. The Wernher Collection, Luton H
England

710

711

711a

712

711a Toilet service with its case. Tobias Baur, Augs-
g, c. 1700. Case 102 × 42·6 × 30·2 cm. *The Huelsmann*
lection, Hamburg
  Ewer and basin from the 'Agate Service'. Tobias Baur,
gsburg, c. 1700. Ewer H. 22 cm, basin 38 × 31 cm.
manisches Nationalmuseum, Nuremberg

713 Toilet service with its case. Lisbon, c. 1700. Case H.
45 cm. *Museu de Artes Decorativas, Lisbon*

714

715

715a

714 Toilet service with its case, decorated with in
enamel plaques. Johann Erhard Heuglin II, Augsbu
c. 1720. Case 37 × 84·5 × 58·7 cm, beakers H. 15·2 c
soap bowl H. 7·8 cm. *Museum für Kunst und Gewer
Hamburg*

715, 715a Gantière from a toilet service. Paris, c. 17
D. 17·1 cm. *Metropolitan Museum, New York*

716, 717, 718 Mirror, vase and box from Empress Ann
toilet and breakfast service. Gold. The mirror signed
Johan Ludwig Biller, Augsburg, 1730–40. Vase H. 18·5 c
box L. 13 cm. *The Hermitage Museum, Leningrad*

716

7

718

719

719, 720, 721, 722 Box, salver (gantière), vase and brus
from a toilet service. Paul de Lamerie, London, 1724–2:
Salver W. 12·7 cm, box H. 10·1 cm, vase 15·8 cm, brus
L. 7·7 cm. *Ashmolean Museum, Oxford*

720

721

22

723

723a

724

723, 723a Toilet service made for the Portuguese Duke of Cadaval. Paris, 1738–39, made by several goldsmiths. Lid of a rectangular box. *Gift of the Elizabeth Parce Farestone Collection Fund. Detroit Institute of Art*

724, 725 Ewer and basin and two boxes, from a toilet and breakfast service. Once in the possession of Empress Catherine II. Johann Michael Satzger, Augsburg, 1757–59. Ewer H. 26 cm, basin 405 × 31 cm, large box L. 19 cm, small box L. 16 cm. *Germanisches Nationalmuseum, Nuremberg*

726 Ewer and box from the toilet and breakfast service made for Emperor Francis I. Gold. Anton Maria Domanek, Vienna, *c.* 1750. Ewer H. 24·7 cm, box H. 8·7 cm. *Kunsthistorisches Museum, Vienna*

725

726

727

727a

727, 727a, 727b Toilet service of Queen Caroline Mathild of Denmark. Thomas Heming, London, 1766–67. Mirro H. 68·4 cm, ewer H. 32·4 cm, urns H. 19·5 cm, oval boxe (larger) 261 × 195 cm, (smaller) 192 × 141 cm. *Det dansk Kunstindustrimuseum, Copenhagen*

727b

728

728, 728a Toilet service made for Queen Sofia
Magdalena of Sweden. Daniel Smith and Robert
Sharp, London, 1779–80. Mirror H. 79·5 cm, ewer H.
27·5 cm, basin D. 30·3 cm. *Royal Armoury, Stockholm*
729 Toilet service made for Empress Catherine II.
François–Thomas Germain, Paris, 1764–65.
The Hermitage Museum, Leningrad

728a

729

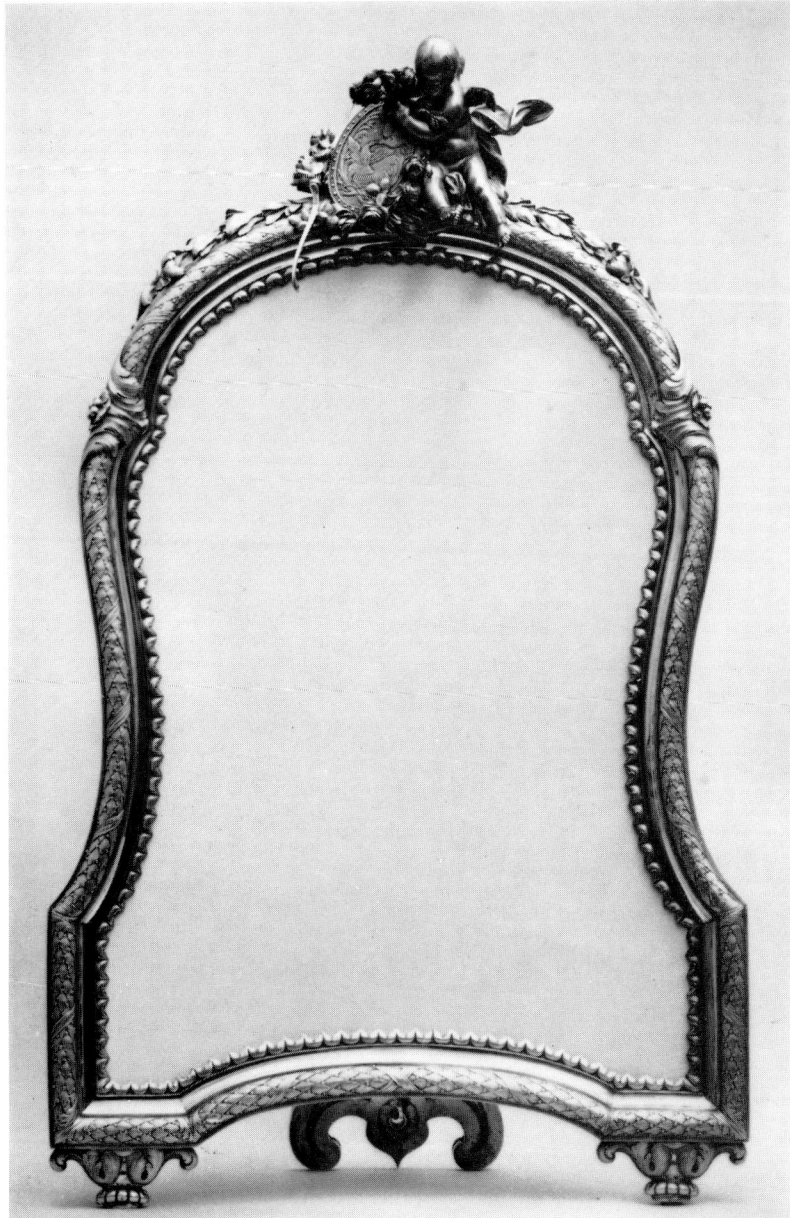

730

730, 731, 732 Mirror, ewer and box from a toilet service made for the Portuguese court. François-Thomas Germain, Paris, different dates between 1760 and 1765. Mirror H. 42·? cm, ewer H. 24 cm, box L. 57 cm. *Museu Nacional de Arte Antiga, Lisbon*

731

732

3 Toilet service made for the Grand Duchess
Alexandrine of Mecklenburg-Schwerin. Jean
George Humbert and others, Berlin, 1822.
Mirror H. 75 cm. *Museum für Kunst und Gewerbe,
Hamburg*

4 Toilet service (nécessaire), made for Desirée
Clary, later Queen of Sweden. Marie-Joseph-
Gabriel Genu, Paris, 1806–09. H. 17 cm. *H.M.
the King of Sweden*

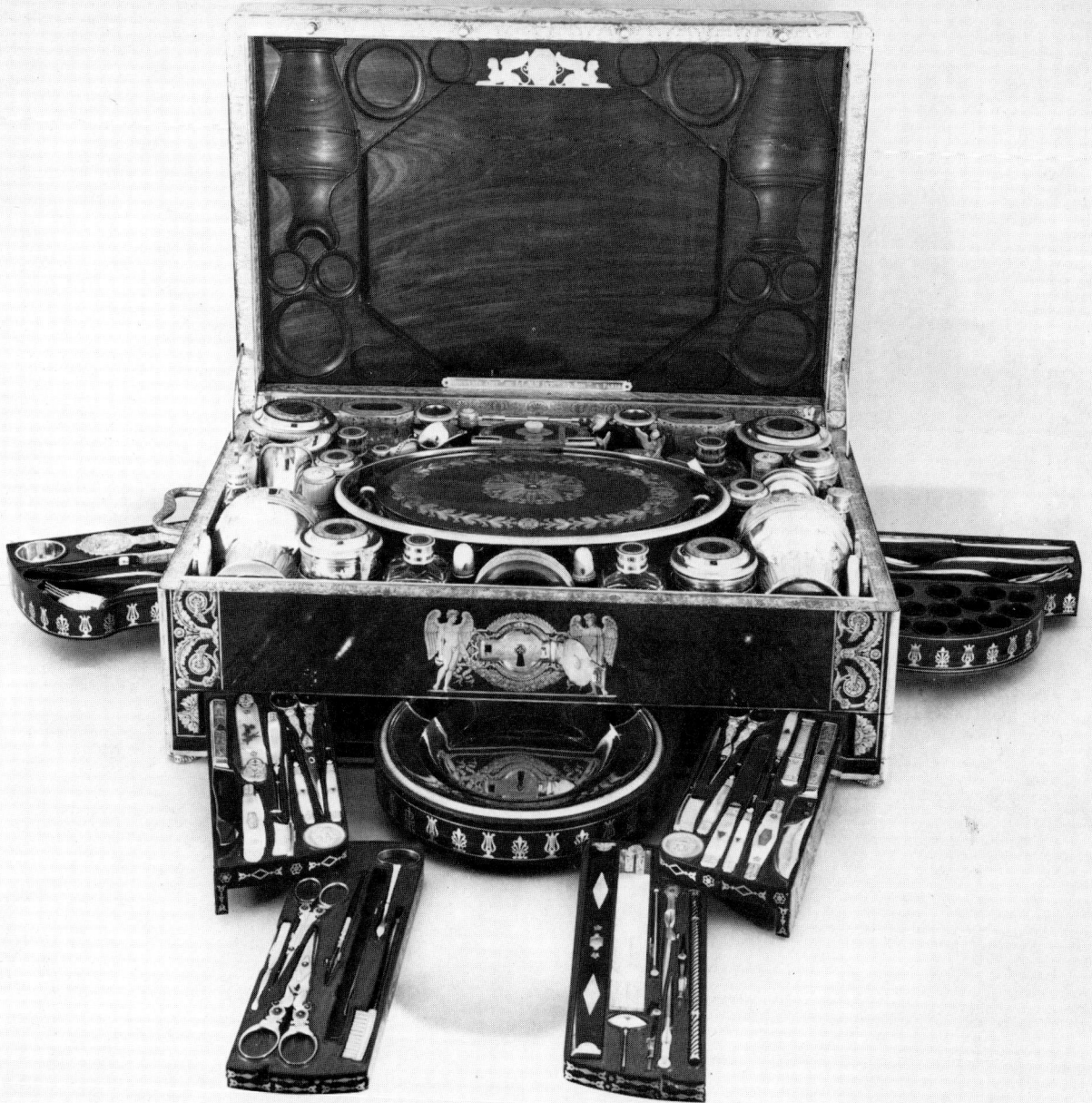

735

735a

735, 735a Toilet service (nécessaire), made f
Empress Marie Louise. Martin Guillaur
Biennais, Paris, 1810. 50 × 56 × 36 cm. *Schat
kammer, Residenz, Munich*

736

737

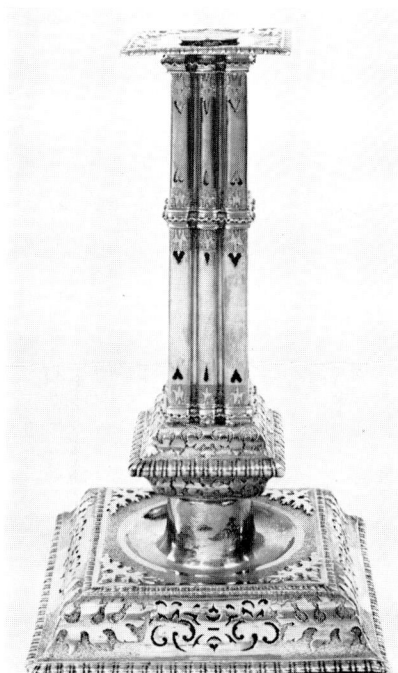

738

739

736 Candlestick (one of a pair) with stem similar to a classical column. London, 1692–93. H. ?·1 cm. *Middle Temple, London*

737 Spiral-stemmed candlestick. Nicolas ?ensman, Leeuwarden, 1670. H. 30 cm. *Fries ?useum, Leeuwarden*

?8 Cluster column candlestick. Middelburg, 1690. *Victoria & Albert Museum, London*

?9 Candlestick (one of a pair) with nearly round ?ot. Gilliam Bosche, The Hague, 1661. H. 34 cm. ?edelijk Museum de Lakenhal, Leiden

?0 Candlestick (one of a pair). Paris, 1636–37. ?. 10 cm. *Louvre, Paris*

?1 Cluster column candlestick with hexagonal ?ot. Robert Smytheir Shelley, London, 1666. ?. 24·1 cm. *City of Hereford, England*

740

741

743

744

745

746

747

745 Candlestick. English, London hallmark for 1720–21. *Victoria & Albert Museum, London*
746 Candlestick from the toilet service number 719–722. Paul de Lamerie, London, 1724–25. H. 16·5 cm. *Ashmolean Museum, Oxford*
747 Candlestick (one of a pair). Benedetto Picconi, Rome, 1743–57. *Private owner*

748

8 Candelabrum. Pieter Mouritz, Amsterdam, 1738. H.
cm. *Rijksmuseum, Amsterdam*
9 Candlestick. Gold. From Empress Anna's toilet service
mber 716–718. Augsburg, 1730–40. H. 42 cm. *The*
rmitage Museum, Leningrad
0 Candlestick (one of four). Johan Bress, Stockholm, 1713.
20 cm. *Nationalmuseum, Stockholm*

751

752

753

754

751 Oil painting. Portrait of Thomas Germain and his wife.
The goldsmith points towards a candelabrum of rich rococo
design. *Calouste Gulbenkian Museum, Lisbon*

752 Candelabrum. Jean-Baptiste-François Chéret, Paris,
1768–69. H. 34·3 cm. *Metropolitan Museum, New York*

753 Candelabrum. Simon Le Sage, London, 1758–59. H.
46 cm. *National Trust, Ickworth, England*

754 Candelabrum with putti. François-Thomas Germain,
Paris, 1750–60. H. 46 cm. *Calouste Gulbenkian Museum,
Lisbon*

755 Candelabrum, made after design by Juste Aurèle
Meissonier, Claude Duvivier, Paris, 1734–35. H. 39 cm.
Musée des Arts Décoratifs, Paris

755

756 Candlestick. English, London, 1767. *Victoria & Albert Museum, London*
757 Candlestick from the toilet service number 727. Possibly Emick Rome London, 1766–67. H. 25·8 cm. *Det danske Kunstindustrimuseum, Copenhagen*
758 Candlestick. Venice, *c.* 1750. H. 25 cm. *Collezion Gatti-Casezza, Venice*
759 Candlestick (one of a pair). Johannes Siotteling, Amsterdam, 1766. H. 26 cm *Rijksmuseum, Amsterdam*

760 Candlestick from the Creutz service number 422. Robert-Joseph August Paris, 1775–76. H. 32 cm. *Royal Palace, Stockholm*
761 Candlestick. Gold. France, 1770–80. H. 17·2 cm. *The Wallace Collection, Lond*
762 Candelabrum from the Orloff service. Jacques-Nicolas Roettiers, Paris, 1770–7 *The Hermitage Museum, Leningrad*
763 Candelabrum (one of twelve). William Pitts, London, 1788–89. *Earl Spence Althorp, England*
764 Candlestick. Matthew Boulton and John Fothergill. Birmingham, 1774–7 H. 29·8 cm. *Birmingham Assay Office*
765 Candlestick. Vincenzo Coaci, Rome, 1792. H. 21 cm. *Collezion Francesco Gius Rome*

756

757

758

759

761

762

763

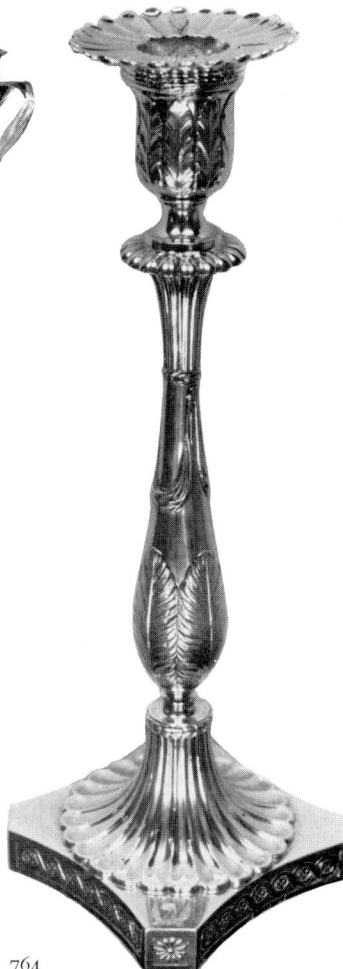

764

765

766

767

768

766 Candelabrum from the so-called 'Brasilian Service'. Char[.] Odiot, Paris, 1820–30. H. 56 cm. *H.M. The King of Sweden*
767 Candelabrum (one of four). Benjamin Smith and Dig[.] Scott, London, 1810–11. H. 69·8 cm. *Mansion House, London*
768 Candelabrum with soldiers and military emblems. Benjam[in] Smith, London, 1816–17. H. 144·8 cm. *Wellington Museu[m] Apsley House, London*

769 Oil lamp. Antonio de Caporali, Rome, 1796. H. 91 cm. *Private owner*
770 Drawing of snuffer and stand from the silver service of Louis XIV. Probably delivered 1687. *Nationalmuseum, Stockholm*
771 Snuffer and stand, belonging to the toilet service number 719–722. Paul de Lamerie, London, 1724–25. L. 17·1 cm. *Ashmolean Museum, Oxford*

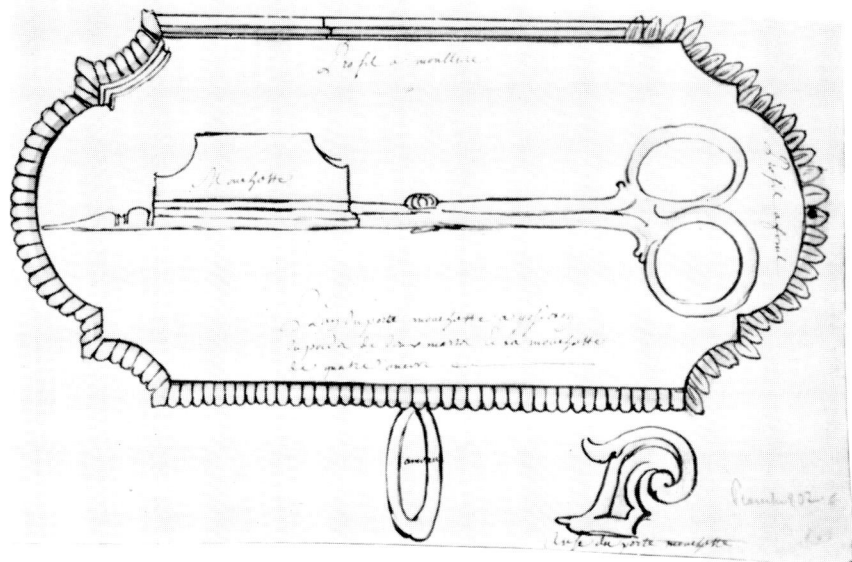

9   770

772

772 Jasper bowl, probably late Roman. Mounted in silve[r] by Giusto da Firenze(?) Florence, 1450–1500. From th[e] treasury of Lorenzo il Magnifico. H. 22 cm. *Museo deg[li] Argenti, Palazzo Pitti, Florence*

773 Casket with engraved rock crystal panels. Valerio Bel[l] 1525–32. Ordered by Pope Clement VII. H. 15 cm. *Mus[eo] degli Argenti, Palazzo Pitti, Florence*

774, 774a, 774b, 774c Salt. Gold and enamel. Benvenut[o] Cellini, 1540–43. Made in Paris for François I of Franc[e] H. 26 cm. *Kunsthistorisches Museum, Vienna*

773

4

a

b

774c

775

776

777

778

775 'Cassetta Farnese'. Inset rock crystal panels. Manno di Bastiano Sbarri, 1543-61. H. 49 cm. *Museo Nazionale, Naples*

776 Casket with inset stones and pearls. Italy, *c.* 1550. 117·6 × 37·8 × 26·5 cm. *Schatzkammer, Residenz, Munich*

777, 777a Urn. Lapis lazuli mounted in gold and enamel. After a design by Bernardo Buontalenti. Giacomo Bilivert (Bylivelt), Florentine court workshop, 1583. H. 40·5 cm. *Museo degli Argenti, Palazzo Pitti, Florence*

778

779

780

780a

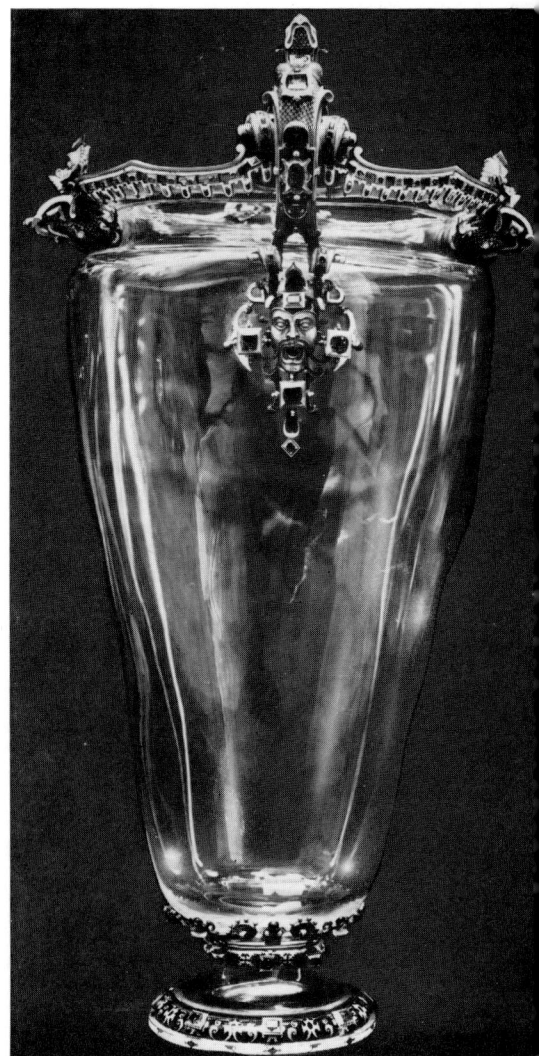

781

78 Gold handle of a lapis lazuli ewer. Possibly Gia-
omo Bilivert (Bylivelt), Florentine court workshop,
1580. H. 36·1 cm. *Kunsthistorisches Museum, Vienna*

79 'Hercules'. Gold. Probably modelled by Michele
Mazzafirri, 1581. Detail from a jasper bowl. *Museo degli
rgenti, Palazzo Pitti, Florence*

80, 780a Bowl. Lapis lazuli mounted in gold. Floren-
ne court workshop, c. 1580. H. 17 cm. *Kunsthistorisches
Museum, Vienna*

81 Vase. Rock crystal, mounted in gold with precious
ones and enamel. Odoardo Vallet. Florentine court
orkshop, 1618. H. 38 cm. *Museo degli Argenti, Palazzo
tti, Florence*

82 Bowl. Prase, mounted in gold. Florentine court
orkshop, c. 1580. H. 19·3 cm. *Kunsthistorisches
Museum, Vienna*

83 Salt. Onyx and gold. Florentine or French, c. 1590
. 17·5 cm. *Tesoro del Delfin, The Prado Museum,
adrid*

84 'The Rospigliosi Cup'. Gold and enamel. Possibly
iacomo Bilivert. Florentine court workshop, c. 1580.
. 19·6 cm. *Metropolitan Museum, New York*

782

3

784

785

785 Casket. Mother-of-pearl, mounted in silver. Paris, 1532–33. H. 28 cm. *Private owner*

786, 786a Casket. Gold. Paris(?), *c.* 1645. Said to have been a gift from Cardinal Mazarin to Queen Anne of Austria. 22 × 45 × 34 cm. *Louvre, Paris*

786

786a

787

788

787 'The Onyx Ewer'. Mounted in gold with enamels. French, c. 1550. H. 27·1 cm. *Kunsthistorisches Museum, Vienna*
788 Cover for a rock crystal bowl. Gold and enamel, with emblems of Henri II and Diane de Poitiers. French, c. 1550. H. 23 cm. *Museo degli Argenti, Palazzo Pitti, Florence*
789 Bowl, jasper, and bottle, agate, with silver mounts. Paris, 17th century. Bowl H. 13 cm, bottle H. 23 cm. *Tesoro del Delfin, The Prado Museum, Madrid*

789

790

790a

790b

791

790, 790a, 790b Rudolph II's crown, the 'Hauskrone'. Gold, precious stones, enamel. Probably Jan Vermeyen, Prague court workshop, 1602. H. 28·6 cm. *Weltliche Schatzkammer, Vienna*

791 'The sleeping Argus'. Embossed relief. Paulus van Vianen, Prague, 1610. 13 × 15·6 cm. *Rijksmuseum, Amsterdam*
792 Nut from the Seychelles, mounted in silver. Anton Schweinberger, Prague court workshop, 1587–1603. H. 38 cm. *Kunsthistorisches Museum, Vienna*
793 Ewer. Jasper mounted in gold. Paulus van Vianen, Prague, 1608. H. 35·9 cm. *Kunsthistorisches Museum, Vienna*

792

793

794

794, 794a St George. Statuette. Gold, precious stones, enamel. Possibly Hans Schleich and Abraham Lotter the elder, Munich, *c.* 1590. The plinth altered in the first part of the 17th century. H. 50 cm. *Schatzkammer, Residenz, Munich*

795 'Diana Bathing'. Cup, gold, enamel, precious stones. Johann Melchior Dinglinger, Dresden, 1704. H. 38 cm. Ivory figure by Balthasar Permoser. *Grünes Gewölbe, Dresden*

796 Coffee service. Gold, enamel, ivory. Johann Melchior Dinglinger, Dresden, 1701. H. 50 cm. *Grünes Gewölbe, Dresden*

94a

795

796

797

797, 797a-g 'The Birthday Reception of the Grand Mogul Aurangzeb'.
Gold, enamel. Johann Melchior Dinglinger, Dresden, 1707. 58 × 142 ×
114 cm. *Grünes Gewölbe, Dresden*

797a

797b

07c

797e

797f

7d

797g

798

799

800

801

802

Two-handled bowl. Gold and enamel. Hans Karl,
burg, c. 1600. H. 12·5 cm. *Museo degli Argenti, Palazzo*
, Florence

The crown of Christian IV of Denmark (detail).
d, enamel, precious stones. Possibly Dirk Fyring and
vinianus Saur, Copenhagen, 1596. H. 17·5 cm.
nborg Castle, Copenhagen

Bridal crown. Denmark. c. 1525. *Nationalmuseet,*
enhagen

Vessel for holy oil, used at the coronation of kings of
den. Gold, enamel, precious stones. Peter Kiämpe,
kholm, 1606. H. 15·5 cm. *The Regalia Collection,*
l Palace, Stockholm.

Pilgrims bottle. Gold and enamel. Signed 'Hans
, 1602.' Salzburg. H. 22·5 cm. *Museo degli Argenti,*
zzo Pitti, Florence

803a Rock crystal bowl, mounted in gold and
ious stones, after a design by Hans Holbein the
nger. Probably English court workshop, c. 1540. Once
e possession of Henry VIII. H. 16 cm. *Schatzkammer,*
denz, Munich

803a

804

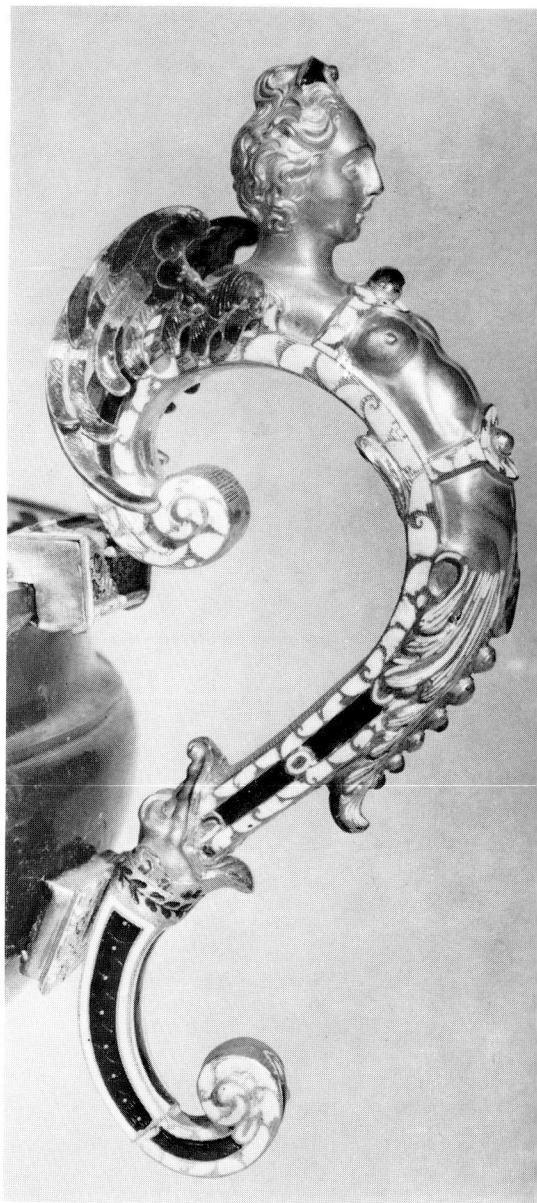

804a

805

804, 804a Bowl. Jade, mounted in gold, enamel, preci[ous] stones. The Saracchi workshop, Milan, *c.* 1580. H. 22 *Louvre, Paris*

805 Vase. Rock crystal, mounted in gold with preci[ous] stones, etc, on the cover the figure of Neptune in gold. Saracchi workshop, Milan, *c.* 1579. H. 51·5 cm. *Sch[atz]kammer, Residenz, Munich*

806 Jasper bowl mounted in silver. Wenzel Jamnit[zer], *Nuremberg, c.* 1560. H. 22 cm. *Schatzkammer, Reside[nz], Munich*

807 Drinking bowl. Agate, in the form of a ship. Moun[ted] in silver. Johannes Lencker, Augsburg, *c.* 1625–30. H. [...] cm. *Schatzkammer, Residenz, Munich*

807

808

809

810

810a

8 Writing casket. On the cover an embossed figure,
hilosophy'. Wenzel Jamnitzer, Nuremberg, 1562. H.
cm. *Grünes Gewölbe, Dresden*

9 Jewel casket. After a design by Wenzel Jamnitzer,
arked by Nicolaus Schmidt, Nuremberg, *c.* 1585. H. 50 cm.
rünes Gewölbe, Dresden

o, 810a Writing casket, 'style rustique'. Wenzel Jam-
zer, Nuremberg, *c.* 1570. 7·8 × 23 × 10·4 cm. *Kunst-
torisches Museum, Vienna*

1 Jewel casket. Wenzel Jamnitzer, Nuremberg, *c.* 1560.
·5 × 36·5 × 21 cm. *Schatzkammer, Residenz, Munich*

811

812

813

812 Casket. Silver and copper gilt, of a ty
attributed to Jacob Mores the Elder. Southern (
c. 1580. H. 41 cm. *Grünes Gewölbe, Dresden*
813 Casket with panels in mother-of-pearl. H
nitzer, Nuremberg, c. 1580. 18·5 × 24·9 ×
Württembergisches Landesmuseum, Stuttgart

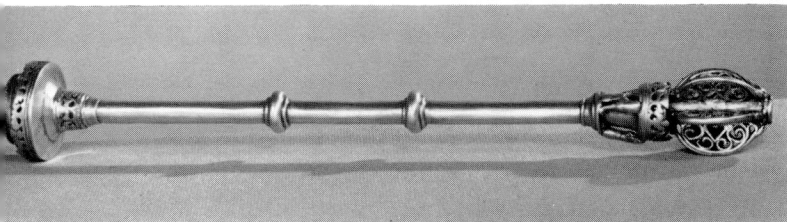

817a

818

Mace. Partly steel. Engraved arms of England in the reign of Henry VII. England, 90. L. 41·3 cm. *City of Southampton*
Mace made for the coronation of Charles II in 1660. L. 138·5 cm. *Tower of London*
Mace. Giuseppe Bartolotti, Rome, 1755–60. H. 82 cm. *City of Spoleto Museum*
, **817a** Mace from the treasury of the Ordre du St Esprit, Paris, 1584–85. H. 109 cm. *vre, Paris*
Mace. Giovanni Giardini, Rome, *c.* 1710. H. 114 cm. *Victoria & Albert Museum, don*

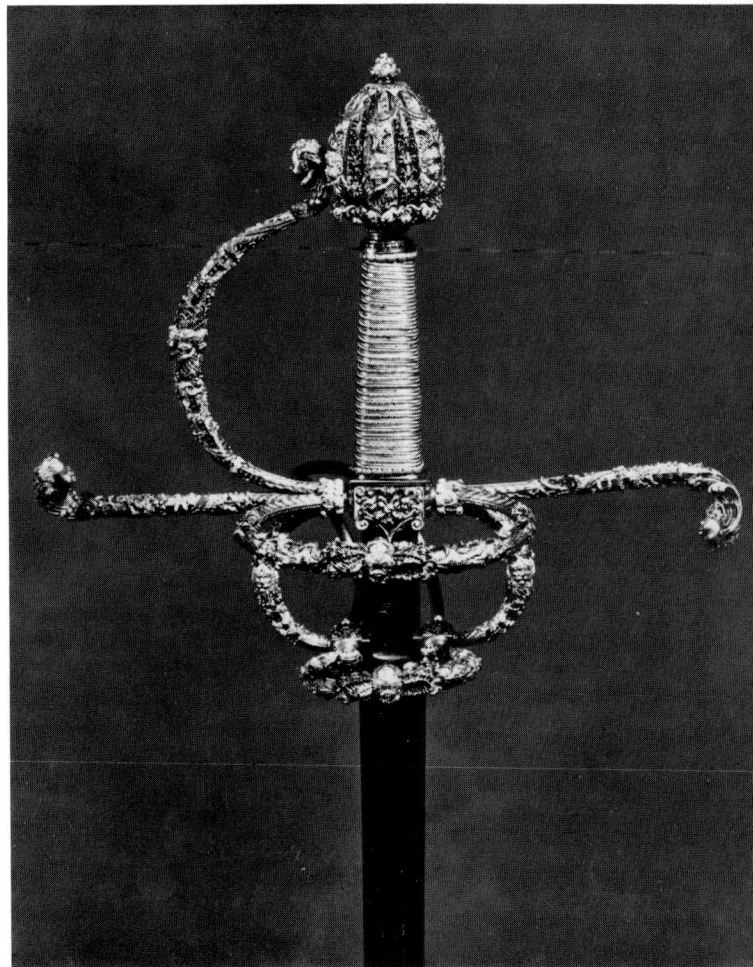

819 Sword with gold hilt. Mentioned in an inventory of the wardrobe of Maximilian, King of Bohemia, later emperor 1564. Florence or Milan. The sword L. 123 cm. *Waffensammlung, Vienna*

820 Sword, given by Pope Innocentius VIII to Landgrave Wilhelm I of Hesse. Rome, 1492. L. 138 cm. *Staatliche Kunstsammlungen, Kassel*

821 The so-called sword of Boabdil. Gold filigree, enamel. Granada, 15th century. L. 135 cm, hilt 35 cm. *Staatliche Kunstsammlungen, Kassel*

822 'The Danish Sword of State'. Attributed to Johan Siebe, Copenhagen, 1551. L. 135 cm, hilt L. 35 cm. *Rosenborg Castle, Copenhagen*

819

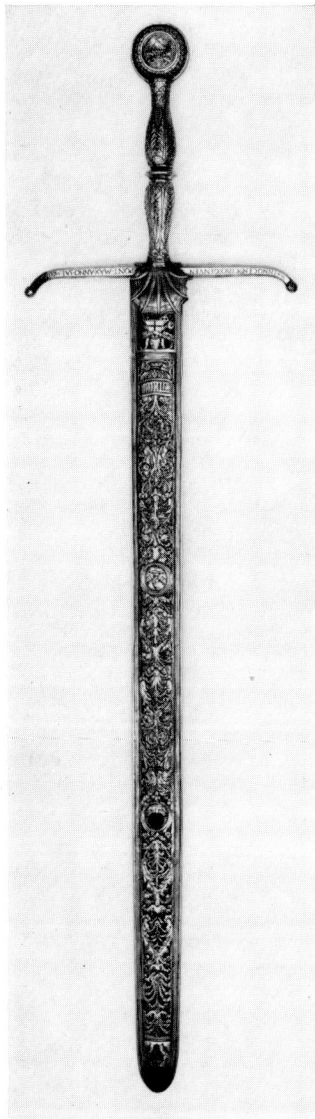

820

821

822

823

823 The 'Pfälzer Schwert'. (Detail). Abraham Drentwett, Augsburg, 1653. H. 96·5 cm. *Schatzkammer, Residenz, Munich*

824 Sword, given by Pope Alexander VIII to the Venetian Doge Francesco Morosini. Rome, 1689. *San Marco, Venice*

825 Hilt of a sword made for Napoleon as First Consul. Boutet-page, Paris, 1799–1804. L. 95 cm. *Musée de Malmaison, France*

824

825

826

827

828

826 Book cover. Possibly Thomas Rockenbach, Bamberg, *c.* 1490. *British Museum, London*

827 The 'Tucher Stammbuch'. Detail of silver mounts on the cover. Hans Keller, Nuremberg, 1582–1609. *Germanisches Nationalmuseum, Nuremberg*

828 Book cover. Johann Andreas Thelot, Augsburg, about 1715. H. 15 cm. *Bayerisches Nationalmuseum, Munich*

829 Book cover. Anton Eisenhoit, Warburg, *c.* 1590. 35·3 × 23·3 cm. *Private owner*

830 Book cover for 'Breviarium Grimani', lower side. Silver on velvet. 1574. *Biblioteca Marciana, Venice*

830

831

831 Bell, decorated in 'style rustique'. Wenzel Jamnitzer, Nuremberg, *c.* 1585. H. 13·3 cm. *British Museum, London*
832 Tobacco jar. Abraham Fortman, Leiden, 1764. H. 15·5 cm. *De Lakenhal, Leiden*

832

833 Chalice. Venice, 1450–75. H. 27 cm.
Victoria & Albert Museum, London

833

834

835

836

837

834 Chalice. Guillaume Floch (?), Morlaix, 16th century. H. 34·5 cm. *Parish church, St-Jean-du-Doigt, France*
835 Chalice. Arras, *c*. 1510. H. 30 cm. *Parish church, St Quiriace, Provins, France*

836 Chalice, gold. Hans Huauff, Halle, 1500–10. H. 24·5 cm. *Uppsa Cathedral*
837 Chalice. Basel, 1515. H. 23 cm. *Catholic Church, Strassberg, Hohe zollern, Germany*

838

839

840

841

838 Chalice, decorated with filigree work. Transylvania, c. 1480. H. cm. *Esztergom Cathedral, Hungary*

839 Chalice. Maker's mark *Pedro*. Avila, c. 1490. *Victoria & Albert Museum, London*

840 Chalice. Anton Eisenhoit, Warburg, 1588. H. 24 cm. *Private owner*

841 Chalice. Portugal, 1600–1625. H. 36·5 cm. *Museu National de Arte Antiga, Lisbon*

842

843

844

845

846

847

848

849

850

851

852

849 Chalice. Gold, enamel, precious stones. South Germany, 1608. H. 22·8 cm. *Metropolitan Museum, New York*

850 Chalice. Gold and enamel. Possibly Denmark, probably 1583. H.21·6 cm. *Rosenborg Castle, Copenhagen*

851 Chalice. Gold. The knop is white enamelled. Possibly North Germany, 1632. H. 23 cm. *Rosenborg Castle, Copenhagen*

852 Chalice. Gold and enamel. Amsterdam, 1634. H. 18 cm. *Skara Cathedral, Sweden*

853

854

855

856

853 Chalice. Venice, *c.* 1740. *Santa Maria Formosa, Venice*
854 Chalice. Venice, 1750. *Santa Maria del Giglio, Venice*

855 Chalice. Italy, *c.* 1750. H. 28 cm. *Museo degli Argenti, Palazzo Pitti, Florence*
856 Chalice with inset corals. Trapani, 1700–1725. *Museo Pepoli, Trapani*

857

858

859

860

1

862

863

7 Chalice. Probably Franz Thaddaeus Lang, Augsburg, *c.* 1720. H.
·8 cm. *Bayerisches Nationalmuseum, Munich*
8 Chalice. Gold, enamel and precious stones. Probably Augsburg, *c.*
20–30. H. 30·5 cm. *Mariakirche, Munich*
9 Chalice with enamel and precious stones. Franz Anton Gutwein (?),
ugsburg, 1768. H. 34 cm. *Ottobeuren Monastery, Bavaria*
o Chalice with enamel and precious stones. Probably Lorenz Prehauser,
unich, *c.* 1750. H. 30 cm. *Mariakirche, Munich*

1 Chalice with enamel and precious stones. Vienna, 1747. H. 29·4 cm.
unsthistorisches Museum, Vienna
2 Chalice and flagon. Francis Butty and Nicholas Dumée, London,
66–67. Chalice H. 27·3 cm, flagon 34·3 cm. *Durham Cathedral*
3 Chalice with enamel and precious stones. Joseph Moser, Vienna, 1775.
27·2 cm. *Geistliche Schatzkammer, Vienna*

864

865

866

864 Flagon. London, 1632–33. H. 32 cm. *Ashmolean Museum Oxford*

865 Communion cup with paten cover. English, dated 157[H. 22·8 cm. *Victoria & Albert Museum, London*

866 Set of communion plate made for the personal use Queen Lovisa Ulrika of Sweden. Gustaf Stafhell the eld Stockholm, 1745. Chalice H. 16·5 cm, cruet H. 14·5 c wafer box H. 5·5 cm, paten D. 10 cm. *H.M. The King Sweden*

867 Cruets for wine and water on tray. H. M. Sibmach Vienna, 1628. Cruets H. 10 cm, tray 17·5 × 25·5 c *Klosterneuburg, Austria*

868 Cruets for wine and water on tray. Ignaz Franzowi Munich, 1782. Cruets H. 14·5 cm, tray 36 × 25·5 c *Schatzkammer, Residenz, Munich*

57

8

869

870

871

872

869 Flagon. Made by a member of the Gelb family, Augsburg, 1692. *Evangelical Church of St Ulrich, Augsburg*

870 Flagon. Hamburg, *c.* 1650. H. 41 cm. *Kestner Museum, Hannover*

871 Wine flask with screw top, from a regimental communion set.

Johan Nützel. Stockholm, 1697. H. 18 cm. *Westmanland Air Squadron, Västerås*

872 Pyx on foot. Dated 1594. Catalan (?) H. 38·1 cm. *Art Gallery & Museum, Glasgow (Burrell Collection)*

873

874

875

876

873 Ciborium. Cuenca, *c.* 1610. *Cuenca Cathedral*
874 Ciborium. Portugal, 1766. H. 35 cm. *Museu Nacional de Arte Antiga, Lisbon*
875 Ciborium. Gold. South German, *c.* 1750. H. 34 cm.

Germanisches Nationalmuseum, Nuremberg
876 Ciborium decorated with filigree work and inset enamelled plaques. Probably Prague, 1650–75. H. 41 cm. *Klosterneuburg, Austria*

877

878

879

877 Monstrance. Probably by Georg Schongauer. Basel, *c.* 1490. H 110 cm. *Historisches Museum, Basel*

878 Monstrance. Cologne, *c.* 1500. H. 70·5 cm. *St Kolumba, Cologne*

879 Monstrance. Nicola da Guardiagrele, Sulmona, 1413. H. 83 cm *Parish Church, Francavilla al Mare, Italy*

880a

880b

880, 880a, 880b 'The Belém Monstrance'. Gold, enamel (details).
Attributed Gil Vicente, Lisbon, 1506. H. 83 cm. *Museu Nacional de
Arte Antiga, Lisbon*

881

882

883

884

885

886

881 Monstrance decorated with enamels. Sicily, 17th century. *Capella Palatina, Palermo*

882 Monstrance. Spain, *c.* 1620. H. 82·5 cm. *Victoria & Albert Museum, London*

883 Monstrance. Venice, *c.* 1750. H. 80 cm. *San Silvestro, Venice*

884 Monstrance-reliquary. Joseph Moser, Vienna, 1752. H. 66 cm. *Melk Monastery, Austria*

885 Monstrance. Munich (?), *c.* 1600. H. 55·5 cm. *Schatzkammer, Residenz, Munich*

886 Monstrance. Johann Christoph Steinbacher, Munich, *c.* 1740. After design by Egidius Quirin Asam. H. 81 cm. *Johann-Nepomuk Church, Munich*

887

888

889

890

891

887 Monstrance. Haarlem, 1674. *Victoria & Albert Museum, London*

888 Monstrance. Italy, 15th century. (The sunburst is a later addition). *Opera del Duomo, Siena*

889 Monstrance with precious stones. Portugal, *c.* 1790. After design by Johann Friedrich Ludwig. H. 97 cm. *Museu Nacional de Art Antiga, Lisbon*

890 Chalice-monstrance. Cuenca, 1575–1600. *Victoria & Albert Museum, London*

891 Chalice-monstrance. Portugal, dated 1634. H. 73 cm. *Museo Nacional de Arte Antiga, Lisbon*

892 The 'Schleiermonstranz'. Johann Baptist Känischbauer, Vienna, 1714. After design by Mathias Steindl. H. 80 cm. *Klosterneuburg, Austria*

893

893a

894

893, 893a Custodia. 1400–50. H. 70 cm. *Ibiza Cathedral*
894 Custodia. Barcelona, 15th century. H. 88 cm (with pedestal H. 126 cm.) *Barcelo Cathedral*

895a

895, 895a, 895b   Custodia. Enrique de Arfe, 1510–16. H. 250 cm. *Cordova Cathedral*

5b

896

896a

896, 896a Custodia. Enrique de Arfe, 1517–24. H. 250 cm. *To*
Cathedral

898

Custodia. Pedro de Lamaison, 1537. The sculptures modelled
Damian Forment. H. 200 cm. *Saragossa Cathedral*
Custodia. Antonio de Arfe, 1544. The lower part late 16th
ury. H. 145 cm. *Santiago de Compostella Cathedral*

899

900

900a

899 Custodia. Juan de Orna, Burgos, 1526–29. H. 69 cm. *Santo Domingo de Silos Monastery*

900, 900a Custodia. Antonio de Arfe, 1552–54. H. 115 cm. *Santa Maria Church, Medina de Rioseco*

902

901, 901a Custodia. Francisco Becerril. Cuenca, 1556. H. 86 cm. *Parish Church, Iniesta, Spain*
902 Custodia. Cristobal Becerril. Cuenca, 1585. H. 94 cm. *Hispanic Society, New York*

903

904

904a

903   Custodia. Juan de Arfe, 1564–71. H. 170 cm. *Avila Cathedral*
904, 904a   Custodia. Francisco Alvarez, 1568–73. H. 200 cm. *Town Hall, Madrid*

905a

5

905, 905a Custodia. Juan de Arfe, 1579–87. H. 375 cm. *Seville Cathedral*

906

907

906 Custodia. Juan de Benavente, 1581–85. H. 139 cm. *Palencia Cathedral*
907 Custodia. Dated 1609. H. 108 cm. *Santo Domingo de la Calzada Cathedral*

908 Custodia. Bernabé Garcia de los Reyes. Cordova, 1752. H. 286 cm. *Teruel Cathedral*
909 Altar frontal (detail). Nicola da Guardiagrele, Sulmona, 1433–48. H. 117 cm. *Teramo Cathedral, Italy*

909

910a

910a, 910b, 910c Altar frontal (details) Florence a) St John the Baptist. Micheloz[..] 1452. b) The birth of St John the Baptist. Antonio de Pollaiolo. c) Beheading St John the Baptist. Andrea del Verrochio, 1480. *Opera del Duomo, Florence*

910b

910c

911

911a

912

913

911, 911a Altar. Engravings after Kaspar Memberger and Jan van der Straat. Salzburg, *c.* 1590. H. 87 cm. *Museo degli Argenti, Palazzo Pitti, Florence*

912 Altar. Melchoir Baier the elder. Nuremberg, 1531–38. Made aft[er] wooden models by Peter Flötner. W. 174·5 cm. *Cracow Cathedral*

913 Altar symbolizing the Grave of Christ. Pedro de Medina and Die[go] Vazquez, 1514 (with later additions). *Toledo Cathedral*

14, 914a, 914b Altar. Ebony and silver. ..ade by several Augsburg goldsmiths, . 1607. H. 360 cm. *Reiche Kapelle, .esidenz, Munich*

914a

914b

915

916

917

915 Altar. Ebony and silver. Delivered in 1616 by Jacob Mores the Elde[r] Hamburg, but probably made in Augsburg. W. (with doors open) 272 cr *Frederiksborg Castle, Denmark*

916 Altar. Ebony and silver. Andreas Hamburger, Augsburg, *c.* 1600. H. 260 cr *Nationalmuseet, Copenhagen*

917 Altar. Ebony and silver. Hans Kellerthaler, Dresden, 1608. H. 104 cm. *Grün[e] Gewölbe, Dresden*

918 Altar. Ebony with ornament in gold and enamel. The "Hausaltar" of Du[ke] Albrecht V of Bavaria. Attributed to Abraham Lotter the elder and Ulrich Ebe[rt] Augsburg, 1573–74. H. 63 cm. *Schatzkammer, Residenz, Munich*

919

919 Altar frontal. Giandomenico Viniaccia, Naples, delivered 1695. After a design by
Fr. Solimena. *Naples Cathedral*
920 Altar frontal. Elias Jäger, Augsburg, 1687. H. 101·5 cm. Br. 190 cm. *Kunsthistorisches Museum, Vienna*

920

922

921 Processional cross. Nicola da Guardiagrele, Sulmona, 1422. H. (from the knot) cm. *Parish church, Lanciano*

922 Cross decorated with enamel, for the silver altar in plate 910. Antonio de ollaiolo, Florence, 1450–1500. *Opera del Duomo, Florence*

923

924

925

926

923 Processional cross. Venice, 1475–1500. *Accademia, Venice*

924 Processional cross. Enrique de Arfe, 1500–50. H. 108 cm. *San Isidoro, León*

925 Processional cross. Probably Christobal Becerril, Cuenca, 1575–1600. H. 96·5 cm. *Victoria & Albert Museum, London*

926 Processional cross. Juan de Orna, Burgos, 1537(?). *Burgos Cathedral*

927

928

927a

927, 927a Altar cross. Upper Rhine, Strasbourg (?), *c.* 1465. H. 102 cm.
Katolische Stefanskirche, Karlsruhe
928 Processional cross. Portugal, *c.* 1490. H. 92 cm. *Museu Nacional de Arte Antiga, Lisbon*
929 Processional cross. Diego de Bos Mediano, Seville, *c.* 1590. H. (with the knot) 98 cm. *Seville Cathedral*

929

930

930 Altar cross and two altar candlesticks. Valerio Belli, Italy, before 1525. Cross 82·5 cm, candlesticks 51·3 cm. *Victoria & Albert Museum, London*

931, 932, 933 Altar cross and two altar candlesticks. Antonio Genti Rome, 1582. Cross H. 183 cm, candlesticks H. 100 cm. *Tesoro, St Peter Rome*

932

933

934

935

936

937

938

939

940

941

941a

942a

943

942, 942a Crozier with St Martin and the beggar. Francisco Marti,
Lucca, *c.* 1490. *Lucca Cathedral*

943 Crozier with St Lawrence. Rome or Florence, 1520. *San Lorenzo,
Florence*

944

945

946

947

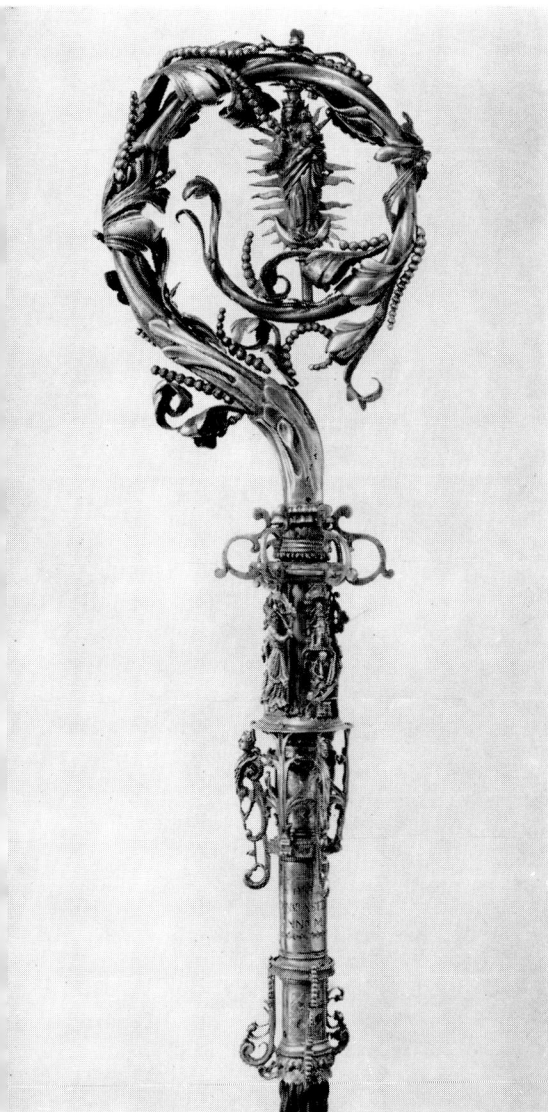

948

949

950

944 Crozier with the Annunciation. Portugal, *c.* 1610. H. 235 cm. *Museu Nacional de Arte Antiga, Lisbon*

945 Crozier with Christ on the cross. Germany, 1539. Once in the possession of Cardinal Albrecht of Brandenburg. H. (upper part) 35·5 cm. *Statens Historiska Museum, Stockholm*

946 Crozier with St Peter. England, *c.* 1490. H. 181 cm. *President and Fellows of Corpus Christi College, Oxford*

947 Crozier with St Hubert. Flanders, *c.* 1550. *Victoria & Albert Museum, London*

948 Crozier with the Virgin. Germany, 1625. From the Ebrach Monastery. H. (upper part) 49·7 cm. *Statens Historiska Museum, Stockholm*

949 Crozier decorated with filigree work. J. K. Holbein, Vienna, 1722. H. (crook with knot) 45 cm. *Klosterneuburg, Austria*

950 Crozier. Germany, 1789. H. (the crook) 70 cm. *Hessisches Landesmuseum, Darmstadt*

951

952

953

954

951 Holy water bucket. Jasper, mounted in silver. Italy, 1500–10. From the Ordre du St Esprit. H. 11 cm. *Louvre, Paris*

952 Holy water bucket. Spain, 1562. H. (without handle) 27 cm. *Cordova Cathedral*

953 Holy water bucket. Seville, *c.* 1520. H. 19 cm. *Victoria & Albert Museum, London*

954 Holy water bucket with engraved decoration. Hans Pfleger, Augsburg, 1577. From the treasury of the Archbishops of Salzburg. H. 22 cm. *Museo degli Argenti, Piazzo Pitti, Florence*

955

956

57

957a

955 Holy water bucket. Augsburg, *c.* 1600. H. 11 cm. *Schatzkammer, Residenz, Munich*

956 Holy water bucket with etched decoration. Probably Augsburg, 1560–90. H. 33 cm. *Trefaldighetskyrkan, Gävle*

957, 957a Holy water bucket. Anton Eisenhoit, Warburg, 1590. D. 25 cm. *Private owner*

958

959

960

958 Holy water stoup, decorated with corals. Trapani, *c.* 1690. *Collection Doria-Pamphili, Rome*

959 Holy water stoup. Possibly Turin, *c.* 1750. H. 25·1 cm. *Wallace Collection, London*

960 Holy water stoup. London hall marks and date letter for 1719, but possibly French. H. 27·5 cm. *Ashmolean Museum, Oxford*

961

961 Incense boat. Spain, *c.* 1490. *Burgos Cathedral*
962 Thurible. Upper Rhine district (?). Germany, *c.* 1450. H. 22 cm. *Heilig Creutz Church, Horb a/N, Germany*
963 Incense boat with spoon. France, *c.* 1580. From the treasury of the Ordre du St Esprit. L. 17 cm. *Louvre, Paris*

962   963

964

964a

964, 964a Thurible and incense boat. Leandro Gagliardi after Antonio
Gigli, Rome, 1740–47. Thurible H. 31 cm, incense boat L. 20 cm. *Museu
Arte Sacra, Lisbon*
965 Pax. Nuremberg (?), *c.* 1535. From the treasury of Cardinel Albrecht
of Brandenburg. H. 14·4 cm. *Cologne Cathedral*
966 Pax. Spain, *c.* 1510. *Burgos Cathedral*

967 Pax. Probably Juan de Orna, Burgos, *c.* 1550. *Victoria & Albert
Museum, London*
968 Pax. Portugal, *c.* 1520–30. H. 56 cm. *Museu Nacional de Arte Antiga,
Lisbon*
969 Pax with The Virgin in niello. Italy, probably Florence, *c.* 1500.
Bargello, Florence
970 Pax. Giovanni Bernardi, Emilia, *c.* 1550. H. 21·5 cm. *Victoria &
Albert Museum, London*

965

966

967

968

969

970

971

971a

972

973

3a

974

975 'The Hallwyl Reliquary'. Strasbourg (?), before 14
top a crucifixion group in gold, not originally belong
casket, probably also Strasbourg about the same date.
Basel Munster Treasury. H. 54 cm. *Historisches Museum, B*
976 Casket for head reliquary. Gold. Martin Martinecl
1504. *National Museum, Cracow*

977 Casket decorated with fantastic animals and or
filigree work. Spain, *c.* 1500. *Granada Cathedral*
978 Reliquary chest for St Gervasius and St Protasius
Petrus Berlin, Strasbourg, 1496. H. 58 cm, L. 84 cm.
Breisach

977

978

979

979, 979a Reliquary chest for St Erik, Sweden's patron saint. Hans Rosenfelt, Stockholm, 1574–79. The etched plaques probably imported from Germany. H. 113 cm. *Uppsala Cathedral*

979a

980

980, 980a Reliquary chest for Sta Leocadia. Francisco Merino, Toledo, 1590–93. *Toledo Cathedral*

980a

981

983

'The Libretto Reliquary'. Paolo di Giovanni Sogliani, Florence, 1500.
ra del Duomo, Florence

Reliquary of the 'Sacra Porpora'. Italy, 16th century. *San Marco,*
ice

Reliquary. Rock crystal mounted in gold filigree work. Venice,
century, H. 52 cm. *Museo degli Argenti, Palazzo Pitti, Florence*

984

984a

985

984, 984a Monstrance-reliquary. Gold and enamel. Augsburg, *c.* 1590. In the style of Abraham Lotter the Elder. H. 115·5 cm. *Reliquary Chamber, Residenz, Munich*

985 Reliquary. Italy, *c.* 1600. *San Francesco, Assisi*

987

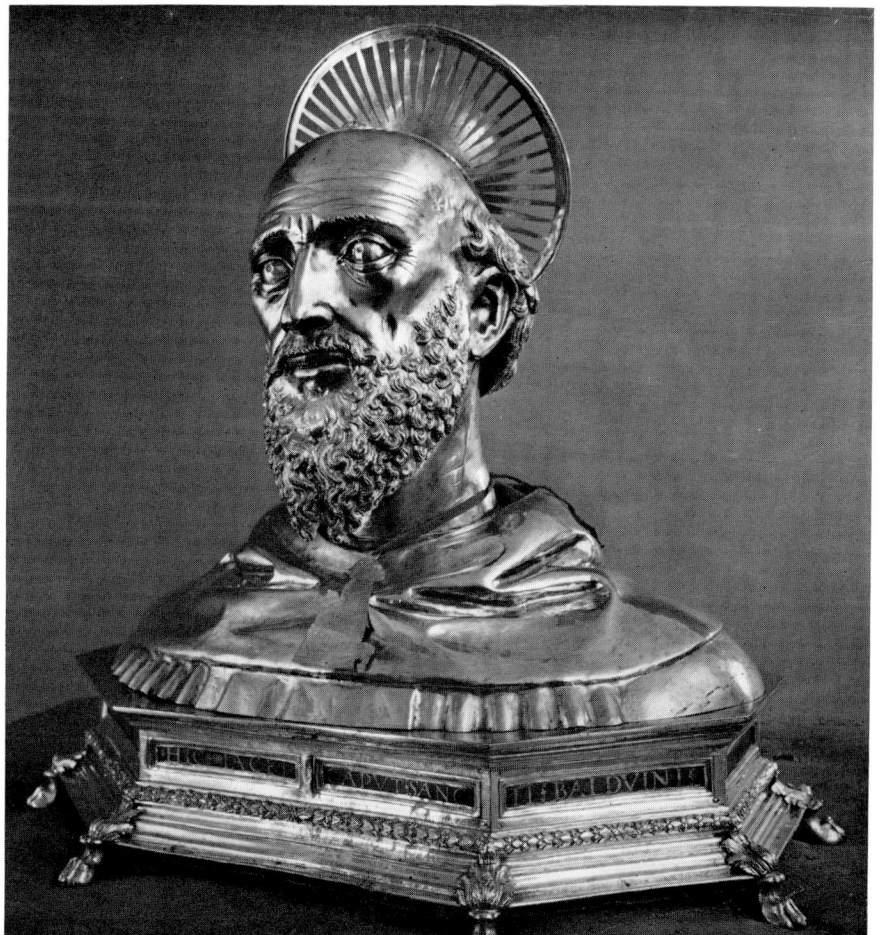

6 Reliquary bust. Santiago, Spain, 1550–1600.
rtosa Cathedral

7 Reliquary bust, St Landelin. Probably Stras-
urg, 1506 (the crown is later). After a model by a
lptor, possibly Niclaus Hagenower. H. 63·5 cm.
ish church, Ettenheimmünster, Germany

8 Reliquary bust, San Balduino. Bernardino da
igno, 1495. *Rieti Cathedral*

988

989

990

989a

989, 989a Reliquary bust, St Lambert. Hans von Reutlingen
Aix-la-Chapelle, c. 1508–12. H. 159 cm. *Liège Cathedral*
990 Reliquary bust, Sta Anastasia. Munich, c. 1725. Probably
after a design by Egidius Quirin Asam. H. 50 cm. *Benediktbeuren
Monastery, Bavaria*

992

993

991 Reliquary statuette, St George, Lübeck, *c.* 1490. Probably after a design by Berndt Notke. H. 46·5 cm. *Museum für Kunst und Gewerbe, Hamburg*

992 Reliquary statuette, Charles the Bold with St George, enamelled gold. Gerard Loyet, before 1467. H. 53 cm. *Liège Cathedral*

993 Reliquary, 'the Resurrection of Christ'. France, *c.* 1490. H. 25 cm. *Reims Cathedral*

995

994 Arm reliquary. Pietro Vannini, 1482. *Ascoli Picen Cathedral*

995 Reliquary in the form of a pax, gold and ename 'Master João', Portugal (?), or Italian, *c.* 1510. H. 27·5 cm *Museu Nacional de Arte Antiga, Lisbon*

994

996 Statue of St Peter. Spain, *c.* 1750. *Palma de Mallorca Cathedral*

997 Equestrian statue of St Ambrose. Fantino Taglietti, Rome, 1641. H. 97 cm. *Ferentino Cathedral*

998 Prince Max Joseph, later Elector of Bavaria, kneeling. Munich, 1737. After a design by Willem de Groff. H. 94 cm. *Pilgrim Church, Altötting, Bavaria*

999

1000

999 Jubilee hammer. Rome, 1550. Made for the opening of
sacred door of St Peter, Rome, by Pope Julius III. L. 25·2 cm (wi
wooden handle) 37·5 cm. *Bayerisches Nationalmuseum, Munich*
1000 Lectern. Rudolphus Sonndagh, Rotterdam, 1764. *Old Catho
Church 'Het Paradijs', Rotterdam*
1001 Lectern. Elias Lencker, Nuremberg, 1562–91. H. 23·4 cr
Kunsthistorisches Museum, Vienna

1001

Димитър Попов   Валерия Фол

Божествата на траките

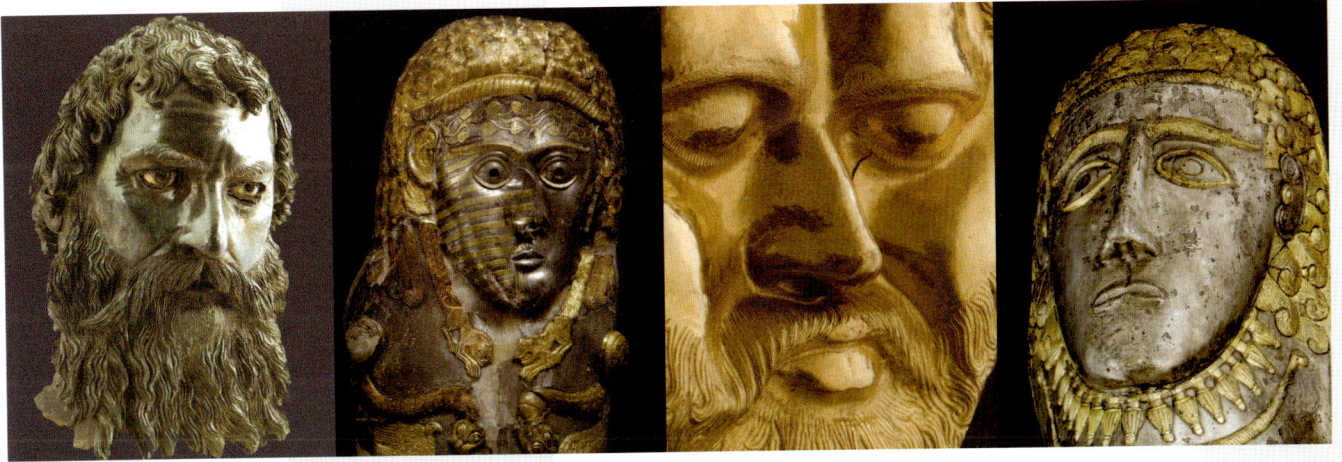

Dimitar Popov   Valeria Fol

The Deities of the Thracians

ТАНГРА ТанНакРа

TANGRA TanNakRa

Книгата се издава през 2010 г. Това е 1845-тата година от началото
на българската държавност в Европа (165 г.) и 1329-ата година от създаването
на Дунавска България (681 г.) от кан Аспарух.

България е най-старата европейска държава, съществуваща
под едно и също име повече от осемнадесет века и съхранена
до днес от българската нация.

This book is published in 2010. This is 1845 years after the beginning of the Bulgarian
statehood in Europe (165 AD) and
1329 years after the establishment of Danubian Bulgaria (681 AD) by Kan Asparuh.

Bulgaria is the oldest European state existing under the same name for over eighteen
centuries, and preserved by the Bulgarian nation to this day.

Проф. дин Димитър Попов
Проф. дин Валерия Фол

Божествата на траките

Фотографи: Николай Генов, Росен Колев,
Чавдар Стойчев, Иво Хаджимишев, Алексей
Стоев, Експедиция ТЕМП, Георги Китов,
Валерия Фол, Ружа Попова
Графичен дизайн – Петър П. Добрев
Преводач – Недялка Чакалова
Коректор – Виолета Андреева

Prof. Dr. Sc. Dimitar Popov
Prof. Dr. Sc. Valeria Fol

The Deities of the Thracians

Photos provided by: Nikolay Genov, Rossen
Kolev, Chavdar Stoychev, Ivo Hadjimishev, Alexey
Stoev, TEMP Expedition, Georgi Kitov,
Valeria Fol, Rouzha Popova
Design: Peter P. Dobrev
Translator: Nedyalka Chakalova
Proof-reader: Violeta Andreeva

Печат „ОБРАЗОВАНИЕ И НАУКА" ЕАД

© ТАНГРА ТанНакРа
Издателска къща ООД, 2010
ЦЕНТЪР ЗА ИЗСЛЕДВАНИЯ
НА БЪЛГАРИТЕ

ISBN 978-954-378-059-4

Printed by OBRAZOVANIE I NAUKA LTD.

© TANGRA TanNakRa
Publishing House Ltd., 2010
CENTRE FOR RESEARCH
ON THE BULGARIANS

Агенция
дипломатически имоти
в страната ЕООД

adis®
real estate

Domestic
Diplomatic Properties
Agency

Димитър Попов   Валерия Фол

Божествата на траките

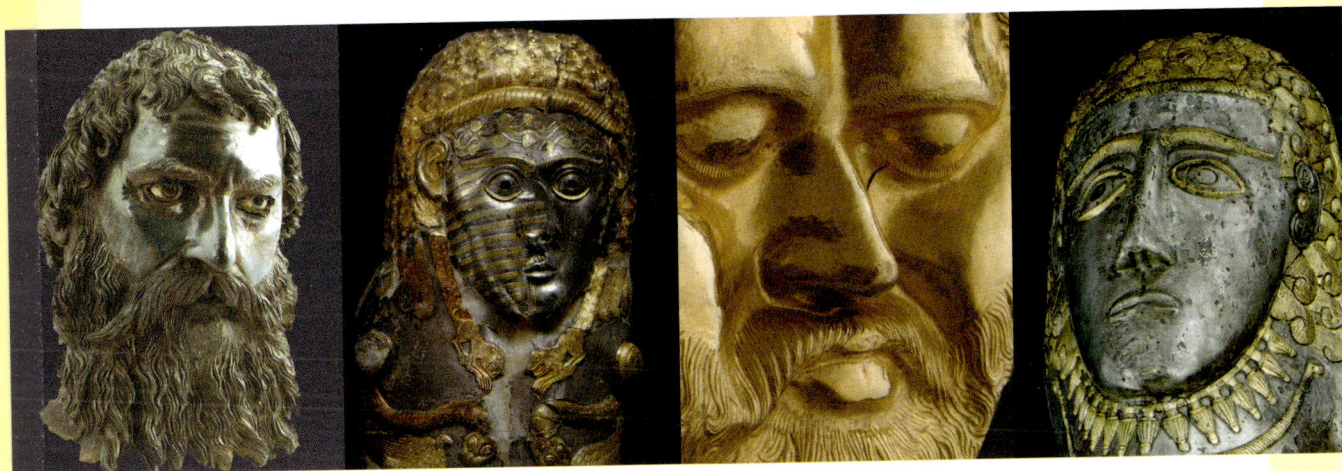

Dimitar Popov   Valeria Fol

The Deities of the Thracians

София 2010 Sofia

*Идеята за тази книга се ражда през есента
на 2007 година, по време на сбирка
на интелектуалци от Русе.
Издателите и авторите изказват благодарност
на Незабравка и Емил Вичеви за идеята
и подкрепата при осъществяване на изданието.*

*The idea about this book was born in the autumn
of 2007 during a gathering of intellectuals
from the Bulgarian city of Ruse. The publishers and
the authors would like to extend their gratitude to
Nezabravka Vicheva and Emil Vichev for the idea
and for the support for the book.*

АЛБУМЪТ СЕ ИЗДАВА С ПОДКРЕПАТА НА ПРОЕКТ
"БЪЛГАРСКИ СТОЛИЦИ, ТВЪРДИНИ И СВЕТИНИ"
НА
ОБЕДИНЕНА БЪЛГАРСКА БАНКА

БЪЛГАРСКИ СТОЛИЦИ
ТВЪРДИНИ
И СВЕТИНИ

ОБЕДИНЕНА
БЪЛГАРСКА
БАНКА

A Member of NBG Group

www.svetini-bg.net

Съдържание

Contents

"В света, в който днес живеем, нито най-големият, нито най-силният измежду страните в Европа е достатъчно силен или достатъчно голям, за да се противопостави на проблемите в глобалния свят. Затова е хубаво да бъдем заедно и обединени. Обединени от ценностите, които споделяме, обединени от отхвърлянето на смъртната присъда, обединени от защитата на човешките права, обединени от демократичните свободи, обединени от защитата на околната среда, обединени от равенството между мъжа и жената, обединени от единството на обществото, обединени от опазването и зачитането на човешкото същество, това е, което ни обединява! Повече от това, което прави историята, която понякога и ни разделя. Ние сме обединени, защото искаме да направим в останалата част от света онова, което сме направили със себе си, да бъдем миролюбиви и да си сътрудничим.

Съседите днес, европейците днес, са онези съседи, които най-много си сътрудничат в света. А преди 60 години те бяха смъртни врагове. Ние разрушихме Европа. Разрушихме я до основи. И преди 60 години забравихме нашите караници, за да можем да се борим за онова, което е причина за нашето съществуване – мирът. Мирът и свободата.

Българите са народ, който обича свободата. Спартак беше българин... Въпреки че тогава все още не се е наричал така, а България се е наричала Тракия. Тракия и Дакия, бившите провинции на Римската империя, днес са част от един съюз, който не е империя..."

"In the world we live in today, neither the biggest, nor the strongest among the countries in Europe is sufficiently strong or sufficiently big to oppose the problems in the globalised world. Hence it is good to be together and to be united: united by the values we share, united by the abolition of the death penalty, united by the defence of human rights, united by the democratic freedoms, united by the protection of the environment, united by gender equality, united by unity in society, united by the respect for and defending of the human being. This is what unites us! More than what history is doing, which can sometimes divide us. We are united because we wish to do in the rest of the world what we have done with ourselves: to love peace and to cooperate.

Neighbours today, Europeans today, are those neighbours who cooperate most in the world. However, they were mortal enemies 60 years ago. We destroyed Europe, we razed it to the ground. Then, 60 years ago, we forgot about our squabbles so that we could fight for the reason for our existence: peace. Peace and freedom.

Bulgarians are a freedom-loving nation. Spartacus was Bulgarian... Although back in those days he was not yet called that, and the name of Bulgaria was Thrace. Today, Thracia and Dacia, former provinces of the Roman Empire, are integral parts of a union that is not an empire..."

(Из приветствието на Жозеп Борел, председател на Европейския парламент, на тържествено събрание в София по повод на приемането на България и Румъния в Европейския съюз – 1 януари 2007 г.)

(From the message of greetings by European Parliament President Josep Borrell at the rally in Sofia to celebrate the accession of Bulgaria and Romania to the European Union – 1 January 2007)

Въведение

Етнонимът траки се отнася за многобройно индоевропейско население, което обитава през древността територията между двуречието Днепър–Днестър, южните склонове на Карпатите, двуречието Стримон (дн. р. Струма) – Аксиос (дн. р. Вардар), Северноегейското крайбрежие с прилежащите му острови и Северозападна Мала Азия. То притежава единни стопански, социално-поведенчески и културни стереотипи, естествено обособени от историко-географските дадености на региона. Траките обаче, както и другите древни европейски етноси не притежават самосъзнание в смисъл на сплотен народ. Не случайно още през V в. пр.Хр. бащата на историята Херодот отбелязва, че те са най-многобройният народ на света след индийския и ако бяха единни, биха били непобедими.

Източният дял на Балканския полуостров, разположен между Егейско море и Карпатите, е земя на поколения земеделци и грънчари, на конници и животновъди, на рудари и златари, на мореплаватели и презморски търговци. Формирането на тракийския етнос е хилядолетен процес на взаимодействие между местното автохтонно население и новодошлите пришълци от север.

Археологическият материал от края на енеолитната/халколитната (V хилядолетие пр.Хр.) и началото на бронзовата епоха (началото на III хилядолетие пр.Хр.) показва, че в пространството между южните склонове на Карпатите, Северночерноморските степи (Южна Русия и Украйна) и

The ethnonym Thracians concerns the numerous Indo-European population that inhabited during the antiquity the territory between the Dnieper and Dniester rivers, the southern slopes of the Carpathian Mountains, the lands between the rivers Strymon (present-day Struma) and Axios (present-day Vardar), the Northern Aegean coast with the adjacent islands and Northwestern Asia Minor. It possessed uniform economic, socio-behavioural and cultural stereotypes, naturally predetermined by the historical and geographic characteristics of the region. However, the Thracians, similar to other ancient European ethnic communities, did not possess the self-identification of a cohesive people. It is not accidental that already back in the 5th century BC the father of history Herodotus noted that the Thracians were the most numerous people after the Hindus, and that they could have been invincible if they had been united.

The eastern part of the Balkan Peninsula, which is located between the Aegean Sea and the Carpathian Mountains, was the land of generations of farmers and potters, of horsemen and animal-breeders, of miners and goldsmiths, of seafarers and overseas merchants. The formation of the Thracian ethnos took millennia of interaction between the local autochthonous population and the newcomers from the north.

The archaeological material dated to the end of the Eneolithic/Chalcolithic Age (fifth millennium BC) and the beginning of the Bronze Age (the beginning of the third millennium BC) suggests that there was movement of people in the area between the

Introduction

Егейско-Черноморския свят се наблюдава движение на хора. То не може да се определи като смяна на население, а е интегриране, което води до активни културни взаимодействия.

Направленията им са две. Едното се очертава от Северночерноморските степи през Добруджанското плато (Югоизточна Румъния и Североизточна България) и по неговото крайбрежие покрай Понта (дн. Черно море), през източния дял на пл. Хемус (дн. Стара планина), по поречието на р. Тонзос (дн. р. Тунджа) към северния егейски бряг. По тази дъга са представени всички големи периоди от праисторията на Южна Евразия. Второто направление – северозападно от тази дъга, показва връзки и със средноевропейските култури, но техните хронологически граници са по-късни.

От края на V до средата на II хилядолетие пр.Хр. ядрото на социалната структура е патриархалната родова община, в която се обособяват групите на старейшините и производителите и същевременно на профилирани занаятчийски и земеделско-животновъдни семейства. На разслоението на тази общинна форма съответства военно-политическа организация, носител на религиозно-идеологическа доктрина, която в обществената практика дава правомощия на родовата аристокрация в различни позиции – политическа (царска), жреческа, военна и доктринална (религиозна). Решителни промени в тази структура се наблюдават към средата на II хилядолетие пр.Хр., когато се осъществява преход към териториално-съседската община, която

southern slopes of the Carpathian Mountains, the Northern Pontic steppes (present-day Southern Russia and Ukraine) and the Aegean-Pontic world. It cannot be defined as a change of the population, but rather as integration that resulted in active cultural interactions.

That movement was in two principal directions. One was from the Northern Pontic steppes across the Dobrudzha Plateau (Southeastern Romania and Northeastern Bulgaria) and along its coast via the Pontos (present-day Black Sea), across the eastern part of the Haemus Mountain (present-day Balkan Range), along the Tonzos River (present-day Tundzha) towards the Northern Aegean coast. That arc reveals all major periods in the proto-history of Southern Eurasia. The second direction, to the northeast of that arc, reveals links with the cultures of Central Europe as well, but they are with later chronological boundaries.

The patriarchal community was the nucleus of the social structure between the end of the fifth and the middle of the second millennium BC, in which the groups of the elders and of the producers were differentiated, and also of specialised families of craftsmen, farmers and animal-breeders. A military and political organisation corresponded to the stratification of that community form. It bore the religious and ideological doctrine that gave powers in social practice to the family aristocracy in various positions: political (royal), priestly, military and doctrinal (religious). Radical changes in that structure were observed around the middle of the second millennium

11

Слитък от злато и сребро, открит при нос Калиакра, Варненско, късна бронзова епоха

Gold and silver ingot discovered near Kaliakra Cape, Varna region, Late Bronze Age

Тракийското етнокултурно пространство

Thracian ethnic and cultural space

Гроб 43 от Варненския халколитен некропол

Grave 43, the Chalcolithic necropolis in Varna

Глава на идол от глина, очите са от седеф, селищна могила при с. Долнослав, Пловдивско, късен халколит

Head of a clay idol with eyes made of mother-of-pearl, tell near the village of Dolnoslav, Plovdiv region, Late Chalcolithic Age

Гроб № 1 от Варненския халколитен некропол

Tomb 1 from the Varna Chalcolithic nekropolis

13

запазва някои родови белези, особено в обредността.

Вероятно домът е първата сакрализирана територия. Още от неолитната епоха (VI хилядолетие пр.Хр.) в основите на сградите, под подовото ниво или край огнището/пещта, се откриват строителни жертви – керамични съдове, антропоморфни фигурки, каменни и кремъчни сечива, глинени модели на зърна и хляб. Като такива жертви могат да се интерпретират и следите от жертвоприношения в основите на укрепителните съоръжения на селищата. Многобройните модели на жилища и пещи, на култови масички и идолна пластика, намирани най-често върху подиуми край пещта в дома, свидетелстват за периодични обреди, изпълнявани в отделните семейства.

В селищата често се забелязват ями, грижливо обмазани с глина, запълвани с обгорели или посипани с жарава натрошени съдове, антропоморфни и зооморфни фигурки, речни камъни, сечива, зърнени храни, човешки и/или животински кости. Тези съоръжения маркират жертвоприношения, правени при извънредни (при строеж на ново селище/дом, природни катаклизми, неплодородие, епидемии и др.) и редовни обреди за запазване на усвоената територия и/или за осигуряване на благополучие и богата реколта, извършвани в определен календарен цикъл.

В някои селищни могили са разчистени сгради, които носят белезите на храмове. В неолитната могила до с. Тополница, Петричко, и в енеолитния пласт от тази в гр. Русе върху оцветените стени на постройките са апликирани големи женски фигури от

BC – a time of transition to the territorial-neighbourhood type of community that preserved some family characteristics, especially in the rites.

The home was probably the first sacralised territory. Building sacrifices – ceramic vessels, anthropomorphic figurines, stone and flint tools, clay models of grains and bread – were discovered in the foundations of the buildings, below the level of the floor or near the hearth/oven, ever since the Neolithic Age. The traces of sacrifices in the foundations of the fortification constructions of the settlements can also be interpreted as such sacrifices. The numerous models of dwellings and ovens, of cult tables and idol sculpture, most frequently found on podia near the oven in the homes, testify to periodic rites that were performed by the individual families.

Archaeological studies in the settlements often reveal pits that had been carefully plastered with clay, filled with charred broken vessels or vessels covered with embers, anthropomorphic and zoomorphic figurines), river stones and boulders, tools, cereals, human and/or animal bones. They mark sacrifices performed during extraordinary rites (the construction of a new settlement/home, natural disasters, barren years, epidemic outbursts, etc.), as well as during regular rites to protect the territory already conquered and/or for securing affluence and abundant crops, performed following a definite calendar cycle.

Buildings with characteristics of temples have been found in some tells. The Neolithic tell near the village of Topolnitsa, Petrich district, as well as the Eneolithic layer of the village in the city of Ruse, yielded large female

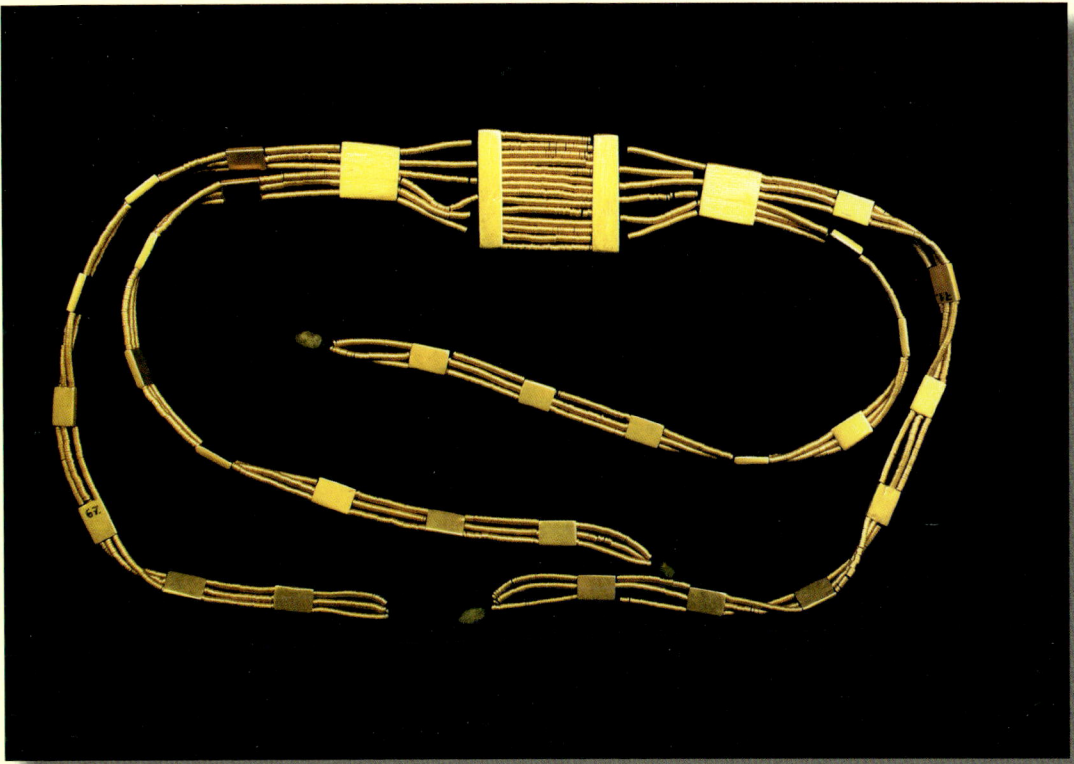

◄ *Модел на пещ, селищна*
   могила с. Слатино,
   Кюстендилско

▼ *Model of an oven, tell near*
   the village of Slatino, Kyus-
   tendil region, Eary Chalco-
   lithic Age

17

глина, които напомнят на изображенията на раждащата бик Велика богиня-майка от светилищата, проучени в раннонеолитното селище Чатал Хуюк в Анатолия (Мала Азия).

Свидетелство за светилища, които възникват и функционират извън селищата, са глинените модели на сгради, олтари и стълбове, украсени със соларни знаци и/или антропоморфни и зооморфни изображения. Най-добрият пример за такова светилище, което вероятно обслужва голям район, е моделът на култова сцена, открита в енеолитно жилище в селищната могила при с. Овчарово, Търговищко.

В отворен модел на сграда са поставени три олтара със соларни знаци, четири фигурки на жрици в поза на адорация и миниатюрни модели от интериора – маси, столове, съдове, зърнохранилища и барабани, с които е отмерван ритъмът на обредния танц. Анализът на знаците от олтарите дава основание сцената да се свърже с календарна обредност, извършвана във времето между пролетното равноденствие и началото на жътвата, за да се гарантират благополучието и богатата реколта.

През ранната бронзова епоха вярата във Великата богиня-майка и Слънцето е документирана в наскалните рисунки, съхранени в трудно достъпна галерия в пещерата Магурата, Видинско, и в залата на една от четирите пещери от скалното светилище до с. Байлово, Софийско. Представени са слънцето, луната, богинята-майка, брадвискиптри и композиции от хора и животни, участници в обреда. Тези изображения показват пиктограми на соларен календар.

Почти във всички проучени археологически обекти се намират множество предмети и съоръжения, които представят различни аспекти на вярата и нейното изповядване чрез обреди. Главните почитани

figures appliquéd over the coloured walls of the buildings and resembling the bull-bearing Great Goddess-Mother from the sanctuaries explored in the Early Neolithic settlement Çatal Hüyük in Anatolia (Asia Minor).

The clay models of buildings, altars and pillars, decorated with solar symbols and/or with anthropomorphic and zoomorphic images, testify to the existence of sanctuaries that appeared and functioned outside the settlements. The best example of such a sanctuary, which probably served the needs of a large region, can be seen in the model of a cult scene discovered in an Eneolithic settlement in the tell near the village of Ovcharovo, Targovishte district.

Three altars with solar symbols, four figurines of priestesses in adoration postures and miniature models of the interior – tables, chairs, vessels, granaries and drums beating to the rhythm of the ritual dance – are placed in an open model of a building. The analysis of the symbols in the altars gives grounds to associate the scene with calendar rites performed in the period between the spring equinox and the beginning of the harvest season so as to secure affluence and abundant crops.

During the Early Bronze Age, the faith in the Great Goddess-Mother and in the Sun was documented in the drawings on the rocks that have been preserved in a rather inaccessible gallery of the Magurata cave near the town of Vidin, and in the hall of one of the four caves of the rock sanctuary near the village of Baylovo, Sofia region. The Sun, the Moon, the Goddess-Mother, the axes-sceptres and compositions of human and animal figures participating in the rite, are presented. These images show pictograms of a solar calendar.

Almost all explored archaeological sites have yielded numerous objects and constructions presenting various aspects

божества, Великата богиня-майка и нейният Син-Слънцето, изобразяван зооморфно като елен, бик или фалос, са персонификации на четирите природни стихии – Земя, Въздух, Вода и Огън, осъзнати като енергии. Вярата в тях и култовете към мъртвите, предците и към демоничните закрилници на местности и селища са обвързани с изпълняването на редовни и извънредни ритуали, придружени със съответните жертвоприношения от отделни семейства, родове или от цялата общност. Вярата-обредност обуславя културата-поведение на хората.

Археологическите свидетелства от двете страни на планината Хемус приравняват северните дялове на Балканския полуостров към Егейския басейн и Източното Средиземноморие с Предна и Мала Азия и дават един общ отговор, който гласи, че Тракия, преди и след формирането на тракийския етнос, е област с егейско-средиземноморска култура и цивилизация. В достигналите до нас текстове от античните автори се съдържат сведения за и описания на различните типове общества и култури, а Средиземноморието и траките са едни от тях. Техните божества са колкото близки, толкова и различни от тези на другите, защото, както казват древните, траките се обезсмъртяват.

Датирането на появата на божество е винаги много спорно, тъй като формирането на представата за него и утвърждаването на свещенодействията не са еднократен акт, а дълъг, обикновено хилядолетен процес. Траките са нелитературен народ, поради което имената и епитетите на боговете и богините им, които достигат до нас, са основно засвидетелствани от старогръцки и от латински автори. Те много често грецизират, респективно романизират местните имена или наричат божествата

of faith and of its professing through rites. The principal deities worshipped, namely the Great Goddess-Mother and her Son-Sun, the latter depicted in zoomorphic code as stag, bull or phallos, are personifications of the four elements in Nature: Earth, Air, Water and Fire, perceived as energies. The faith in them and the cults of the dead, the ancestors and the daimonic protectors of localities and settlements, were tied to the performing of regular and extraordinary rites accompanied by the respective sacrifices by individual families, clans or the entire community. The faith-rite determined the culture-behaviour of the people.

Archaeological evidence on both sides of the Haemus Mountain identifies the northern parts of the Balkan Peninsula near the Aegean basin and the Eastern Mediterranean with Western Asia and Asia Minor, giving one universal answer: before and after the formation of the Thracian ethnos, Thrace was an area with Aegean-Mediterranean culture and civilisation. The texts by ancient authors, which have survived to our days, also contain information about and descriptions of the different types of societies and cultures, the Mediterranean region and the Thracians being among them. Their deities are equally close and different from the deities of the others, because – as the ancient people claimed – the Thracians practised immortalisation.

Dating the appearance of a deity is always highly debatable, because the formation of the notion about it and the establishing of the sacred rites did not constitute a one-off act, being a process that took a long time, often even a millennium. The Thracians had no literature of their own, hence the names and the epithets of their gods and goddesses, which have survived to our days, were basically attested in ancient Greek and Latin authors who very often Graecised or Latinised the

19

*Култова сцена от селищна могила при
с. Овчарово, Търговищко, халколитна епоха*

*Cult scene from the tell near Ovcharovo village, Targovishte
region, Chalcolithic Age*

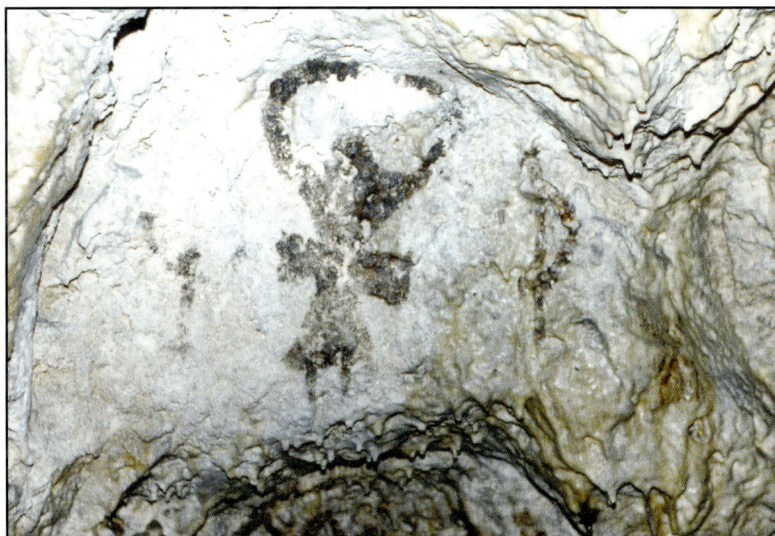

Изображения в скалното светилище при с. Байлово, Софийско

Images in a rock sanctuary near the village of Baylovo, Sofia region

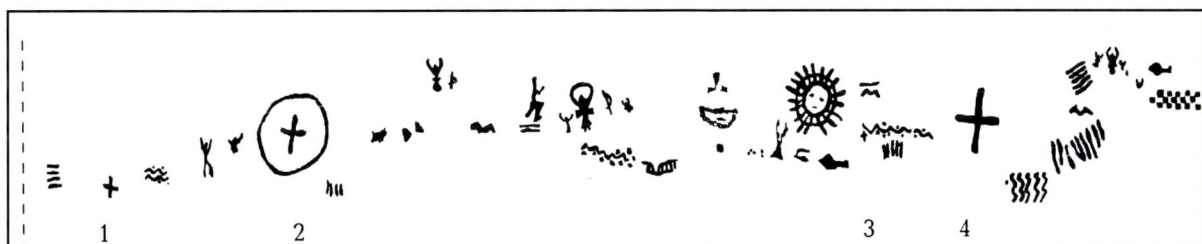

по подобие на своите. Благодарение на запазените надписи, поръчани от тракийски владетели и първенци, се знаят и някои местни божески прозвища. Археологическите находки са далеч по-красноречиви за свещенодействията, вярата-обредност и религиозността на траките в различните райони на земите им и говорят за сложни космогонични и теогонични представи.

Тракийският народ е част от пъстрия древен свят на Средиземноморието и Юго-източна Европа. Вярата на техните царе доминира целия им живот и историческото им поведение. Съобщеното от древните автори убеждение на траките в безсмъртието, техните божества и вездесъщите царе-първожреци хилядолетия наред провокират въображението на творци и учени, които вярват в божествената промисъл.

local names, or gave names to the deities similar to their own. The epithets of some local gods are known owing to preserved inscriptions that had been ordered by Thracian rulers and aristocrats. The archaeological finds are much more eloquent about the sacred rituals, the faith-rite and the religiousness of the Thracians in the various regions of their lands, and they suggest sophisticated cosmogonic and theogonic notions.

The Thracians constituted an integral part of the diverse ancient world of the Mediterranean region and Southeastern Europe. The faith of their kings dominated their entire life and their historical conduct. The faith of the Thracians in immortality, attested by the ancient authors, their deities and the ubiquitous kings-priests have stimulated for millennia the imagination of artists and scholars who believe in the divine thought.

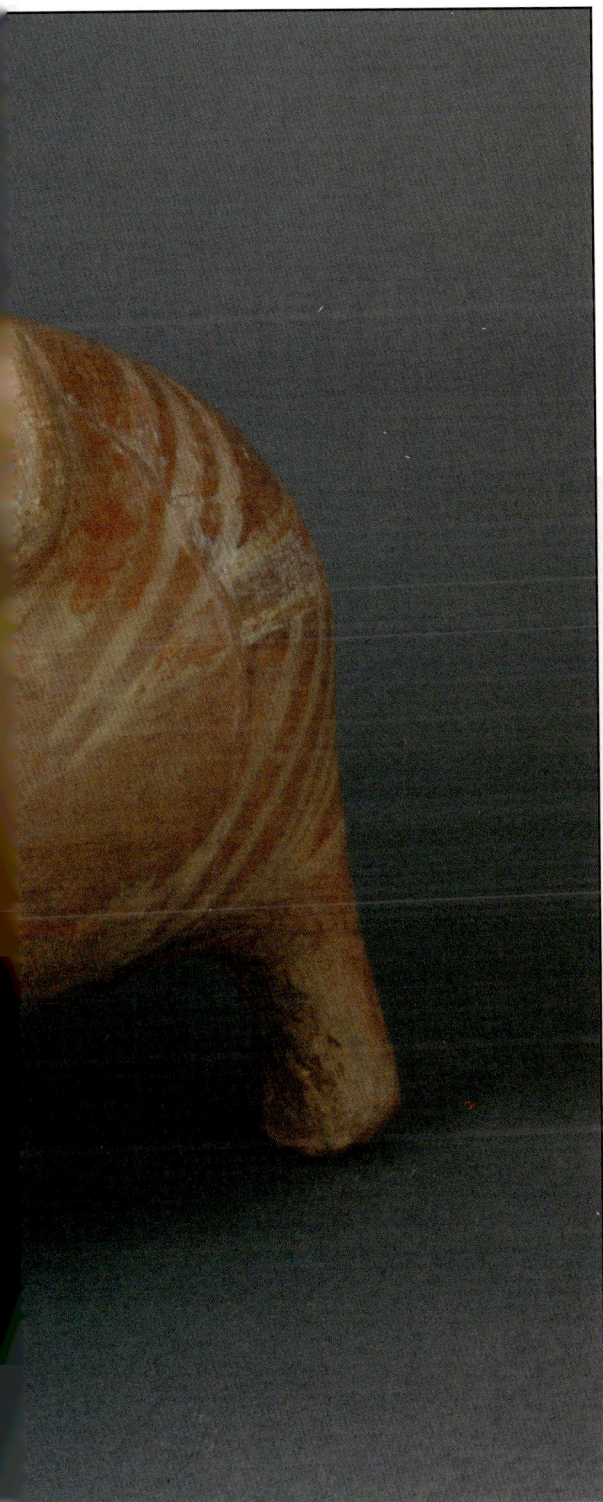

Антропозооморфен съд, с. Голям извор, Разградско, късен халколит

Anthropozoomorphic vessel, Golyam Izvor village near Razgrad, Late Chalcolithic Age

Тракийският орфизъм

В средата на II хилядолетие пр.Хр. в Средиземноморския свят настъпват промени, които завинаги бележат историята на Европа. Минойската цивилизация изчезва под натиска на ахеите, водени от царе-жреци. Създадената нова цивилизация условно е наречена микенска – от Микена – един от най-известните центрове през тази епоха. Династическите родове владеят неголемите си територии от мощно укрепени градове, в чертите на които е вътрешната крепост-дворец. Ахеите са чудесни войни, строители, металурзи, животновъди, мореплаватели и дори земеделци. Годините са размирни, пиратството и грабежите са всекидневие.

По същото време траките са вече стабилно обособен индоевропейски народ, по-късно определен от Херодот като най-многолюдния след индийския. Те също са управлявани от царе-жреци, а тяхната култура и цивилизация е типологически сходна на ахейската. През втората половина на II хилядолетие пр.Хр. траките са активни участници в икономическия, политическия и културния живот на Югоизточна Европа и на Западна Мала Азия. Блясквите съкровища, скиптрите, светилищата и укрепените резиденции показват, че те не отстъпват по сила и мощ на ахейските владетели. Към и след средата на II хилядолетие пр.Хр. царските династии в Тракия са все още анонимни.

Краят на II хилядолетие пр. Хр. е белязан от Троянската война – първата известна война за контрол над търговските пътища през Дарданелите и Босфора, за

Changes that were to leave an eternal imprint on the history of Europe took place in the middle of the second millennium BC. The Minoan civilisation disappeared under the pressure of the Achaeans, led by kings-priests. The emerging new civilisation was conditionally referred to as Mycenaean – from Mycenae, one of the most famous centres during those times. Dynastic families ruled over their territories, not very vast, with strongly fortified cities within which there was an inner fortress-palace. The Achaeans were excellent warriors, builders, metallurgists, stockbreeders, seafarers and even farmers. Those were turbulent years, piracy and plundering was part of everyday life.

During that time the Thracians were already a distinct Indo-European ethnos, subsequently defined by Herodotus as the most numerous people after the Hindus. They, too, were ruled by kings-priests, and their culture and civilisation was typologically similar to that of the Achaeans. During the second half of the second millennium BC, the Thracians were active participants in the economic, political and cultural life of Southeastern Europe and Asia Minor. The magnificent treasures, the sceptres, the sanctuaries and the fortified residences suggest that they were not inferior in power and influence to the Achaean rulers. Around and after the middle of the second millennium BC, the royal dynasties in Thrace were still anonymous.

The end of the second millennium BC was marked by the Trojan War: the first known war waged for control over the trade routes across the Dardanelles and the Bosporus, for

26

Thracian Orphism

преразпределение на суровинни бази и пазари, опоетизирана от Омир в поемите „Илиада" и „Одисея". Чрез епоса траките „влизат в историята" и писмените свидетелства за тях се дължат на пишещи на старогръцки и латински наблюдатели. По тази причина най-много сведения за тяхната духовност са от интерактивните зони между тракийската устност и гръцката/латинската литературност.

Освен трояните и ахеите най-известните исторически реални участници във войната са малоазийските лиди, меони и траки – траките от района на Херсонес (дн. Галиполски полуостров) и пеласгите. Между тези народи протичат и взаимодействените процеси в културата. Траките и пеласгите се споменават в най-древния пласт на „Илиада". От писмените свидетелства за морските господства след Троянската война става ясно, че морските пътища дълго време се владеят и от малоазийски и европейски траки и пеласи, както и от други народи, но не и от ахеите.

Много често литературните данни поставят редом двата етноса в различни райони на континента – например във Фокида, Тесалия, Хелеспонта, Халкидика, Беотия, по някои острови – Самотраки, Лемнос, Имброс, и в Троада. Благодарение на Тукидид и на схолиите към него могат да се очертаят отлики в облеклото и въоръжението на трако-пеласгийската общност и елините. В тези области на Елада най-древният пласт религиозни вярвания е соларен, но се наблюдават и хтонични, и итифалически елементи. Вторият слой, който е с подчертано

redistribution of sources of raw materials and markets, described in verse by Homer in his *Iliad* and *Odyssey*. Through those epic works the Thracians "entered history" and we owe the written evidence about them to observers writing in ancient Greek and Latin. For this reason, the highest number of reports on their spirituality came from the interactive areas between the Thracian oral tradition and the Greek/Latin literary tradition.

Apart from the Trojans and Achaeans, the best known real participants in the war were the Lydians, Maiones and Thracians – the Thracians from the area of the Chersonesos (present-day Gallipoli Peninsula) and the Pelasgians. Thracians and Pelasgians are mentioned in the most ancient layer of *The Iliad*. It becomes clear from the written evidence on the thalassocracies after the Trojan War that the sea routes were controlled for a very long time by the Thracians and Pelasgians from Asia Minor, as well as by other peoples, but not by the Achaeans.

Literary evidence very often places the two ethnoses side by side in various part on the continent, e.g., in Phokis, Thessaly, the Hellespontos, Chalkidiki, Boeotia, on some islands – Samothrace, Lemnos and Imbros, and in Troad. Owing to Thucydides and to the scholia to his works, it is possible to identify differences in the clothing and armament of the Thracian-Pelasgian community and the Greeks. The most ancient layer of religious beliefs in these areas of Hellas is solar, although certain chthonian and ithyphallic elements are also observed, the second layer, which is with a markedly Dionysian character,

27

Троен съд от Вълчитрънското съкровище,
втората половина на II хилядолетие пр.Хр.

*Triple vessel in the Vulchitrun gold treasure, second
half of the second millennium BC*

1.	Еней и неговите сънародници (трояните) Aeneas and his compatriots (the Trojans)	8 години 1275–1267 г. пр.Хр. 8 years 1275–1267 BC	Първа половина на XIII в. пр.Хр. first half of the 13th century BC
2.	Лидо-меони Lydians-Maiones	92 години 1267–1175 г. пр.Хр. 92 years 1267–1175 BC	Втора половина на XIII в. пр.Хр. second half of the 13th century BC
3.	Пелазги Pelasgians	85 години 1175–1090 г. пр.Хр. 85 years 1175–1090 BC	по-голяма част от XII и нач. на XI в. пр.Хр. most of the 12th and the early 11th century BC
4.	Траки от Европа Thracians from Europe	19 години 1090–1071 г. пр.Хр. 19 years 1090–1071 BC	Първа половина на XI в. пр.Хр. first half of the 11th century BC
5.	Траки от Азия Thracians from Asia	79 години 1071–992 г. пр.Хр. 79 years 1071–992 BC	по-голямата част на XI–нач. на X в. пр.Хр. most of the 11th and the early 10th century BC
6.	Родосци Rhodosians	23 години 992–969 г. пр.Хр. 23 years 992–969 BC	Първа половина на X в. пр.Хр. first half of the 10th century BC
7.	Фриги Phrygians	25 години 969–944 г. пр.Хр. 25 years 969–944 BC	средата на X в. пр.Хр. middle of the 10th century BC
8.	Кипърци Cypriots	33 години 944–911 г. пр.Хр. 33 years 944-911 BC	след средата на X в. пр.Хр. after the mid-10th century BC
9.	Финикийци Phoenicians	45 години 911–866 г. пр.Хр. 45 years 911–866 BC	края на X–нач. на IX в. пр.Хр. late 10th–early 9th century BC
10.	Египтяни Egyptians	50 години 866–816 г. пр.Хр. 50 years 866–816 BC	ок. ср. на IX в. пр.Хр. around the middle of the 9th century BC
11.	Милетчани Miletians	18 години 816–798 г. пр.Хр. 18 years 816–798 BC	края на IX–нач. на VIII в. пр.Хр. late 9th–early 8th century BC
12.	Кари Karians	61 години 798–737 г. пр.Хр. 61 years 798–737 BC	до и след средата на VIII в. пр.Хр. before and after the mid-8th century BC

*Реконструкция на морските господства
след Троянската война*

*Reconstruction of the thalassocracies after the
Trojan War*

Дионисов характер, се реконструира към IX – началото на VIII в. пр.Хр. и може да се свърже с т.нар. карийска таласокрация (морско господство). Омир в „Илиада" и митографската традиция свързват появата на Дионис в Европа с борбата му с царя на траките едони Ликург.

Към IX и началото на VIII в. пр.Хр. се датира и т.нар. Делфийска религиозна реформа, която се изразява в сливането на Слънчевото (Аполоновото) и хтоничното (Дионисовото) начало, персонифицирани в късната митографска традиция като братство на Аполон и Дионис. Тази реформа е приписвана на Орфей.

По това време се отнасят и сведенията за областта Фокида, където са планината Парнас и Делфийското светилище, и там се разполага митът за тракийския цар Терей. Според Тукидид областта е обитавана от траки, но тъй като в нея писмените извори разполагат и пеласги, може да се каже, че през ранния период населението е трако-пеласгийско. Литературната традиция и епиграфските известия показват още, че одриската царска династия поддържа връзки със светилището.

Могат да се очертаят две трасета на най-висока интензивност на изповядване на соларната, а по-късно и на соларно-хтоничната вяра. Едното идва от Мала Азия и върви към устието на р. Хеброс (дн. р. Марица) при Енос нагоре по нейното течение до сливането с р. Тонзос и след това към Кабиле и източните проходи на планината Хемус и на север. Другият път е очертан от писмените свидетелства чрез пътуването на царете на долонките от Тракийския Херсонес, по крайбрежието на Халкидика,

is reconstructed to the 9th – early 8th century BC, and it can be associated with the so-called Karian thalassocracy (supremacy over the seas). Homer in his *Iliad* and mythological tradition associate the appearance of Dionysos in Europe with his fight against Lykourgos, the kings of the Thracian tribe of the Edonoi.

The so-called Delphic religious reform is also dated to the late 9th – early 8th century BC, manifested as the fusion of the solar (Apollo) and chthonian (Dionysos) beginning, personified in the later mythographic tradition as brotherhood of Apollo and Dionysos. This reform is attributed to Orpheus.

The evidence about the Phokis area is also dated to that same period. The Parnassos Mountain and the Delphi sanctuary are located there, and the myth about the Thracian king Tereus is also situated there. According to Thucydides, the area was inhabited by Thracians, but as the written sources report the presence of Pelasgians there as well, it can be said that the population was Thracian-Pelasgian during the early period. Literary tradition and epigraphic evidence also show that the Odrysian royal dynasty maintained contacts with the sanctuary.

Two traces of highest intensity of the professing of the solar faith and later of the solar-chthonian faith can be outlined. One of them came from Asia Minor, moving in the direction of the estuary of the Hebros River (present-day Maritsa) near Ainos, up along its course until it joins the Tonzos River, and then towards Kabyle and the eastern passes of the Haemus Mountain, and to the north. The other itinerary is described in the written sources through the journeys of the kings of the Dolonkoi from the Thracian Chersonesos,

30

I скална група

1st group of rocks

II скална група

2nd group of rocks

с.Мелница, общ. Елхово

Скално светилище

скални групи - план

Rock sanctuary near Melnitsa village,
Elhovo district
Groups of rocks – plan

III скална група

3rd group of rocks

4th group of rocks

IV скална група

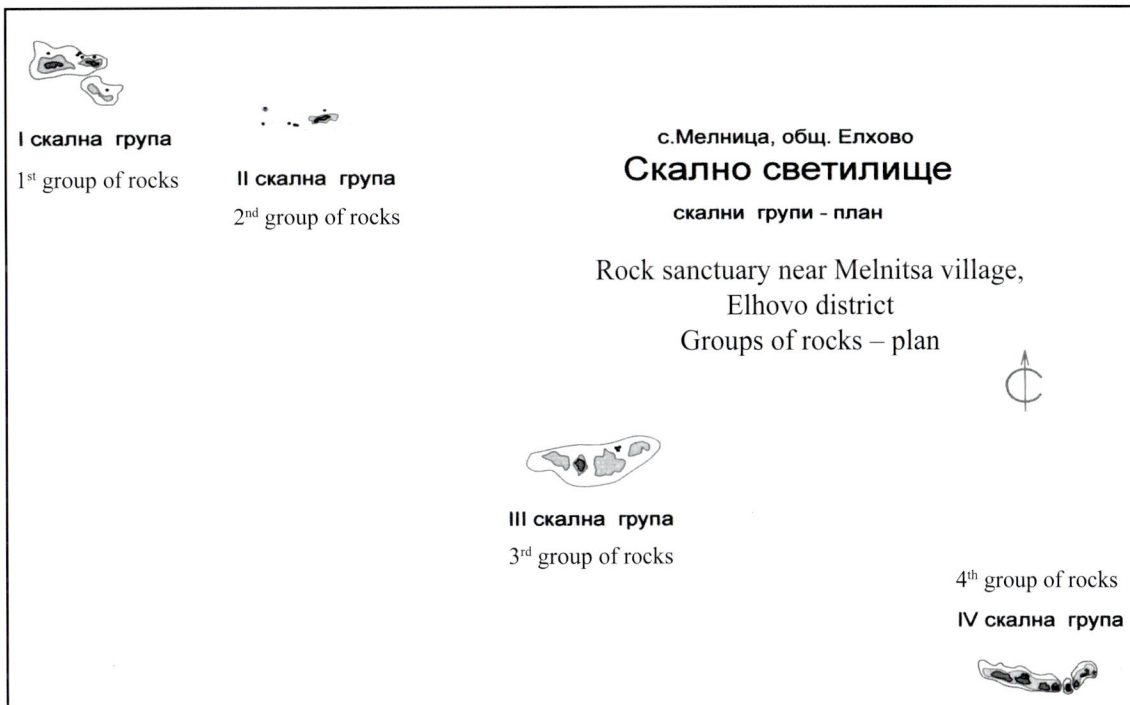

*Скален олтар със слънчев диск
(№ II на геодезичния план)*

*Rock altar with solar disc (No. II on
the geodesic plan)*

*Рисунка на скалата със диск
(№ II на геодезичния план)*

*Drawing on the rock altar with solar
disc (No. II on the geodesic plan)*

с.Мелница, общ. Елхово

Скално светилище

IV скална група - изглед

Скално светилище при с. Мелница, Елховско

Rock sanctuary near Melnitsa village, Elhovo district

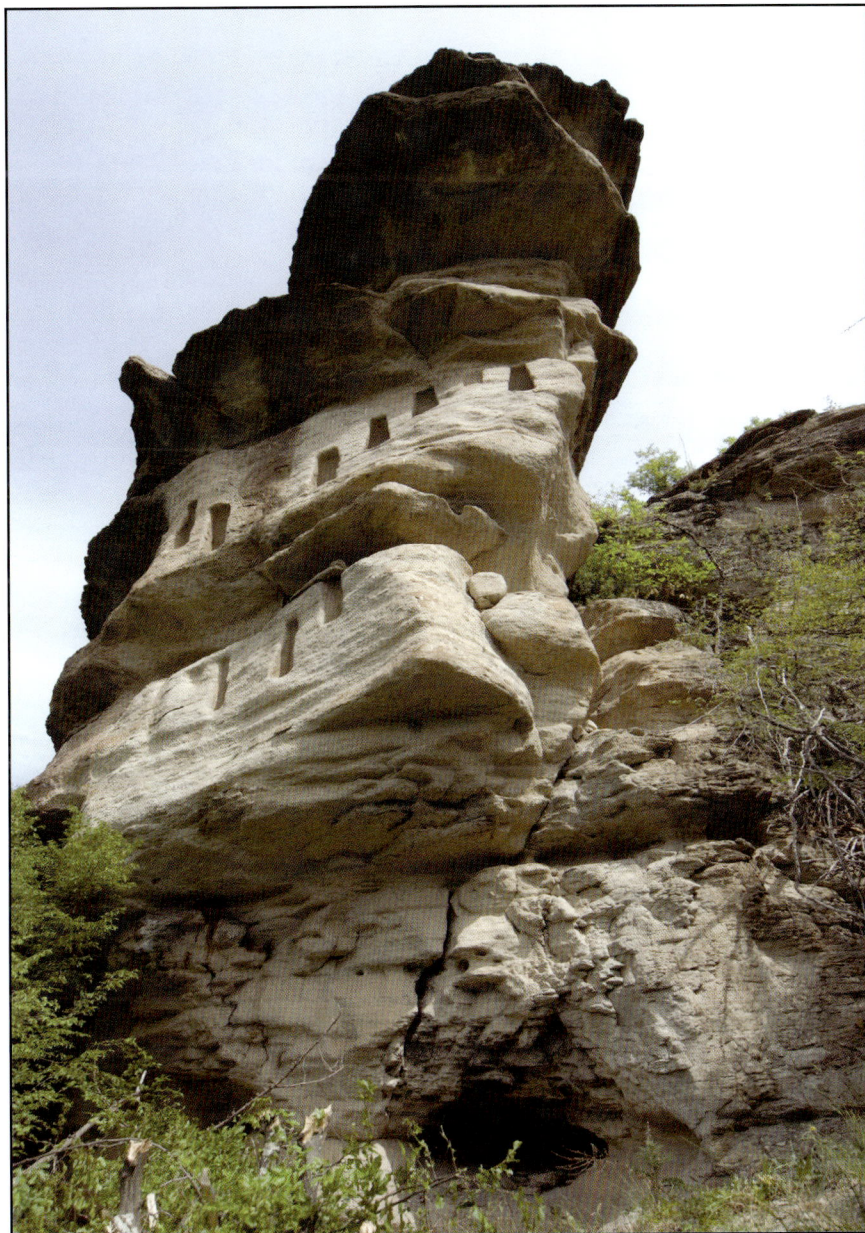

Скално светилище Калпак кая, Източни Родопи.

Kalpak Kaya rock sanctuary in the eastern Rhodope Mountains

Златна купа от о-в Белене, XII - XI в. пр.Хр.

Gold bowl from the Island of Belene, 12th-11th century BC

през Тесалия, Фокида до Делфи.

Периодът след Троянската война и началото на I хилядолетие пр.Хр. е време на сериозни социално-икономически и политически изменения в Елада. Те водят до загиването на микенската цивилизация и до появата на градовете-държави (полисите). В съчинението „История на Пелопонеската война" на Тукидид може да се прочете как до и след Троянската война се променя безименната до този момент страна и се образува сборният етноним елини. В Тракия обаче обществото продължава да живее в царства или в етносни държави от микенски тип, както ги определя авторът, като и икономиката им е организирана по същия начин. Съгласно Аристотел „етнос" е териториално организирано общество от поданици, управлявано от владетел, който е и монополен собственик на стопанството (базилейа). Базилейата пък противостои като социално-политическо устройство и култура на полиса (града-държава), в който свободно родените граждани-войни-глави на семейства са собственици на парцели земя.

Царствата на траките са ръководени от династически родове начело с царе-жреци, които налагат властта си над големи територии чрез следващата ги конна дружина от аристократи. Селяните са свободни и са организирани в селски териториални общини. Рудодобивът, металургията и производството на метални изделия са владетелски монопол. Хазната, както и ателиетата за производство на предмети от скъпоценни метали са при династическия двор.

Траките са нелитературен народ. Знанието при тях се предава в семейството и рода, в професионалните групи чрез специални обреди, в затворени езотерически (тайни) общества, по време на масова мистериална обредност. Този тип култура

along the Chalkidiki coast, across Thessaly, Phokis and all the way to Delphi.

The period after the Trojan War and the beginning of the first millennium BC was a time of serious socio-economic and political changes in Hellas that led to the perishing of the Mycenaean civilisation and to the emergence of the city-states (*poleis*). In Thucydides' *History of the Peloponnesian War* it is possible to read how the country that had been anonymous until that moment changed, and how the collective ethnonym of the Hellenes was formed. In Thrace, however, society continued to live in kingdoms or in ethnic states of Mycenaean type, as the author defined them, and their economy was also organised in the same way. According to Aristotle, "ethnos" was a territorially organised society of subjects ruled over by a dynast, who was also monopolistic owner of the economy (*basileia*). The *basileia* was in itself opposed in terms of social and political structure, as well as culture, to the *polis* (city-state) where the free-born citizens-warriors-heads of families owned plots of land.

The kingdoms of the Thracians were ruled over by dynastic families headed by kings-priests, who imposed their power over vast territories with the military formations of aristocrats following them on horseback. The peasants were free and were organised in rural territorial community. Ore-mining, metallurgy and the production of metal articles were the exclusive prerogative of the dynasts. The treasury and the workshops in which objects of precious metals were made were always in the royal court.

The Thracians were a non-literary people. They passed their knowledge within the family and clan, in professional groups through special rites, in closed esoteric (secret) societies, and during mass mysterial rites. That type of culture was conservative,

е консервативен и много често натрупаните знания и умения се съхраняват далеч по-продължително и по-добре, отколкото в литературните общности. Правилата, по които живее нелитературното общество, са по-силни от писаното законодателство, спазването им – по-строго. Това, което прави траките по-специални от останалите народи обаче, е вярата им в безсмъртието.

Тя прави на елините огромно впечатление още през древността, защото както пише бащата на историята Херодот за гетите, те се обезсмъртяват. Заради вярата им, че постоянно пребивават в цикъла живот–смърт–ново раждане, той характеризира аристократите като еудаймонес (щастливодемонни) в смъртта си. Демонът съгласно старогръцкото тълкуване е интелектуална енергия, която се намира между човека и бога. Когато се осъществява това взаимодействие, той е теос (бог). Затова и най-ярките представители на тракийските щастливодемонни Орфей и Залмоксис са вярвани и като богове. От две орфически златни таблички (IV в. пр.Хр.) от Пелина, Тесалия, се разбира, че орфическият еудаймонизъм е Дионисово мистериално тайнство. Друга златна табличка от могилата Тимпоне гранде (IV в. пр.Хр.) от некропола на Турий допълва, че благодарение на това тайнство посветените след физическата смърт придобиват антроподемонен статут.

Още през II хилядолетие пр.Хр. се очертава посока на духовна взаимодейственост в пространството о. Крит, Беотия, Тесалия, Източна Македония и Тракия. В Тракия това духовно пространство е разположено между свещените планини Пангей, на чийто връх Орфей възпява Хелиос, „най-почитаното божество на конелюбивите траки" и Когайон/Когайонон – легендарната гетска планина на Залмоксис, който учи на без-

the knowledge and skills accumulated were very often preserved for a much longer time and much better than in the societies that had their literature. The rules followed in the life of the non-literary societies were much more powerful than the written legislation, and they were much more strictly obeyed. However, it was the faith of the Thracians in immortality that made them more special compared to the other peoples.

The Hellenes were enormously impressed with that faith even back in the antiquity, because – as the father of history Herodotus wrote about the Getae – they were immortalised. On account of their faith that they were constantly in a cycle of life–death–new birth, he characterised the aristocrats as *eudaimones* (happy-daimonic) in their death. According to the interpretation of the ancient Greeks, the *daimon* is intellectual energy that can be found between the human being and the god. When that interaction took place, man was *theòs* (god). Hence the most eminent representatives of the Thracian *eudaimones* Orpheus and Zalmoxis were also believed to be gods. It becomes clear from two Orphic gold tablets (4th century BC) from Pellina in Thessaly that the Orphic eudaimonism was a Dionysian mystery. Another gold tablet from the Timpone Grande tumulus (4th century BC) in the necropolis of Thurii adds that the initiated individuals acquired anthropodaimonic status after their physical death owing to that mysterial rite.

A direction of spiritual interaction in the space of the Island of Crete, Boeotia, Thessaly, Eastern Macedonia and Thrace emerged already during the second millennium BC. In Thrace that spiritual space was between the sacred mountains of Pangaion, on whose peak Orpheus praised Helios in song as "the most worshipped deity of the horse-loving Thracians" and Kogàion(-on) – the legendary

Лицето на бога. Скално светилище при махала Дъждовница, Източни Родопи

The god's face. Rock sanctuary near the Dazhdovnitsa settlement, Eastern Rhodope Mountains

Апликации от конска сбруя, с. Равногор, Брациговско, III–II в. пр.Хр.

Appliqués on horse-trappings from the village of Ravnogor near Bratsigovo, 3rd–2nd century BC

Фрески в купола на гробницата край с. Александрово, Хасково, втора половина на IV в. пр.Хр.

Frescoes on the vault of the tomb near the village of Alexandrovo, Haskovo district, second half of the 4th century BC

смъртие своите последователи. Митологически духовното взаимодействие е кодирано в разказа за пътуването на Аполон към кръглия му храм „отвъд Борей" (Северния вятър) – в земите на хипербореите. Според сведенията по този път са пренасяни и техните дарове до светилището на бога на о. Делос, поради което той е наречен с понятието хиперборейски диагонал.

В резултат на това взаимодействие през II хилядолетие пр.Хр. на базата на автохтонни, предноазиатски и египетски вярвания в Средиземноморието се формира вяра-обредност, която се разпространява от о. Крит на север в Беотия, Тесалия, Фокида с Делфи, Източна Македония и Тракия и по островите Самотраки, Лемнос, Наксос и Тасос. Свързвана с Орфей още през древността, тя и учението, което произлиза от нея, условно е наричана устен орфизъм, аристократическа е по своята същност и се различава от олимпийската религиозност.

Заради различната историческа съдба на траки и елини орфическата вяра в градовете-държави на Елада се превръща в литературно-философска доктрина с питагорейски корени, докато в Тракия и в други югоизточноевропейски нелитературни общества и общности тя се изповядва в устната фолклорна обредност до утвърждаването на християнството. Най-рано елинизацията на този, макар и условно наречен устен орфизъм, започва в Беотия и Тесалия. В Тракия обаче тази вяра и обредност доминират цялото общество.

След Питагор и Хераклит влиянието на устния орфизъм се наблюдава при Емпедокъл и Парменид. Литературно-философското осмисляне на орфическите заемки пък е дело на Платон. Аристократическото устно орфическо учение за безсмъртността не се покрива с философско-религиозния

Getic mountain of Zalmoxis, who taught immortality to his followers. The spiritual interaction is mythologically encoded in the narrative about Apollo's journey to his round temple "beyond Boreas" (the North Wind), in the lands of the Hyperboreans. According to the narratives, that was the route along which their gifts were carried to the sanctuary of the god on the Island of Delos, hence it was referred to as the Hyperborean Diagonal.

That interaction resulted in the emergence in the Mediterranean of a faith-rite during the second millennium BC on the basis of autochthonous beliefs of Western Asia and Egypt. It spread from the Island of Crete in the north to Boeotia, Thessaly, Phokis with Delphi, Eastern Macedonia and Thrace, as well as on the islands of Samothrace, Lemnos, Naxos and Thasos. Being associated with Orpheus even during the antiquity, that faith-rite and the teaching that stemmed from it was provisionally referred to as oral Orphism. It was aristocratic in nature and differed from the Olympian religiousness.

On account of the different historical fate of Thracians and Greeks, the Orphic faith turned into a literary-philosophical doctrine with Pythagorean roots in the city-states of Hellas, whereas in Thrace and in the other non-literary societies and communities of Southeastern Europe it was professed in the oral folkloric ritual tradition until the adoption of Christianity. The earliest start of the Hellenisation of that phenomenon, provisionally referred to as oral Orphism, occurred first in Boeotia and Thessaly. However, that faith and rite dominated the entire society of Thrace.

After Pythagoras and Heraklites, the influence of oral Orphism was observed in Empedokles and Parmenides. The literary-philosophical interpretation of the Orphic borrowings was the work of Plato. The

38

*Детайл от съкровището от с. Рогозен,
Врачанско, IV в. пр.Хр.*

*Detail from the Rogozen silver treasure,
4th cuntury BC*

39

възглед за безсмъртието на душата, до което достига елинският орфизъм след тази обработка.

Най-ясно това се вижда от липсата на идеята за метемпсихозата в орфическите химни, които са късен запис (II–IV в.) на обредна песенност. В тях се подчертава активното и съзнателното преодоляване на изпитанията от посветените орфици за разлика от пасивността на превъплъщаващата се душа. Затова и те се свързват с устната орфическа вяра, която осигурява безсмъртие в друго битие, т.е. безсмъртие на интелектуалната енергия, което е по-близо до еудемонната вяра на траките-орфици.

Реинкарнацията на душата е обусловена от вината ѝ и от очакваното възмездие, ако не се следват обредността и поведението, което изисква вярата. Вината и възмездието са категории, които не принадлежат на аристократическата устна орфическа доктрина. Те се пораждат от причинно-следственото мислене, което след IX в. пр.Хр. формира добродетелите на корпуса на гражданите. Нелитературният орфизъм съдържа упованието за индивидуално спасение Отвъд, което не се приема от полисната олимпийска религиозност.

Въз основа на анализите на писмените свидетелства може да се предложи периодизация на устния орфизъм като аристократично доктринално поведение. Първият етап обхваща времето на Микенска Елада и Тракия до края на II хилядолетие пр.Хр. Вторият достига до V–IV в. пр.Хр. в Тракия, която от социално-икономическа гледна точка запазва микенския си характер, и в етносно организираните общности на Елада, след което започва неговото снизяване и профанация.

През VI в. пр.Хр. се формира и литературният елински орфизъм, който от IV в. пр.Хр. насетне също претърпява проме-

aristocratic oral Orphic teaching about immortality did not coincide with the philosophical-religious view on the immortality of the soul, which Hellenic Orphism attained after that interpretation.

This is most clearly seen in the absence of the idea of metempsychosis in the Orphic hymns, which are a late record (2nd-4th century) of ritual song tradition. The emphasis in them is on the active and deliberate surmounting of value trials by the initiated Orphics, unlike the passivity of the reincarnating soul. Hence they are associated with the oral Orphic faith that guaranteed immortality in another being, i.e., immortality of the intellectual energy, which is closer to the eudaimonic faith of the Orphic Thracians.

The reincarnation of the soul was predetermined also by its guilt with respect to the expected retribution, if the rites and the behaviour required by the faith were not strictly observed. Guilt and retribution are categories that did not belong to the aristocratic oral Orphic doctrine. They were generated by the thinking in terms of cause and effect, which shaped the virtues in the majority of the citizens after the 9th century BC. Non-literary Orphism comprised also a profound faith in individual salvation in the World Beyond, which was not accepted by the *polis*-type Olympian religiousness.

Periodisation of oral Orphism as aristocratic doctrinal behaviour can be proposed on the basis of analyses of the written evidence. The first stage comprises the time of Mycenaean Greece and Thrace until the end of the second millennium BC. The second stage lasted until the 5th-4th century BC in Thrace, which preserved its Mycenaean character from a socio-economic point of view, and in the communities of Hellas organised on an ethnos principle, after which its decline and profanation starte.

Апликации от съкровището от с. Летница, Ловешко, средата на IV в. пр.Хр.

Appliqués from the treasure from the village of Letnitsa, Lovech district, mid-4th century BC

Каничка от Враца, първата половина на IV в. пр.Хр.

Jug from a burial in the Mogilanska Mogila tumulus in the town of Vratsa, first half of the 4th century BC

ни. Тракийските земи по крайбрежието от Бизантион (дн. гр. Истанбул) до Истрия (Румъния) и Олбия (Русия), както и Южна и Югозападна Тракия по линията на островите Тасос–Самотраки и Северозападна Мала Азия на север започват да се елинизират от средата на VIII в. пр.Хр. Към средата на VI в. пр.Хр., когато се поставя същинското начало на този процес по отношение на устния орфизъм, от Пизистратова Атина към Южна Италия се разпространява предимно хточният (вакхическият) аспект на учението.

Веднага искам да подчертая, че понятието елинизация не бива да се разглежда етнически, а като социокултурна промяна чрез образуването на двуезична общност. Това означава, че тя не е налагане на старогръцкия език и култура, а взаимодействие на елинската с тракийската действителност и създаване на качествено друга социокултурна среда, в която няма етнически сблъсъци. Когато е налице противопоставяне на колониите със заобикалящите ги траки, то трябва да се има предвид, че то е по-скоро икономическо и военнополитическо.

Благодарение на общуването между носителите на двете култури се появяват и първите по-релефни писмени свидетелства за етносното доктринално-обредно учение на траките. В описаната от Херодот устна орфическа вяра на затворените севернопонтийски общества са разпознати вакхическите мистерии и учението на Залмоксис за безсмъртието, от които до нас достигат костните пластинки на орфиците от Олбия и именно те я оповестяват писмено и символно в елинска културно-езикова среда.

Благодарение на Платон се знае за жреците на Залмоксис и за разбираната от тях цялост на човека като баланс между духа и тялото. Откритият край Дервени (Гърция)

Literary Greek Orphism also took shape in the 6th century BC, and it also underwent changes from the 4th century BC onwards. The Thracian lands along the coast from Byzantion (present-day Istanbul) to Histria (in present-day Romania) and Olbia (in present-day Russia), as well as Southern and Southwestern Thrace along the line of the islands of Thasos-Samothrace and Northwestern Asia Minor, began to be Hellenised from the mid-8th century BC onwards. Around the middle of the 6th century BC, when the real beginning of that process dates with respect to the oral Orphism, predominantly the chthonian (Bacchic) aspect of the teaching spread from Athens of Pisistrates towards Southern Italy.

I would like to stress straightaway that the concept of Hellenisation should not be examined from an ethnic perspective, but rather as a socio-cultural change through the formation of a bilingual community. This means that it was not imposition of the ancient Greek language and culture upon others, but the interaction of the Greek and of the Thracian reality that resulted in the emergence of a qualitatively different socio-cultural environment in which there were no ethnic clashes. Whenever there was confrontation between the colonies and the Thracians surrounding them, it should be borne in mind that the confrontation tended to be more of an economic and military-political nature.

The first more eloquent evidence about the ethnos-related doctrinal-ritual teaching of the Thracians emerged owing to the communication between the carriers of the two cultures. In the description by Herodotus of the oral Orphic faith of the closed Northern Pontic societies it is possible to discern the Bacchic mysteries and the teaching of Zalmoxis about immortality, from which the bone plaques of the Orphics from Olbia have

в гроба на благородник-воин орфически папирус от края на IV в. пр.Хр. е най-добрата илюстрация на взаимодействието между аристократическите орфически общности и литературно и философски обработения орфизъм, достояние на малки кръгове интелектуалци от полисите.

След Питагор постепенното превръщане на устния орфизъм във философско-спекулативно учение се усилва след Платон и към края на IV в. пр.Хр. е документирано от Дервенския папирус. Благодарение на такива извори доктринално-обредната вяра, най-разпространена в Тракия, се откроява още по-релефно и може да се нарече тракийски орфизъм, т.е. това е терминус техникус, а не етническо определение. Между I и IV в. сл.Хр. откритата, масовата мистериална народна вяра се интегрира с фолклорното ранно християнство. До наши дни в традиционните култури на народите от Югоизточна Европа са запазени следи от нея.

Свързваните още през древността с Орфей вяра, обредност и учение, наричани орфизъм, са различни от олимпийската религиозност. В древната писмена традиция не се говори за орфизъм, а за поеми от Орфей или приписани на Орфей и за култове, ритуали и мистерии, учредени от Орфей. Прилагателното орфически, което е поставено към някои обреди и религиозни практики, не дава достатъчно основания да се мисли, че те са свързани помежду си или че са различни прояви на обособено религиозно движение.

Етносната вяра-обредност и действителност на траките „влизат" в историята благодарение на книжовни гръцки наблюдатели. Поради тази причина изучаването на местната духовност е най-успешно в интерактивните зони между тракийската устност и старогръцката литературност. Ре-

survived to our days. It was these plaques that announced it in writing and with symbols in a Greek cultural and linguistic environment.

Owing to Plato, there is information about the priests of Zalmoxis and of their understanding of man's integrity as a balance between body and spirit. The late 4th century BC Orphic papyrus discovered near Derveni (Greece) in the grave of an aristocratic warrior is the best illustration of the interaction between the aristocratic Orphic communities and the literary and philosophically processed Orphism, which was familiar only to select intellectual circles in the *poleis*.

After Pythagoras, the gradual transformation of oral Orphism into a philosophical-speculative teaching was intensified after Plato and it was documented by the Derveni Papyrus around the end of the 4th century BC. Owing to such sources, the doctrinal-ritual faith that was most widespread in Thrace, stood out even more prominently and could be referred to as Thracian Orphism, which is a *terminus technicus* and not an ethnic definition. The discovered mass mysterial popular faith was integrated with the folkloric early Christianity between the 1st and the 4th century AD. Traces of it have been preserved to this day in the traditional cultures of the peoples from Southeastern Europe.

The faith, rituals and teaching associated with Orpheus already in ancient times and referred to as Orphism are different from the Olympian religiousness. The ancient written tradition does not speak about Orphism, but about poems by Orpheus or attributed to Orpheus, and about cults, rituals and mysteries initiated by Orpheus. The adjective "Orphic" used for certain rites and religious practices does not give sufficient grounds to think that they were interconnected, or that they were different manifestations of a definite religious movement.

43

зултатът от това взаимодействие са двата Орфея у Павзаний – тракийският, който е по-скоро бог, и елинският, който е с характеристиките на културен герой.

Това разграничаване контекстуално се забелязва в Платоновия възглед за митичния Орфей. Благодарение на Херодот, Еврипид и Платон до нас достигат най-ранните характерни черти на орфическите представи и обредните практики, допълнени от сведенията в Дервенския папирус. Златните орфически таблички, открити на различни места в древния свят, както и други индиректни сведения подсказват, че литературизирането и философската обработка на устната вяра-обредност започва преди IV в. пр.Хр.

Свидетелствата за елинската обработка на устната орфическа теогония не формират единна система. Най-общо те са обобщени от учените като „Протогонос теогония", формирана в края на VI – началото на V в. пр.Хр., позната ни от Дервенския папирус, Емпедокъл и Пиндар; „Еудемонната теогония", създадена синкретично на базата на култа към Куретите и Бакхус през V в. пр.Хр., за която се приема, че е изгубена, и „Рапсодическа теогония", реконструирана по Орфическите химни, които са късен запис и редакция на етносна обредност-вяра.

Новите анализи на писмените свидетелства и наблюденията върху новооткритите при разкопки материали подкрепят хипотезата за аристократическо устно орфическо учение за безсмъртността, което не се покрива с философско-религиозния възглед за безсмъртието на душата при елините. Тракийската орфическа вяра-обредност, „скрита" в писмените свидетелства, е видима в археологическите находки. Реконструкцията отразява най-архаичната й средиземноморска основа. Първична е

The ethnos-related faith-rite and reality of the Thracians "entered" history owing to literary Greek observers, hence the study of the local spirituality was most successful in the interactive areas between the Thracian oral tradition and the ancient Greek literary tradition. This interaction resulted in the two Orpheus-es in Pausanias: the Thracian Orpheus who is more like a god, and the Greek one who tends to have the characteristics of a culture hero.

This distinction is contextually noticed in Plato's views on the mythical Orpheus. The earliest characteristics of the Orphic notions and ritual practices have reached us owing to Herodotus, Euripides and Plato, complemented with the information in the Derveni Papyrus. The gold Orphic tablets that had been found in various places in the ancient world, as well as other indirect evidence, suggest that the literary interpretation and philosophical processing of the oral faith-ritual started before the 4th century BC.

The evidence on the Hellenic treatment of the oral Orphic theogony does not form a coherent system. It has been most generally summarised by researchers as Protogonos Theogony, formed at the end of the 6th or the beginning of the 5th century BC, known to us from the Derveni Papyrus, Empedokles and Pindar. The Eudemian Theogony, created syncretically on the basis of the cult of the Kouretes and Bacchus in the 5th century BC, which is assumed to have been lost, and the Rhapsodic Theogony, reconstructed from Orphic hymns that are a late transcript and version of ethnos-related faith-ritual.

The new analyses of the written evidence and the observations on the newly-discovered materials during archaeological excavations support the hypothesis about an aristocratic oral Orphic teaching about immortality, which is not the same as the philosophical-

Надгробна плоча от Аполония Понтика (дн. Созопол), началото на V в. пр.Хр.

Grave stele from Apollonia Pontica (present-day Sozopol), beginning of 5th century BC

Орфически папирус от Дервени

Orphic papyrus from Derveni

Монета от Аполония (дн. Созопол)

Coin from Apollonia (present-day Sozopol)

45

идеята за Универса, персонифициран като Велика богиня-майка, която самозачева и ражда своя Син – слънце през деня и огън през нощта. Вярата-обредност, т.е. устният тракийски орфизъм, е спойката на тракийското общество, което е с относително хомогенна етносна ценностна система.

Интерпретацията на писмените данни от гледна точка на тракийската етнокултурна действителност и религиозност позволяват реконструкция на космогоничните представи. Местната орфическа Вселена е десетстепенна и числовото й изражение е 4+3+3. Великата богиня-майка/Космос/Планина е в покой (първа степен), след това трепва и самозачева (втора степен), износва плода (трета степен) и ражда божествения си Син (четвърта степен). Този божествен Син е носител на целостността в Космоса, т.е. има соларна (слънчева) и хтонична (земна) природа. Той е Слънце, но и Огън (земната проекция на слънцето) или кръв и е равен в могъществото си на върховната господарка.

Следващите три степени оформят доктриналната вяра и отразяват денонощния и целогодишния слънчев цикъл. Синът-Слънце се възвисява на хоризонта (пета степен), обикаля и задвижва Космоса (шеста степен) и влиза в свещенобрачна връзка със своята сътворителка (седма степен). Свещената сватба е вярвана като сливане на светлината на Сина-Слънце/Огън с пещерния мрак, символизиращ утробата на вездесъщата майка-земя.

От този акт се ражда чедото на боговете-равнопоставеници (осма степен). То е царят-жрец, който след преодоляно ценностно изпитание получава инсигниите на властта от нея и урежда света на хората (девета степен). Десетата степен е неговата символична хиерогамия с Великата богиня-майка, която има за цел да

religious view on the immortality of the soul of the Greeks. The Thracian Orphic faith-ritual, which is "hidden" in the written sources, is visible in the archaeological finds. The reconstruction reveals its most archaic Mediterranean basis. The primary idea was that about the Universe, personified as the Great Goddess-Mother, who self-conceives and gives birth to her Son-Sun during the day and Son-Fire during the night. The faith-ritual, i.e., the oral Thracian Orphism, was the factor that bound Thracian society together, with a relatively homogeneous ethnos-related system of values.

The interpretation of the written evidence from the viewpoint of the Thracian ethnic and cultural reality and religiousness allow reconstructing the cosmogonic notions. The local Orphic Universe has ten stages and its numerical expression is 4+3+3. The Great Goddess-Mother/Cosmos/Mountain is in a stage of rest (first stage), then she shudders and self-conceives (second stage), bears the foetus (third stage) and gives birth to her divine Son (fourth stage), this divine Son is the bearer of the wholeness in the Cosmos, i.e., he has both a solar and a chthonian nature. He is Sun, but also Fire (the earthly projection of the Sun) or blood, and he is equal in his power to the supreme goddess.

The next three stages shape the doctrinal faith and reflect the diurnal and annual solar cycle. The Son-Sun rises on the horizon (fifth stage), goes round the Cosmos and sets it in motion (sixth stage) and engages in a sacred marriage with his creatress (seventh stage). The sacred marriage (hierogamy) was believed to be the fusion between the light of the Son-Sun/Fire and the darkness of the cave symbolising the womb of the ubiquitous Mother-Earth.

That act results in the birth of the child of the deities that have equal standing. That

46

задвижи жизнения цикъл отново. Смъртта на владетеля олицетворява този акт. Тя е равнозначна на залеза на бога-Слънце (= смъртта), за да се роди той отново с първите лъчи.

Под формата на жертвоприношение на бик, кон, овен или козел, в което царят е главен жрец, ежегодно се показва символичната му смърт. Покапването на кръвта на жертвеното животно по земята е символично представяне на свещения брак на богинята с владетеля и началото на новия годишен цикъл в социума. Обезсмъртяването на царя и превръщането му в антроподемон след физическата му смърт се извършва в храмове-утроби, за да премине той в другото си битие, в което неговата енергия е безсмъртна.

Първите четири степени на създаването на Космоса са еднократен акт. Следващите – от петата до десетата – се потвърждават в доктринални надписи на тракийски царе, изображения върху изделия на местните майстори-торевти, архитектурни решения в подмогилни храмове и хероони и като археологическа ситуация в погребения на владетели и аристократи. Петата, шестата и седмата степен оформят доктрината на вярата. След VI в. пр.Хр. те са осмислени в скално изсечени и мегалитни светилища в древна Тракия и в подмогилни градежи.

Херодот идентифицира божествената многофункционалност в тракийската тетрада от богове с Артемида, Дионис, Арес и Хермес. Артемида е старогръцки превод-означение на Великата богиня-майка, която е самият Космос. С теонима Дионис бащата на историята назовава Сина й в хтоничната му хипостаза, а носителят на вярата в двете божества нарича Арес. Тази негова идентификация е подхранена от епоса и от разказите от Омир насетне, понеже богът приема образи на тракийски

child is the king-priest who receives the power insignia from her after successfully passing his value trial, and brings order to the world of humans (ninth stage). The tenth stage is his symbolic hierogamy with the Great Goddess-Mother, which is aimed at setting the life cycle in motion again. The death of the ruler symbolises that act. It is equivalent to the setting of the Sun-God (= death) so that he could be reborn with the first rays.

His symbolic death is presented every year in the form of a sacrificial offering of a bull, horse, ram or he-goat, in which the king officiates as the main priest. The dripping of the blood of the sacrificial animal onto the earth is a symbolic presentation of the sacred marriage of the goddess to the ruler and the start of a new cycle in the socium. The king's immortalisation and his transformation into anthropodaimon after his physical death took place in womb-like temples so that he could transcend into a new being where his energy is immortal.

The first four stages in the creation of the Cosmos were a unique act, the subsequent ones – fifth to tenth – are confirmed in doctrinal inscriptions of Thracian kings, images on works of the local craftsmen (goldsmiths and silversmiths), architectural solutions in temples and heroons below tumuli, and as archaeological situation in the burials of rulers and aristocrats. The fifth, sixth and seventh stages shaped the doctrine of faith. After the 6th century BC, they acquired a meaning in rock-hewn and megalithic sanctuaries in ancient Thrace and in constructions below tumuli.

Herodotus identifies the divine multifunctionality in the Thracian tetractys of gods with Artemis, Dionysos, Ares and Hermes. Artemis is an ancient Greek translation-designation of the Great Goddess-Mother, who is the Cosmos itself. The Father

47

царе. В родения в Тракия Арес е скрит ликът на пайс (сина/чедо) на Сина на Великата богиня-майка. В тракийската тетрада този цар-жрец е в зависимост от Хермес. Местните владетели заклеват точно него, защото той е техният прародител, итифалическото начало в хиерогамията, което ги създава като пайдес (чеда) на Сина.

Божествената четворка е съобщена и за о. Самотраки, където Великата богиня-майка Аксиокерса, нейният Син Аксиерос, царят-антроподемон Аксиокерсос и Касмилос/Кадмилос/Хермес образуват фалическа обредност с централна фигура висшата повелителка. Ритуалността тук е определена от смисъла на първата съставка на трите теонима Axio-. Тя се съдържа в името на р. Аксиос и означава черна (вода). Съставката Axio- може да се тълкува като назоваване на утробно-пещерната оплодителна сила на Великата богиня-майка, която ражда Сина и чедото (пайс) на Сина – царя-жрец. Втората съставка в имената на самотракийските богове – керса/-керсос/-карси/-карджас се среща в тракийски лични, предимно царски имена и в епиклези на божества и е функционално-позиционно назоваване и на върховната господарка – Царица, и на владетеля-жрец-служител на Сина.

Подобно на документираното за о. Крит, тракийският тетраден модул предпоставя развитие към хептада и респективно – към декада, както защото хиерогамната Загреева бича обредност е кодирана в числото 7 (= начална dzeta), така и защото Великата богиня-майка въвежда в сан орфическия владетел-антроподемон при символната му смърт–ново раждане, т.е. на десетата степен.

Седемстепенният модел на Космоса е архитектурно осмислен в подмогилния храм „Шушманец" в „Долината на тракий-

of History uses the theonym Dionysos to name her Son in his chthonian hypostasis, and he called the carrier of the faith in the two deities Ares. That identification of his was supported by the epic tradition and the narratives from Homer onwards, because the deity acquired images of Thracian kings. Ares, born in Thrace, conceals the *pais* (son/child) of the Son of the Great Goddess-Mother. That king-priest was dependent on Hermes in the Thracian tetractys. Local dynasts took an oath precisely in him, because he was their progenitor, the ithyphallic beginning in the hierogamy that created them as *paides* (children) of the Son.

The divine tetrad has been reported for the Island of Samothrace as well, where the Great Goddess-Mother Axioxersa, her son Axieros, the king-anthropodaimon Axiokersos and Kasmylos/Kadmylos/Hermes formed a phallic ritual with the supreme goddess as the central figure. The ritual here is also defined by the meaning of the first component of the three theonyms: *Axio-*. It is contained in the name of the Axios River and means "black" (water). The component *Axio-* can be interpreted as a name for the womb-cave fertilising power of the Great Goddess-Mother who gives birth to the Son and the child (*pais*) of the Son – the king-priest. The second component in the names of the Samothracian gods – *-kersa/-kersos-karsi-kardjas* – occurs in Thracian personal names, predominantly royal, as well as in epicleses of deities, and it is functional-positional naming of the supreme mistress – the Queen, and of the Son's ruler-priest-servant.

Similar to the documented evidence about the Island of Crete, the Thracian tetractys module predetermined a development to a heptads and to a decade, respectively, both because the hierogamous Zagreus bull rituals are encoded in the number 7 (= initial *dzeta*),

48

ските царе" в района на гр. Казанлък. Десетстепенната орфическа подредба, усвоена от питагорейството, е възпроизведена в два от най-известните тракийски обекти. Единият е мистериалното светилище при с. Старосел, Централна Южна България. В пространството на космическата декада е извършван обредът на вярваното преминаване на царя-служител на Сина в антроподемонен статус, след което тялото му е полагано в някое от богатите могилни погребения, разкрити наоколо.

Другият е гетската династическа гробница при с. Свещари, Североизточна България, датирана в началото на III в. пр.Хр. Под полуцилиндричното покритие на централната камера присъстват 10 кариатиди, всяка от които е с различно лице – непознат маниер в старогръцкото ваятелство. Те са разположени в две групи по 3 при срещуположните дълги стени и в една група от 4 срещу входа. Така се образува тетрадата с двете триади или 4+3+3 позиции в космоградежа. Над четирите кариатиди, по оста на камерата, в люнета над фриза Великата богиня-майка поднася венец към челото на покойния владетел-конник и с това свещенодействие го обявява за антроподемон. Подобен акт е изобразен и върху тракийски династически златни пръстени.

Задвижването на тетрадния (четиристепенния) модул на устния орфизъм се извършва от царе, царе-жреци и предсказатели, певци-поети и посветители-учители. Те са персонажи от древногръцки мито-легенди в 23 трагедии и в 12 староатически комедии. В етносния социално-доктринален модел обаче владетелят действа като рожба на итифалическото начало. Този Хермесов принцип във функционирането на тетрадата е засвидетелствуван и в надписи. Най-известният засега е „Котис пайс,

and because the Great Goddess-Mother initiated and ordained the Orphic ruler-anthropodaimon upon his symbolic death–new birth, i.e., at the tenth stage.

The seven stage model of the Cosmos has been interpreted in architectural terms in the subtumular Shushmanets temple in the Valley of the Thracian Kings near the town of Kazanlak. The ten-stage Orphic order, mastered from Pythagoreanism, is reproduced in two of the most famous Thracian sites. One is the mysterial sanctuary near the village of Starosel in South Central Bulgaria. The space of the cosmic decade was the scene for the rite of the believed transition of the king-servant of the Son into anthropodaimonic status, after which his body was laid to rest in one of the rich tumular burials found in the neighbourhood.

The other famous site is the Getic dynastic tomb near the village of Sveshtari in Northeastern Bulgaria, dated to the beginning of the 3rd century BC. There are ten caryatids under the semicylindrical vault over the central chamber. Each of them is with a different face, which was an unfamiliar technique in ancient Greek sculpture. The caryatids are organised in two groups of three figures each on the opposing long walls, and another group of four opposite the entrance. This reflects the formation of the tetractys with the two triads, or the 4+3+3 positions in the building of the Cosmos. Above the group of four caryatids, along the axis of the chamber, in the lunette above the frieze, the Great Goddess-Mother is extending a wreath towards the forehead of the deceased ruler-horseman, proclaiming him to be anthropodaimon with that sacred act. A similar scene is depicted on Thracian dynastic gold rings as well.

The setting in motion of the tetractys (four-stage) module of oral Orphism was performed by kings, kings-priests and oracles,

49

т.е. син (чедо) служител на Аполон", гравиран върху устието на сребърна кана за възлияние от съкровището, открито при с. Рогозен, Северозападна България. Очевидно формулата е орфическата и е известна още от златните орфически таблички от Фарсалос и о. Крит, където покойникът се самоназовава пайс на Ге и Уран.

Надписът е запис на доктринална декларация на одриския цар Котис I (383–359 г. пр.Хр.). Тази негова позиция на соларна хипостаза на Сина-Слънце/Огън се потвърждава от два други надписа, видни под устията на две сребърни купи, датирани между 175 и 75 г. пр.Хр., притежание на The Paul Getty Museum. Надписите гласят „Котеус (син) на Планината майка" и „Котес (син) на Хелиос". Те изравняват Великата богиня-майка, съобщена с най-ранната й безименна идентификация като Планина, и Сина-Слънце, отнесен към първоначалния му старогръцки превод-означение Хелиос.

Най-древният тракийски паметник обаче, който показва царя като първожрец на Бога-Слънце, е каменна стела, датирана през втората половина на II хилядолетие пр.Хр., т.е. през микенския период, с изображение на итифалическа фигура, отдаваща почит на слънчев диск в ладия. Тя е една от плочите, които оформят кръгово светилище без покрив край гр. Разлог, Югозападна България.

Двата пътя към безсмъртието – Аполоновия и Дионисовия, са известни още от VIII в. пр.Хр. от Делфийската реформа, приписвана на Орфей, когато двете божествени начала – соларното и хтоничното, слънчевото и земното, персонифицирани от Аполон и Дионис, са слети. Те олицетворяват двуликия образ на Сина на Великата богиня-майка. Устната орфическа вяра е визуализирана и мислена в

singers-poets and teachers-initiators. They are *dramatis personae* from ancient Greek myths-legends in 23 tragedies and in 12 Old-Attic comedies. However, the ruler acted as the child of the ithyphallic beginning in the ethnos-related social-doctrinal model. This Hermes principle in the functioning of the tetractys has been attested in inscriptions as well, the best known among them being "Kotys *pais*, i.e., son (child) of Apollo" engraved on the mouth of a silver jug used for libations from the silver treasure discovered near the village of Rogozen in Northwestern Bulgaria. The formula is apparently Orphic and it had been known ever since the gold Orphic tablets from Pharsalos and the Island of Crete, where the deceased individual called himself *pais* of Gaia and Ouranos.

The inscription is a record of a doctrinal declaration of the King of the Odrysae Kotys I (383–359 BC). That position of solar hypostasis of the Son-Sun/Fire is confirmed by two other inscriptions seen below the mouths of two silver bowls dated between 175 and 75 BC, owned by the Paul Getty Museum. The inscriptions read: "Koteous (son) of the Mountain-Mother" and "Kotes (son) of Helios." They introduce a sign of equality between the Great Goddess-Mother, reported with her earliest anonymous identification as Mountain, and the Son-Sun referred to his initial translation-designation: Helios.

The most ancient Thracian monument, however, which shows the king as the high priest of the God-Son, is a stone stele dated to the second half of the second millennium BC, i.e., during the Mycenaean period, with the image of an ithyphallic figure paying homage to a solar disc in a barque. It is one of the steles shaping a circular sanctuary without a roof near the town of Razlog in Southwestern Bulgaria.

The two roads to immortality – of Apollo and of Dionysos – were known ever since

космогоничния модел на върховната повелителка и в митологичния модел на свещения й брак с нейния Син–Слънце/Огън (Аполон/Дионис). В социален доктринално-обреден план вярата към соларно-хтоничния равнопоставен на нея бог може да се изповядва по два начина – в езотерически (тайни) мистерии чрез естазис на посветените аристократи към Сина и в екзотерически (явни) народни вакхически оргии – като ентусиасмос на вярващите от обсебилия ги Син.

Екстатичното посвещение в безсмъртност е персонифицирано от гетския учител Залмоксис. Херодот обяснява упованието в него с думите, че гетите „мислят (смятат, вярват), че обезсмъртяват", в които прозира подготовка със свещен логос. Древният автор посочва мистериалния факт и начина той да се изживее. Съгласно Платон тези назовавания, които Залмоксисовите лечители внушават с припяване (epôdaí), постигат неделимостта на тялото и на душата, равновесието между плът и дух.

Равни или сходни на Залмоксис персонификации на учители-посветители, антроподемони-прорицатели, някои славени и като богове, са Трофоний (Trophonios) и Амфиарай (Amphiaraos) от беотийската мито-легендарна устност, Кайней (Kaineus) и синът на Аполон Аристей (Aristaios) от тесалийската и Резос (Rhesos) от южнотракийската. Местонахожденията им показват както първоначалното беотийско-тесалийско ядро на устния орфизъм, така и неговата исторически активна тракийска среда между свещените планини Пангей и Когайон(-он) в пространството на хиперборейския диагонал. Такъв е и тракиецът Орфей, най-популярният от всички.

Двете равнища на вярата са отразени в литературната традиция през гръко-римската древност и са регистрирани дори

the 8th century BC from the Delphi Reform attributed to Orpheus, when the two divine beginnings – solar and chthonian, of the Sun and of the Earth, personified by Apollo and Dionysos, were one. They personified the two-faced image of the Son of the Great Goddess-Mother. Oral Orphic faith was visualised and thought in the cosmogonic model of the supreme goddess and in the mythological model of her sacred marriage to her Son-Sun/Fire (Apollo/Dionysos). In a social doctrinal-ritual plan, the faith in the solar-chthonian god, who was equitable to her, could be professed in two ways: in esoteric mysteries through ecstasies of the initiated aristocrats to the Son, and in exoteric (open) popular Bacchic orgies, as *enthousiasmòs* of the believers from the Son who had obsessed them.

The ecstatic initiation into immortality is personified by the Getic teacher Zalmoxis. Herodotus explains the devout faith in him with the words that the Getae "thought (considered, believed) that they immortalised," which betrays preparation with a sacred logos. The ancient author indicates the mysterial fact and the way of experiencing it. According to Plato, these namings, suggested by the healers of Zalmoxis with incantation (*epôdaí*), attained indivisibility of the body and soul, and balance between flesh and spirit.

Trophonios and Amphiaraos from the Boeotian mytho-legendary oral tradition, Kaineus and Apollo's son Aristaios from the Thessalian and Rhesos from the Southern Thracian oral tradition were personifications of teachers-iniatiators, anthropodaimons-oracles, equal or similar to Zalmoxis, some of whom were also worshipped as gods. Their localisation suggests both the initial Boeotian-Thessalian core of oral Orphism, and its historically active Thracian environment between the sacred mountains of Pangaion and Kogaion(-on) in the space of the Hyperborean diagonal. Such

през 60-те години на IV в. Когато се обръща към император Юлиан Отстъпник, за да изобличи нечистата неоригиналност на езичеството, Григорий Назиански пита откъде идва неговото, на римския владетел, „умение да е посветен и да е обсебен – не е ли от траките?".

Антроподемонът-посветител е главното действащо лице в стенописите в гробницата при с. Александрово, Югоизточна България, на територията на Одриската държава. Фреските са датирани между средата на IV и началото на III в. пр.Хр. Чрез изобразителния език е представен царският мит за индивидуалното посвещение във вярата в следсъществуването, като антроподемонизираният владетел е показан гол да замахва с двойна брадва към глиган.

Голотата на мъжа е пряко внушение за неговия героизъм и обезсмъртяване, представена от местния майстор в династическия Хермесов итифализъм. Фреските са визуализирана интерактивност между тракийската устност и старогръцката литературност, между орфическата доктринално-обредна аристократическа сюжетност, предадена с грубите акценти на т.нар. варварско изкуство, и изисканата гръцка живопис на късния IV в. пр.Хр.

Устният тракийски орфизъм по произход е аристократическа вяра-обредност, позволена само за мъже. Тя се „демократизира" чрез Дионисовата, която е масова мистериална, достъпна за мъже и жени. Един от въпросите, които се задават повече от век, е дали разкъсването на орфическия бог Дионис-Загрей предшества това на Орфей или обратното и дали Загреевият епизод с убийството на бога от Титаните е добавка или елемент от ядрото на орфизма.

Тракийската конна аристокрация е носител на своята езотерическа вяра-доктрина-обредност, на устния орфизъм, поради кое-

was also Orpheus, the Thracian, who was the most popular of them all.

The two levels of faith were reflected in the literary tradition during the Graeco-Roman antiquity, and they were registered even during the 'sixties of the 4th century. When Gregory of Nazianus turned to Emperor Julian the Apostate in order to expose and denounce the impure non-originality of paganism, he asked about the origin of his ability – of the Roman ruler – "to be initiated and to be obsessed – was it not from the Thracians?"

The anthropodaimon-initiator was the central figure in the frescoes in the tomb near the village of Alexandrovo in Southeastern Bulgaria, on the territory of the Odrysian state. The frescoes are dated between the mid-4th and the beginning of the 3rd century BC. Pictorial language was used to present the royal myth about the individual initiation into the faith of existence after death, whereby the anthrodaimonised ruler is depicted naked and swinging a labrys at a boar.

The man's nudity is a direct suggestion of his heroism and immortalisation, presented by the local artist in the dynastic Hermes-type ithyphallism. The frescoes are the visualised interactivity between the Thracian oral tradition and the ancient Greek literary one, between the Orphic doctrinal-ritual aristocratic themes, rendered with the crude accents of the so-called barbarian art, and the elegant Greek vase-painting from the late 4th century BC.

Oral Thracian Orphism was an aristocratic faith-ritual in its origin, which was permitted only to men. It was rendered "more democratic" through the Dionysian faith, which was of a mass mysterial nature, and was accessible to both men and women. One of the questions that had been asked for more than a century is whether the dismemberment of the Orphic god Dionysos-Zagreus preceded that of Orpheus, or vice versa, and whether

то, като се осланя на царско-монополната икономика, изисква възпроизводството на основните кодове на своето упование. Архитектурата, скулптурата, живописта и торевтиката в Тракия не са свободно упражнявани професии. Те са родово-семейни занаяти, които остават под централизиран контрол в услуга на социално-политическата позиция на владетеля и на неговото обкръжение. Както големите строежи в „царските градове", какъвто е дворецът със светилище в Севтополис, както подмогилните гробници, херооните, мистериалните зали, така и изделията на торевтиката са по правило дирижирано анонимно творчество.

Поради тази причина те са и основен извор за религиозността и свещенодействията на траките, за техните отначало аниконични и анонимни, а от IV в. пр.Хр. насетне понякога и антропоморфизирани божества. В устните мистериални практики на безкнижовната религиозност не се допуска споменаването на името на почитания бог, в чието тайнство вярващите са посвещавани. Това правило важи за тракийския орфизъм, който по своята същност е езотерическа религиозна доктрина. Затова и имената, които достигат до нас, най-често са уподобявания от древните автори с елински, съответно с римски божества. През римската епоха, обикновено в надписи, към теонимите е добавено и тракийско прозвище. Така вярата постепенно се снизява. Назоваванията на божествата са извършени макар и рядко през късните епохи чрез име, но много по-често чрез образ, число, тон, цвят, вещество, движение, форма и функция.

the Zagreus episode with the murdering of the god by the Titans was added later or whether it was an element of the core of Orphism.

The Thracian aristocracy on horseback carried its own faith-doctrine-ritual – oral Orphism – therefore it demanded the reproduction of the principal codes of its devotional faith, relying on the royal-monopolistic economy. The architecture, sculpture, painting and toreutics in Thrace were not freely practised professions. They were occupations of the families and clans that remained under centralised control in the service of the social-political position of the ruler and of his circle. The big construction in the "royal cities", notably the palace with a sanctuary in Seuthopolis, as well as the subtumular tombs, heroons, mysterial halls and the works of toreutics, were essentially controlled and directed anonymous creativity.

For that reason they were also the principal source on the religiousness and sacred acts of the Thracians, on their initially aniconic and anonymous deities that sometimes acquired anthropomorphic characteristics from the 4th century onwards. Oral mysterial practices of the non-literary religiousness did not allow the name of the god worshipped to be mentioned – the god in whose mystery the believers were initiated. That rule was valid of Thracian Orphism as well, which was essentially an esoteric religious doctrine. Hence the ancient authors most frequently likened the names that have survived to our times to Greek or Roman deities. A Thracian eponym was added to the theonyms during the Roman period, usually in inscriptions, thus gradually diminishing the prestige of the faith. The gods were named, albeit rarely, with a name during the later periods, but they were much more often identified with an image, number, tone, colour, substance, movement, shape or function.

Детайл от фреските в гробницата
край с. Александрово, Хасковско,
втора половина на IV в. пр.Хр.

*Detail of the frescoes in the tomb near
the village of Alexandovo, Haskovo dis-
trict, second half of the 4th century BC*

Бронзова глава, открита пред
хероона в могила Голямата
Косматка, Долината на
тракийските царе, Казанлъшко,
края на на IV в. пр.Хр.

*Bronze head found in front of the
heroon in the Golyama Kosmatka
tumulus, Valley of the Thracian Kings
near Kazanlak, end of 4th century BC*

Великата богиня-майка

Образи и персонификации

Идеята за плодородието и за многообразието на света, въплътена в женския образ, е видна от най-ранна епоха – още от времето на неолита (VI хилядолетие пр.Хр.). Тогава Великата богиня-майка се появява в голям брой култови статуетки и шества върху огромен географски ареал, който включва целия Европейски югоизток и въобще района на Източното Средиземноморие.

Присъствието й по-късно, от края на бронзовата епоха (XVI–XII в. пр.Хр.), когато вече за местното население се налага наименованието траки, е закономерно явление. Тук тя е господарка над всичко и всички – всеобемна и всемогъща сила, която определя ритъма на живота, цялата пъстроцветна мозайка на действителността, като покрива всички равнища и сфери на дейност както в космоса, така и в обществото. Първоначално богинята не е разчленена функционално, а като системообразуващо начало е просто върховната господарка на траките и нея те честват в обредните си свещенодействия, при тържествените церемонии и празненства, при мистериите.

Макар и анонимна, Великата майка има многобройни лица. Това е естествено състояние за една религия, развита в безкнижовна среда, а ликът на висшата сътвори-

The idea of fertility and of the diversity of the world, incarnated in the female image, has been evident since the remotest antiquity – ever since the Neolithic Age (sixth millennium BC). The Great Goddess-Mother appeared then in a large number of cult statuettes and spread over an enormous geographic area that included the entire Southeastern Europe and generally the area of the Eastern Mediterranean.

Its later presence, around the end of the Bronze Age (16th-12th century BC), when the name "Thracians" gained increasing popularity for the indigenous population, was a legitimate phenomenon. Here she was the supreme goddess for everything and everyone: an all-encompassing and omnipotent power that set the rhythm of life, the entire diverse mosaic of reality, by covering all levels and spheres of activities both in the Cosmos and in society. At first, the goddess was not functionally differentiated, but – being the system-forming beginning – she was simply the supreme female deity of the Thracians, and they worshipped her in their ritual sacred acts, during the official ceremonies and festivities, as well as during the mysteries.

In spite of being anonymous, the Great Goddess-Mother had numerous faces. That was the natural state for a religion that had evolved in a non-literary environment, and

The Great Goddess-Mother

CHAPTER TWO

Images and Personification

телка се появява върху предмети на лукса и разкоша, присъства в ред украшения, в сервизи, следи ни с всезнаещите си очи от обеци и ритони, от фиали и апликации. Персонифицираните възможности, които произтичат от задачите, стоящи пред женското начало, просто ѝ придават една трансфункционалност.

Участието на всемогъщата повелителка е заложено в зачатието на нещата и се чувства навсякъде. Най-напред тя е силата, от която зависи вечният кръговрат на възраждането и на умирането, на новото пролетно обновяване на потенцията на земните недра и на вегетацията – на стимулирането на нейното процъфтяване. Всичко, което се ражда и израства в природата, произлиза от нея, защото тя е майката-земя, която насърчава растежа, и едновременно всичко, което се връща в утробата ѝ, се сдобива с нов живот. Тя стои в началото и в края на всяко съществуване и е пълна със зародиши, които „зреят", т.е. растат и се развиват.

Върху една фиала от с. Луковит, Ловешко, от IV в. пр.Хр. образът на богинята обвива тялото на съда с два концентрични реда от женски глави, които се редуват с растителни орнаменти. Сходна е украсата и върху скифоса от Стрелча, пак от това време, където лицата на жените са във фас,

the image of the supreme creatress appeared on objects of luxury and splendour, it was also present in a number of articles of adornment and dining sets, it watches us with its omniscient eyes from earrings and rhytons, from phialae and appliqués. The personified capabilities stemming from the tasks facing the female beginning simply attribute to it a transfunctionality.

The involvement of the omnipotent mistress is inherent in the conception of things and it is felt everywhere. Above all, she is the force on which the eternal cycle of rebirth and death depends, of the new spring revival of the potency of the Earth's core and of vegetation, stimulating its flourishing. Everything that is born and grows up in Nature stems from her, because she is the Mother-Earth who encourages growth, and at the same time, everything that returns into her womb acquires new life. She is at the start and at the end of every existence, and she is full of embryos that "ripen", i.e., grow and develop.

The image of the goddess encircles the body of a 4th century BC phiale from the village of Lukovit near Lovech in the form of two concentric rows of female heads alternating with floral ornaments. A similar ornamentation is also seen on the skyphos from Strelcha, again from that time, where the faces of the women are *en face*, with long hair and separated by

57

Статуетка на Великата богиня-майка, с. Телиш, Плевенско, късна халколитна епоха

Statuette of the Great Goddess-Mother, Telish village near Pleven, Late Chalcolithic Age

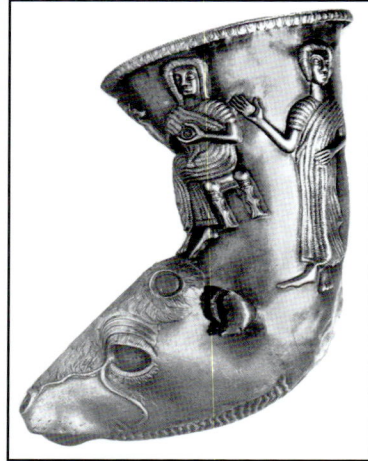

Ритон от Поройна (Румъния), IV в. пр.Хр.

Rhyton from Poroina (Romania), 4th century BC

Нагръдник от с. Опълченец, Пловдивско, IV в. пр.Хр.

Pectoral from the village of Opalchenets, Plovdiv region, 4th century BC

Нагръдник от гробницата Мал-Тепе при с. Мезек, Свиленградско, средата на IV в. пр.Хр.

Pectoral from the Mal Tepe tomb near the village of Mezek, Svilengrad area, mid-4th century BC

58

с дълги коси, разделени от палмети – сигурни обозначения на дървото на живота. Така стоят нещата и с плитката фиала от съкровището от с. Рогозен, Врачанско, а върху по-дълбоката, отново от IV в. пр.Хр., под седем женски глави има пет палмети.

Разгърнат вариант на същата идентификация са изображенията върху нагръдниците от с. Мезек, Свиленградско, и от с. Върбица (IV в. пр.Хр.), където в центъра им е женската глава, фланкирана от палмети и извиващи се вейки с цветове. Показателни са и кариатидите от гробницата при с. Свещари, Исперихско, от III в. пр.Хр., чиято долна част нарочно подчертава формата на лотосов цвят – следващия символ на дървото на живота. Едва ли е необходимо да се прибавят повече паметници, които изобилстват, за да се наблегне на ролята на Великата богиня-майка, от която от всички страни блика растителна енергия.

В този ред на мисли не може да се пропусне разказът на Ариан, че „Траке била нимфа, веща в баянията и билките и могла, от една страна, да премахва страданията чрез билки, а от друга, да ги причинява... По името на тази Траке, изглежда, са нарекли и страната“. Ето как Великата майка в земите между Карпатите и Егея се оказва експерт по лечебните растения – магьосница, която обладава „тревите на безсмъртието“ и разполага с най-съкровения и таен дух на цялата флора.

Но богинята е също и вариант на потния терон (господарка на животните). Като покровителка на зверовете и разпоредителка в царството им тя може да се види изобразена върху една от каничките на Рогозенското съкровище, където възсяда лъвица и докато я прегръща с едната ръка, с другата демонстративно вдига лък със стрела. Тази типична ловджийка не

palmettes – reliable designations of the tree of life. The situation is the same with the shallow phiale in the silver treasure from the village of Rogozen near Vratsa, and the deeper one, again dated to the 4th century BC, features five palmettes below seven female heads.

An expanded variant of the same identification can be seen on the images on the pectorals from the village of Mezek near Haskovo and from the village of Varbitsa (4th century BC), where there is a female head in the centre, flanked by palmettes and bending boughs with blossoms. The caryatids from the 3rd century BC tomb in the village of Sveshtari near Isperih are also a very eloquent example with their lower part deliberately shaped to resemble a lotus blossom – another symbol of the tree of life. It is hardly necessary to add more examples, which are abundant, to stress the role of the Great Goddess-Mother, who emanates the energy of growth from all sides.

Following this line of reasoning, one cannot fail to mention Arrian's narrative that "Thrake was a nymph who knew a lot about herbs and spells, and she was capable both of abolishing suffering with her herbs and of causing it ... It seems that the country was named after that Thrake." Hence the Great Goddess-Mother appears to have been an expert on medicinal plants in the lands between the Carpathian Mountains and the Aegean Sea – a sorceress that had mastered the "herbs of immortality" and had the most sacred and most secret spirit of the entire flora.

However, the goddess was also a variant of Potnia Theron (mistress of animals). She can be seen as the patron deity of animals and controlling their kingdom on one of the jugs of the Rogozen silver treasure, where she is riding a lioness, at the same time embracing her with one arm and demonstratively raising a bow with an arrow with the other hand.

Фиала от съкровището от с. Луковит, Ловешко, IV в. пр.Хр.

Phiale from the village of Lukovit near Lovech, 4th century BC

Скифос от Стрелча, IV в. пр.Хр.

Skyphos from Strelcha, 4th century BC

само укротява най-царственото животно, но и то самото е достатъчно да олицетвори нейната мощ и вездесъщност в света на дивата природа.

Върху друга каничка от същото съкровище този път богинята държи по едно животно за предните крака, а от двете ѝ страни тичат кентаври. В долния фриз под самата нея се вижда бик, паднал на предните си крака, а около него са представени хищни животни (лъвове или вълци). Върху скифоса от Стрелча под женските глави е изчукана ивица от глави на лъв, които се редуват с обърнати една към друга глави на овен. Върху друга от рогозенските канички богинята е и крилата, защото именно тя осъществява връзките в природата и в обществото.

Всички изредени паметници са от IV в. пр.Хр., но едва ли е необходимо да се увеличава броят им, защото върху предметите на тракийското изкуство е обичайно ликът на богинята да се следва или съпровожда от животински изображения. Все пак най-разностранно е представена тя върху наколенника от Враца от IV в. пр.Хр., показана в присъствието на разярени лъвове, на крилати дракони, на змии и на спускащи се орли. Цялата украса има изключително прецизна и симетрична композиционна структура. Тя подчертава идеята за трите части на вертикалния строеж на космоса в съотношението небе-земя-подземен свят и докато орлите и драконите обозначават горната сфера, лъвовете и змиите подчертават останалите две.

Персонифицираните функции на Великата богиня-майка не се изчерпват с господството над вегетацията, над животинския свят и над лова. В Тракия тя е покровителка на хората и на човешкия род, бди над плодовитостта, плодородието и реколтата, пазителка е на нормите и на

This typical huntress is not only pacifying the most majestic animal, but its mere presence is sufficient to demonstrate her power and omnipresence in the world of wild Nature.

On another jug from the same treasure the goddess is holding an animal by the forelegs in each hand and centaurs are running on both sides of her. The lower frieze, below the goddess, contains a bull that had fallen on its forelegs, with predators (lions or wolves) around it. A band of lion's heads alternating with ram's heads, turned to one another, is hammered below the female heads on the skyphos from Strelcha. The goddess depicted on another of the Rogozen jugs has wings, because it is precisely she who performs the links in Nature and in society.

All monuments of art cited above are dated to the 4th century BC, but it is hardly necessary to increase their number, because the image of the goddess depicted on objects of Thracian art is usually followed or accompanied by animal images. Nevertheless, she appears in her most diverse form on a 4th century BC greave from Vratsa, where she is depicted in the presence of fierce lions, winged dragons, snakes and flying eagles. The entire decoration of the greave is with an extremely precise and symmetrical composition and structure. It highlights the idea of the three parts of the vertical structure of the Cosmos in the Sky-Earth-Nether world correlation: the eagles and the dragons denote the upper sphere, the lions and the snakes – the other two.

The personified functions of the Great Goddess-Mother are not exhausted with her supremacy over vegetation, over the animal world and over hunting. In Thrace she was the patron goddess and protectress of people and of humankind in general. She also cared for fertility and good harvests, guarded the norms and the family hearth, protected and defended morality and justice, protected matrons and

62

Ритон от съкровището
от с. Борово, Русенско
– IV в. пр.Хр.

Rhyton from the treasure from the village of Borovo, Ruse region, 4th century BC

Фиали от съкровището
от с. Рогозен,
Врачанско, IV в. пр.Хр.

Phialae from the treasure in the village of Rogozen near Vratsa, 4th century BC

Каничка от съкровището от с. Рогозен,
Врачанско, IV в. пр. Хр.

*Jug from the treasure in the village of Rogozen near
Vratsa, 4th century BC*

Каничка от съкровището от
с. Рогозен, Врачанско (детайл),
IV в. пр.Хр.

*Jug from the treasure in the village of Rogozen near
Vratsa, 4th century BC*

Наколенник от Аджигьол (Румъния), втора
половина на IV в. пр.Хр.

*Greave from Agighiol (Romania), second half
of 4th century BC*

Наколенник от Враца, първата половина на IV в. пр.Хр

Greave from Vratsa, first half of the 4th century BC

Наколенник от с. Златиница, Елховско, IV в. пр. Хр.

Greave from the village of Zlatinitsa near Elhovo, 4th century BC

домашното огнище, защитница е на нравствеността и на справедливостта, закриля жените-майки и стопанки, но и девиците, на които предстои да се омъжат, хранителка е на обредите, с които избраниците се посвещават във вярата към нея, създателка е и на онези, с които се извършва инициацията и свещеното предаване на властта и на въвеждането в божествен владетелски сан. Съзидателните възможности са неограничени, но едновременно тя е и богинята Смърт, която всява страх и ужас.

Такъв например е образът на вкаменяващата с погледа си горгона от Башова могила при с. Дуванлий, Пловдивско, от V в. пр.Хр. или пък богинята от нагръдника при с. Опълченец, Пловдивско, от IV в. пр.Хр. Те имат задачата да пазят своя носител от всички зли сили в света, да го съхраняват и защитават от всички опасности. Втренчените очи от Врачанския наколенник или пък от този от Аджигьол (Румъния) пак от IV в. пр.Хр. преследват целта да отстранят всяко препятствие по пътя, да улеснят действията и постъпките на своя притежател. Това ще рече, че в Тракия всесилната господарка поема и апотропейни (защитни) функции.

Когато античните автори говорят за почитането на Великата богиня на траките, те винаги се стремят да представят името с аналогични гръцки или латински съответствия – преводи-означения, за да са ясни за сънародниците си. По този начин за Полиен тя е Хера – господарка за тракийските племена кебрени и скайбои (скаи) и властва на Рескинтийската, т.е. на Царската планина. Сравнението на древния автор със съпругата на Зевс, с царица-

homemakers, but also maidens who were about to be married, she also guarded the rites with which the chosen individuals were initiated into the faith in her, and created those with whom the initiation and the sacred transfer of power was performed, and the initiation into the divine royal rank. Her abilities to create are unlimited, but she is also the Goddess of Death who instils fear and awe.

Such example can be seen in the image of the 4th century BC Gorgon who petrifies with her gaze from the Bashova Mogila tumulus near the village of Duvanlii, Plovdiv region, or the goddess on the 4th century BC pectoral found near the village of Opalchenets, Plovdiv region. Their task is to guard the person wearing them and to protect him against all dangers. Her fixed stare on the greave from Vratsa or on the one from Agighiol in Romania, again dated to the 4th century BC, is aimed at eliminating all obstacles encountered on one's way and to facilitate the actions of their owner. This suggests that the all-powerful patron goddess assumed apotropaic (protective) powers as well.

When the ancient authors spoke about the worshipping of the Great Goddess-Mother of the Thracians, they always tried to render her name with analogous Greek or Latin parallels – translations-designations – so as to make the idea clear to their compatriots. In this way for Polyainos she was Hera – patron goddess of the Thracian tribes of Kebrenoi and Skaiboai (Skaioi), and she reigned over the Rhescyntean, i.e. Royal Mountain. The comparison that the ancient author made with Zeus' wife, with the queen of Olympos, fully corresponded to the idea of her supreme position. However, the situation was the same also with a narrative in

66

та на Олимп, напълно отговаря на идеята за върховенство. Но така стоят нещата и с едно съобщение на Херодот, за когото тя е Артемида Басилея, т.е. Царица за тракийските и пеонски жени от зоната на Югозападна Тракия.

За Теопомп тя е дори Атина – богинята-майка и покровителка на едноименния елински полис, за която владетелят на одрисите Котис I (383–359 г. пр.Хр.) дори пожелава да се ожени и да я направи своя съпруга, та по този начин да демонстрира политическото си могъщество над атиняните в района на Тракийския Херсонес (дн. Галиполски полуостров) и на протоците. Диодор твърди, че тя е Хестия, която пази дома и живия свещен огън в къщното огнище, и я приема като съответствие на Залмоксис за каквото впрочем се сочи по-късно и Хера – двете лица на единното цяло.

Независимо от наименованията – преводи-означения, които има, те всичките обозначават най-вярната същностна характеристика на една Велика богиня-майка. Безименна – анонимна тя присъства и върху множество изделия на тракийското изкуство, макар и да има свои локални имена-прозвища като Зеринтия, като Брауро, като Котито, Хипта, Бендида, та дори и неопределеното, но красноречиво „мегале теа", т.е. Великата богиня. При всички положения те изправят пред качествената определеност и полисемантичност на една и съща всемогъща сила, която през различните епохи и съобразно отделните географски ареали остава почти еднаква и се доуточнява във функционално отношение чрез имената-прозвища, които носи. Нека се спрем сега на някои от тях.

Herodotus for whom she is Artemis Basileia, i.e. Queen of the Thracian and Paionian women in the area of Southwestern Thrace.

For Theopompos she was even Athena – the goddess-mother and protectress of the Greek *polis* bearing her name, Athens, whom the king of the Odrysae Kotys I (383–359 BC) even wanted to marry and by making her his wife to demonstrate his political supremacy over the Athenians in the area of the Thracian Chersonesos (present-day Galipolli Peninsula) and the Straits. Diodorus claims that she was Hestia – the guardian of the home and of the live fire in the hearth at home, and he accepted her as a correlate for Zalmoxis, as Hera was suggested later – the two faces of one integral whole.

Irrespective of the names – translations-designations – given to her, they all reflected the most accurate and essential characteristic feature of a Great Goddess-Mother. Anonymous, she is present on numerous objects of Thracian art, although she had her own local names, notably Zerynthia, Brauro, Kotyto, Hypta, Bendis and even the indefinite but very eloquent Megale Thea, i.e., Great Goddess. In all cases, they are confronted with the qualitative determinateness and polysemanticity of the same omnipotent power, which remained almost unchanged during the different historical periods and in different geographic areas, adding the specificity in a functional respect by means of the names-appellations attributed to her. Some of these names will be examined below.

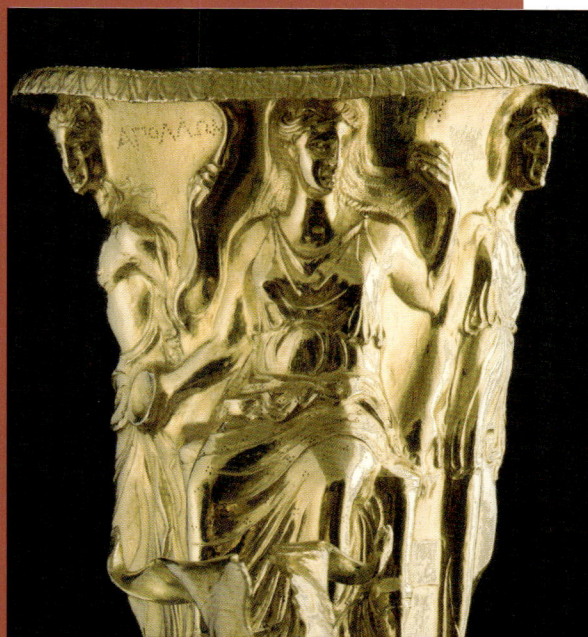

*Ритон от съкровището от
Панагюрище (детайл), края на IV-
началото на III в. пр.Хр.*

*Rhyton from the gold treasure from
Panagyurishte (detail), late 4th – early
3rd century BC*

*Ритон от
съкровището от
Панагюрище, края на
IV-началото на III в.
пр.Хр.*

*Rhyton from the gold
treasure from Panagyur-
ishte, late 4th – early 3rd
century BC*

1.1. ЗЕРИНТИЯ

Богинята е известна от Ликофрон, който я споменава като Хеката, но и като Афродита Зеринтия в Тракия. Локализацията на култа отвежда най-общо към Югозападна Тракия поради употребения само от Теопомп вариант на името като теоним и етноним, валиден за областта на Пангейското крайбрежие за 356 г. пр.Хр., с който се означава земята/градът на зераниите. Същото местоположение се поддържа и от Хезихий, за когото тя е богинята Афродита в Македония.

В късните лексикографи като Стефан Византийски, а и у лексикона Суда Зеринтия се споменава като Афродита и като Хеката не само в Тракия, но и на о. Самотраки, където има и пещера със същото име – Зеринтийска. Там в нейна чест се принасят в жертва кучета и въобще почитането на острова е съпроводено от мистерии с оргиастичен характер и празникът е изключително колоритен.

За същността на богинята са показателни и бележките на схолиаста към Ликофрон, който дава на Хеката Зеринтия името на майката на боговете Рея. Зеринтия е същата, която често се отъждествява с Кибела, участва в тайнствата на Великите богове на о. Самотраки и заедно с Афродита и с Хеката спада към кръга на върховните анатолийски богини.

Възможно е да се мисли, че действително на острова Афродита и Хеката се сливат с една тракийска богиня, която се почита там преди тях, притежава характеристиката на всемогъща господарка и носи името-прозвище Зеринтия. Допустимо е и да се приеме, че в случаите с Афродита и с Хеката Зеринтия в Тракия става въпрос за грешка, при която името на Артемида се подменя с вече изредените. При това по-

1.1. ZERYNTHIA

The goddess is known from Lycophron, who mentions her as Hekate, and also as Aphrodite Zerynthia in Thrace. The localisation of her cult leads most generally to Southwestern Thrace on account of the fact that only Theopompos has used a variant of the name as a theonym and ethnonym valid for the area of the Pangaion coast, which was used to designate the land/city of the Zeranians. The same localisation is supported by Hesychius as well, for whom she was the goddess Aphrodite in Macedonia.

Late lexicographers as Stephanus Byzantius and the *Suda* lexicon mention Zerynthia as Aphrodite and as Hekate both in Thrace and on the Island of Samothrace, where there is a cave bearing the same name: Zerynthian. Dog sacrifices were performed there in her honour, and her worshipping on that island was accompanied by mysteries of an orgiastic character. The festivities were extremely colourful.

The nature of the goddess is eloquently suggested also in the notes of the scholiast to Lycophron, who gave to Hekate Zerynthia the name of the mother of the gods, Rhea. Zerynthia is the same goddess who is often identified with Kybele, she participated in the mysteries dedicated to the Great Gods on the Island of Samothrace, and she belonged – together with Aphrodite and Hekate – to the circle of the supreme Anatolian goddesses.

It is possible to assume that Aphrodite and Hekate indeed blended with one Thracian goddess to form one goddess on the island and that Thracian goddess had been worshipped there before them, possessing the characteristics of an all-powerful mistress and bearing the name-appellation Zerynthia. It is possible to assume that the cases with Aphrodite and with Hekate Zerynthia in Thrace involved a mistake whereby the name of Artemis was substituted

ложение изглежда достоверно да се търси идентификация на Зеринтия с тракийската богиня Бендида по линия на гръцкото виждане, според което тя е тъждествена на Артемида.

От особен интерес тук е епитетът на Аполон – Зеритийски. Той е съобщен от Тит Ливий по повод на неговия храм по долното течение на р. Хеброс (дн. р. Марица), който пак е поставен във връзка с този на Бендида, за когото се говори малко преди това. Наречен по този начин от „местните жители", т.е. от траките, този върховен бог, споменат обяснително от древния автор, не е нищо друго освен соларна хипостаза (вариант) на собствената си майка – Зеринтия. Съвсем естествено той взема името ѝ, за да обозначи по този начин, че е неин син – основен принцип в тракийския орфизъм.

1.2. БРАУРО

Богинята е позната в изворите като Артемида Браурония (по-добре Брауро) поради названието на областта Браурон в Източна Атика, известен с празниците Браурония в нейна чест, и също има характеристиката на Велика майка. Наименованието Артемида е просто гръцки превод-означение и обяснение на същността ѝ. През VI в. пр.Хр. култът е приет за държавен в Атина и дори намира място на акропола, където се издига друг неин храм.

Знае се, че обредът се организира на всеки четири години, но точното време на провеждането му остава неуточнено. Той показва очевидното отъждествяване на богинята с мечката, която е същевременно и нейното жертвено животно. В комедията си „Лизистрата" Аристофан съобщава, че на празника, който явно се свързва

with the cited names. It that case it seems feasible to seek identification of Zerynthia with the Thracian goddess Bendis along the line of the Greek perception of her as being identical to Artemis.

The epithet of Apollo "Zerynthian" is of particular interest here. It was mentioned by Titus Livius in connection with a temple of that god along the Hebros River (present-day Maritsa), which is again linked with that of Bendis referred to earlier. Being given that name by the "local population", i.e., by the Thracians, that supreme deity, mentioned as an explanation by the ancient author, was nothing but a solar hypostasis of his own mother: Zerynthia. And it was only too natural for him to take her name and to denote in this way that he was her son – a fundamental principle in Thracian Orphism.

1.2. BRAURO

The goddess is known in the sources as Artemis Brauronia (better Brauro) on account of the name of the area Brauron in Eastern Attica, known with the Brauronia festivals in her honour, and she also had the characteristics of a Great Mother. The name Artemis is simply a Greek translation-designation and explanation of her nature. Her cult became a state cult in Athens in the 6th century BC, and even found a place in the Acropolis where another temple of that goddess was erected.

It is known that the rite was organised once every four years, but the exact time when that happened is not certain. It demonstrates the apparent identification of the goddess with a bear, which is at the same time her sacrificial animal. Aristophanes informs in his comedy *Lysistrate* that during that festival, which was evidently associated with the initiation of the

71

с инициация на девиците, то се мимира от съвсем млади момичета., т.нар. мечки (арктои). На тях им предстои да встъпят в брак и всички са облечени в шафранени дрехи. На свой ред на ритуално равнище те пък се възприемат като мечи кожи и това е изрично подчертано от нарочно подбрания цвят.

Според лексикона Суда, понеже някога местните жители убиват мечката, богинята ги наказва, като им изпраща чумна епидемия. За да се спасят от бедствието, хората се задължават да ѝ посветят момичетата си – арктои, които фиктивно ѝ принасят в жертва като кози, облечени в дрехите на дъщерите си. Целият ритуал е безспорна инсценировка на човешки жертвоприношения и отвежда към разказа на Херодот за похищението на атическите девойки от пеласгите по време на честването на Артемида Браурония и отвеждането им на о. Лемнос. Точно островът е едно от средищата на почитта към Великата богиня-майка на траките, която там се нарича или Бендида, или Великата богиня (мегале теа), или просто Лемнос, за да не остане съмнение в качествената ѝ определеност.

Върху керамиката от разкопките на светилището в Браурон са засвидетелствани и изображения, сред които се различават две групи представяния на момиченцата. При първата едни от тях тичат около горящ олтар или към него голи или облечени в къси хитони, а другите изпълняват ритмичен танц. Всички те с основание могат да се приемат за арктои, точно такива, каквито са известни и от скулптурата.

В случая голотата съвсем не е признак за някаква оргиастичност, а без съмнение е натоварена с дълбок смислов подтекст. Та нали именно при преходните обреди тя е символ на новото раждане по същия начин както и човек идва гол на света, дока-

maidens, the miming was performed by very young girls, the so-called "bears" (*arktoi*). They are about to enter into marriage and they are all wearing saffron-coloured garments. At a ritual level, they are perceived as bearskins and this is clearly emphasised by the deliberately chosen colour.

According to the *Suda* lexicon, the goddess punished the local population by sending them the plague for having killed the bear in the past. In order to save themselves from the disaster, people pledged to dedicate their girls – *arktoi* – to her, offering them fictitiously as a sacrifice in the form of goats dressed in the clothes of their daughters. The entire ritual is an indisputable staging of human sacrifices and it leads to the narrative in Herodotus about the abduction of the Attic maidens by the Pelasgians at the time of the celebrations in honour of Artemis Brauronia, and their leading to the Island of Lemnos. It was precisely that island that was among the centres of the worship of the Great Goddess-Mother of the Thracians, who was named there either Bendis, or Great Goddess (Megale Thea), or simply Lemnos, so as to leave no doubt whatsoever about her qualitative determination.

The ceramic finds from the excavations of the sanctuary in Brauron have also attested images among which it is possible to discern two groups of presentations of the little girls. In the first of them they are running around a burning altar or towards it, naked or dressed in short chitons, while the others are performing a rhythmic dance. All of them can justifiably be perceived as *arktoi*, of the same type known from sculpture.

Nudity in this case was not a sign of orgiastic rites, being undoubtedly loaded with a profound semantic context. Indeed, in rites of passage nudity is the symbol of the new birth, just as a person comes naked into this world, whereas clothing already marks the

Оброчна плочка
на Хеката от
неизвестно място,
II–III в.

*Votive tablet of Hekate,
unknown provenance,
2nd–3rd century*

Момиче мечка

Bear-girl

Sanctuary of Artemis at Brauron

Classical
Bridge

Sacred
Spring

Erasinos River

Temple
of
Artemis

Church
of
Hagios Georgios

Central
Courtyard

Dining Rooms

Π-Shaped
Stoa

Small
Shrine

Fallen Rock

Area of the "Cave"

Rock Spur

N

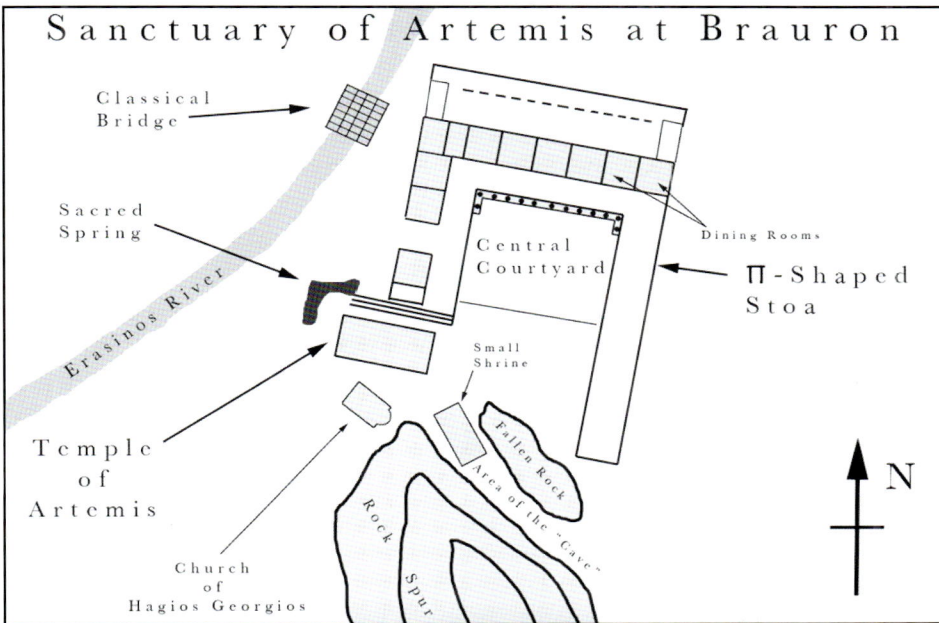

План на
светилището на
Артемида Брауро

*Plan of the sanctuary
of Artemis Brauronia*

Светилището на
Артемида Брауро

*The sanctuary of
Artemis Brauronia*

то обличането вече показва преминаването към нов статус. С други думи, всички тези арктои умират в едно свое състояние, но и отново се раждат в друго – по-извисено.

Тази е причината децата да обикалят храма голи, защото по този начин демонстрират, че придобиват новото си качество, което в социален план бележи техния преход от девиците към невестите. Такава е и най-съкровената цел на посвещението – да ги подготви за женитба, и само онези момиченца, които някога са били мечки – арктои, по-късно ще могат да станат съпруги. Ето как един стих от споменатата вече комедия на Аристофан буквално гласи – „захвърляйки (лишавайки се от) шафранената си дреха, бях мечка в Брауронииите".

Свободният характер на честването на Артемида Брауро включва и някои оргиастични моменти. Отново Аристофан, този път в комедията „Мир", свидетелства, че почитателите се придвижват към Браурон „малко пийнали", „като бият барабан". Сега идва ред на втората група от изображения върху керамичните фрагменти, където момиченцата са представени да тичат. Този път не става въпрос за ритуална конкурсна надпревара, а по-скоро за една жизнерадостна процесия, обладана от веселието и възторга от съприкосновението с богинята, при която свещеният огън се принася от филиала на акропола в главния храм в Браурон.

Във връзка с названието на областта не може да се пропусне и името на жената на Питак – цар на траките едони, Брауро. Историята е известна от Тукидид по повод на Пелопонеските войни (431–404 г. пр.Хр.), когато заедно със синовете на аристократа Гоаксий тя организира дворцов заговор, за да премахне съпруга си с цел промяна на проатинската ориентация

transition to a new status. In other words, all these *arktoi* died in one state and were reborn in a new – higher – status.

That was the reason for the children to go around the temple naked, demonstrating in that way that they had acquired their new quality, which from a social perspective marked their transition from maidens to brides. Such is indeed the most sacred purpose of the initiation: to prepare them for marriage, and only those girls who had been bears *arktoi* in the past could become wives later. A verse in the cited comedy by Aristophanes reads: "by discarding my saffron dress, I was a bear in the Brauronia."

The free character of the worshipping of Artemis Brauro comprised certain orgiastic elements as well. Aristophanes again, this time in his comedy *Peace,* testifies that the worshippers moved in the direction of Brauro "slightly drunk" and "beating a drum." Then came the second group of images on ceramic fragments, where the girls are depicted running. This time it is not a ritual competitive race, but rather a joyous procession obsessed with the mirth and excitement resulting from the contact with the goddess, whereby the sacred fire was brought from the Acropolis into the main temple in Brauron.

In connection with the name of the area, one cannot fail to mention also the name Brauro, the wife of Pittakos, the king of the Thracian tribe of the Edonoi. The story is known from Thucydides in connection with the Peloponnesian Wars (431-404 BC), when she organised a court conspiracy together with the sons of the aristocrat Goaxios with the aim of eliminating her husband and of changing the pro-Athenian orientation of the state organisation and its reorientation on the side of Sparta.

The name Brauro is important not only on account of the possibility to explain the concrete

74

на държавната организация и преминаването ѝ на страната на Спарта.

Името Брауро е важно не само поради възможността да се обясни конкретният повод за превръщането на тракийската богиня Бендида в държавно божество на Атина чрез търсенето на помощта на едонския династически дом, но и поради личностната персонификация на царицата с Великата майка от зоната на Югозападна Тракия – нещо характерно за местната среда. По този начин се оказва, че богинята, почитана в Браурон, не е гръцката Артемида, а господарката на траките, която носи името-прозвище Брауро.

1.3. КОТИТО

Котито и още Котис, Кото, Кот(т)о е също едно от имената-прозвища на Великата богиня-майка на траките. Най-ранното ѝ засвидетелстване е у Есхил в трагедията „Едони“ – част от тетралогията „Ликургия“. Запазените фрагменти предполагат, че култът ѝ е особено популярен сред това тракийско племе, още повече че постановката на сцената става към 467 г. пр.Хр., т.е. приблизително към времето на втория злощастен опит на атиняните да основат в този район колонията Амфиполис – точно на стратегическото устие на р. Стримон (дн. Струма).

От поета се узнава още „и за музикалните инструменти, свързани с нея“ и, което е най-важно, че церемониите в чест на богинята явно са потопени в тайна, след като Есхил изрично заявява – „почитащите мистериите на Котито“. Картината се допълва и от известието на Страбон, че Котитиите, т.е. нейните празници, и Бендидиите, т.е. тези на Бендида, от които водят началото си и орфическите чествания, приличат на малоазийските оргиастически тържества.

occasion for the transformation of the Thracian goddess Bendis into a state deity of Athens by seeking the assistance of the Edonian dynastic family, but also in view of the personification and identification of the queen with the Great Mother from the area of Southwestern Thrace – a characteristic occurrence in the local environment. In this way, it appears that the goddess who was worshipped in Brauron was not the Greek Artemis but the patron goddess of the Thracians, who bore the name-appellation of Brauro.

1.3. KOTYTO

Kotyto, and also Kotys, Koto and Ko(t)o, is also a name-appellation of the Great Goddess-Mother of the Thracians. The earliest evidence about her is in Aeschylus, in his tragedy *Edonoi* – part of the tetralogy *Lykurgia*. The preserved fragments presuppose that her cult was particularly popular among that Thracian tribe, all the more that the play was staged around 467 BC, i.e., around the time of the second unsuccessful attempt of the Athenians to establish the colony of Amphipolis in that region, precisely at the strategic mouth of the Strymon River (present-day Struma).

Information can be gleaned from the poet also about the "musical instruments connected with her" and the most important evidence is that the ceremonies in honour of the goddess were clearly plunged in mystery, after Aeschylus specifically mentions the "worshippers in the mysteries of Kotyto." The picture is also complemented by Strabo's evidence that the Kotytia, i.e., her festivities, and the Bendidia, i.e., those of Bendis, which marked the beginning of the Orphic festivities as well, resembled orgiastic festivals organised in Asia Minor.

По повод използваните музикални инструменти поетът поставя Котито във връзка с Дионис и предполага пряк паралелизъм между обществата от почитатели на двете божества. Цялата описана обстановка – мистериите, оргиите, възбуждащата музика, шумните инструменти, ритуалните възгласи и викове, застрашителните подземни ревове на бикове, разюзданите движения, разпуснатите танци, маските, мимансите и т.н., всичко това отговаря на атмосферата на култовите практики, извършвани за малоазийската майка на боговете Кибела и за Сабазий. По този начин се подчертава както същностната характеристика на Котито като велика господарка, така и вероятната възможност за асоциирането с Дионис и връзката с малоазийската действителност.

По времето на Пелопонеските войни култът към Котито се разпространява в гръцкия свят по политически причини – главно поради стремежа на враждуващите групировки да се доберат до помощта на силни съюзници, какъвто впрочем е и династическият дом на едоните. Малкото запазени фрагменти от комедията на Евполис „Бапти", т. е. Потапящи се (Гмурци), но и потапящи се един друг, дават възможност да се мисли, че богинята намира място в Атина и се почита в полиса.

Произведението е поставено през 415 г. пр.Хр. немного време преди авантюрата на Алкивиад в Южна Италия и на о. Сицилия и осмива племенника на Перикъл като адепт на оргиастичния ѝ култ. Той устройва свещенодействията и практикува мистериите тайно – в средата на затворен кръг от нейни почитатели. Авторът го обвинява в скандално поведение поради въвеждането в мода на чужди и развратни обичаи и поради пренебрежението към полисните традиции. Едно известие на Хе-

On account of the musical instruments used, the poet places Kotyto in connection with Dionysos and assumes direct parallelism between the societies of worshippers of the two deities. The entire situation described – the mysteries, the orgies, the exciting music, the noisy musical instruments, the ritual chants and shouts, the menacing subterranean roaring of the bulls, the salacious movements, the lewd dances, the participation in the mass scenes, etc. – all that corresponded to the atmosphere of the cult practices performed in honour of the mother of the gods of Asia Minor, Kybele, and of Sabazios. This emphasises both the essential characteristics of Kotyto as a great goddess, and the possibility of associating her with Dionysos, as well as the link with the reality in Asia Minor.

The cult of Kotyto spread for political reasons in the Greek world at the time of the Peloponnesian Wars, mainly as a result of the aspirations of the warring groups to obtain the help of strong allies, notably the dynastic home of the Edonoi. The few preserved fragments of the comedy by Eupolis *Baptai*, i.e., Dipping, suggest that the goddess found a place in Athens and was worshipped in the *polis*.

The comedy was staged in 415 BC, not long before the adventure of Alcibiades in Southern Italy and on the Island of Sicily, and it mocks the nephew of Perikles as adept in her orgiastic cult. He organised the sacred rites and practised the mysteries in secret – amidst a closed circle of her worshippers. The author accused him of scandalous behaviour, of introducing foreign and lewd customs, and of his scorn for the *polis* traditions. Information in Hesychius even gives grounds to assume that he parodied the mysteries of the goddess in a particularly scandalous manner, bringing her out on the stage even as a lewd and shameless flutist.

It seems that the links of Alcibiades with

Тукидид

Thucydides

Ликург напада с двойна брадва съпругата си, изображение върху киликс-кратер, ок. 370–360 г. пр.Хр.

Lykourgos attacking his wife with a labrys, image on a kylix-krateros, ca. 370–360 BC

Ликург убива жена си, зад него е тялото на вече посечения му син Дриант, изображение върху волутен кратер, ок. 360–350 г. пр.Хр.

Lykourgos killing his wife, behind him – the body of his already slain son Dryas, scene on a volute krateros, ca. 360–350 BC

Представяне на мита за Ликург или на драмата „Едони" на Есхил върху апулийски киликс-кратер, ок. 360–350 г. пр.Хр.

Presentation of the myth about Lykourgos or of the drama Edonoi by Aeschylus on an Apulian kylix-krateros, ca. 360–350 BC

зихий даже дава основание да се допусне, че той по особено скандален начин пародира тайнствата на богинята, като по време на представленията дори я изважда на сцената в образа на разпусната, безсрамна флейтистка.

По всичко изглежда връзката на Алкивиад с нетрадиционните идеи не е случайно хрумване на комедийната фантазия или пък осмиване на ексцентричните му прояви, още повече че впоследствие към стратега има официално обвинение в безбожие – в оскърбяване на държавните атински божества и постановените от полиса култове, в тяхното пренебрегване и обругаване. Плутарх допълва нападките със съобщения за негови разюздани пиянства и любовни развлечения и добавя как често го виждат да се разхожда с пурпурни женски дрехи, които се влачат в праха на градския площад. Това се потвърждава и от Либаний, който пише: „облечен в женски дрехи, той скрива на пир, че е мъж".

Тук е необходимо да се наблегне не само на тесните взаимодействия на Алкивиад с тракийската среда – особено малко по-късно с династите на одрисите Медок (краят на V–387/386 г. пр.Хр.) и Севт II (краят на V–387/386 г. пр.Хр.), но и на самото обяснение на наименованието на пиесата на Евполис и на версиите в кодексите. Накратко – „баптите" се считат за „изнежени" мъже, които демонстративно имитират жени или както текстът буквално гласи: „Котито е богиня в Атина, която почитат женствени мъже", и после се добавя, че те са безсрамници, които танцуват по подражание на другия пол.

По всяка вероятност в изгубената комедия на Евполис става дума и за обредите на посвещение в мистериите на Котито. Заглавието на произведението разкрива във връзка с нея възможността от практикува-

non-traditional ideas was not an accidental whim of comedy fantasy or a ridiculing of its eccentric manifestations, all the more that the *strategos* was subsequently officially charged with atheism and with offending the official Athenian deities and the cults stipulated by the *polis*, and with their ignoring and denigrating. Plutarch fuels the attacks with reports of his lewd drinking and amorous pastimes, adding that he had frequently seen him walk around the city in purple female clothes that trailed in the dust of the city square. This is confirmed by Libanios as well, who writes: "dressed in female clothes, he hides during feasts that he is a man."

Here it is necessary to stress not only the close interactions of Alcibiades with the Thracian environment, especially a little later with the dynasties of the Odrysian rulers Medokos (end of 5th century BC – 387/386 BC) and Seuthes II (end of 5th century BC – 387/386 BC), but also the actual explanation of the name of the play by Eupolis and of the versions in the codices. Briefly, the "Baptai" were considered to be "effeminate" men who blatantly imitated women, or according to the actual text: "Kotyto is a goddess in Athens who is worshipped by effeminate men." And then he adds that they have no shame and dance imitating the other sex.

In all probability, the lost comedy by Eupolis also mentions the initiation rites in Kotyto's mysteries. The title of the play reveals in connection with her the possibility that some initiation rite involving cleansing with water was practised: something like a baptism connected with a mystic leap leading to the complete reincarnation of one's own nature and to the secrets of immortality. This is so at least because plunging into water marks the act of transition from one state into another: from the non-initiated to the initiated individual.

нето на някакъв инициационен ритуал на пречистване с вода – един вид кръщение, свързано с мистичен скок, който отвежда към пълното прераждане на собствената природа и към тайните на безсмъртието. Така е най-малкото, защото гмуркането, скокът във водата, отбелязва акта на преминаването от едно състояние към друго – от непосветения към посветения.

Самото потапяне е смислово равнозначно на разлагането на формите, но не е окончателно угасване, тъй като изплуването повтаря космогоничния акт на творението, което само по себе си означава появата на нов живот или на качествено нов човек. Именно поради тази причина водната символика съдържа в себе си както смъртта, така и възраждането. Водата "убива" идеално – тя унищожава всякаква форма, но и точно поради това тя е и толкова богата на "зародиши" и е сътворяваща.

При преходните обреди ритуалната смърт е задължително условие за обновлението и за възраждането. Ето защо заедно със скока непосветеният умира в своето незнание, но и се ражда отново с излизането си от водата, изпълнен от мощта на въвеждането си в сакралното. Инициацията означава преминаването от един свят в друг, като по този начин човек претърпява пълно преобразуване и става различен. Извършеното превъплъщение е надминаване на състоянието на неведение, а самата посветителна кончина преосмисля смъртта и отвежда към нов живот.

Очевидно при церемониите на Котито тази символика се дублира чрез смяната на пола, така добре изтъквана от Алкивиад. Въобще травестиите, хомоеротичният характер на танците, женските маски, наподобяването на държането на противоположния пол са достатъчни да покажат как участниците в мистериите на Котито "уми-

The actual dipping into the water is semantically identical to the dissolving of the forms, but it is not final extinguishing, because the emerging from the water repeats the cosmogonic act of the creation, which in itself means the appearance of new life or of a qualitatively new person. It is precisely for this reason that the water symbolism comprises inherently both death and rebirth. Water "kills" perfectly, it destroys all shape, but for that very same reason it is so rich in "embryos" and it has a creative effect.

Ritual death was a mandatory condition for renewal and rebirth in rites of passage. Therefore, in addition to his leap, the non-initiated individual dies in his ignorance to be reborn upon emerging from the water, filled with the power of his initiation into sacrality. The initiation means transition from one world into another, whereby the individual undergoes complete transformation and becomes different. The transformation performed constitutes transcending the state of ignorance, and the initiation demise in itself gives another meaning to death and leads to a new life.

Obviously, that symbolism was doubled in Kotyto's ceremonies by the gender change that was so well emphasised by Alcibiades. Generally speaking, the travesties, the homoerotic character of the dances, the female masks and the imitation of the behaviour of the opposite sex were sufficient to demonstrate how the participants in Kotyto's mysteries "died" as men and were "reborn" as women, already completely worthy of their goddess – with a new image and a new behaviour.

The change of clothing merely demonstrates a softer version of androgyny, which does not mean in the least that Kotyto is an androgynous deity. The man wearing female clothes is not transformed into a woman for that reason, but for a moment he is effecting the unity

рат" като мъже и се "раждат" като жени, вече напълно достойни за своята богиня – с нов облик и ново поведение.

Смяната на дрехите показва просто смекчена версия на андрогинията, което съвсем не означава, че Котито е андрогинно божество. Мъжът, който носи женски одежди, не се превръща поради това в жена, но осъществява за момент единството на половете, което облекчава неговото тотално разбиране на космоса. Наистина "ставам мъж и жена" или "не съм нито мъж, нито жена" са пластични изрази, с които езикът се мъчи да опише пълното преобръщане на ценностите. Да си едновременно мъж и жена е също толкова парадоксално, колкото да станеш наново дете, т.е. да се родиш повторно.

В трагедията на Есхил "Едони" дори самият Дионис е представен като "изнежен, в лидийски хитон жена". Той е осмиван от едонския цар Ликург поради тази си външност и маниери и подгонен от него, уплашен се хвърля в морето (извършва култов скок – полет), намира убежище при Тетида (равнозначен превод-означение на Великата богиня-майка) и едва тогава побеждава и наказва тракийския династ. Както се вижда, всички принципи са спазени и са отразени още в подробния разказ на Омир и в схолиите към него.

Впрочем едонската локализация на култа към Котито се потвърждава и от единствения засега епиграфски паметник от Филипи (Югозападна Тракия), върху който на латински е изписано божеското име Кото (Coto), дателен падеж на гръцкото Котис. Надписът стои редом с изображение на Артемида, облечена в къс хитон, с лък и със стрела в ръка – нещо типично за областта, където под гръцката иконография местното население почита своята Велика богиня-майка.

of the two sexes, which facilitates his total understanding of the Cosmos. Indeed, the phrases "I'm becoming a man and a woman" or "I am neither man, nor woman" are plastic expressions with which language is attempting to describe the total reversing of values. Being simultaneously a man and a woman is just as paradoxical as becoming a child again, i.e., being reborn.

In the tragedy *Edonoi* by Aeschylus even Dionysos himself is presented as "effeminate, a woman in a Lydian chiton." He is ridiculed by the Edonian king Lykourgos for his outer appearance and manners, and chased by him, he threw himself in fright into the sea (performed a cult leap – flight), finding refuge in Thetys (equivalent translation-designation of the Great Goddess-Mother) and only then he defeated and punished the Thracian dynast. As can be seen, all principles are respected and reflected as far back as in Homer's detailed narrative and in the scholia to it.

Incidentally, the Edonian localisation of the Kotyto cult is also confirmed by the so far only epigraphic monument from Philippi in Southwestern Thrace, on which the divine name *Coto*, dative form of the Greek *Kotys*, is written in Latin letters. The inscription stands side by side with an image of Artemis wearing a short chiton and holding a bow and an arrow in her hands – something typical for the area where the indigenous population worshipped their Great Goddess-Mother under a Greek iconography.

In the course of the dramatic events of the Peloponnesian Wars and in an attempt of the allies to gain the serious support of the Thracian dynastic families, Kotyto became popular even in the Doric world. The Corinthian mythological genealogy of the daughters of Timandros is known from Hesychius, where Hellotia, Eurythione, Chrysa and finally Kot(y)to are listed. The earliest catching of the

В хода на перипетиите на Пелопонеските войни и в опита за домогването на съперниците до сериозната подкрепа на тракийските династически домове Котито става популярна и в дорийския свят. От Хезихий се знае коринтската митологична генеалогия за дъщерите на Тимандър, в която са изредени Хелотия, Евритиона, Хриза и накрая Кот(и)то. Най-ранното долавяне на елементите на тази литературна традиция се появяват в схолиите към една от идилиите на Теокрит, където се обяснява името на владеещата чародейни любовни съвети старица Котитарис. Текстът буквално гласи: „има (една) Котито – дорийска богиня, по която и тази получава името си", и после: „от почитаната от дорите Котито е наречена Котитарис".

Честването на богинята – Котитиите, са засвидетелствани и на о. Сицилия. Според описанието на Псевдо-Плутарх те са "празник, на който, като привържат на някакви клонки жертвени питки и плодове, ги предоставят за разграбване". Сега става дума за изготвянето и обирането на т.нар. ейресионе (от ейрон – вълна) – по-малка или по-голяма клонка, украсена с бели и червени вълнени конци, които са увити и висят, като редуват цветовете един с друг. И понеже всяко божество е двуначално, усукването на белите и червените конци, т.нар. марта, е един вид символно възпроизвеждане на мъжкия – означен с бялата, и на женския – с червената нишка, аспекти на това цяло.

Един от участниците, който се намира в центъра на тържествената процесия, държи високо клонката, накичена с тестени сладкиши и с първите кълнове и плодове от всякакъв вид, за да напомни за края на безплодието, докато останалите скачат нагоре и откъснат деликатесите. Разграбването на тези най-ранни дарове на новата

elements of that literary tradition appeared in the scholia to one of the idylls by Theocritus, where an explanation is given of the name of the old woman Kotytaris who knew magic love spells and advice. The text reads literally: "there is (a) Kotyto – a Doric goddess, from which that one, too, received her name" "by Kotyto, worshipped by the Dorians, she was called Kotytaris."

The worshipping of the goddess – the Kotytia – have been attested on the Island of Sicily as well. According to the description given by Pseudo-Plutarch, they were a "festival during which by tying sacrificial breads and fruits on some boughs, they offered them to be plundered." This is reference to the preparing and picking of the so-called *eiresione* (from *eiron* – wool), which represented a smaller or larger bough decorated with white and red woollen threads, twisted and hanging, with the colours alternating. And as every deity has two beginnings, the twisting of the white and the red threads, the so-called *marta*, is a kind of symbolic reconstruction of the male aspect (designated with the write thread) and of the female aspect (red thread) of that whole.

One of the participants, who is at the centre of the solemn procession, is holding high the bough decorated with pastries and with the first sprouts and fruits of every kind, as a reminder of the end of infertility, while the other participants are jumping high and picking the delicacies. The plundering of these earliest gifts of the new harvest is a complete allusion to the dismembering of the deity and the scattering of his parts – absolute guarantee of the disintegration of the Universe and of its rebirth in the spring, just as the winter-spring transition is indisputably suggested by the marta as well. The transition from one nature into another, from one cosmic state into another, demonstrates in a most categorical way the idea of the constant alternation of

реколта е пълна алюзия за разкъсването на божеството и за разхвърлянето на частите му – абсолютна гаранция за ритуалното разпадане на вселената и за новото ѝ пролетно възраждане, по същия начин както зимно-пролетният преход е подсказан недвусмислено и от мартата. Преминаването от едната в другата природа, от едното космическо състояние към другото доказва по най-категоричен начин идеята за непрестанното следване на единия със следващия цикъл, за вечния кръговрат и за безсмъртието.

Поради изключителния колорит на празника богинята Котито остава популярна в античната писмена литературна традиция и често се споменава и от римските поети – Вергилий, Хораций и Ювенал, както и у късните лексикографи.

1.4. ХИПТА

Хипта и още Ипта, Епта, Хиппа е известна от два орфически химна. Първият е в чест на Сабазий, а вторият е единственото по рода си литературно произведение, посветено на трако-фригийската идентификация на Великата богиня-майка. В него поетът-молител призовава Хипта и я нарича „дойка на Вакх" и „хубавогласна кора" (девица).

Тя зачита „мистериите на пречистия (свещения, светия) Сабазий и ликува на неговите тайнства, на нощните танци, кънтящи от викове и трепкащи с огън". Обръщението към нея е „хтонична майка" и „царица", за да се подчертае идеята за върховенство на богинята, която обитава „свещената планина Ида във Фригия" или планината „Тмол, хубавата обител на лидите". Химнът завършва с молбата Хипта да се яви на „тайнствата на Сабазий", та там „да засияе свещеният ѝ лик".

one cycle and the next, of the eternal turnover and of immortality.

Owing to the extremely colourful nature of the festivities, the goddess Kotyto remained popular in the ancient written literary tradition, and was often mentioned by the Roman poets as well: Virgil, Horace and Juvenal, as well as by the late lexicographers.

1.4. HYPTA

Hypta, also Ypta, Epta, Hyppa, is famous from two Orphic hymns. The first one is in honour of Sabazios, whereas the second one is the only literary work of its kind dedicated to the Thracian-Phrygian identification of the Great Goddess-Mother. in that hymn the supplicant-poet appeals to Hypta and calls her "wet nurse of Bacchus" and "beautiful-voiced kòre" (maiden).

She respected "the mysteries of the immaculate (sacred, holy) Sabazios and rejoiced at his mysteries, the nocturnal dances resounding with shouts and flickering with fire." She was addressed as "chthonian mother" and "queen" to emphasise the supremacy of the goddess inhabiting "the sacred Mount Ida in Phrygia" or the mountain "Tmol, the beautiful abode of the Lydians." The hymn ends with the plea to Hypta to appear at the "mysteries of Sabazios" so that "her sacred face would shine" there.

*Наколенници
от гробницата
в могилата
Голяма Косматка,
Казанлъшко, втората
половина на IV в.
пр.Хр. (детайли)*

**Greaves from the
Golyama Kosmatka
tomb near Kazanlak,
second half of the 4th
century BC (details)**

*Гробница от с.
Свещари, Исперихско,
III в. пр.Хр.*

**Tomb from the village of
Sveshtari near Isperih,
3rd century BC**

83

Каничка от съкровището от с. Рогозен, Врачанско, IV в. пр.Хр.

Jug from the silver treasure in the village of Rogozen near Vratsa, 4th century BC

◄ *Каничка-ритон от съкровището от с. Борово,*
Русенско (детайл),
IV в. пр.Хр.

Jug-rhyton from the treasure in the village of Borovo
near Ruse (detail), 4ᵗʰ century BC

Името се знае и от няколко споменавания в орфическата литература, тъй като неоплатониците приписват на Орфей някакъв логос за нея. Там Хипта е майка на боговете от планината Ида или самата планина, т.е. Идайска майка на Зевс и на другите Синове, която тържествува в условно наречената трако-фригийска зона, ограничена между Централна Лидия при Сарди, където е планината Тмол, Фригия и Югоизточна Тракия. Това показва, че божеското име на първоначално анонимната Велика богиня-майка е еднакво усвоено на старофригийски и на тракийски език.

Теонимът е най-ранно доловим в хидронима Ептапорос – една от реките, които се спускат от Ида – чисто тракийско двусъставно наименование. Първата съставка Епта–Хипта е добре позната и в европейския хинтерланд на Босфора и на Хелеспонта (дн. Дарданели).

В орфическия химн в чест на богинята авторът я определя като „дойка на Вакх", което съвсем не е случайно, защото тя принципно е Майка, но и „кора" – девица, понеже според системата на тракийския орфизъм самозачева. След като веднъж ражда Сина си – Сабазий, и след като го посвещава в тайнствата, Хипта – тази планинска Велика богиня-майка, не само присъства, но и покровителства неговите свещенодействия.

1.5. БЕНДИДА

Към цялата тази поредица от имена-прозвища на Великата богиня-майка

The name is also known from several references in the Orphic literature, because Neoplatonians ascribe to Orpheus some *logos* about her. There Hypta is the mother of the gods from Mount Ida, or the mountain itself, i.e., the Idaean mother of Zeus and of the other sons, who triumphed in what is provisionally referred to as Thracian-Phrygian area between Central Lydia near Sardis, where the Tmol Mountain is located, Phrygia and Southeastern Thrace. This shows that the theonym of the initially anonymous Great Goddess-Mother was equally mastered both in Old-Phrygian and in the Thracian language.

The theonym was first discerned in the hydronym Eptaporos – one of the rivers flowing down Mount Ida – and this is a typical Thracian two-component name. The first component *Epta-/Hypta* is well known also in the European hinterland of the Bosporos and of the Hellespontos (present-day Dardanelles).

The author of the Orphic hymn in honour of the goddess defines her as "wet nurse of Bacchus" and this is not at all accidental, because she is Mother in principle, but she is also "kore", i.e. maiden, as well, because she self-conceives according to the system of Thracian Orphism. After giving birth to her son – Sabazios, and after initiating him into the mysteries, Hypta, that mountainous Great Goddess-Mother, was not only present during his sacred acts, she was even their patron goddess.

1.5. BENDIS

The figure of Bendis also belongs to that series of names-appellations of the Great

85

принадлежи и фигурата на Бендида. Тя е най-колоритна и за нея има най-много изворови данни от всякакво естество. Първо по време идва известието на Хипонакс от VI в. пр.Хр., който говори за Бендида като за Кибела, а Хезихий, който повтаря поета, твърди, че тракийката е Кибела или Великата богиня, схваната като друг образ на Кибела. Сравнението набляга на същностната ѝ характеристика на богиня-майка.

Във фрагменти от недостигналата до нас комедия на Аристофан "Лемноски" авторът направо нарича Бендида "мегале теа", т.е. Великата богиня. Сведението се отнася до острова, а съобщената "мегале теа" по всяка вероятност отговаря на богинята Лемнос в известието на Хекатей от VI в. пр.Хр. Тя сама предполага качествената си определеност на всемогъща господарка там.

Когато Херодот говори за тракийските и за пеонските жени, които поднасят даровете си на Артемида царица (или по-точно на Царицата, която в гръцки превод на тракийското си означение може да се назове Артемида), вероятно също има предвид една Велика богиня-майка на местното население. Тя е в пълно съответствие с идеята за плодородието поради дадените ѝ, увити в пшенична слама подаръци, и явно отговаря за зърното – основната храна на хората и същевременно символ на изобилието. Страбон затвърждава представата за сърцевината на Бендида в пасажите, в които разказва за празниците ѝ, защото ги сравнява не само с тези на Котито, но и с малоазийските тържества и с фригийските свещенодействия в чест на майката на боговете.

Съвкупните свидетелства в античната писмена литературна традиция най-общо локализират центъра на култа към Бенди-

Goddess-Mother. She is the most colourful and there is the highest number of source data of all kinds about her. The first evidence about her chronologically was provided by Hipponax in the 6th century BC, who spoke about Bendis as about Kybele, while Hesychius, who repeated the poet, claimed that the Thracian woman was Kybele or the Great Goddess perceived as another image of Kybele. The comparison highlights her essential characteristic as Goddess-Mother.

In fragments of a comedy by Aristophanes, *Lemnian Women*, the author refers to Bendis directly as Megale Thea, i.e., as the Great Goddess. The evidence concerns the island, and the reported "Megale Thea" corresponded in all probability to the goddess Lemnos in the evidence by Hekataios dated to the 6th century BC. She herself presupposed her qualitative identification of an all-powerful mistress there.

When Herodotus speaks about Thracian and about Paionian women who offered their gifts to Artemis the Queen (or rather to the Queen who may be referred to as Artemis in a Greek translation of her Thracian designation), he probably also had in mind a Great Goddess-Mother of the local population. She fully corresponds to the idea of fertility on account of the gifts offered to her wrapped in wheat straw, and she was clearly responsible for the grain as the principal human food and at the same time as a symbol of abundance. Strabo confirmed the notion about the essence of Bendis in the passages in which he narrates about her festivities, because he compared them not only to Kotyto's festivities, but also to the festivities in Asia Minor and to the Phrygian sacred acts in honour of the mother of the gods.

The aggregate evidence in the ancient written literary tradition localises most generally the centre of the Bendis cult in the

да в зоната на Югозападна Тракия с някои от прилежащите непосредствено острови, какъвто е например Лемнос. Тази зона, която се концентрира по поречието на р. Стримон (дн. р. Струма), е огнището на неговото процъфтяване, както и средището на разпространението му в източна и западна посока към реките Аксиос (дн. р. Вардар) и Нестос (дн. р. Места).

Констатацията не отменя съществуването на култа и в други райони южно от Стара планина. Според Тит Ливий, чието съобщение се отнася за II в. пр.Хр., недалеч от долното течение на р. Хеброс (дн. р. Марица) „на открито място" се намира храм на Бендида (Мендидеум темплум). В диалога „Юпитер трагик" Лукиан също говори за светилище и за златна статуя на богинята и вероятно пак има предвид съобщеното от Тит Ливий култово място.

Популярността на Бендида извън ядрото на съсредоточието на култа ѝ намира подкрепа в епиграфските паметници, в които се споменава божеското име или някои от формите му, като например Бендипара, т.е. „село(то) на Бендида", върху надпис от с. Строево, Пловдивско, или Бендизета, върху надпис от с. Саладиново, Пазарджишко, и др.

Великата богиня-майка на областта на Югозападна Тракия и на съседните острови се нарича от Кратин в комедията „Тракийки" двукопийна, „понеже ѝ е определено по жребий два вида почит – небесна и земна", или защото има две светлини – собствената си, т.е. тази на Луната, и тази на Слънцето. По този начин авторът набляга на дуалната соларно-хтонична природа на самата богиня. В античната традиция, най-обстойно сумирана у Хезихий, Бендида се разбира още като Артемида, Хеката, Селена, Персефона.

Най-често е сравнението с Артемида, откъдето идва и инерцията да се говори

area of Southwestern Thrace, with some of the immediately adjacent islands, i.e., Lemnos. That area, concentrated along the Strymon River (present-day Struma), was the focus of its spreading to the east and to the west towards the rivers Axios (present-day Vardar) and Nestos (present-day Mesta).

This statement does not revoke the existence of the cult in other areas as well, south of the Haemus Mountain. According to Titus Livius, whose evidence is related to the 2nd century BC, there was a temple of Bendis (*Mendideum templum*) an "open place" not far from the lower course of the Hebros River (present-day Maritsa). Lucian talks in his *Jupiter the Tragedian* dialogue about a sanctuary and a gold statue of the goddess, and he probably also had in mind the cult place reported by Titus Livius.

The popularity of Bendis outside the core where her cult was concentrated finds support in the epigraphic monuments in which the name of the deity or some of its forms are mentioned, e.g., *Bendipara*, i.e., "(the) village of Bendis" on an inscription from the village of Stroevo, Plovdiv region, or Bendizeta – on an inscription from the village of Saladinovo, Pazardzhik region, etc.

Kratinos refers to the Great Goddess-Mother of the area of Southwestern Thrace and the adjacent islands as *diloncha*, i.e., with two spears, "because her lot is to be worshipped in two ways: with celestial and with terrestrial homage," or because she has two lights: her own, i.e., that of the Moon, and the light of the Sun. In this way, the author stresses the dual solar-chthonian nature of the goddess herself. The ancient tradition, summarised most comprehensively in Hesychius, perceives Bendis also as Artemis, Hekate, Selene and Persephone.

The comparison with Artemis is the most frequent, hence the inertia to speak about

за нея като за Артемида, съответно Диана-Бендида, а не поотделно за Артемида (Диана) и за Бендида. В повечето случаи обаче древните автори, макар и да съпоставят двете богини и да навеждат на мисълта за смесеното им единство, държат да изтъкнат и различия помежду им, а не да ги премахнат. Сходствата с Артемида са възможни само дотолкова, доколкото се взема за аналогия персонификацията ѝ на владетелка на природата и на животинския свят – типична ловджийка.

С други думи, Артемида фактически е уточнен гръцки превод на една от функциите на Бендида като Велика майка. Тя идва да подскаже и виргиналния аспект на богинята, както стои този въпрос и с определението ѝ Адмету коре, т.е. девица, дъщеря – момиче на Хадес, което я отъждествява с Персефона и с ролята ѝ на девойка, готова за женитба. Същевременно самото име Бендида, чиято етимология произхожда от корена bhend, т.е. свързвам, съчетавам, набляга на качеството ѝ на покровителка на брака, за да разкрие и нейното матронално преображение. Тези две лица на единното цяло са съвсем естествени за полисемантичността на върховната сила.

Култът на тракийската богиня е особено популярен сред витините, които са голяма част от компактното тракийско население в Мала Азия. Те дори имат в календара си месец, който носи красноречивото название Бендидейос и през който честват Бендида с големи и пищни празненства и церемонии. Преклонението пред нея е дотолкова голямо, че дори изображението ѝ стои върху монети на витинските царе, като например при емисиите на Никомед I от III в. пр.Хр. Върху тях тя е изобразена твърде войнствена – с две копия и с меч в ръце, и с щит, подпрян на скалата, на която седи – един същински боец, подчер-

her as Artemis, accordingly Diana-Bendis, and not about Artemis (Diana) and about Bendis separately. However, although the ancient authors compared the two goddesses and hinted at their mixed unity, in most cases they nevertheless insisted on pointing out the differences between them, not on eliminating them. The similarities with Artemis are possible only insofar as the analogy is based on her personification as a goddess reigning over Nature and the world of animals, i.e., a typical huntress.

In other words, Artemis is actually a concrete and precise Greek translation of one of the functions of Bendis as the Great Mother. It also suggests the virginal aspect of the goddess, linking that issue also with her defining as "*Admetou kòre*", i.e., as maiden, daughter – girl of Hades, which identified her as Persephone and with her role of a girl ready to be married. At the same time, the actual name Bendis, which stems etymologically from the root *bhend*, meaning "bind, combine", stresses her capacity of goddess protecting marriage in order to reveal her matronal transformation as well. These two faces of the integral whole are perfectly natural for the polysemantic nature of the supreme power.

The cult of the Thracian goddess was particularly popular among the Bithynoi that formed a substantial part in the compact Thracian population in Asia Minor. They even had a month in their calendar that was eloquently named *Bendideios* and during which Bendis was honoured with lavish and grandiose festivities and ceremonies. The adoration of her was so strong that her image could be seen on coins of the kings of the Bithynoi, notably in the 3rd century BC coinages of Nicomedes I. The goddess appears very militant: she is holding two spears and a sword in her hands, as well as a shield propped against the rock on which she is sitting – a real warrior, emphasising the

таващ следващата страна от нейната многофункционалност.

От житието на Калиник за св. Хипатий се разбира, че споменът за Бендида традиционно съществува, за да разказва с подробности авторът, че когато светецът пътува през Витиния по време на празника на Артемида, на пътя му се изпречва богинята, висока колкото десет мъже, като едновременно преде и пасе свине. Именно под формата на Артемида Бендида се съхранява през вековете и в текста на житието като Велика богиня. От една страна, това се подчертава от свинята – нейното жертвено животно, символ на плодовитостта, а от друга, от преденето, защото и човешкият живот е нишка, зависима от капризите на съдбата, с каквато мисия този път е натоварено божеството, за да преобразува хаоса в ред.

Текстът на Калиник е в отличен паралелизъм с историята, предадена от Херодот, за едрата и хубава девойка от пеоните, облечена изящно в богато украсени празнични дрехи. Тя не само носи съд за вода на главата си и води кон, за да го напои, но и преде лен и върти вретено в ръце. Вариант на същата приказка се намира в Николай от Дамаск, предаден чрез Константин Порфирогенет. Там колоритно охарактеризираната пеонка вероятно олицетворява земната персонификация на Великата богиня-майка, която в този географски ареал носи името Бендида и съчетава в един момент достатъчно дейности, за да изяви неограничените си възможности. В това отношение традицията възхожда към VI в. пр.Хр., когато може да се датира съобщението на Херодот.

От 430/429 г. пр.Хр. култът към тракийската богиня се приема за държавен в Атина. Изглежда, проникването му в полиса започва много преди това, по-точно още

next aspect of her polyfunctional nature.

It becomes clear from the *Vitae of St. Hypathios* by Kalinikos that the memory of Bendis existed traditionally so that the author could narrate in great detail that when the saint travelled across the Vitinya mountain pass during the festivities in honour of Artemis, his path was blocked by the goddess who was as tall as ten men, and she was spinning wool and tending swine to graze at the same time. It was precisely in the form of Artemis that Bendis survived over the centuries and in the text of the *Vitae* as Great Goddess. On the one hand, that was emphasised by the swine – her sacrificial animal and symbol of fertility, and on the other – by spinning, because human life is a thread depending on the whims of fate, the mission of the goddess that time being to transform chaos into order.

The text by Kalinikos demonstrates excellent parallelism with the story narrated by Herodotus about the big beautiful girl from the Paiones, elegantly dressed in richly ornamented clothes for festive occasions. She not only carried a water vessel on her head and was leading a horse, but she was also spinning linen and was turning a spindle in her hands. A variant of the same story can be found in Nicholas of Damascus, conveyed through Constantine Porphyrogenetes. The colourfully characterised Paionian woman was probably identified there with the chthonian personification of the Great Goddess-Mother, who bore the name of Bendis in that geographic area, and at one moment combined enough activities to demonstrate her unlimited abilities. In this respect, the tradition can be traced back to the 6th century BC, when the information in Herodotus can be dated.

The cult of the Thracian goddess became one of the state cults after 430/429 BC. It appears that its penetration into the *polis* started much earlier, more specifically back

през VI в. пр.Хр., когато датират стабилните интереси на атиняните към областта на Югозападна Тракия със зоната на златоносната планина Пангей и на долното течение на р. Стримон, откъдето идва и дървеният материал за техните кораби. Възможно е дори да се допусне, че той е пренесен там от тракийските наемници, които използва Пизистрат.

Декретът за приемането на Бендида в редицата на атинските държавни божества се издава от оракула в Додона в обстановката на започващите Пелопонески войни, когато делфийските среди са приятелски настроени към Спарта и е излишно да се разчита на арбитража и помощта на светилището. Именно в напрежението на първите години на стълкновението, в търсенето на съюзници, враждуващите групировки плетат политиката си и чрез компромиси в сферата на религиозния живот.

Този е пътят, по който Бендида се превръща в държавна атинска богиня, най-вероятно, за да се спечели династическият дом на траките едони начело с Питак и с жена му Брауро – както вече се видя, още едно от имената-прозвища на тракийската Велика майка от района на Югозападна Тракия и същевременно нейна пълна персонификация.

Както сочат епиграфските паметници, организираните за богинята празненства, т.нар. Бендидии, са винаги в зависимост от международната политическа конюнктура, която определя и размера на отпусканите за тържествата държавни средства. Церемониите се провеждат в Пирей на 19 таргелион (месец май-юни) и са описани подробно от Платон в "Държавата". От текста се разбира, че честването е чуждо и необичайно за елините. Сократ и приятелите му, които са герои на разказа, само наблюдават и коментират, но не

in the 6th century BC, i.e., the time of the stable interests of the Athenians in the area in Southwestern Thrace with the zone of the gold-bearing Pangaion Mountain and along the lower course of the Strymon River, which provided the timber for their ships. It would be even possible to assume that it had been transported there by the Thracian mercenaries used by Pisistrates.

The decree on the acceptance of Bendis among the Athenian state deities was issued by the oracle in Dodona at the time when the Peloponnesian Wars were just beginning, when the circles in Delphi were still friendly to Sparta and it was superfluous to rely on arbitration and on assistance by the sanctuary. It was precisely in the stress of the first years of the confrontation and in the search of allies that the warring groups shaped their policy also through compromises in the sphere of their religious life.

That was the way in which Bendis became state Athenian goddess, most probably to please and win over the dynastic court of the Thracian tribe of the Edonoi, headed by Pittakos and his wife Brauro, which – as was pointed out already – was yet another one of the names-appellations of the Thracian Great Mother from the region of Southwestern Thrace, and at the same time her complete personification.

As the epigraphic monuments indicate, the festivities organised in honour of the goddess, the so-called Bendidia, were always dependent on the contemporary political situation, which also determined the amount of state aid allocated for the festivities. The ceremonies were held in Piraeos on 19 Targelion (the month of May-June), and they have been described in detail by Plato in *The State*. The text clarifies that the celebrations were alien and unusual for the Hellenes. Socrates and his friends, who are actual characters in the

*Релеф на Бендида
от глиптотеката в
Копенхаген, IV в. пр.Хр.*

*Relief of Bendis from the
Glyptotek in Copenhagen, 4th
century BC*

*Карта на Мала Азия
от XV в., на която е
отбелязана Витиния*

*Map of Asia Minor on which
Bithynia is noted, 14th century*

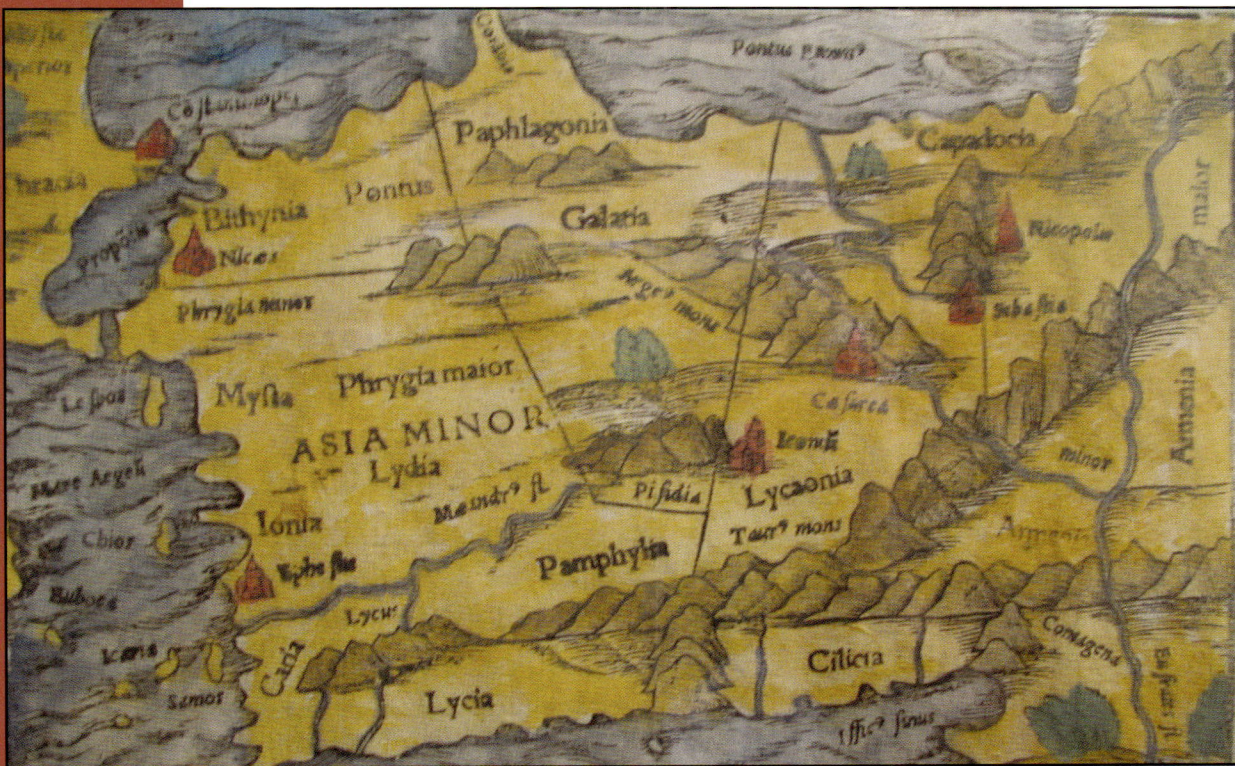

правят и най-малък опит да се включат в събитията.

От друга страна обаче, древният автор съобщава за две процесии на богинята. Едната е чисто тракийска, а във втората вземат участие и местните жители, т.е. атиняни елини. Твърдението противоречи на един надпис от III в. пр.Хр., в който се говори за двойно шествие, но изрично се казва, че празникът се провежда по древен тракийски обичай и следователно участниците в него са само траки. Възможно е да се мисли, че в случая с местните жители се имат предвид по-скоро траките от Атина, където впоследствие също се издига храм на Бендида.

Според надписа, за да не възникнат разногласия между атинските и пирейските оргеони (служители на богинята), обединени в дружества около двата храма, двойната процесия се прави задружно. Жертвеното животно – свинята, се води в редовете на пирейските оргеони, за да се подчертаят по-старите им права. Изрично се набляга, че поклонниците в Атина тръгват от Пританеона (държавния съвет), което ще рече, че той също взема официално участие в организирането на празника.

Същевременно епимелетите (друг вид служители) в Пирей посрещат участниците и ги приемат в светилището на нимфите, където по всяка вероятност се извършва жертвоприношението на свинята, защото там предварително са приготвени гъби и легени с вода, за да може да се изчисти животното и да се събере кръвта. На присъстващите, които украсяват главите си със специални за случая венци, се дава обяд в Нимфеона, който се намира в границите на храма на Бендида.

По думите на Платон церемониите продължават и вечерта, когато се провежда „факелно надбягване на коне в чест на бо-

narrative, only watched and commented, but did not make even the least attempt to join the events.

On the other hand, the ancient author reports about two processions whereas the other one involved the participation of the local population, i.e., of the Athenians. This information runs counter to a 3rd century BC inscription about a double procession, but it mentions specifically that the festivities proceeded according to an ancient Thracian custom, and hence the participants in it were only Thracians. It is possible to think than in that case the local population probably meant the Thracians from Athens, where a temple of Bendis was subsequently erected.

According to the inscription, the double procession was conducted jointly so as to avoid clashes and divergences of opinion between the orgeons (servants of the goddess) from Athens and Piraeus, united in societies around the two temples. The sacrificial animal – the swine – was paraded amidst the ranks of the orgeons from Piraeus in order to emphasise their older rights. It is specifically stressed that the worshippers in Athens started from the Prytanaion (the State Council), which means that it also participated officially in the organising of the festivities.

At the same time, the *epimeletai* (another type of officials) in Piraeus met the participants and received them in the sanctuary of the nymphs, where the sacrificing of the swine most probably took place, because sponges and vessels filled with water were prepared there in advance so as to clean the animal and to collect the blood. Lunch was offered in the Nymphaion within the outlines of the temple of Bendis for the participants who adorned their heads with wreaths specially made for the occasion.

According to Plato, the ceremonies went on in the evening as well, when "races on

гинята", при което ездачите си подават един на друг запалени главни – „нещо ново" според Сократ и очевидно необичайно. Явно нещата опират до своеобразно инициационно изпитание за новите поклонници на богинята. Тези ефеби (младежи) могат да се видят изобразени върху т.нар. Британски релеф, водени от възрастни наставници, и именно тях посвещава Бендида и ги въвежда и приобщава към обществото си. Но с тази чисто тракийска, летяща на коне кавалкада от Атина до Пирей не приключва честването. Следва нощен пир, който продължава до 20 Таргелион, вероятно има оргиастичен характер и включва еротични моменти.

От Пирей и Атина се знаят и редица паметници на изкуството, върху които може да се види изображението на Бендида. Освен върху Британския богинята е представена най-добре и върху т.нар. Копенхагенски релеф – и двата от IV в. пр.Хр. Там тя е права, с леко склонена глава, подпряна е с лявата ръка на копие, докато с дясната държи протегната напред фиала. Облечена е в двойно препасан хитон, с преметната на кръста небрида (наметка от животинска кожа) и с високи ловджийски ботуши. Има и широко наметало – зейра (ямурлук, както гласи тази дума на тракийски език), която се спуска надолу, а на главата си фригийска шапка.

Този иконографски тип напълно отговаря на описанията на Херодот и на Ксенофонт за облеклото на траките, валиден е за статуарното изкуство и за изображенията върху вази, но не е дело на тракийски майстори, а на елинските ателиета и най-напред на тези от Атина, откъдето се разпространява и в другите области на Гърция.

Известието на Ксенофонт, което се отнася за зимата на 404/403 г. пр.Хр., съоб-

horseback with torches in honour of the goddess were organised, whereby the riders handed each other burning logs – "something new", according to Socrates, and apparently unusual. Apparently that was something like initiation trial for the new worshippers of the goddess. These *ephebi* (youths) can be seen depicted in the so-called British Relief, being guided by older tutors, and it is precisely then that Bendis initiated them and integrated them with her society. However, the festivities did not end with that purely Thracian cavalcade from Athens to Piraeus, flying on their horses. A night feast followed until 20 Targelion, which probably was of an orgiastic nature and included erotic moments.

A number of monuments of art are known from Piraeus and Athens, on which the image of Bendis can be seen. Apart from the British Relief, the goddess is best represented also on the so-called Copenhagen Relief, both of which are dated to the 4th century BC. There she is standing, with slightly bent head, her left hand is resting on a spear and in her extended right hand she is holding a phiale. The goddess is wearing a double-wrapped *chiton*, with a *nebris* (cloak made of animal skin) around her waist and with high hunting boots. She also has a wide cloak – *zeira* (hooded cloak, as the Thracian word suggests), which fell around her and she wore a Phrygian hat on her head.

This iconographic type corresponds fully to the descriptions given by Herodotus and Xenophon about the clothing of the Thracians, it was valid both for statuary art and for images on vases, but it was not made in Thracian workshops, but in Athenian ones, from where it spread to other areas of Greece.

The information in Xenophon refers to the winter of 404/403 BC and it reports the existence of a temple of Bendis – a Bendidaion – on Munichia Hill in Piraeus. Another temple of that goddess was known in the 3rd century

93

щава за храм на Бендида – Бендидейон, на хълма Мунихия в Пирей. Друг неин храм е известен през III в. пр.Хр. в самата Атина. Въобще в полиса култът към богинята е дълбоко внедрен, обединява цялата тракийска колония в областта и се радва на популярност, включително и през късния II в. пр.Хр.

При разпространението си Бендида достига и до Египет. В долината на р. Нил, и то в делтата, съществува и неин храм. От Синезий се знае, че той се намира до едно от пристанищата на Александрия, защото според писмата му оттам св. Марко пристига с лодка от Киренайка. Вероятно богинята добива популярност по тези места едва през елинистическата епоха, когато траките участват като наемници в елинистическите армии и достигат до Египет. Това означава, че почитта към Бендида там не е по-ранна от последната четвърт на IV в. пр.Хр.

Комплексът от изворови данни показва, че богинята достига и до Южна Италия и до о. Сицилия, при това още през първите десетилетия на V в. пр.Хр. Тук тя е популярна главно сред дорийските колонии, като например Тарент, обстоятелство, което отвежда до политическите отстъпки в областта на религиозния живот в навечерието на Пелопонеските войни. Множество нейни теракотени статуетки са известни от областта Санта Мария д'Англона в Южна Италия. Те произхождат от светилище на Деметра и за сетен път потвърждават същността на Бендида като тракийска Велика богиня-майка в цялата ѝ многоликост.

* * *

Имената-прозвища на всемогъщата господарка така и не се изчерпват, защото в поредицата намират място още и МИЗА,

BC in Athens. Generally speaking, the cult of the goddess in the *polis* was deeply ingrained, it unified the entire Thracian colony and enjoyed popularity all the way to the late 2nd century BC.

The popularity of Bendis spread and reached even Egypt. Her temple existed in the Nile valley, moreover at the Nile Delta. It is known from Synesius that the temple was located close to one of the ports of Alexandria, because according to his letters, it was from there that St. Mark arrived on a boat from Kyrenaika. The goddess probably acquired popularity in those places during the Hellenistic Age when the Thracians participated in the Greek armies as mercenaries and reached Egypt. This suggests that the worshipping of Bendis there was not earlier than the last quarter of the 4th century BC.

The aggregate of source data indicates that the goddess also reached Southern Italy and the Island of Sicily, moreover as early as in the first decades of the 5th century BC. She was popular there predominantly among the Doric colonies, e.g., Tarent, a circumstance suggesting political concessions in the sphere of the religious life on the eve of the Peloponnesian Wars. Numerous terracotta statuettes of that goddess are known from the area of Santa Maria d'Anglona in Southern Italy. They come from a sanctuary of Demeter, which confirms yet again the nature of Bendis as a Thracian Great Goddess-Mother in all her multi-faceted diversity.

* * *

The names-appellations of the all-powerful goddess are far from being exhausted, because the series comprises also Mysa, Sipyle,

94

Рисунка на Британския релеф на Бендида, IV в. пр. Хр.

Drawing of the British relief with of Bendis, 4th century BC

Британският релеф на Бендида, IV в. пр. Хр.

The British Relief of Bendis, 4th century BC

и СИПИЛА, и ПЕРКЕ и т.н., но анали-зът на данните за тях не ще промени по принцип изложението. Анонимността на богинята се разчупва решително едва през римската епоха, когато съвместното съжи-телство на тракийските с елинските и с римските култове довежда до неизбежни взаимодействия. Върховната повелител-ка на траките постепенно се елинизира и романизира, въплъщава се в образите на ред гръцки или римски богини, но никой не би се усъмнил, че под чуждата иконог-рафия местното население почита своята Велика майка.

През римската епоха тя е и Кибела, и Хера, и Афродита, и Хеката, и Артемида, и Селена, и Деметра, и Персефона, и всички онези все още неустановени богини, които се изправят пред фигурата на тракийския бог-конник. По това време в Тракия про-никват и някои източни, предимно мало-азийски, култове, сякаш за да покажат за сетен път духовната близост на балканско-егейско-малоазийския ареал.

Именно сега към преводите-означения на всеобемната повелителка на траките се прибавя и Изида. Като пластично религи-озен израз на съкровеното чувство на хо-рата към природата всички тези богини, а всъщност само една-единствена – систе-мообразуваща и трансфункционална, влас-тват над горите и водите, владеят силите, които произвеждат растежа и изобилието на растителното и на животинското цар-ство и на човешкия род.

Perke, etc., but the analysis of the data on them would not change this presentation substantially. The anonymity of the goddess was decisively affected only during the Roman period, when the coexistence of Thracian cults with Greek and Roman cults inevitably resulted in interactions. The supreme goddess of the Thracians was gradually Hellenised and Romanised, being incarnated in the images of a number of Greek or Roman goddesses, but there was no doubt in anyone's mind that the local population was worshipping their Great Mother under the foreign iconography.

During the Roman period she was many things: Kybele, Hera, Aphrodite, Hekate, Artemis, Selene, Demeter, Persephone, and all those as yet unidentified goddesses standing in front of the figure of the Thracian god-horseman. Some Eastern cults, predominantly from Asia Minor, penetrated into Thrace at that time as if to demonstrate yet again the spiritual closeness of the Balkan-Aegean-Asia Minor area.

It was precisely then that Isis was added to the translations-designations of the all-encompassing patron goddess of the Thracians. All these goddesses, but actually only one – system-forming and transfunctional – reigned over the forests and the waters, mastering the forces that produce growth, the abundance and diversity of the plant and animal kingdom and of humankind, as an eloquent religious expression of the innermost feeling of people for Nature.

Фалера от с. Галиче, Оряховско, II–I в. пр.Хр.

Phalera from the village of Galiche near Oryahovo, 2nd–1st century BC

Матрици от Разград, II в. сл.Хр.

Matrices from Razgrad, 2nd century AD

Купа от съкровището от с. Якимово, Оряховско, II–I в. пр.Хр.

Bowl from the treasure from the village of Yakimovo near Orya-hovo, 2nd–1st century BC

97

Каничка от съкровището от с. Рогозен, Врачанско, IV в. пр.Хр.

Jug from the silver treasure in the village of Rogozen near Vratsa, 4th century BC

Мраморна статуетка на Бендида от Кирена – III–II в. пр.Хр.

Marble statuette Bendis from Cyrene, 3rd–2nd century BC

Скални релефи на Артемида от Филипи – II–III в.

Rock reliefs of Artemis from Philippi – 2nd–3rd century

99

Върховният бог

ГЛАВА ТРЕТА

Въплъщения и идентификации

Във вярванията на траките корелат на Великата богиня-майка е нейният собствен син – Слънцето. Според системата на тракийския орфизъм при възмъжаването си той се издига до ранга на Върховния бог-баща, превръща се в пълно нейно съответствие и дори добива правото на свещен брак с нея. Проблемът е, че в античната писмена литературна традиция той също се споменава с ред елински и римски преводи-означения и с не по-малко тракийски имена-прозвища. Ето ги и по-важните от тях.

2.1. ДИОНИС

Дионис е богът, който се появява най-късно в олимпийския пантеон. В научната литература са предложени три хипотези за произхода му: малоазийска – обосновавана посредством писмените извори, че той е пришълец от Мала Азия, тракийска – заради множеството писмени и археологически доказателства за Дионисова религиозност и обредност на траките, и микенска – базирана на документираното с линейно писмо Б лично име Diwonusos върху три таблички от Пилос (Pylos) и от Кания (Khania) на о. Крит, датирани около 1250 г. пр.Хр. Приема се, че те потвърждават

According to the beliefs of the Thracians, a correlate of the Great Goddess-Mother was her own son – the Sun. According to the system of Thracian Orphism, when he grew up and became a man, he rose to the rank of the Supreme God-Father, being transformed into her complete correlate and even acquiring the right to enter in a sacred marriage with her. The problem is that he is mentioned in the ancient written literary tradition with a number of Hellenic and Roman translations-designations, and with not fewer Thracian names-appellations. Below are some of the more important among them.

2.1. DIONYSOS

Dionysos was the god that appeared the latest in the Olympian Pantheon. Three hypotheses on his origin are proposed in the specialised literature: from Asia Minor – supported with the written sources, the theory is that he came from Asia Minor; Thracian – on account of the numerous written and archaeological proofs of the Dionysian religiousness and rites of the Thracian, and Mycenaean – based on the personal name Diwonusos documented in Linear B script on three tablets from Pylos and from Khania on the island of Crete, dated ca. 1250 BC. They are assumed to confirm his divine status, but they provide very little

The Supreme Deity

CHAPTER THREE

Incarnations and Identifications

неговия божествен статус, но дават малко информация за идентичността и функциите му в микенската религиозност. Допуска се, че в една от табличките от Пилос богът е свързан с виното, а в тази от Кания заедно със Зевс те са почитани с възлияние на мед.

В Омировия епос, където за пръв път и само веднъж се споменава беснуващият Дионис, той е пришълец, но неясно откъде. Това свидетелство подкрепя сведенията в мита за неговата поява в Елада и за трудното му приемане в елинския свят. Наличието на името върху табличка с линейното писмо Б след 1300 г. пр.Хр. подсказва, че божеството на мъжката оплодителна сила, на възраждащата се природа, на растежа на зърното и на животните, което поне от III хилядолетие пр.Хр. се наблюдава в Източното Средиземноморие, през XIII–XII в. пр.Хр. започва най-вероятно да се персонифицира в някои райони на Елада в образа на сатир.

През VIII в. пр.Хр. жреците извършват в Делфи религиозна реформа, която съединява космическия бог Загрей със слънчевия бог, наречен Аполон. Новото божество, което се ражда от този акт, е елинският Дионис, който се сближава с идеята за степенност на възраждащата се природа, равнозначна на раждане–смърт–ново раждане.

information on his identity and functions in Mycenaean religiousness. The hypothesis is that the god is associated with wine on one of the tablets from Pylos, and on the tablet from Khania he is worshipped together with Zeus with honey libations.

In Homer's epos, where the raging Dionysos is mentioned for the first time and only once, he is a newcomer from an unspecified place. This evidence is in support of information in the myth about his appearance in Hellas and about the difficulties he encountered in being accepted in the Hellenic world. The presence of the name on a tablet with Linear B script after 1300 BC suggests that the deity of the male fertilising power, of rejuvenating Nature, of the growth of grain and of animals, who had been observed in the Eastern Mediterranean region at least since the third millennium BC, began most probably to be personified in some areas of Hellas in the image of a Satyr in the 13th-12th century BC.

In the 8th century BC, the priests conducted a religious reform in Delphi, which linked the cosmic god Zagreus with the solar god called Apollo. The new deity born of this act was the Greek Dionysos who came closer to the idea of stages in the reviving Nature, equivalent to birth-death-new birth. Syncretism was a successful act for attaining cosmic balance, presented in mythological terms with the

101

Синкретизмът е успешен акт на уреждане на космическото равновесие, представено митологически с убийството на Питона от Аполон. Елинизацията превръща страшното божество в календарен бог-покровител на растежа в природата, защитник на животните, бог на виното. През VIII – VII в. пр.Хр. култът към Дионис постепенно се утвърждава в Елада едновременно с формирането на полисите.

Елинският Дионис, който е известен от писмените свидетелства и от изображенията, е синтезен образ, оформен от изкуствата най-напред в Атина и Атика през втората половина на VI и началото на V в. пр.Хр. Умиращите и раждащите се отново богове като персонификация на годишния кръговрат в природата са елемент от вярванията в много райони на света. В Дионис обаче е заложена първичната стихия на мъжкото начало в космогоничните разбирания на хората от Средиземноморието, в което прозират както собствено елински, така и критско-микенски, малоазийски (лидийско-фригийски), така и тракийски съставки.

Пизистрат (± 600–528/527) г. пр.Хр.) – атински тиранин, организира около 561 г. пр.Хр. съставянето и записването на Омировия епос, в който най-напред се споменава Дионис, въвежда в обредния календар на полиса неговия култ и започва да строи театри, където гражданите да гледат трагедии, които показват добродетелите на човека и могат да са полезни за общото благо на града-държава дори когато противостоят на разпоредбите на боговете. В театрите ритуалните процесии завършват със спектакъл. Отначало тази обредност се

murder of Pytho by Apollo. Hellenisation transformed the awe-inspiring deity into a calendar patron god of growth in Nature, protector of animals and god of wine. During the 8th-7th century BC, the cult of Dionysos gradually gained prominence in Hellas parallel with the formation of the *polis* system.

The Greek Dionysos, who was known from the written sources and from images, was a synthesised image that had been shaped by the arts first in Athens and in Attica during the second half of the 6th and the beginning of the 5th century BC. Gods that died and were reborn as personifications of the annual turnover in Nature constitute an element of the beliefs in many regions of the world. However, Dionysos stands for the primary power of the male beginning in the cosmogonic notions of people from the Mediterranean region, which betrays Hellenic components, as well as Cretan-Mycenaean, Asia Minor (Lydian-Phrygian) and Thracian components.

Pisistrates (± 600–528/527 BC), an Athenian tyrant, organised the compiling and the writing of Homer's epos around 561 BC, in which Dionysos is mentioned for the first time, he introduced his cult in the ritual calendar of the *polis* and started building theatres where the citizens could watch tragedies that extol human virtues and can be useful for the common good of the city-state, even when they ran counter to the instructions of the gods. The ritual processions in the theatres ended with a performance. At first, that ritual practice was in a Dionysian framework with one character who died and was reborn, then dramas specially written for the stage were performed, their task being to educate and edify.

103

Ритон и детайли от ритони от съкровището от Панагюрище, края на IV- началото на III в. пр.Хр.

Rhyton and details of rhytons from the gold treasure from Panagyurishte, late 4th – early 3rd century BC

вмества в Дионисова рамка с един герой, който умира и се ражда, а след това се играят специално написаните драми, които имат задачата да възпитават и обучават.

Платон философски пресъздава устната орфическа теогония за уредбата на божествената сфера и обяснява световните периоди, като ги персонифицира чрез божества. Според него първата власт принадлежи на Хаоса и на Титаните, които разкъсват Дионис. По-късно Диодор обяснява, че това е „първият Дионис", т.е. Загрей. Следват властта на Кронос и след победата на Зевс над Кронос – третият период на олимпийските богове. Тогава се ражда „вторият Дионис".

Един от образите на мъжкото божество през втората половина на II хилядолетие пр.Хр. във вече формирания тракийски етнос в Югоизточна Европа, в Западна-Северозападна Мала Азия и в трако-пеласгийската етнокултурна общност на територията на бъдеща Елада е бог на природата, но и на Космоса, на живата действителност и на скалната твърд, но и на слънчевата светлина. Той е елинизиран през VIII в. пр.Хр. в Делфи и започва да се слави там наравно с Аполон.

Дуалността на Сина на Великата богиня-майка е преподчертана в мита за заравянето от Аполон на частите на разкъсания Загрей под триножника в светилището. В митологията изравняването на боговете се приписва на Орфей. Делфийската реформа обаче се извършва от жреци, които през IV в. пр.Хр. все още носят родовото име Тракиди. То е пряк отглас от прелинското население на Парнас, на скалната древност на сакралното място и на династическия род, който управлява района, чиято персонификация е тракийският цар Терей.

Всъщност реформата е ранна елинизация на вярата във Великата богиня-майка,

Plato interpreted philosophically the oral Orphic theogony on the structure of the divine sphere and explained the global periods by personifying them through deities. According to him, the first power belonged to Chaos and the Titans who dismembered Dionysos. Diodorus explained later that this was the "first Dionysos", i.e., Zagreus. Then the power of Kronos followed, and after the victory of Zeus over Kronos – the third period of the Olympian gods. It was then that the "second Dionysos" was born.

One of the images of the male deity during the second half of the second millennium BC in the already formed Thracian ethnos in Southeastern Europe, in Western-Northwestern Asia Minor and in the Thracian-Pelasgian ethnic-cultural community on the territory of the future Hellas, was god of Nature, and at the same time of the Cosmos as well, god of the living reality, and at the same time of sunlight. He was Hellenised in Delphi in the 8th century BC and began to be worshipped there on a par with Apollo.

The dual nature of the Son of the Great Goddess-Mother was preferred in the myth about Apollo burying the parts of the dismembered Zagreus below the tripod in the sanctuary. The attaining of equal status of the gods in mythology is ascribed to Orpheus. However, the Delphi Reform was performed by priests who still bore the generic name of Thrakids in the 4th century BC. It was a direct echo of the pre-Hellenic population of Parnassos, of the rock antiquity of the sacral place and of the dynastic family ruling over the region, personified by the Thracian king Tereus.

In fact, the reform was an early Hellenisation of the faith in the Great Goddess-Mother, in her Ouranian-chthonian Son, and in the related rituals. This resulted in the appearance of the two images of the male deity: the celestial solar image – of Apollo, and the fiery

в уранично-хтоничния й Син и на обредността. Така се появяват двата образа на мъжкото божество – на небесния, слънчевия лик – на Аполон, и на хтоничния, огнения – на Дионис. Самият храм е осмислен като Космос, защото източната му страна е посветена на Аполон и под фриза й е изчукана буквата епсилон, която означава числото пет и символизира петата степен на устния орфизъм – възсияването на небето на Сина-Слънце на Великата богиня-майка.

Западната стена на храма принадлежала на Дионис и е белязана с буквата дзета, която показва числото седем – степента на свещения брак на бога с вездесъщата господарка в устния орфизъм, но символизира едновременно и залеза, равнозначен на мрак в другия, в подземния свят. По този начин между изгрева и залеза и между залеза, пребиваването на бога в отвъдния тъмен свят, и изгрева се формира идеята за Делфи като центъра на света.

Херодот твърди, че Дионис се появява по времето на Омир и Хезиод, т.е. през VIII в. пр.Хр., когато е карийската таласокрация, когато културните взаимодействия между Европейския югоизток и Мала Азия са най-активни и когато траките „влизат" в епоса и старогръцките писмени свидетелства. Елинският Дионис е синтезен образ на елинското (старогръцкото) митологическо мислене, оформено и познато от литературата и изобразителното изкуство през втората половина на VI в. пр.Хр. и насетне, отначало в Атика, а сетне и в други райони на Елада.

Открояването на тракийската съставка от критско-микенската, малоазийската и старогръцката позволява по-доброто разбиране на загадъчния тракийски народ. Неговият бог Дионис е елинизиран в Парнас през VIII – VII в. пр.Хр. и в югозападната

chthonian image – of Dionysos. The actual temple was perceived as the Cosmos, because its eastern side was dedicated to Apollo and the letter *epsilon* is hammered below its frieze, which designates the number 5 and symbolises the fifth stage of oral Orphism: the rising in the sky of the Son-Sun of the Great Goddess-Mother.

The western wall of the temple belonged to Dionysos and it was marked by the letter *dzeta*, which stands for the number 7 – the stage of the sacred marriage of the god to the ubiquitous goddess in oral Orphism, but it symbolised simultaneously the sunset as well, which is equivalent to darkness in the other, chthonian world. In this way, the idea of Delphi as the centre of the world took shape between the sunrise and the sunset, and between the time spent by the deity in the dark world beyond and the sunrise.

Herodotus claims that Dionysos appeared at the time of Homer and Hesiod, i.e., in the 8th century BC, the time of the Karian thalassocracy, when the cultural interactions between Southeastern Europe and Asia Minor were the most active and when the Thracians "entered" the epic tradition and the ancient Greek written sources. The Greek Dionysos was a synthesised image of the Hellenic (ancient Greek) mythological thinking that took shape and became known from the literature and from the visual arts in the second half of the 6th century BC and afterwards, at first in Attica and later in other regions of Hellas.

The differentiating between the Thracian component on the one hand, and the Cretan-Mycenaean, Asia Minor and ancient Greek components, on the other, makes it possible to understand better the mysterious Thracian people. Their god Dionysos was Hellenised in Parnassos during the 8th-7th century BC, and in the southwestern part of European Thrace – before and during the 6th century BC,

107

част на Европейска Тракия до и през VI в. пр.Хр., където са и най-активните икономически и политически взаимодействия с Атина от времето на Пизистрат. Елинизацията на бога не засяга дълбоко вакхическата обредност дори през IV в. пр.Хр., с която се почита той, както е видно от Демостен и от схолиите към текста му за беснуващата майка на Есхин – политически противник на оратора.

Когато човекът започва да самоосъзнава своята общностна принадлежност и да мисли себе си не само в социума, но и като участник в епизод от живота на Вселената, се формират космогонични представи, т.е. за създаването на Космоса. Самият той е даденост и неговият модел в Средиземноморието е създаден чрез самозачатието. Хората си обясняват Космоса/Вселената чрез четири модела, които са взаимносвързани – космогоничен (на създаването), митологичен (на задвижването), религиозен (на вярата) и социален (на одухотворяването), и чрез тях се ситуират в отношенията човек–общество–природа.

Митологическият модел на света в Средиземноморието е създаден чрез хиерогамията. Свещенодействието, което задвижва космогоничния цикъл, е поетизирано от Хезиод по следния начин. Гея дава на Кронос сърп и му внушава да отреже фалоса на Уран. Капките кръв покапват по и проникват в богинята-земя. От това съединяване се раждат Ериниите, Нимфите и Гигантите. В устната орфическа вяра свещеният брак, който е първоначалната космическа енергия, е осмислен като сливане на слънчевата светлина с пещерноутробния мрак, т.е. като сакрален акт между Великата богиня-майка – Земя, и сина й Бог/Слънце или като всмукване на кръвта на жертвопринесения Бог-бик (хтоничния образ на Сина) в земните недра.

where the most active economic and political interactions with Athens took place at the time of Pisistrates. The Hellenisation of the god did not affect the profoundly Bacchic rituals with which he was worshipped even in the 4th century BC, as can be seen from Demosthenes and the scholia to his text about the raging mother of Aeschines – a political adversary of the orator.

When a person begins to be aware of his belonging to a community and perceives himself not only in the socium but as a particiupant in an episode in the life of the Universe, cosmogonic notions are formed, i.e., notions about the creation of the Cosmos. The Cosmos itself was perceived *per se* and its model in the Mediterranean region was created through self-conception. People explained to themselves the four interrelated models of the Cosmos/Universe: cosmogonic (of the creation), mythological (of its setting in motion), religious (of faith) and social (of spiritualisation), and found through them their place in the man-society relations.

The mythological model of the world in the Mediterranean was created through hierogamy. The sacred act that set the cosmogonic cycle in motion has been rendered in poetic form by Hesiod as follows. Gaia gave a sickle to Kronos and suggested to him to cut off the phallos of Ouranos. Drops of blood fell and penetrated into the Goddess-Earth, and that union resulted in the birth of the Erinyes, Nymps and Giants. Oral Orphic faith interprets the sacred marriage, which is the primeval cosmic energy, as fusion of sunlight with cave-womb darkness, i.e., as a sacral act between the Great Goddess-Mother – Earth and her divine Son/Sun, or as absorbing of the blood of the sacrificed deity-bull (the Son's chthonian image) into the earth.

To this day the cosmic cycle begins (irrespective of the actual time fixed for that

И до ден-днешен годишният космически цикъл (независимо кога се поставя началото му в календара) започва с кърваво жертвоприношение на мъжко животно (зооморфен образ на бога-син на върховната сътворителка) и стичане на кръвта в издълбаната от обредниците яма в богинята-земя. По този начин вярващият синхронизира своя живот с космическия, в случая – с божествения ритъм. В Елада от този свещен брак се ражда Зевс, в Тракия – доктриналният цар-жрец-учител във вярата. Тракийският образ на Сина на Великата богиня-майка е двусъщностен – слънчев, Аполонов, и огнено-хтоничен, Загреев, т.е. всеобхватен – на скалната твърд и на небесните сили – Сабазиев.

Устният тракийски орфизъм съхранява като единствен двигател в своя митологически модел Сина на всемогъщата повелителка, който е с най-древните черти на хтонично-соларна космическа сила. Тракийският Дионис е превод-означение, направен още през древността, на анонимно аниконично мъжко божество, което е синът-паредър (равнопоставеник) на Великата богиня. Ядрото, около което се оформя образът-идея за него, може да се нарече Загрей, тъй като той носи най-пълните характеристики на съкровените идеи за мъжкото начало, равнопоставеник на собствената си майка, и е достъпно в масова мистериална обредност, докато тайнствата на слънчевия му образ са достояние само за тесен кръг затворени мъжки аристократически общества.

На Херодот, комуто дължим най-много за знанието ни за траките, принадлежи най-ранното свидетелство за светилище на тракийския Дионис. Той съобщава, че тракийските племена, които живеят покрай морето, се присъединяват към персийския флот по време на похода на Ксеркс към

in the calendar) with a blood sacrifice of a male animal (zoomorphic image of the God-Son of the supreme goddess) and draining of the blood into a pit dug into the Goddess-Earth by the worshippers. In this way, believers synchronised their life with cosmic life, and with the divine rhythm in the concrete case. In Hellas that sacred marriage led to the birth of Zeus, in Thrace – the doctrinal king-priest-teacher in the faith. The Thracian image of the Son of the Great Goddess-Mother has a dual nature: solar – Apollo, and fiery-chthonian – Zagreus, i.e., he is all-encompassing: the rocks and the celestial forces – Sabazios.

Oral Thracian Orphism has preserved the Son of the all-powerful goddess as the sole driving force in its mythological model, and he possessed the most ancient features of a chthonian-solar cosmic force. The Thracian Dionysos is a translation-designation made already back in the antiquity of an anonymous male deity, who was the equally placed son-*paredros* of the Great Goddess. The nucleus around which the image-idea about him took shape can be called Zagreus, because he bore the most complete characteristics of the sacred ideas about the male beginning, being equal in hierarchy to his own mother, and that was accessible in the mass mysterial ritual practice, whereas the mysteries of his solar image were revealed only to a narrow circle of closed male aristocratic societies.

Herodotus, to whom we owe the most for our knowledge about the Thracians, is the author of the earliest evidence about a sanctuary of the Thracian Dionysos. He narrates that the Thracian tribes living along the sea coast joined the Persian fleet during the campaign organised by Xerxes against Hellas, whereas the Thracian tribes in the hinterland, which he lists, but without the Satrai, joined the infantry. The author adds that to the best of his knowledge, the Satrai had never been

Детайл от стенописите на Казанлъшката гробница, края на IV в. пр.Хр.

Detail from the frescoes of the Kazanlak Tomb, end of 4th century BC

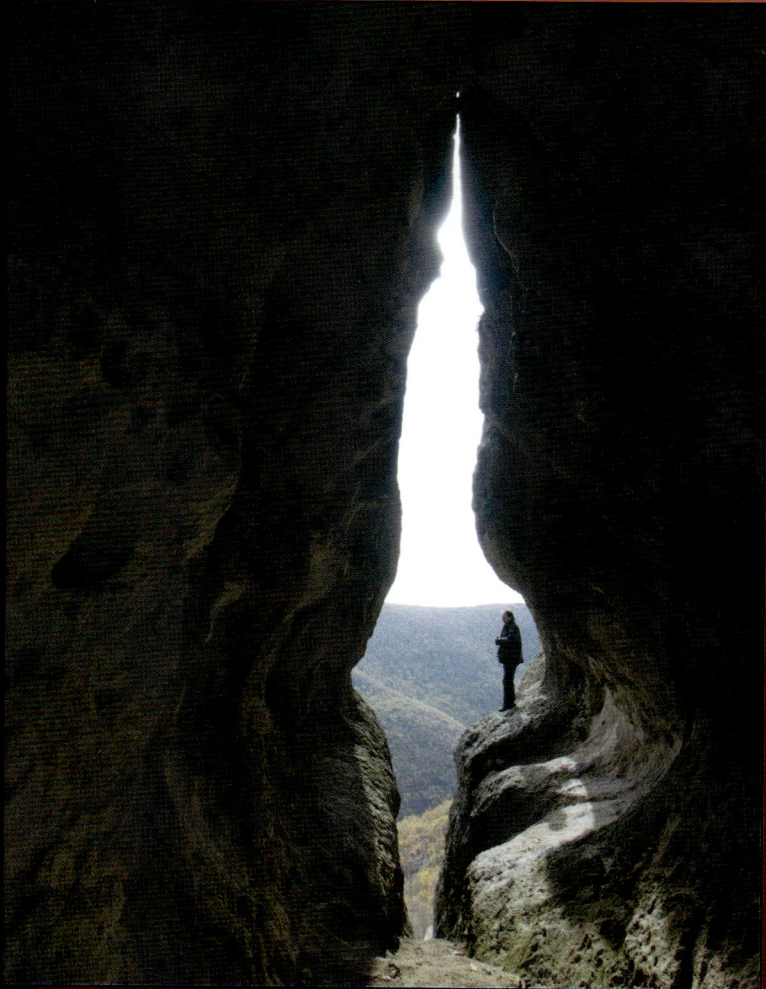

Пещерното светилище Тангардък кая, Източни Родопи

Tangardik Kaya cave sanctuary, Eastern Rhodope Mountains

Елада, а тези от вътрешността, които изброява, но без сатрите – към пехотата. Авторът допълва: „Сатрите, доколкото знам, не са били подчинени никога на никого и единствени от траките продължават и досега да са свободни; живеят високо в планините, които са покрити с всякакви гори и сняг, и са отлични воини. Те притежават прорицалището на Дионис; прорицалището се намира в най-високата част на планината; измежду сатрите с прорицанията в светилището се занимават бесите, жрица дава прорицанията точно както в Делфи – няма нищо по-различно". От текста не става ясно коя „най-висока планина" се има предвид – Родопите, Рила, Пирин или Пангей. Измежду многото свещени места по тях, в които е извършвана Дионисова обредност, поне засега за нито едно не може да се твърди, че е посоченото от бащата на историята.

Херодот описва видяното и чутото и го обозначава с термини, понятия и имена на божества, познати за неговите читатели и слушатели, т.е. за елините. Неговите названия на четирите тракийски божества, за които стана дума в първа глава, са всъщност само техни обобщения и съвсем не изчерпват многофункционалната им сила. И в старогръцката, и в тракийската религиозност и обредни практики едно божество е наричано с много епитети-прозвища, т.е. те са многоименни, защото са носители на множество качества и функции. Всяка от тях е божествена сила за определени дела и молителят в зависимост от своята потребност ще призове в обреда чрез действия и свещени слова божеството с това прозвище, което му е необходимо.

Почит към Дионис е засвидетелствана в редица градове в Тракия и апойкии (колонии) по Понтийското крайбрежие, където най-добре се вижда взаимодействието

subordinated to anyone and are free to this day, they live high in the mountains that are covered with all kinds of forests and snow, and they are excellent warriors. They possess the sanctuary of Dionysos; the sanctuary is located in the highest part of the mountain; among the Satrai, the Bessi are occupied with the oracles, a priestess gives the oracles – just as in Delphi, there is nothing that is different. It does not become clear from the text which "highest mountain" he had in mind: the Rhodopes, Rila, Pirin or Pangaion. Among the many sacred places in these mountains where Dionysian rites were performed it is not possible to claim about any of them that the Father of History referred to it.

Herodotus described what he saw and heard, and designated it with terms, concepts and names that were familiar to his readers and listeners, i.e., understandable to the Greeks. The names he used for the four Thracian deities discussed in Chapter One are actually only their generalisations, and they do not exhaust by far their multifunctional force. Both in the ancient Greek and in the Thracian religiousness and ritual practices, a deity was referred to with many epithets-appellations, i.e., the deities had many names, because they bore many qualities and functions. Each of these functions was a divine force for concrete deeds, hence the supplicant, depending on his need, invoked through acts and sacred words during the ritual the deity with the respective appellation that was needed in the concrete case.

Worshipping of Dionysos has been attested in a number of cities in Thrace and in *apoikiai* (colonies) along the Pontic coast, where the interaction between the Thracian and the Hellenic cults and rituals was best seen. The written sources, inscriptions and images from the Thracian royal city-residence Byza/Viza (present-day Bisiye in the Turkish part of the

между тракийските и елинските култове и обреди. В тракийския царски град-резиденция Биза/Виза (дн. Бизие в турска Странжа) писмените извори, надписи и изображения свидетелстват за изключителната роля на бога в религиозността на населението. Той е почитан наравно с Аполон Лечител, главен бог и патрон на града Аполония Понтика (дн. гр. Созопол). В полиса Великата богиня-майка е превъплътена в образите на богините Кибела и в Ге Хтония (Хтоничната, Земната Гея), която е основна нейна местна хипостаза (вариант).

От северната страна на Бургаския залив, в Месамбрия (дн. гр. Несебър) най-популярни богове са Дионис и Питийският Аполон, т.е. слънчевата (Аполоновата) и хтоничната (Дионисовата) хипостаза на почитания от трако-пеласгийското население в района на Делфи Син на Великата богиня-майка, които след религиозната реформа приемат старогръцките си версии. В града Дионис има храм и театър и е в обкръжението на Зевс, Хера, Деметра, Хермес и дори на Сарапис и Изида. По линията на Тракия Понтика на север в Томи (дн. гр. Констанца, Румъния) наред с други божества е свещенодействано в чест на местна хипостаза на Аполон с прозвище Хестиайос. Тя косвено сближава бога с делфийската двойка Аполон – Дионис.

Дионис е почитан бог и в апойкиите по Егейското крайбрежие, където културните взаимодействия между траки и елини са особено изразителни. В Маронея (на възвишението св. Хараламбос, южно от дн. с. Марониа) – прочуто тракийско (киконско) резиденциално седалище на Аполоновия цар-жрец Марон, описан от Омир в "Одисея" в следлегендарните времена, Дионис е главното божество на града.

Полтимбрия – друго тракийско сели-

Strandzha Mountain) testify to the exceptional role of the deity in the religious beliefs of the population. He was equally worshipped as Apollo the Healer, the supreme deity and patron of the city of Apollonia Pontica (present-day Sozopol). The deity was incarnated in the *polis* in the images of the goddesses Kybele and Gaia Chthonia (the chthonian, earthly Gaia), who was her principal local hypostasis.

The most popular deities in the northern part of the Burgas Bay, in Mesambria (present-day Nesebar), were Dionysos and the Pythian Apollo, i.e., the solar (Apollonian) and the chthonian (Dionysian) hypostases of the son of the Great Goddess-Mother worshipped by the Thracian-Pelasgian population in the region of Delphi, who acquired their ancient Greek versions after the religious reform. Dionysos had a temple and a theatre in the city, and he was there in the company of Zeus, Hera, Demeter, Hermes, and even Sarapis and Isis. Along the line of Thracia Pontica to the north of the town of Tomis (present-day Constanţa in Romania) sacred rituals were performed in honour of a local hypostasis of Apollo with epithet Hestiaios, in addition to other deities. It brought the god indirectly closer to the Delphi divine pair Apollo-Dionysos.

Dionysos was worshipped in the *apoikiai* along the Aegean coast as well, where cultural interactions between Thracians and Greeks were particularly intensive. Dionysos was the principal deity of the city of Maroneia (on the St. Haralambos Mount, south of the present-day village of Maronia) – a famous Thracian (Kikonian) residential settlement of Apollo's king-priest Maron, described by Homer in his *Odyssey* during post-legendary times.

Poltymbria – another Thracian settlement on the Aegean coast, which was renamed to Ainos after it became Greek – was also a Dionysian centre, its specificity being that the god was accompanied there by Pan. The city

113

ще на егейския бряг, което след като става елинско е наречено Енос, също е Дионисов център с особеността, че богът е придружен от Пан. Градът е известен и с почитта си към Хермес и е крайна точка на одриските владетели, които извеждат произхода си от бога и се заклеват в него съгласно текста на Херодот. Полисът се намира точно срещу о. Самотраки, където е светилището на Великите самотракийски богове.

Беглият преглед на гореизброените взаимодействия между траки и елини по крайбрежията показват, че още през ранната епоха на колонизацията елинският Дионис се сближава с тракийския, който е с образните и обредните характеристики на Загрей.

2.2. ЗАГРЕЙ

Дионис-Загрей или Загрей, както още наричат орфическия бог, е с кратка биография и с много обредност. Данните за него са съхранени в 34 орфически и други текстове, които не представят цялостен изчерпателен мит и неговите варианти. Въпреки ограничения брой писмени свидетелства е възможно да се възстанови заемката от устния орфизъм. Както вече се каза, литературното митологизиране на главния мъжки бог е породено от Делфийската реформа, за да може причинно-следствено да се обясни дуалността (двуобразността) на Сина на Великата богиня-майка.

Почитан като върховно божество от орфическите общества, Загрей е загадка още за древните. Разглежда се дори като първооснова на християнския пуританизъм и като ядро, около което през вековете се формират тайни групи от съмишленици. Впрочем богът отново се появи на сцената на научните дирения заради няколкото

was also known for its worshipping of Hermes and it was the final point for the Odrysian rulers who claimed origin from the deity and swore in him, according to Herodotus' text. The *polis* was located precisely opposite the Island of Samothrace, where there was a famous sanctuary of the Great Samothracian Gods.

The cursory analysis of the cited interactions of Thracians and Greeks in the coastal areas demonstrate that the Greek Dionysos came closer to the Thracian one already during the early colonisation period, the Thracian Dionysos having the image characteristics and the rituals of Zagreus.

2.2. ZAGREUS

Dionysos-Zagreus, or Zagreus – as the Orphic deity was also called, had a brief biography and many rituals. The data about him are preserved in 34 Orphic and other texts, which do not present an overall exhaustive myth and its variants. In spite of the limited number of written sources, it is possible to reconstruct the borrowing from oral Orphism. As was mentioned already, the literary mythological rendering of the principal male deity stemmed from the Delphi reform so as to present a causal explanation of the duality of the son of the Great Goddess-Mother, i.e., his two images.

Worshipped as the supreme deity by the Orphic societies, Zagreus was a mystery even for the ancient people. He is sometimes even examined as the original foundation of Christian Puritanism, and as a nucleus around which secret groups of adepts formed. Incidentally, the god reappeared in scholarly research as a result of several brilliant and mysterious

114

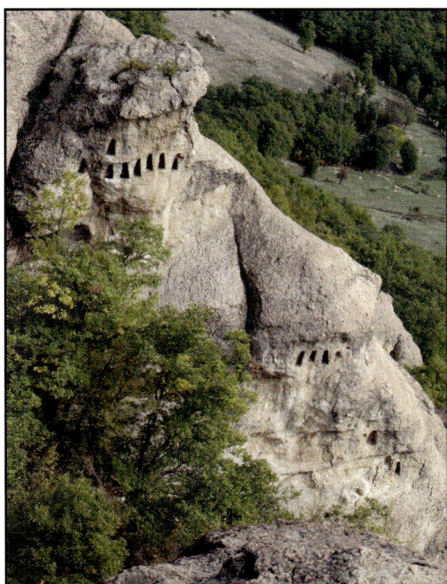

Светилището
Палеокастро,
Тополовградско

*Palaiokastro sanctuary
near Topolovgrad*

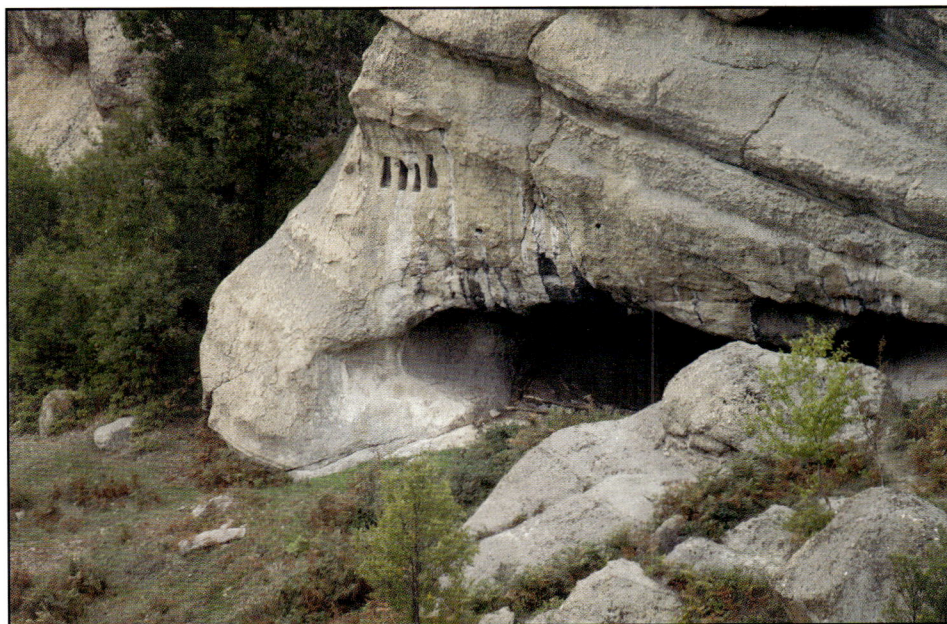

Скално светилище в
Източните Родопи

*Rock sanctuary in
the Eastern Rhodope
Mountains*

Скално светилище с
пещера, в района на
Харманлийска река,
Източни Родопи

*Rock sanctuary with a
cave in the area of the
Harmanliyska River,
Eastern Rhodope
Mountains*

Скален олтар при, с. Падарци,
Източни Родопи

*Rock altar near the village of Padartsi in
the Eastern Rhodope Mountains*

бляскави и загадъчни открития в земите на траките. След поредица от археологически документирани погребения на разчленени мъртъвци от ранножелязната епоха последваха две погребения на насечени на части покойници със златни маски, изключително богати на дарове, също обредно нарязани и начупени. Дори се знае името на единия – Сеуса(с), син на Терес.

Още древните автори съзират връзката на Дионис-Загрей с древна Тракия. Изследователите на космогонията и теогонията на мистериалните орфически общества вече столетия се люшкат между критската, беотийската, финикийската и тракийската версия за произхода на бога, въпреки че той е едно от проявленията на космическия вечно умиращ и раждащ се бог, който присъства в богатия на вярвания, обреди, култове и божества средиземноморски свят. Тракийският народ е ярко обагрена част от тази пъстра панорама и премълчаването и оставянето настрана на всичко, което става и в което се вярва на север от егейския бряг и от неелинизираните траки в някои области на Елада, не изяснява и дори изкривява образите от миналото.

С етимологията на името Загрей се занимават още през древността. Най-често то е обяснявано чрез старогръцки език като "нощен ловец, ловуващ всичко, хващач на животни, поставящ (ловец с) дупки (капани за животни)". Друга версия извежда значението на името му от една рядка дума в смисъл на "мъчение, измъчване", трета – от оронима Загрос в Иран. Засега названието не е открито в линейното писмо Б. Хезихиевата глоса "дзагре ботрос" дава възможност "ботрос" да се разглежда като жертвоприносителна яма, каквито се срещат в целия Европейски югоизток и особено на територията на древна Тракия още от неолитната епоха насетне. В такъв

discoveries in the lands of the Thracians. After a series of archaeologically documented burials of dismembered individuals, dated to the Early Iron Age, more burials were discovered in which the deceased persons were hacked to pieces and buried with extremely rich and abundant grave offerings that had also been ritually cut and broken. Even the name of one of the buried individuals is known: Seusa(s), son of Teres.

The link of Dionysos-Zagreus with ancient Thrace was perceived even by the ancient authors. Researchers of the cosmogony and theogony of the mysterial Orphic societies wavered for centuries between Cretan, Boeotian, Phoenician and Thracian versions about the deity's origin, although he was one of the manifestations of the cosmic eternally dying and eternally reborn god, who was present in the Mediterranean world with its abundance of beliefs, rituals, cults and deities. The Thracians were a prominent and motley part of that diverse panorama, therefore being silent about and leaving aside everything that happened and that was believed to the north of the Aegean coast and by the non-Hellenised Thracians in some areas of Hellas did not clarify and even distorted the images from the past.

The etymology of the name Zagreus was studied even during the antiquity. it was most frequently explained through the ancient Greek language as "night hunter hunting everything, catching animals, placing (hunting) with holes (traps for animals)." Another version derives the meaning of his name from a rare word with a connotation of "torture, harassment" and a third one – from the oronym Zagros in Iran. For the time being, the name has not been discovered in Linear B script. Hesychius' gloss *dzagre bothros* gives a possibility to examine *bothros* as a sacrificial pit of the type found frequently all over Southeastern Europe

Релеф на стратези от Несебър, втората половина на II в. пр.Хр.

Relief of strategoi from Nessebar, second half of the 2nd century BC

Циклопско укрепление от XV–X в. пр.Хр., Исмар – градът на Марон, сега наричан Агиос Георгиос (Св. Георги) край Мароня (Гърция)

Cyclopic fortification, 15th–10th century BC, from Ismaros – the city of Maron, present-day Aghios Georgios near Maronia (Greece)

117

случай може да се предположи, че името Загрей произлиза от елинизирано название на ямата/пещерата като съществен, дори може да се каже задължителен елемент в свещенодействията в чест на Великата богиня-майка.

Още в началото на XX в. е изказана и хипотезата, че Загрей е допустимо да се изведе от Зеринтия – един от най-древните епитети на върховната господарка от трако-пеласгийския, т.е. от автохтонния митологически пласт (за нея вж. глава втора). Съставката –"агр"- в теонима (божеското име) присъства също и в наименованието на реката Агрианес и в Агриопе – първото споменато име на съпругата на Орфей.

Значението на бога „скитащ нощем" може да се свърже и с „тъмен, мрачен" – една от етимологиите на Орфей, и с хтоничния утробен мрак на Великата майка – Земя, символизиран от пещерите-утроби. Най-вероятно името Загрей е създадено през VI в. пр.Хр. от питагорейците за нуждите на орфическата литература, като е използвана силната устна тракийска традиция. Свързването му с Аид, т.е. с Отвъдното, от Есхил – със „смъртта, която всичко ловува", е митологически превод на устната орфическа идея за края като безсмъртие.

Най-ранното сведение за Дионис-Загрей е от втората половина на VI в. пр.Хр. и съхранено в описание на Аркадия на Павзаний. Авторът препредава фрагмент от стихотворение на Ономакрит, в което се говори за разкъсването на бога от Титаните. Към началото на V в. пр.Хр. се отнася откъс от Алкмеоновия трактат "За природата", в който почитаната Ге отдава на Загрей най-високо място измежду всички богове. В това сведение вездесъщата сътворителка – Земя, съхранява изначалния си характер. Тя е първичен космогоничен

and especially on the territory of ancient Thrace ever since the Neolithic Age. In that case it can be assumed that the name Zagreus stemmed from the Hellenised name of the pit/cave as an essential and even mandatory element in the sacred rituals in honour of the Great Goddess-Mother.

The hypothesis launched in the early years of the 20th century was that the name Zagreus could be derived from Zerynthia – one of the most ancient epithets of the supreme goddess of the Thracian-Pelasgian, i.e. autochthonous mythological layer (on her see Chapter Two). The component *agr-* in the theonym is present in the name of the river Agrianes, as well as in Agriope – the first mentioned name of Orpheus.

The meaning of the deity's name as "wanderer during the night" can also be associated with "dark, grim" – one of the etymologies of Orpheus, as well as with the chthonian womb-like darkness of the Great Mother-Earth, symbolised by the caves-wombs. The name Zagreus was most probably created by the Pythagoreans in the 6th century BC for the needs of the Orphic literature, using the strong oral Thracian tradition. Associating it with Hades, i.e., with the World Beyond, by Aeschylus – "death that hunts everything" is a mythological translation of the oral Orphic idea about the end as immortality.

The earliest evidence about Dionysos-Zagreus is from the second part of the 6th century BC, and it is preserved in the description of Arcadia by Pausanias. That author cites a fragment of a poem by Onomakritos, which tells about the dismembering of the god by the Titans. A fragment from Alkmeon's treatise *On Nature* in which the worshipped Gaia attributed to Zagreus the highest place among all gods is dated to the beginning of the 5th century BC. The omnipresent creatress Earth preserves her original character in that evidence. She is the

елемент, каквато е и в "Теогония" на Хезиод, и е централна фигура във всички орфически текстове, които достигат до наши дни.

Древната писмена традиция свързва с името на Ономократ ранната орфическа поезия, а Беотия и Тесалия са мястото, където на базата на устната орфическа вяра-обредност се оформя началният елински орфизъм. Алкмеон, който е родом от Кротон – средище на южноиталийския питагореизъм, предава орфически религиозни представи за Великата богиня, от която всичко се ражда, каквато е тя и в Дервенския папирус от втората половина на IV в. пр.Хр. Авторът характеризира Ге като "Потниа", т.е. като владичица на дивата природа и животните, каквато е и тракийската Бендида (за нея вж. глава втора).

Друг съществен извор за Загреевата митология е Гуробският папирус (III в. пр.Хр.), който вероятно е литературна обработка на "свещените обреди", написани от Ономакрит в Атина по времето на Пизистрат, т.е. в средата на VI в. пр.Хр. В него за пръв път се споменават играчките-примамки на Загрей – конус, ромб, астрагал, огледало. Някои от тях са засвидетелствани археологически много по-рано, особено астрагалите (ашиците). Най-атрактивният предмет е златен астрагал, открит в царско-жречески гроб във Варненския енеолитен некропол (V хилядолетие пр.Хр.).

Не може да се пропусне, че край Дервени в Северна Гърция е открит папирус с поема, приписвана на Орфей. Тя описва ритуали и обяснява алегорично орфическата теогония. Дервенският папирус (около 340 г. пр.Хр.) , както е известен в науката, е положен в гроба на аристократ войн и орфик. Богатият некропол, който не се вписва в елинската погребална традиция от IV в. пр.Хр., се намира край древния

primary cosmogonic element, just as she is in Hesiod's *Theogony*, and she is the central figure in all Orphic texts that have survived to this day.

The ancient written tradition associates the early Orphic poetry with the name of Onomakritos, whereas Boeotia and Thessaly were the place where the initial Greek Orphism took shape on the basis of the oral Orphic faith-ritual. Alkmeon, who was born in Kroton – a centre of the Southern Italian Pythagoreanism, narrates Orphic religious notions about the Great Goddess from whom everything is born. This is how she is presented in the Derveni Papyrus dated to the second half of the 6th century BC. The author characterises Gaia as "Potnia", i.e., as mistress of wild Nature and of animals, just as Bendis (on the latter see Chapter Two).

The Gurob Papyrus (3rd century BC) is another important source on the mythology of Zagreus. It was probably a literary conveying of the "sacred rites" that had been written by Onomakritos in Athens at the time of Pisistrates, i.e., in the middle of the 6th century BC. It mentions for the first times Zagreus' attractive toys: cone, *rhombos*, *astragalus* and mirror. Some of them have been archaeologically attested in much earlier finds, especially the *astragali*. The most attractive find is a gold *astragalus* discovered in the Eneolithic necropolis in Varna and dated to the fifth millennium BC.

One cannot fail to mention the fact that a papyrus with a poem attributed to Orpheus has been found near the village of Derveni in Northern Greece. It describes rites and explains Orphic theogony in allegorical terms, the Derveni Papyrus (ca. 340 BC), as it is known in the specialised literature, had been placed in the grave of an aristocratic warrior and Orphic. The rich necropolis, which did not follow the Greek burial tradition in the 4th

Карта от Виенския архив, на която е отбелязан Енос

Map from the Vienna Archive on which Ainos is noted

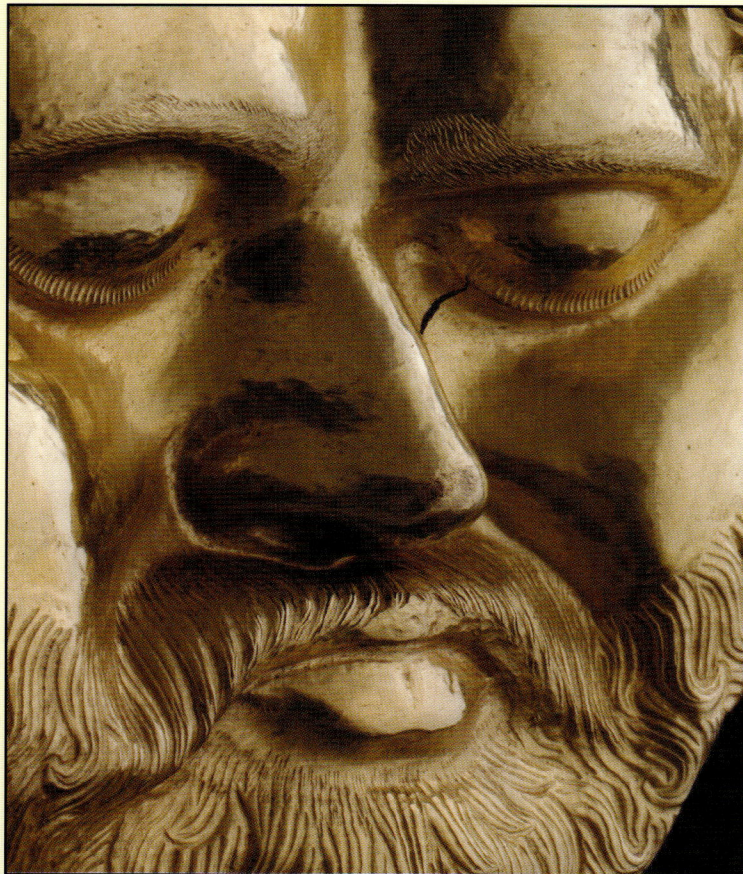

Златната маска от могилата „Светицата", Казанлъшко, втората половина на V в. пр.Хр.

Gold mask from the Svetit-sata tumulus near Kazanlak (detail), second half of the 5th century BC

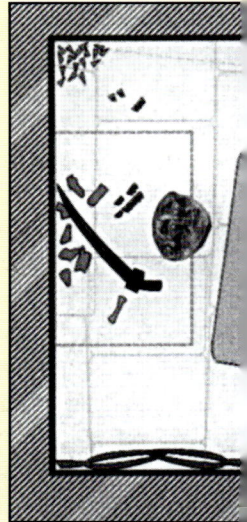

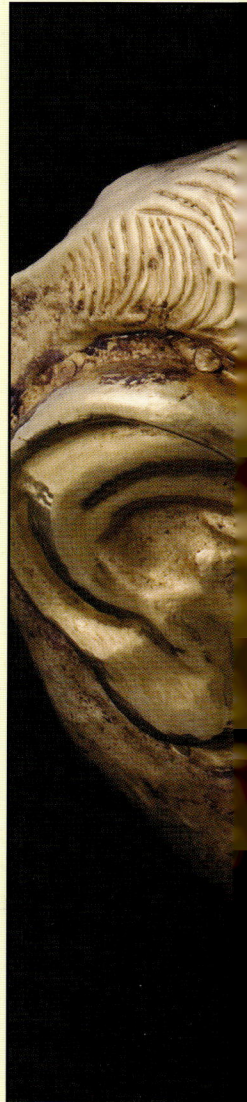

План на гроба в могилата „Светицата", Казанлъшко

Plan of the grave in the Svetitsata tumulus near Kazanlak

Златна маска от могилата „Светицата", Казанлъшко, втората половина на V в. пр.Хр.

Gold mask from in the Svetitsata tumulus, near Kazanlak, second half of the 5th century BC

град Лете в земите на траките мигдони от Югозападна Тракия. Още през II хилядолетие пр.Хр. районът е населен с тракийски племена, сред които от времето на писаната история освен мигдоните се открояват още едоните и бистоните, за да не остане съмнение за тракийската етнокултурна среда.

Най-пълната версия на мита за Загрей, макар и различна в някои пунктове от по-ранните текстове, се съдържа в последната голяма епическа поема на античността "Дионисиака" на Нон (края на IV–началото на V в.). Интересна е и идеята за върховното божество на Макробий (V в.) в съчинението "Сатурналии". Като асоциира литературни с фолклорни данни и цитира стихове на Орфей, той представя своето виждане за висшето орфическо божество, което е Слънцето, наречено Дионис, и оформя антитезите Зевс–Аид, Слънце–Дионис. Той не споменава името на Загрей, но говори за Иао, рядко използвано паролно назоваване на главния орфически бог, употребено за пръв път от Диодор и понякога споменавано след него.

Като се основава на Корнелий Лабеон, Макробий изяснява следния божески годишен астрономически цикъл: Иао е Аид през зимата, Юпитер (т.е. Зевс) през началото на пролетта, Хелиос през лятото и самият той (Иао) през есента. Тогава са същинските превъплъщения на Дионис. Сведението е важно, тъй като в достигналата до нас реликтова действителност на нестинарите има специален обреден календар, в който прозират четирите превъплъщения на вездесъщия техен покровител свети Константин, наследник на всемогъщото орфическо мъжко божество в падедрия (равнопоставеност) с майка му. На Макробий принадлежи и най-пълното описание на тракийското светилище на

century BC, is located near the ancient town of Lete in the lands of the Thracian tribe of the Mygdonoi. The region had been populated with Thracian tribes ever since the second millennium BC, among whom the Edonoi and the Bistones featured more prominently since the time of written history so that there would remain no doubt about the Thracian ethnic and cultural environment.

The fullest version of the myth about Zagreus, albeit different from earlier texts in some points, is contained in the last big epic poem in the antiquity, Dionysiaca by Nonnos (end of 4th – beginning of the 5th century). Macrobius in his work Saturnalia (5th century) also presents an interesting idea about the supreme deity. By associating literary and folklore data, and citing verses by Orpheus, he presents his views on the supreme Orphic deity, which is the Sun called Dionysos, and he formed the anitheses Zeus-Hades, Sun-Dionysos. He does not mention the name of Zagreus, but he speaks about Iao – a rarely used password name of the Orphic god that had been used for the first time by Diodorus and has been mentioned sometimes after him as well.

Basing his theory on Cornelius Labeo, Macrobius explains the following divine astronomical cycle: Iao is Hades in winter, Jupiter (i.e., Zeus) in early spring, Helios in summer and himself (Iao) in the autumn when the actual transformations of Dionysos take place. This information is important, because there is a special ritual calendar in the relict reality of the firedancers (nestinari) and that calendar reveals the four reincarnations of their patron saint, St. Constantine, who is the successor of the all-powerful male deity in equitable position – paredreia – with his mother. Macrobius is also the author of the fullest description of the Thracian sanctuary of Sabazios, who is Apollo during the day and Dionysos (-Zagreus) during the night.

122

Златна маска от Далакова могила,
с. Тополчане, Сливенско, IV в. пр.Хр.

Gold mask from the Dalakova tumulus, To-
polchane village near Sliven, 4ᵗʰ century BC

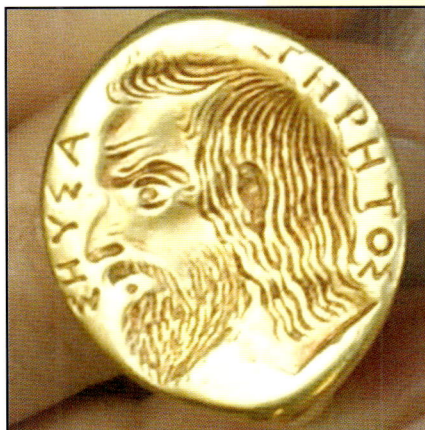

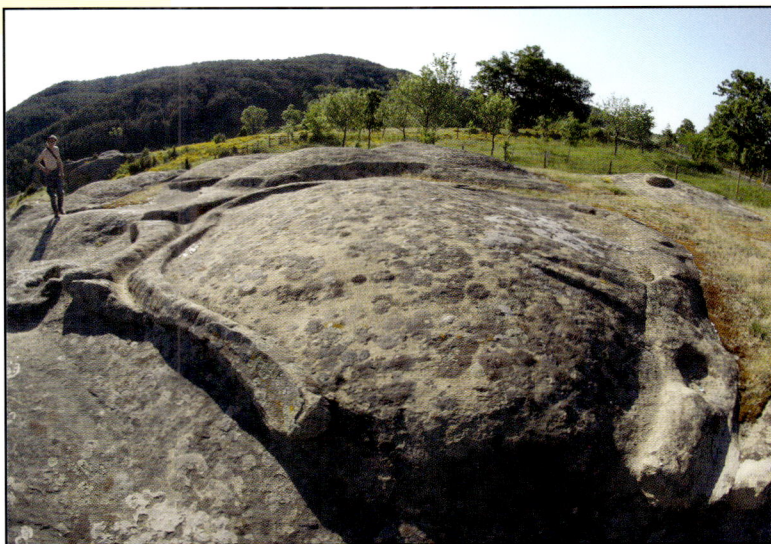

Златен пръстен печат от
Далакова могила, с. Тополчане,
Сливенско, IV в. пр.Хр.

Gold ring-seal from the Dalakova tu-
mulus, Topolchane village near Sliven,
4ᵗʰ century BC

Скално светилище край с. Фотиново, Източни Родопи

Rock sanctuary near Fotinovo village in the Eastern Rhodope
Mountains

123

Сабазий, който е Аполон през деня и Дионис (-Загрей) през нощта.

Времето на късната античност и ранното християнство е търсене на единството, на монадността на върховното божество и на връзката между юдейско-александрийския и елинския орфизъм. Прокъл (V в.) обяснява, че в орфическата теогония най-важните персонажи са Зевс-баща, който властва над всичко, и Вакх – едно от елинизираните въплъщения на Дионис-Загрей от трако-фригийската контактна зона, който, като го наследява, върши дела по волята му. Бащата осъществява демиургията, казва Прокъл, а окървавеният (т.е. смъртният и безсмъртен Дионис-Загрей) я одухотворява.

Митът за Загрей (Дионис-Загрей) разказва, че ураничният (небесният) бог Зевс, в образа на змия, се съединява с майка си Рея. Съхранен е и вариант, в който той осъществява свещен брак (хиерогамия) със сестра си Деметра. Всъщност това не е противоречие, тъй като и двете съпруги са проявления (хипостази) на Великата богиня-майка. От тази връзка се ражда рогата-та, четириока и двулика Персефона. Зевс, отново в образа на змия, влиза в любовна връзка с нея. Роденото като "бикорого змийче" божествено дете е определено от него за пряк наследник, което предизвиква гнева на Хера. Тези страшни божества от миторазказа персонифицират раждането на Загрей от небесната и земната енергия и го характеризират като автохтонен заради змийския облик на родителите му. Зевс го поверява на Аполон и на Куретите, които се грижат за него на планината Парнас.

Освен от преданието за Загрей превъплъщението на мъжкото космическо начало в змия е знайно от трако-македонската обредна действителност, в която беснуващите жени го носят в образа на змия в

The time of the Late Antiquity and Early Christianity was characterised by the search for the unity and the monadic nature of the supreme deity, and the link between Judaean-Alexandrian and Hellenic Orphism. Proklos (5th century) explains that the most important figures in the Orphic theogony are Zeus-Father who reigned over everything and Bacchus – one of the Hellenised incarnations of Dionysos-Zagreus from the Thracian-Phrygian contact zone, who, upon inheriting him, acted according to his will. According to Proklos, the father achieved the *demiurgia*, whereas the bloodied (i.e., the mortal and immortal Dionysos-Zagreus) gave it spirit.

The myth about Zagreus (Dionysos-Zagreus) narrates that the Uranian (celestial) god Zeus, in the image of a snake, coupled with his mother, Rhea. There is another preserved variant in which he engaged in a sacred marriage (hierogamy) with his sister Demeter. There is actually no contradiction because both wives are hypostases of the Great Goddess-Mother. The horned, four-eyed and two-faced Persephone was born of that relationship. Zeus, again in a snake image, had a love affair with her. The divine child born as a "bull-horned snake" was determined by Zeus to be his direct heir, which provoked Hera's anger. These awe-inspiring deities from the mythical story personify the birth of Zagreus from the celestial and terrestrial energy, and characterise it as autochthonous on account of the serpent-like appearance of his parents. Zeus entrusted him to Apollo and to the Kouretes, who took care of him in the Parnassos Mountain.

In addition to the legend about Zagreus, the transformation of the male cosmic beginning into snake is also known from the Thracian-Macedonian ritual reality in which the raging women carried him in the image of a snake in little baskets, or pressed to their faces.

Скалноизсечен олтар на изток от с. Старосел, Хисарско

Rock-hewn altar, east of the Starosel village near Hissarya

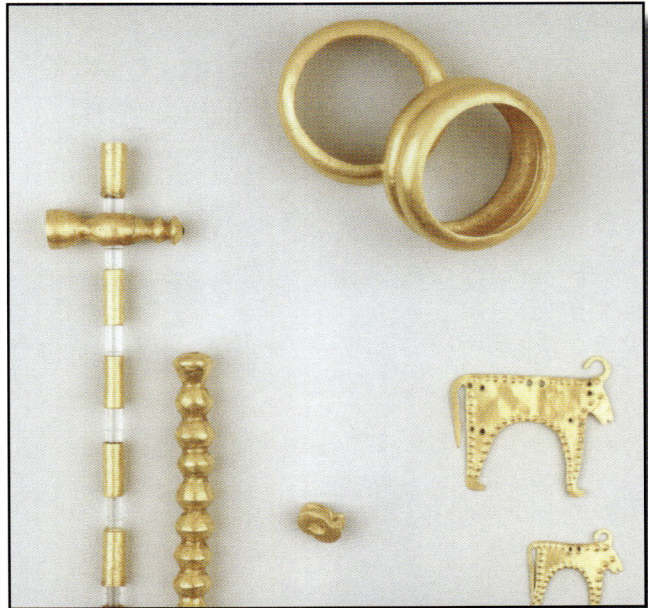

Скиптри, астрагал, гривни и фигурки на бикове от символичен гроб 36 от Варненския халколитен некропол

Sceptres, astragalus, bracelets and bull figurines from symbolic grave No. 36 in the Varna Chalcolithic necropolis

Огледало от Касабова могила, Казанлъшко, IV в. пр.Хр.

Mirror from the Kasabova tumulus near Kazanlak, 4th century BC

кошнички или прилепен към лицата. Македонската царска идеология отрежда на бога-змия зачеването на Александър Македонски. В българския фолклор владичица на космическия огън и на змиите е света Марина – християнска хипостаза на царицата на божествата, равнозначна на Бендида и Потниа.

Хера се обръща към противниците на Зевс – Титаните, да я избавят от нежелания от нея наследник. Те подгонват малкия бог, който, за да се спаси, приема последователно различни образи – змей, юноша, тигър, кон, бик. Точно като бик Титаните го хващат и разкъсват на седем части. Другата версия на мита разказва, че Загрей е разчленен, докато се оглежда в огледало или докато си играе с играчки и се споменава най-рано в Гуробския папирус. Вариантът е запазен чак до V в. в съчинението на Нон, в което се казва, че Титаните нападат Дионис-Загрей с ножове в момента, в който се любува на лика си в огледалото.

Тези оръжия са детайл, който се съхранява като реликт в нестинарската обредност сред гръцкоговорещото население, изселило се от Странджа планина в началото на XX в. в с. Агия Елени в Северна Гърция. Там хората и досега пазят като ритуални предмети в свещена постройка ножове и ги поставят увити в кърпа до жертвоприносителна яма, в която десетилетия наред се стича кръвта на агнета и бикове. Заради чуждокултурната среда, въпреки че езиково е сходна (в миналото нестинарите са говорели неразбираем са другите гърци език), изселниците запазват архаични елементи, които изчезват или се обновяват в родните им села.

Титаните изяждат/вкусват частите на разкъсания бог полуопечени-полусурови. Наказанието за престъплението им е жес-

The Macedonian royal ideology attributes the conception of Alexander of Macedon to the god-serpent. In Bulgarian folklore St. Marina is the patron-saint of cosmic fire and of snakes as a Christian hypostasis of the queen of the deities, equivalent to Bendis and Potnia,

Hera turned to the adversaries of Zeus – the Titans – to free her from the unwanted heir. They chased the very young god who, in order to save himself, assumed successively different images: dragon, youth, tiger, horse and bull. It was in the image of a bull that the Titans caught him and tore him into seven parts. Another version of the myth narrates that Zagreus was dismembered while he was looking at his reflection in a mirror or while he was playing with toys, and the earliest reference to this is in the Gurob Papyrus. The version survived until the 5th century AD in the work by Nonnos, according to which the Titans attacked Dionysos-Zagreus with knives at the moment when he was admiring his reflection in the mirror.

These weapons are a detail that survived as a relict in the nestinari rites among the Greek-speaking population that emigrated from the area of the Strandzha Mountain in the early 20th century to the village of Hagia Helleni in Northern Greece. The people there keep to this day knives as ritual objects in a special depository, and place them wrapped in a towel next to the sacrificial pit into which the blood of lambs and bulls had drained for centuries. Due to the foreign-language environment, although it is linguistically similar (in the past the *nestinari* spoke a Greek language that the others could not understand), the settlers preserved archaic elements that disappeared or were renewed in their native villages.

The Titans eat/tasted the parts of the dismembered god half-roasted and half-raw. They were severely punished for their crime when Zeus burnt them to ashes with lightning.

Погребение на куче от "Касабова могила", Казанлъшко, IV в. пр.Хр.

Dog burial in the Kasabova tumulus near Kazanlak, 4th century BC

Магически фигурки от погребение от "Касабова могила", Казанлъшко

Magic figurines from the burial in the Kasabova tumulus near Kazanlak

токо – изпепелени са от Зевс с мълния. Според Олимпиодор, който тълкува Платон, след този акт от саждите на дима се образува материя, от която произлизат хората. Затова човешкото тяло е с Дионисова природа, тъй като води началото си от пепелта на тези, които вкусват плътта на бога и следователно то е и греховно заради престъплението им. Всъщност само в текста на Олимпиодор се съдържат трите елемента – за разкъсването на Загрей, унищожаването на Титаните и раждането на хората, т.е. за греха, наказанието и появата на човешкия род.

Атина Палада спасява сърцето на бога, а Аполон събира седемте части и ги погребва под триножника в Делфи. Според една от версиите на мита Зевс нарежда на Деметра да ги съедини отново. Според друга, която произхожда от Беотия, той заповядва на Семела да глътне сърцето му и по този начин я опложда. Беотийският вариант на преданието гласи, че Зевс сам прави това и после се съединява със Семела. Така се ражда "вторият Дионис", който е елинският бог.

Най-популярно през древността, а и сега е предаденото от Еврипид, че „този бог се родил на Крит от Зевс и Персефона", т.е. от небето и земята. От първата половина на III в. пр.Хр. насетне той е наричан и Дионис и още "първият Дионис". Персефона е една от идентификациите на Великата богиня с най-силен хтоничен аспект, поради което тази версия на мита е най-устойчива. Впрочем в различните писмени извори името на майката на Загрей е различно – освен Персефона са посочени и Рея, и Деметра.

Вездесъщата повелителка е назовавана Рея в повечето критски версии, докато Деметра и Персефона – в текстовете, свързани с атическите и южноиталийските

According to Olympiodoros, who interpreted Plato, a matter was formed after that act from the soot in the smoke and people originated from that matter. Hence the human body is of a Dionysian nature, coming from the ashes of those who had tasted the god's flesh, and consequently that body was sinful as a result of their crime. In fact, only the text of Olympiodoros contains the three elements: about the dismembering of Zagreus, the destroying of the Titans and the birth of people, i.e., about the sin, the punishment and the appearance of humankind.

Athena Pallas saved the heart of the god, and Apollo gathered the seven parts and buried them under the tripod in Delphi. According to one of the versions of the myth, Zeus gave orders to Demeter to put the parts back together again. According to another version originating from Boeotia, he ordered Semele to swallow his heart and in this way he fecundated her. The Boeotian version of the legend narrates that Zeus did that himself and then coupled with Semele. The "second Dionysos" was born in this way, and he was the Greek god.

The narrative of Euripides that "this god was born on the Island of Crete from Zeus and Persephone", i.e., from Heaven and the Earth, was most popular during ancient times and to this day. From the first half of the 3rd century BC onward, he was referred to both as Dionysos and as the "first Dionysos." Persephone was one of the identifications of the Great Goddess with the strongest chthonian aspect, hence that version of the myth survived the longest. Incidentally, the name of Zagreus' mother is different in the various written sources: she appears not only as Persephone, but also as Rhea and Demeter.

The omnipresent supreme goddess is referred to as Rhea in most of the Cretan versions, whereas Demeter and Persephone

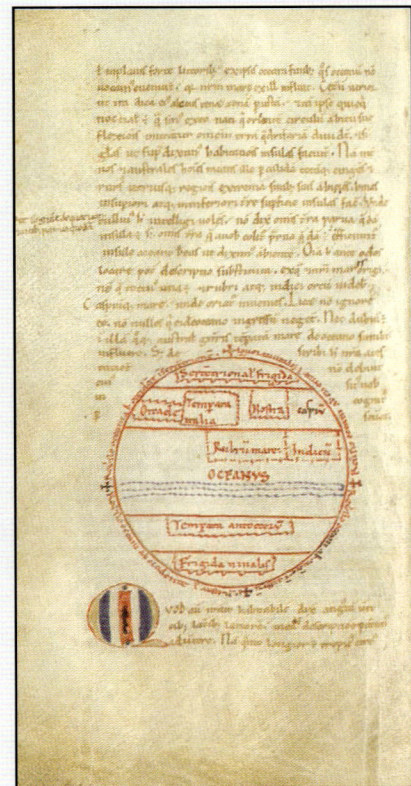

1 – *Макробий представя своя труд на сина си Евстахий*
Macrobius presenting his work to his son Eustachius

2 – *Началната буква Е е нарисувана като пишещ мъж, вероятно Макробий*
Initial E shaped in the form of a writing man, probably representing Macrobius himself

3 – *Вселената. Земята е представена в центъра, заобиколена от седемте планети със зодиакални знаци. Вселената е носена от четирима гиганти.*
The Universe, the Earth in the centre, surrounded by the seven planets within the zodiacal signs, carried on the shoulders of four giant male figures

4 – *Петте зони на земята*
The five zones of the Earth

5 – *Карта на света*
World map

6 – *Диаграма, показваща лунно и слънчево затъмнение*
Diagram showing a lunar eclipse

Бюст на Хелиос, детайл от саркофаг, ранен III в. гробница D на Via Belluzzo, Рим

Bust of Helios, detail from a sarcophagus, early 3rd century from tomb D in Via Belluzzo, Rome

Монета на император Константин I, ок. 315 г.

Coin of Roman Emperor Constantine I, c. 315 AD

Апликация от– съкровището от с. Летница, Ловешко, средата на IV в. пр.Хр.

Appliqué from the treasure from the village of Letnitsa, Lovech district, mid-4th century BC

центрове на орфизма. Еврипид номинира майката на Загрей и "Планинска майка", една от най-древните аниконични идентификации на всесилната богиня, съхранена от траките чак до II–I в. пр.Хр., както се вижда и от доктриналния орфически надпис върху сребърна купа "Котес – син на Планинската майка".

Свещеният брак, описан от Нон, възхожда към Дервенския папирус. Текстът на орфическата поема започва с изречението: "Затворете вратата за непосветените". Платон съхранява Пиндаровото обяснение, че Персефона е възмездена за старите злодеяния. Възможно е така да се подсказват инцестът и убийството на Загрей. "Тя връща душите обратно към високото слънце на деветия ден, от тях израстват славни царе, мъже със страшна сила, велики със знанието си; завинаги хората ще ги наричат неопетнени от грях герои." Тези свидетелства подсказват мистериалната посветителна обредност, отредена само за аристократи, каквито са родовитите траки, т.е. от затворените мъжки общества, съобщени в известията на древните за Залмоксис и Орфей.

Разкъсването на Загрей се вписва в широк средиземноморски кръг за смъртта чрез унищожение – ново раждане на богове като Озирис (в Египет), Адонис (в Библос), Пентей (в Беотия), Атис (във Фригия) и Орфей (в Тракия). Към и след средата на II хилядолетие пр.Хр. елементи на критската теогония оформят в тази среда идеята за бог, отглас от която е описан по-късно от Еврипид и достига до нас чрез фрагмент от неговите "Критяни". Свещенодействията в чест на Загрей са месоядни, т.е. вярващите поемат бога в себе си и са в контекста на разчленяването му от Титаните.

В Гуробския орфически папирус отреде-

appear in the texts connected with the Attic and Southern Italian centres of Orphism. Euripides nominated the mother of Zagreus as the "Mountain Mother", one of the most ancient aniconic identifications of the all-powerful goddess, which had been preserved by the Thracians until the 2nd-1st century BC, as can be seen from the doctrinal Orphic inscription on a silver bowl: "Kotes, son of the Mountain Mother".

The sacred marriage described by Nonnos can be traced back to the Derveni Papyrus. The text of the Orphic poem starts with the sentence: "Close the gates before the non-initiated." Plato has preserved Pindar's explanation that Persephone was punished for her earlier evils. It is possible that this is an indirect reference to the incest and to the murdering of Zagreus. "She brings the souls back to the Sun high in the skies on the ninth day, glorious kings grow from them – great in their knowledge; people would know them forever as heroes untarnished by sin." These data suggest the mysterial initiation rites that were accessible only to aristocrats, notably the noble Thracians, i.e., members of the closed male societies reported in the ancient sources about Zalmoxis and Orpheus.

The dismemberment of Zagreus fits a broad Mediterranean circle of ideas on death through destruction: new birth of gods like Osiris (in Egypt), Adonis (in Byblos), Pentaios (in Boeotia), Attis (in Phrygia) and Orpheus (in Thrace). Around and after the middle of the second millennium BC, elements of the Cretan theogony shaped in that environment the idea about a deity, and an echo of that idea was described later by Euripides, surviving to our days in a fragment of his *Cretans*. The sacred rituals in honour of Zagreus involved consumption of meat, i.e., the believers took the god into themselves and were in the context of his dismemberment by the Titans.

ните на Загрей жертвени животни са овен и козел. Именно те са красивите свещени дарове, които нямат нужда от охрана при убиването, т.е. животните сами идват да се принесат в жертва. Те са характерни за тракийската орфическа обредност, както личи от Четвъртата Питийска ода на Пиндар, която е най-ранното сведение за Орфей като аргонавт. При устието на Аксинския понт, се казва в нея, се появява тракийско пурпурно стадо бикове край олтар и аргонавтите ги жертвопринасят, за да умилостивят Симплегадите – движещите се скали, които не им позволяват да продължат пътя си. Те вероятно се намират на малоазийския тракийски бряг на Босфора.

Сведението на поета е най-ранното за идващите сами животни, което по-късно е съобщено и от Филострат за хероона на Резос. Легендата е съхранена и във фолклорната традиция. По тези земи е документирана есхатологичната представа за саможертвата на елен на деня на свети Илия, а в нестинарската обредност и досега се разказва, че бикът идва сам при жертвената яма в деня на светците Константин и Елена.

Може да се наблюдава йерархия в разкъсването и постигането на безсмъртие. Загрей е разчленен от Титаните – по-висши същества от вакханките, които правят същото с Орфей. Литературизираната идея за Загрей го представя да се скита нощем с факла в ръка, да яде сурово месо и по този начин го доближава до нощните бакхически празненства.

Елемент от това древно пределинско предание е съобщеният в орфическите текстове брой на Титаните, които убиват божественото дете – наследник на властта над Космоса. В "Теогония" на Хезиод те са шестима, докато в орфическата теогония, обработена и записана първо от Платон

A ram and a he-goat are the sacrificial animals to be offered to Zagreus, according to the Gurob Orphic papyrus. Precisely they were the beautiful sacred gifts that did not need to be guarded while they were killed, i.e., they offered themselves voluntarily as a sacrifice in the ritual, as can be seen from Pindar's *Fourth Pythian Ode*, which is the earliest evidence about Orpheus as Argonaut. According to it, a Thracian crimson herd of bulls appeared near an altar on the Pontos Euxeinos, and the Argonauts offered them as sacrifice to pacify the Simplegades – the moving rocks that prevented them from continuing their journey. They were probably located on the Asia Minor Thracian coast of the Bosporus.

The poet's evidence is the earliest information of animals coming on their own to be slaughtered, reported later also by Philostratos about the heroon of Rhesos. The legend has been preserved in the folklore tradition as well. The aeschatological notion about the self-sacrifice of a stag on the day of St. Elijah has been documented in these lands, and there are legends in the *nestinari* tradition to this day that the bull came on its own free will to the sacrificial pit on the day of St. Constantine and St. Helena.

A hierarchy in the dismemberment and in the attaining of immortality can be observed. Zagreus was dismembered by the Titans, who are higher creatures than the Bacchae who did the same with Orpheus. The idea about Zagreus, conveyed in a literary form, presents him as wandering at night with a torch in his hands, eating raw meat and thus coming closer to the nocturnal Bacchic festivities.

The number of the Titans who killed the divine child – the successor of power over the Cosmos – that had been mentioned in the Orphic texts is an element in that pre-Hellenic legend. In Hesiod's *Theogony* they are six, whereas they are seven in the Orphic

през първата половина на IV в. пр.Хр., са седмина. Хипотетично може да се предположи, че Титаните са персонификация на седемте фази (4 + 3) от десетстепенния орфически цикъл за организацията на вселената. Числото им косвено се потвърждава и от известието, че Дионис-Загрей е разкъсан на седем части.

Техният брой е изрично споменат от Прокъл. Той се позовава на Платоновия диалог "Тимей" и уточнява, че според онези, които тълкуват божеските дела, Дионис (-Загрей) е разделен на седем. Текстът е коментиран като поднасяне на Аполон на хептадата, тъй като нему е отредено да носи цялото съзвучие, заложено в монадата, диадата, триадата и в тетрадата по орфико-питагорейската формула за света 1+2+3+4=10.

Дионис-Загрей е свещената седмица (4+3). Тя е орфическата формула, която включва раждането на сина-паредър (равнопоставеник) на Великата богиня-майка (доктриналното ниво) и организацията и подредбата на Космоса от Сина-Слънце/ Огън (космогоничната степен). Този характер на неговото разкъсване е с паралели в индоиранската и индоевропейската космогония.

Един изключителен детайл, съобщен за Загрей, се оказва най-жизненият и плодотворен елемент от древната обредност, литературизирана от Нон. Преди да разкъсат бога, Титаните намазват лицата си с гипс, т.е. слагат си просопон (= маска; маскират се). Предвзорието/просопонът/ маската сменя същността на участниците в представлението и същевременно ги отпраща в друго време – митологичното. По-късно именно от тези ритуални демонстрации на страданията на бога и неговото възраждане и маските на Титаните се развиват театърът и карнавалните шествия в

theogony, processed and recorded first by Plato in the first half of the 4th century BC. It can be assumed hypothetically that the Titans personified the seven phases (4+3) of the ten-stage Orphic cycle of the organisation of the Universe. Their number is indirectly confirmed also by the information that Zagreus was dismembered into seven parts.

Their number is specifically mentioned in Proklos. He cites Plato's dialogue *Timaeos* and adds that according to those who interpret the divine deeds, Dionysos (-Zagreus) was dismembered into seven parts. The text is commented upon as offering of the heptad to Apollo, because he had been chosen to bear the entire harmony contained in the monad, diad, triad and in the tetrad, according to the 1+2+3+4=10 Orphic-Pythagorean formula about the world.

Dionysos-Zagreus is the sacred seven (4+3). This is the Orphic formula that includes the birth of the Son-*paredros*, i.e., equal in status to the Great Goddess-Mother (doctrinal level) and the organisation and ordering of the Cosmos by the Son-Sun/Fire (cosmogonic level). That character of his dismemberment has parallels in the Indo-Iranian and Indo-European cosmogony.

An exceptional detail reported about Zagreus proved to be the most vital and most fruitful element of the ancient ritual practice presented in literary form by Nonnos. Before the Titans dismembered the god, they smeared their faces with plaster, i.e., they hid their faces behind a *prosopon* (= mask). The *prosopon*/mask alters the nature of the participants in the performance and at the same time it sends them to a different time: mythological. It was precisely from these ritual demonstrations of the sufferings of the god, and from the masks of the Titans, that the art of the theatre and the carnival processions developed in the Mediterranean

133

Средиземноморието. Отново в Странджа планина фолклорната културна памет съхранява най-архаичния вариант на обредното представление за смъртта, разкъсването на седем части и възраждането на бога, наричан още „белия кукер".

Без да се споменава изрично, по интересен начин е превъплътен Загрей в Амфиполис на устието на р. Стримон, където са почитани божествените близнаци Аполон и Артемида. Той е скрит в епитета на богинята Тарополос, т.е. „приемаща жертвоприношение на бик", която по този начин се доближава към тракийската Бендида. Според литературната традиция атиняните успяват да основат колонията едва след като по препоръка на Делфийския оракул правят хероон на Резос, в който погребват специално донесените от Троя мощи на хероя. В опоетизирания и драматизиран от Еврипид миторазказ този цар-жрец на траките-кикони се превръща в антроподемон, който предава волята на Дионис в пещера на планината Пангей.

Чак до III в. пр.Хр. образът на Загрей съхранява индоиранските черти на божеството на гърма, което е син на Великата богиня, превръща се в бик и чрез омофагията става мистериален код на възраждащия се Космос. Нощните огнени и пещерно-утробни тайнства в чест на Планината-майка са обредни факти и до днес в югоизточноевропейския и специално в българския фолклор.

В елинската орфическа космогония и теогония Загрей е елинизиран образ на старата Дионисова митопредстава „за господар на животните". В по-сетнешното развитие на идеята за бога неговата свита от менади гони и разкъсва животните. Постепенно той приема хтоничния лик на Дионис, а за ураничните му функции напомнят гръмовният тътен на кимвалите и

region. Again in the Strandzha Mountain, folkloric cultural memory has preserved the most archaic variant of a ritual performance about death, dismemberment into seven parts and resurrection of the god, also referred to as the "White Kouker".

Without being specifically mentioned, there is an interesting incarnation of Zagreus in Amphipolis at the estuary of the Strymon River, where the divine twins Apollo and Artemis were worshipped. It is concealed in the epithet of the goddess Tauropolos, i.e., "receiving a bull sacrifice", which brings her closer to the Thracian Bendis. According to the literary tradition, the Athenians succeeded in founding the colony only after they followed the recommendation of the Delphi oracle to build a *heroon* to Rhesos in which they buried the hero's relics that had been specially brought from Troy. The poeticised and dramatised mythical narrative in Euripides presents that king-priest as undergoing a transformation into anthropodaimon who conveyed the will of Dionysos in a cave in the Pangaion Mountain.

Until the 3rd century BC, the image of Zagreus preserved the Indo-Iranian features of the thunder-god who is son of the Great Goddess, he was transformed into bull and became through homophagia a mysterial code of the reviving Cosmos. The nocturnal fiery and cave-womb festivities in honour of the Mountain-Mother are ritual facts to this day in Southeastern European and Bulgarian folklore.

Zagreus is a Hellenised image of the old Dionysian notion about "master of animals" in the Greek Orphic cosmogony. In the subsequent evolution of the idea about the deity, his retinue of Maenads chased and devoured the animals. Gradually he acquired the chthonian appearance of Dionysos, and the thundering of the cymbals and the tympani

тимпаните. Тракийската Дионисова религиозност е с център Пангей, където може да се постави и средището на устния орфизъм, повлиян от критската теогония.

Тракийският Дионис-Загрей е вяра за приобщаването към бога, а Дионисовата митология е виждането и обяснението на елините на тази чужда тям обредност. Така редом с Великата богиня-майка, която получава различни персонификации в Тракия, е нейният Син със соларно-хтонични характеристики, който условно може да се нарече тракийски Дионис. Това божество най-плътно се доближава до Загрей от орфическата космогония, но и до Сабазий – другото космическо божество. Ритуалният цикъл на жертвопринасянето на бик е възможно да е с протяжност една астрономическа година, но може да е и през три, тъй като в орфическите химни Дионис се появява за жертвопринасяне всяка трета (през една) година.

Разкъсването на бика е всъщност разчленяване–разделяне на божието тяло – жертвопринасяне на бога. Елинизирано, това свещенодействие се извършва на Дионисовите триетериди, честван на всеки две години. Засвидетелствано в Средиземноморието и свързвано в Елада и в Тракия с тези на Дионис-Загрей, актът е реликт на днешната фолклорна действителност в Югоизточна Европа. Разделянето и вкусването от жертвеното животно сурово и досега е тайна в някои затворени селски общности. Така при нестинарите бикът е най-древната зооморфизация на главния мъжки бог – Син на великата господарка, който е и слънчев, и хтоничен, и слънцето през деня, и пламтящият огнен кръг като земна проекция на небесния диск през нощта.

Както вече се каза, в легендарната традиция се съхраняват зооморфните инкарнации на бога като бик и змия, но ли-

recall his Uranian functions. Pangaion was the centre of the Thracian Dionysian religiousness, and it is possible to locate there the centre of oral Orphism as well, which had been influenced by the Cretan theogony.

The Thracian Dionysos-Zagreus is faith in the communion with the god, while the Dionysian mythology is the perception and the explanation given by the Greeks to those rites that were alien to them. Thus, parallel to the Great Goddess-Mother, who had various personifications in Thrace, was her Son with solar-chthonian characteristics, who could provisionally be called Thracian Dionysos. That deity was closest to Zagreus in the Orphic cosmogony, and also to Sabazios – the other cosmic deity. The ritual cycle of the bull sacrifice could have taken place every astronomical year, but it could also be once in three years, because in the Orphic hymns Dionysos appears every third year.

The dismembering of the bull is actually dismembering-divining of the god's body – a sacrifice to the god. Hellenised, that sacred act was performed during the Dionysian Trieteridae that were celebrated every two years. Attested in the Mediterranean region and associated in Hellas and in Thrace with the festivities of Dionysos-Zagreus, the act occurs as relict in today's folkloric reality in Southeastern Europe. The dividing and tasting of the raw meat of the sacrificial animal is a mystery to this day in some closed rural communities. Thus, the bull for the *nestinari* is the most ancient zoomorphisation of the principal male deity – Son of the supreme goddess – who is both solar and chthonian: the Sun during the day and the burning fiery circle as a terrestrial projection of the celestial disc during the night.

As was said already, the legendary tradition has preserved the zoomorphic incarnations of the god as a bull and as a snake, but the

135

тературното митологизуване не позволява "бикорогато змийче" да порасне. Този мощен образ на Сина на върховната сътворителка, който е заемка от пределинската трако-пеласгийска древност на района, не измества Дионис. От VI в. пр.Хр. насетне той е вече мощен бог, чийто култ бързо се разпространява. От това време са впрочем и първите сведения за Загрей. Фабуларният разказ изведнъж спира в неговото детство и възприема Дионисовата степенност раждане – смърт – ново раждане. Така Загрей – Дионис-Загрей, остава само Дионис.

В митографската традиция чрез разчленяването на тялото освен Загрей в Отвъд преминават царят на Тива Пентей, тиванският херой Актеон и траките Орфей и Ликург, т.е. връзката Тракия – Беотия, която се наблюдава в разпространението на устния орфизъм, е съхранена. Орфей е разкъсан от тракийските и македонските жени – вакханките на Дионис, така, както Пентей от майка си по време на бакхическо изстъпление, а Дионис-Загрей от Титаните.

Нарушаването на равновесието и разпадането на хармонията е нужно, за да продължи космическият кръговрат. В тази панорама Орфей и Дионис са изравнени. Затова и последователите на Загреевия образ на Сина на трансфункционалната богиня са погребвани разчленени, но и със златни маски, тъй като приживе техният статус им позволява да преминат в Отвъд като своя бог и като митологическия учител-посветител Орфей.

С името Загрей е назована най-древната хипостаза (представа) за Сина на Великата богиня-майка, която е с урано-хтоничен характер, и съхранява свещените зооморфни превъплъщения на бога като бик и змия. Митът за него, като всеки мит, се развива само литературно. Гаранцията за вярата-об-

literary mythologisation did not allow the "bull-horned snake" to grow. That powerful image of the Son of the supreme goddess-progenitor, which was a borrowing from the pre-Hellenic Thracian-Pelasgian antiquity in the region, did not replace Dionysos. From the 6th century BC onwards, he was already a powerful deity whose cult spread rapidly. Incidentally, the first evidence about Zagreus also dates from that period. The narrative suddenly stops during his childhood and the Dionysian stages of birth-death-rebirth was accepted. In this way, Zagreus-Dionysos-Zagreus remained only Dionysos.

According to mythographic tradition, dismemberment of the body was the way in which not only Zagreus stepped into the World Beyond, but also the Theban king Pentheus, the Theban hero Aktaeon, and the Thracian Orpheus and Lykourgos, i.e. the Thrace-Boeotia links observed in the dissemination of oral Orphism was preserved. Orpheus was dismembered by the Thracian and Macedonian women – the Bacchae of Dionysos, just as Pentheus was dismembered by his mother during Bacchic frenzied rites, and Dionysos-Zagreus – by the Titans.

The violation of the balance and the disintegration of the harmony were needed so that the cosmic turnover could continue. Orpheus and Dionysos have equal positions in that panorama. Hence the followers of the Zagreus image of the Son of the transfunctional goddess were buried dismembered, but with gold masks, because their status in their lifetime allowed them to pass into the World Beyond as their god and as their mythological teacher-initiator Orpheus.

The name Zagreus was used to name the most ancient hypostasis of the Son of the Great Goddess-Mother, which was of a Uranian-chthonian nature and preserved the sacred zoomorphic transformations of the god

редност в божествата на нелитературните култури, за които писмените свидетелства са малко и/или философско-доктринално сериозно обработени, са ритуалните практики от епохата и в реликтовата следа.

Съществуват обреди без митове и митове без обреди, независимо че обикновено те имат фолклорна основа, формирана още в предлитературен период. Необходимо е да се отчита също така, че през различните епохи по различни причини много често култовете се смесват и преадресират към друго божество или божества и това води до техния синкретизъм. Вярата в Загрей/Дионис-Загрей е изключително ярко засвидетелствана. Археологически документираната обредност на разчленените тела и скъпоценните дарове за Отвъд и реликтовата фолклорна реалност, включително и омофагията, показват жизнеността на културната памет на югоизточноевропейските народи и особено на българите.

2.3. САБАЗИЙ

Тракийският Дионис е известен като Сабазий още от последната четвърт на V в. пр. Хр. насетне. Названието на бога е заемка от фригийски език. За разлика от Загрей той няма съчинена митология и докато името на Загрей не се споменава в обредите, Сабазий е викан от шумните шествия в негова чест с възгласите Сáбо, Сáбас. Той е и остава бог на обреда и на религиозни представи и се определя като трако-фригийски заради етнокултурната близост на траките и фригите, засвидетелствана още от Херодот.

Най-древното споменаване на Сабазий е известието от комедията на Аристофан "Оси" и от схолиона (приписката) към сти-

as a bull and as a snake. The myth about him – like all myths – had only a literary evolution. The guarantee for the faith-ritual in the deities of the non-literary cultures, about whom there is little written evidence and/or they have undergone serious philosophical-doctrinal processing, was in the ritual practices of the period and in the relict environment.

There exist rites without myths and myths without rites, although they are usually on a folkloric basis that had been formed already during the pre-literary period. It is also necessary to bear in mind that cults were often mixed and readdressed to another deity or deities, which resulted in their syncretism. The faith in Zagreus/Dyonysos-Zagreus has been extremely clearly attested. The archaeologically attested rites of the dismembered bodies and the precious gifts for the World Beyond, as well as the relict folkloric reality, including the homophagia, demonstrate the vitality of the cultural memory of the peoples of Southeastern Europe, and especially the Bulgarians.

2.3. SABAZIOS

The Thracian Dionysos was known as Sabazios since the last quarter of the 5th century BC. The god's name is a borrowing from the Phrygian language. Unlike Zagreus, he did not have an invented mythology, and while the name of Zagreus is not mentioned in the rites, Sabazios was invoked by the noisy processions in his honour with shouts: "Sábo, Sáabas." He was and he remained the god of rites and of religious notions, and he is defined as Thracian-Phrygian on account of the ethnic and cultural closeness of the Thracians and Phrygians, attested even by Herodotus.

The oldest reference to Sabazios is in the comedy *Wasps* by Aristophanes and from the scholion to the verse. The author ridicules the

137

ха. Авторът осмива навлизащата в Атина чужда религиозност и разпространението й сред гражданите чрез диалог между двама дремещи роби, единият от които казва, че е обхванат от Сабазиев сън, а не корибантства. По този начин в представената през 422 г. пр.Хр. комедия той внушава, че чуждата мистериалност е достойна само за най-низшето съсловие.

Съхранен е фрагмент и от неговите "Хори" (Годишни времена, датирани доста общо след 430 г. пр.Хр.). В стиховете се пародира сближаването на бога с пазителките на небесните порти, отваряни и затваряни от тях, за да ритмизират годишния кръговрат. За Аристофан Сабазий е варварски бог и затова той го представя злоезично в "Птици" (414 г. пр.Хр.) и като призоваван от почитащите го жени с разпусната обредност под тимпанни звуци в "Лизистрата" (411 г. пр.Хр.). В друг схолион е съобщено, че траките наричат Дионис Сабазий, а неговите жреци – сабой.

В комедиите е отразено времето на Пелопонеските войни (431–404 г. пр.Хр.), когато в Атина е възприет официално и култът към тракийската богиня Бендида. В историческия контекст на сблъсъка между полиса и съюзниците му от Атинско-Делоския морски съюз, от една страна, и Пелопонеската лига начело със Спарта, от друга, в старогръцките писмени извори се разполага появата на името на бога. Неговото засвидетелстване най-вероятно отразява утвърждаването, а не навлизането му в пъстрия свят на елинската действителност по време на войната. Впрочем Сабазий е известен много преди това от старофригийски скални надписи (началото на V в. пр.Хр.) от „Града на Мидас" във Фригия в Мала Азия и при с. Ситово, Пловдивско.

Със Сабазий се назовава космическо божество, чиято първа идентификация е

foreign religiousness penetrating into Athens and its spreading among the citizens in a dialogue between two snoozing slaves, one of whom says that he has been possessed by a Sabazios dream, and he did not act as a Korybantes. His message through the comedy staged in 422 BC was that the foreign mysterial rites were worthy only of the lowest class.

A fragment of his *Seasons*, dated rather generally after 430 BC, has been preserved. The verses are a parody of the growing closeness between the god and the female guards of the celestial gates, which were opened and closed by them to set the rhythm of the annual turnover. Sabazios was a barbarian god in the eyes of Aristophanes, hence he depicted him with vile words in his *Birds* (414 BC) and as a character invoked by his female worshippers with lewd rites under the sounds of the *tympan*i in *Lysistrate* (411 BC). Another scholion informs that the Thracians referred to Dionysos as Sabazios, and his priests – Saboi.

The comedies reflect the time of the Peloponnesian Wars (431-404 BC), when the cult of the Thracian goddess Bendis was officially adopted in Athens. In the historical context of the clash between the *polis* and its allies from the Athenian-Delian League, on the one hand, and the Peloponnesian League headed by Sparta, on the other, the name of the god appeared in the ancient Greek written sources. His attesting most probably reflected his endorsing and not his entering into the diverse world of the Hellenic reality during the War. Incidentally, Sabazios was known long before that from Old-Phrygian rock inscriptions (early 5th century BC) from the "City of Midas" in Phrygia in Asia Minor and near the village of Sitovo, Plovdiv region.

Sabazios was the name used for a cosmic deity whose first identification was with the rock/stone – the solid element in the Universe,

Микенска скална гробница, Тива

Mycenean rock-cut tobm, Thebes

Великата богиня Кибела,
изображение от Никея

Great Goddess, Cybele,
representation from Nicaea

139

скалата/камъкът – твърдият елемент във Вселената, който е нещо всеобщо, съдържащо в себе си и хтоничност, и соларност, т.е. и силата на Земята, и силата на Слънцето и светлината. Като космически бог той владее и живата, и мъртвата природа и е равнопоставен на Великата майка, известна по-късно главно с името Кибела, но и с други имена. Сабазий е и с пророчески дар и може да се разчленява и да се съединява отново.

От един препис на надпис от Сарди от 365 г. пр.Хр. се научава повече за неговата обредност. Персийският управител на града посвещава статуя на Ахурамазда и категорично разпорежда служителите му да не участват в мистериите на Сабазий и Ма (Великата богиня-майка), по време на които участниците носят свещени предмети в огъня. Ето как преди повече от две хилядолетия на наместника се налага да нареди жреците да не почитат стария си бог, а да служат на новия. Забраните обаче не са достатъчни, за да укротят желанието да се общува с него чрез огъня – проекцията на слънцето на земята, след като и християнството не успява да го ликвидира, а само да наложи образите на св. св. Константин и Елена върху равнопоставените богове Сабазий и вездесъщата господарка. Реликт от тази мистериална обредност е нестинарството.

Осемдесет години след Аристофан и тридесет и пет години след надписа от Сарди оргиастичните викове в чест на Сабазий звучат от реч на Демостен. Ораторът обвинява политическия си противник Есхин, че майка му е посветена в тайнства, практикувани и денем, и нощем. Нощем

which is something universal and combining in itself both chthonicity and solarity, i.e., the power of the Earth with the power of the Sun and of light. As a cosmic god, he rules over both living and dead Nature, and is hierarchically equal to the Great Mother, later known mainly with the name Kybele, as well as with other names. Sabazios was also a prophet, and he could dismember and join himself.

A transcript of an inscription from Sardis of 365 BC gives more information about his rites. The Persian governor of the city dedicated a statue to Ahuramazda and gave categorical orders for his officials not to participate in the mysteries of Sabazios and Ma (the Great Goddess-Mother), during which the participants carried sacred objects to the fire. This is how more than two millennia ago the governor of the city was compelled to give orders to the priests not to worship the old god, but to serve the new one. However, the prohibitions were not sufficient to curb the wishes to communicate with him through fire as the projection of the Sun on the Earth, after Christianity also failed to liquidate it, but merely superimposed the images of St. Constantine and St. Helena over the deities with equal standing: Sabazios and the omnipresent supreme goddess. The *nestinari* practice is a relic of that mysterial ritual practice.

Orgiastic shouts in honour of Sabazios resounded in a speech of Demosthenes 80 years after Aristophanes and 35 years after the inscription in Sardis. The orator accused his political adversary Aeschynes that his mother was initiated in mysteries practised during the day and during the night. During the night, the participants in the processions

140

наметнатите с еленови кожи участници в шествията пият без мярка вино и се пречистват, като се мажат с кал и с трици. Врявата, която дразни оратора, продължавала и денем, когато окичените с венци от копър и листа на бяла топола обредници притискат към бузите си змии и крещят „евои сабой". Увенчаният с бръшлян Есхин е описан да носи кошничка, да води танца, а жените го черпят с баница, напоена с вино, кравай и медени питки. Викът в чест на Сабазий е потвърден и в приписка към речта, а за бузестите змии на бога говори и Теофраст.

Сведението на Демостен, че майката на Есхин е посветена в мистериални култове, не е изолирано. По негово време и след това изповядването им е широко разпространено в Атина. Платон съобщава, че следовниците на чуждите обреди се подготвят по „свещени книги", написани от Музей и Орфей. От IV в. пр.Хр. датират едни от най-интересните писмени свидетелства, които достигат до наши дни. Теофраст дори осмива адептите на Сабазий в "Характери". Когато говори за суверния, авторът твърди, че той се съобразява с всички празници и богове и произнася името на Сабазий, щом види бузеста змия. Той споменава и за орфеотелестите, които ходят всеки месец да се посвещават наново в мистериите си. Изричането на името на бога означава, че той му се явява в образа на змия и суверният се поставя под неговата закрила.

Сближаването и изравняването на Сабазий с тракийския Дионис е извършено на фолклорно ниво и без съмнение единството на тракийското божество се отнася за времето на Макробий, за което ще стане дума по-долу. Този процес е вече факт за III–II в. пр.Хр., както личи от сведенията на някои автори от това време и особено

wearing deerskins over their shoulders drank wine without restraint and purified themselves by smearing their bodies with mud and bran. The noise that irritated the orator continued during the day as well, when the participants in the rite, adorned with wreaths of dill and leaves of white poplar, pressed snakes to their cheeks and screamed: *"Evoi Saboi."* Aeschynes, crowned with an ivy wreath, was described carrying a small basket and leading the dance, while the women gave him pastry soaked in wine, buns and honey-bread. The shouts in honour of Sabazios are confirmed in a note to the text, and the snakes pressed to the cheeks are mentioned by Theophrastos as well.

The information in Demosthenes that the mother of Aeschynes had been initiated in mysterial cults is not isolated. Such cults were very widespread in Athens during his time and afterwards. Plato reports that the followers of foreign rights prepared themselves by reading "sacred books" written by Musaeos and Orpheus. Some of the most interesting written evidence that has survived to our days dates from the 4th century BC. Theophrastos even ridicules the adepts of Sabazios in his *Characters*. When speaking about prejudices, the author claimed that he respected all festivals and deities, and pronounced the name of Sabazios whenever he saw a snake with cheeks. He also mentions the *orpheotelestes* who went every month to be re-initiated into their mysteries. The uttering of the god's name meant that the deity appeared to the worshipper in the image of a snake, and the superstitious individual placed himself under his protection.

The closeness and the identification of Sabazios with the Thracian Dionysos occurred at folkloric level, and undoubtedly the unity of the Thracian deity refers to the time of Macrobius, which will be discussed below. That process was already a fact in the 3rd-2nd

на Амфитей от Хераклея (дн. гр. Ергели), тъй като мегаро-беотийската колония е в земите на траките-мариандини и авторът е добре запознат с вярата на населението от европейската и малоазийската територия на Бизантион. Тази зона е една от най-активните в трако-елинските взаимодействия и е най-вероятният път за проникването на Сабазиевата обредност в Атина.

Сабазий не се споменава в орфическите свидетелства, с изключение на един химн, където е назован Сабос. В него богът е наречен „син на Кронос" и „баща", т.е. идентифицира се със Зевс-Сабазий. Той стига до планината Тмол при богинята Хипта, една от хипостазите на Великата богиня-майка. Сабос, „владетел на Фригия" и „най-царственият от всички", е призоваван да се появи при честващите го мисти като „благосклонен покровител". Въпреки че текстът е обработен в неоплатонически дух, в него е съхранено ритуалното призоваване за богопоява (теофания) и връзката с богинята Хипта (за нея вж. глава втора).

Евентуално по-ранно орфическо свидетелство може да се предположи в Гуробския папирус (III в. пр.Хр.). В текста се съдържа намек за Сабазий, тъй като Евбулеос е едновременно Зевс, Аид, Хелиос и Дионис и чедо на утробата (на Персефона). Диодор (I в. пр.Хр.) съобщава, че раждането и смъртта на този бог се почитат нощем и тайно заради срамните сексуални общувания. Затова някои изследователи вадят заключение, че Сабазий, също като Загрей, е син на Зевс и на Персефона чрез змеева сватба и че този бог е по-стар от Дионис, тъй като змията е негов символ и негов зооморфен образ.

Възможно е свързването на Загрей и на Сабазий да е резултат на литературна обработка, но е допустимо и да е запис на наблюдавана обредна действителност. За

century BC, as can be seen from the evidence of some authors from that time, and especially of Amphitaios from Herakleia (present-day Ergeli), because the Megarian-Boeotian colony was in the lands of the Thracians-Mariandinoi, and the author was well familiar with the faith of the population in the European and Asia Minor territory of Byzantion. That area was probably among the most active in Thracian-Greek interactions, and it was the most probable route for the penetration of the Sabazios rites into Athens.

Sabazios is not mentioned in the Orphic sources, with the exception of a hymn where he is called Sabos. The god is called there "son of Kronos" and "father", i.e., he is identified with Zeus-Sabazios. He reached the Tmol Mountain and the goddess Hypta – one of the hypostases of the Great Goddess-Mother. Sabos, the "ruler of Phrygia" and "the most majestic of all" was invoked to appear before the *mystai* worshipping him as a "benevolent patron." Although the text was edited in a Neoplatonian spirit, it has preserved the ritual appeal for theophany and the links with the goddess Hypta (on her see Chapter Two).

A possibly earlier Orphic evidence can be assumed in the Gurob Papyrus (3rd century BC). The text contains an allusion to Sabazios, because Euboleos was at the same time Zeus, Hades, Helios and Dionysos, and a child of the womb (of Persephone). Diodorus (1st century BC) reports that the birth and the death of that god were worshipped at night and secretly on account of the shameful sexual contacts. Hence some researchers conclude that Sabazios, just like Zagreus, was the son of Zeus and Persephone through a snake wedding, and that this deity was older than Dionysos, because the snake was his symbol and his zoomorphic image.

The linking of Zagreus and Sabazios may be the result of literary editing, but it could

143

Глинени тимпани (снимки и рисунки), открити в богато погребение край гробницата с. Старосел, Хисарско, IV в. пр.Хр.

Clay tympani (photographs and drawings) discovered in a rich burial near the tomb in the village of Strarosel near Haskovo, 4ᵗʰ century BC

Корпусът на бронзов тимпан от богато погребение, при с. Златиница, Елховско, IV в. пр.Хр.

The corpus of a bronze tympanit from a rich burial near Zlatinitsa village, Elhovo area, 4ᵗʰ century BC

Вотивна бронзова ръка на Сабазий, колекция „Арес", II–III в.

Votive bronze hand of Sabazios, Ares Collection, 2ⁿᵈ–3ʳᵈ century

Детайл на връзката между дръжката и корпуса на бронзов тимпан от богато погребение при с. Златиница, Елховско, IV в. пр.Хр.

Detail of the joint between the handle and the body of a bronze *tympanit* from a rich burial near Zlatinitsa village, Elhovo area, 4th century BC

Дамасций (V–VI в.) – последният неоплатоник, Дионис е и Сабазий, и безпределността или разделеното множество. След III в. от текстовете на неоплатониците също може да се предположи, че те философски обработват данни от свои наблюдения върху езическите реалии.

Безспорно най-коментираното сведение за вярата на траките в Сабазий е текст на Макробий в съчинанието му "Сатурналии", написано между 80-те години на IV и първите петнадесет години на V в. Авторът не прави просто възхвала на езичеството, а се опитва да противопостави на все по-силния християнски еднообразен монотеизъм всепроникващата сила и всебожието на Хелиос. Той пространно обосновава еднаквостта на Либер баща с Дионис и Аполон, като цитира различни предходни нему автори, включително и Есхиловия стих от "Басариди" за "увенчания с бръшлян Аполон, вакхически прорицател". Макробий обяснява, че Либер баща и Дионис са едно и също и че тайнствената практика на тази религия е по време на свещенодействията слънцето да се нарича Аполон, когато е в горната полусфера, т.е. през деня, и Дионис, когато е в долната полусфера, т.е. през нощта.

В Тракия, пише Макробий, Слънцето и Либер са едно и също божество, което траките наричат Сабазий. Той съобщава, че според Александър Полихистор той е честван с великолепна религиозност. На върха Зилмисос на него е посветено светилище с кръгла форма, чийто покрив е с отвор в средата и по този начин то представя формата на небесното светило. Светлината прониква отгоре и така показва, че Слънцето осветява всичко с лъчи, които хвърля от върха на небето, и че когато възхожда, Вселената се разкрива, т.е. става видима.

След това Макробий цитира стихове на

also be a record of observed ritual reality, for Damascius (5th-6th century), the last Neoplatonian, Dionysos was both Sabazios and the infiniteness or the divided multiplicity. After the 3rd century, it is also possible to assume from the texts of the Neoplatonians that they philosophically processed the data of their observations on the pagan realia.

Undoubtedly, the most commented evidence about the faith of the Thracians in Sabazios is a text by Macrobius in his work *Saturnalia*, written between the 'eighties of the 4th century and the first fifteen years of the 5th century. The author did not merely praise paganism, he tried to oppose the all-permeating force of the all-seeing Helios to the increasing influence of Christian uniform monotheism. He adduces ample evidence in support of the identity of Liber-father with Dionysos and Apollo by citing various authors before him, including the verse by Aeschylus from his *Bassaridae* about "Apollo crowned with ivy, a Bacchic oracle." Macrobius explains that Liber-father and Dionysos were one and the same, and that the mysterious practice of that religion was to refer during the sacred rites to the Sun as Apollo, when the Sun was in the upper hemisphere, i.e., during the day, and as Dionysos when the Sun was in the lower hemisphere, i.e., during the night.

Macrobius writes that the Sun and Liber were the same deity in Thrace, which the Thracians called Sabazios. He reports that according to Alexander Polyhistor, he was worshipped with majestic religiousness. A sanctuary was dedicated to him on Zilmissos Peak. The sanctuary was round, its roof was with an aperture in the middle, this presenting the shape of the celestial body. Light penetrated from above, showing that the Sun illuminates everything and that when it rises, the Universe is revealed, i.e., it becomes visible.

Macrobius then cites verses of Orpheus

146

Вотивна ръка на Сабазей от слонова кост от с. Красен, II в.

Votive ivory hand of Sabazios from the village of Krasen near Dobrich, 2nd century AD

Пръстен от с. Езерово, Пловдивско, първа половина на V в. пр.Хр.

Gold ring from the village of Ezerovo, Plovdiv region, fist half of the 5th century BC

Скално светилище Сиврийка, Източни Родопи

Sivriyka rock sanctuary, Eastern Rhodope Mountains

147

Орфей, взети от ранния неоплатоник Корнелий Лабеон (втората половина на III в.), за да докаже, че Либер и Сол са едно и също. Сабазий е божество и с пророчески дар. В центъра на храма има олтар-огнище. Когато слънцето достига зенита си, лъчите му падат върху него и богът е наричан Аполон. Нощем, когато слънцето е в долната хемисфера, името му е Дионис. Жреците гадаят денем по силата и играта на светлината върху олтара, а нощем палят огън върху него и по пламъците разбират волята на бога.

Почти сигурно е, че Макробий говори за Дионисовото светилище на траките, описано за пръв път от Херодот през V в. пр.Хр. Бащата на историята разказва за похода на персийския владетел Ксеркс (486–464 г. пр.Хр.) по Егейското тракийско крайбрежие на път за Елада. Само сатрите не се подчиняват на царя и не се присъединяват към войската му, казва Херодот и добавя, че и по негово време не са покорени от никого. Те владеят прорицалището на Дионис, което се намира в най-високите планини. Бесите, които са от сатрите, са профети в светилището. Там има жрица, която дава отговорите както в Делфи. Не е ясно коя планина има предвид авторът вдясно от пътя на Ксеркс. В схолии към Еврипид като планини, където е най-свещеното място на Дионис, са посочени Хемус и Пангей. Идентификацията на „най-високите" масиви, в които се намира то, с Родопите обаче е хипотеза на съвременните изследователи.

За да докаже, че Аполон и Либер баща са един и същ бог, Макробий привежда като пример текст на Аристотел за светилище на лигирите в Тракия. Авторството на текста е несигурно, а лигирите се появяват за пръв и последен път тук и е вероятно да са по-късно споменатите дигери

taken from the early Neoplatonian Cornelius Labeonus (second half of the 3rd century) in order to prove that Liber and Sol were the same thing. Sabazios was a deity with prophetic talents, too. There was an altar-hearth in the centre of the temple. When the Sun reached its zenith, its rays fell on the altar and the deity was called Apollo, whereas at night, when the Sun was in the lower hemisphere, his name was Dionysos. The priests gave prophecies based on the intensity and the playing of the light on the altar during the day, and during the night they lit fires on it and divined the god's will from the flames.

It is almost certain that Macrobius was referring to the Dionysian sanctuary of the Thracians, described for the first time by Herodotus in the 5th century BC. The Father of History narrates about the campaign of the Persian ruler Xerxes (486-464 BC) along the Aegean Thracian coast on his way to Hellas. Herodotus informs that only the Satrai did not obey the king and did not join his troops, adding that at that time they had not been conquered by anyone. They ruled over the sanctuary of Dionysos, which was located in the highest mountains. The Bessi, who belonged to the Satrai, were prophets in the sanctuary. There was a priestess there and she gave oracles just as in Delphi. It is not clear which mountain the author had in mind to the right of Xerxes' itinerary. Scholia to Euripides indicate the Haemus and the Pangaion as mountains where the most sacred place of Dionysos was located. However, the identification of "the highest" massifs in which it was located with the Rhodope Mountains is a hypothesis of contemporary researchers.

In an attempt to prove that Apollo and Liber-father were the same deity, Macrobius adduces as an example a text by Aristotle about the sanctuary of the Ligyres in Thrace. The author of the text is uncertain, and the Ligyres

с локализация Западна–Югозападна Тракия. Другата възможност е Макробий да превръща в етноним старогръцката дума „лигюрос", която означава „звънлив, гласовит, свирещ", т.е. това да е характеристика на хората, които участват в обреда. На това място се получават и оракули, и тези, които трябва да предсказват, изпиват голямо количество чисто вино така, както онези, които пророкуват в светилището на Аполон в Кларос пият много вода.

Със сакралния център, описван от Макробий, може да се свърже и един фрагмент, също приписван на Аристотел, за „голямо и хубаво светилище на Дионис" в Крестония край земите на бисалтите, където се „провеждали празникът и жертвоприношението". Според текста в него богът изпраща предсказания за плодородие. Когато той реши да дари изобилие, се появява голяма светлина от огън, която виждат всички, които живеят наоколо. Ако тя не се появи, то това означава, че годината ще е неплодородна.

Шест века след Херодот и три преди Макробий Гай Светоний Транквил разказва за прорицалище на Дионис в Тракия, в което предричат съдбите на Октавиан Август и на Александър III Велики. В свещената гора на Либер (Дионис) жреците предсказват по „варварски обичай" на Гай Октавий, че синът му ще стане господар на света. Пламъците от излятото в огъня на олтара вино се издигат чак до небето. Такова знамение получава само Александър Велики, когато пак там извършва жертвоприношение, добавя Светоний.

В другите разкази за живота на Александър и Август не се споменава за оракулите от тракийското светилище. Възможно е македонецът и бащата на Октавиан никога да не са били там и никога огънят да не е лумвал през нощта, за да очертае път

appeared there for the first and last time, and they were probably the Digeri mentioned later and localised in Western-Southwestern Thrace. Another possibility is that Macrobius made an ethnonym out of the Greek word *ligyros*, meaning "ringing, shrill, high-pitched" – i.e., a characterisation of the people taking part in the rite. That was a place where oracles were also received, and those who had to make the prophesies drank large quantities of undiluted wine, just as those who gave prophesies in Apollo's sanctuary in Klaros drank a lot of water.

The sacral centre described by Macrobius can also be associated with a fragment, also ascribed to Aristotle, about a "large and beautiful sanctuary of Dionysos" in Krestonia near the lands of the Bisaltai, where "the festivities and the sacrifice took place." According to the text, the deity sent prophesies for abundant crops there. When he decided to grant fertility, a big light of fire appeared and was seen by all who lived in the neighbourhood. If the light did not appear, this meant that the year would not be fertile.

Six centuries after Herodotus and three centuries before Macrobius, Gaius Suetonius Tranquillus narrated about a sanctuary of Dionysos in Thrace, in which oracles were given about the destinies of Octavianus Augustus and of Alexander III the Great. In the sacred forest of Liber (Dionysos) the priests prophesised according to a "barbarian custom" to Gaius Octavius that his son would become the master of the world. The flames of the wine poured into the fire in the altar rose to the skies. Suetonius adds that only Alexander the Great received such an oracle when he performed a sacrifice there.

Other narratives about the life of Alexander and Augustus do not mention the oracles from the Thracian sanctuary. It is possible that the Macedonian and Octavian's father were never

към висините. Представата обаче за него в Тракия като място, където велики властници свещенодействат, за да се допитат до бога за бъдещето, е позната в Рим, след като Светоний я включва в биографията на първия император.

Век след това Дион Касий разказва, че Марк Лициний Крас отнема святото място от бесите и го предоставя на съюзниците си – одриси. Може да се допусне (независимо че древният автор не съобщава изрично), че беският жрец на Дионис Вологез повежда въстанието срещу римляните именно от това място. Фактът, че то е подкрепено и от други траки и сблъсъците с римляните се проточват почти година, подсказва невъзможността на бунтовниците да свържат посредничеството с върховния бог с други жреци освен с беските.

За Макробий Аполон и Дионис са двата образа на тракийския Сабазий, богът, който въплъщава единството на двете начала в Космоса – соларното и хтоничното, в аристократизма на вярата, следвана от масовата народна обредност. Той остава без митология дори през римската епоха, когато благодарение на римската войска култът му прониква и в западните провинции.

За разлика от Загрей обаче Сабазий има изображения, макар че до единна иконография не се достига. Един от разпространените образи е брадат мъж с фригийско облекло, с жезъл в едната ръка и с пиниева шишарка в другата. Върхът на жезъла завършва с благославяща ръка. По-късно жестът е наречен бенедикцио латина. Богът е представян в обкръжението на змия, орел, овен и други животни и различни

there and the fire never loomed high during the night to blaze their path to the top. However, the notion about it in Thrace as a place where great rulers performed sacred acts so as to ask the god about the future was known in Rome after Suetonius included it in the biography of the first emperor.

Cassius Dio narrated a century later that Marcus Licinius Crassus deprived the Bessi of their sacred place and offered it to his allies: the Odrysae. It can be assumed (although the ancient author does not mention it specifically) that the Bessic priest of Dionysos, Vologezes, led the uprising against the Romans precisely from that place. The fact that it was supported by other Thracians and that the clashes against the Romans lasted for nearly a year suggests the inability of the rebels to associate the mediation with the supreme deity with any other priests except those of the Bessi.

For Macrobius, Apollo and Dionysos were two images of the Thracian Sabazios, the god incarnating the unity of the two beginnings in the Cosmos – solar and chthonian – in the aristocratism of the faith, followed by the mass folk ritual practices. He remained without a mythology even during the Roman Age, when owing to the Roman army his cult penetrated into the western provinces as well.

However, unlike Zagreus, Sabazios had images, although no unified iconography was achieved. One of the widespread images was a bearded man in Phrygian clothes holding a sceptre in one hand and a pinecone in the other. The sceptre ends on top with a blessing hand – a gesture later called *benedictio latina*. The god is usually depicted surrounded by a snake, an eagle, a ram and other animals, as well as different symbols. They, as well as

150

символи. Те, както и Великата богиня с дете в скута са някои от многото представяния, моделирани върху Сабазиевата ръка, която сама по себе си се превръща в проявление на бога. Тя е изработена найвече от метал и кост. Върховенството на Сабазий като бог, който въплъщава в себе си всеобхватността на Космоса, води до синкретизирането му със Зевс и Юпитер.

В южнодунавските земи са открити повече от двадесет паметника и посвещения на бога, като по-голямата част са от римската провинция Тракия. Един от найинтересните е релефът от Филипополис (дн. гр. Пловдив) с негово изображение като космократор. Сабазий е обкръжен от други богове и полубогове, а под него е представен конник в галоп надясно. Освен това тракийският Херос, конният бог на траките през римската епоха, също е представян в някои паметници с вдигната ръка с характерния Сабазиев жест и понякога носи епитета „бог на предците".

От бронзовата епоха насетне са документирани немалко светилища с кръгла форма и с един вход, градени от големи камъни без спойка, по-късно – от дялани блокове. Центърът на кръга е означен понякога с камък, вероятно олтар, с висок мегалит или дори с долмен или със съд от скъпоценен метал. Засега обаче няма сигурно локализирано светилище, което с голяма вероятност да се посочи като знаменития Дионисов храм, споменат от Херодот и свързан по-късно със Сабазий, т.е. с този, който обозначава дуалния върховен бог на траките, който е Син-Слънце (Хелиос, Аполон) и Син-Огън (Дионис, Загрей, Вакх) на Великата богиня-майка.

the Great Goddess with a child on her knees, were among the many images modelled on the hand of Sabazios, which in itself turned into a manifestation of the god. The hand was made predominantly of metal or bone. The supreme position of Sabazios as a god incarnating the all-encompassing nature of the Cosmos, resulted in his syncretisation with Zeus and Jupiter.

More than twenty monuments and votive inscriptions to the deity have been found in the southern Danubian lands, most of which came from the Roman province of Thracia. One of the most interesting among them is the relief from Philippopolis (present-day Plovdiv) where he is depicted as *kosmokrator*. Sabazios is surrounded by other gods and demi-gods, and below him there is a horseman galloping to the right. Moreover, the Thracian Heros, the god on horseback of the Thracians during the Roman Age, was often presented in some monuments with a raised hand in the characteristic Sabazios gesture, and he sometimes bears the epithet "god of the ancestors."

Many sanctuaries have been documented from the Bronze Age onward: round, with one entrance, built of large stones without mortar, and later of hewn stone blocks. The centre of the circle was sometimes marked with a stone, probably an altar, with a high megalith, or even with a dolmen or with a vessel made of precious metal. For the time being, however, there is no reliably localised sanctuary that can be indicated with a high degree of probability as the famous temple of Dionysos, mentioned by Herodotus and subsequently associated with Sabazios, i.e., with the deity denoting the dual supreme god of the Thracians, who is the Son-Sun (Helios, Apollo) and Son-Fire (Dionysos, Zagreus. Bacchus) of the Great Goddess-Mother.

2.4. ОРФЕЙ

В културната памет на човечеството е съхранен образ, който неизменно се свързва със знанието, носено от светлината и даряващо безсмъртие, с предаването му на достойните чрез музиката и ритмизираните свещени слова, с профета, убит мъченически заради своята вяра, със съпружеската любов, която може да накара мъжа да отиде в Отвъдното заради любимата. Елините го наричат Орфей тракиеца и с това име той и до днес вдъхновява хората на духа и подвластните на музите.

В писаната история Орфей „влиза" с определението блестящоизвестния, споменато за пръв път в началото на VI в. пр.Хр. от Ибик. Освен това свидетелство, което недвусмислено подсказва, че по това време името е вече утвърдено и широко известено, върху един релеф от светилището в Делфи се вижда образът на Орфàс, както гласи надписът, идентифициращ учителя по безсмъртие.

Певецът е показан с брада, както личи и от едно друго изображение от втората половина на VI в. пр.Хр., което достига до нас. Върху чернофигурен съд най-вероятно е изобразен пак Орфей, с дълго наметало, да свири на китара пред слънчев диск. По-късно той е рисуван от елините голобрад, дори когато е облечен с тракийски дрехи. По този начин чрез изкуството образът му постепенно се елинизира и се доближава до Аполоновия тип певец.

Певецът с лира или китара в ръка, който седи на скален връх, има огромно значение за царя-жрец на Пилос, защото именно той нарежда да изографисат в тронната зала на двореца фигурата на музикант, който се намира на възвишение, свири на лира и проследява с поглед отлитането на голяма бяла птица. Още при откриването

2.4. ORPHEUS

The cultural memory of humankind has preserved an image that is invariably connected with the knowledge brought by light and granting immortality, with its passing on to those worthy to receive it through music and the rhythmic sacred words, with the prophet who suffered a martyr's death for his faith, with the love of a husband that could make a man go to the World Beyond for his beloved wife. The Greeks call him Orpheus the Thracian, and he inspires to this day people of the spirit and those who are under the spell of the muses.

Orpheus "entered" written history with the definition "brilliantly famous" that was mentioned for the first time in the early 6th century BC by Ibykos. In addition to that evidence, which indisputably suggests that the name was already famous at that time, the image of Orphàs appeared on a relief from the sanctuary in Delphi and the inscription identifies the teacher of immortality.

The singer is presented with a beard, as can also be seen from another image from the second half of the 6th century BC, which has survived to our times. Maybe again Orpheus is depicted on a black-figured vessel, wearing a long cloak and playing the guitar before a solar disc. The Greeks later depicted him beardless, even when he wore Thracian clothes. In this way, his image was gradually Hellenised through art and came closer to the Apollo-type singer.

The singer with a lyre or guitar in his hand, sitting on a rocky mountain peak, was of enormous importance to the king-priest of Pylos, because it was he who gave orders for the figure of a musician on a promontory, playing the lyre and watching the flight of a large white bird departing into the distance, to be painted in the throne hall of the palace.

153

*Скално светилище в района на с.
Йончево, Източни Родопи*

*Rock sanctuary from the area of the village of
Yonchevo, Eastern Rhodope Mountains*

на фреската от микенската епоха (XVI–XII в. пр.Хр.) изображеният е обявен за най-древния образ на Орфей. Идеята за него като цар-жрец е предадена от Еврипид (V в. пр.Хр.), който го назовава ванакс – владетелска титла от същото време.

Името на Орфей принадлежи на най-стария пласт на известните от древността имена в Югоизточна Европа, но не е споменато в Омировите поеми "Илиада" и "Одисея". Вероятно етимологията му произлиза от цвета òрфнинос (òrphninos), който се получава от смесването на червено, черно и бяло и се споменава в "Аргонавтика" на Аполоний Родоски. С такъв цвят, който сега се нарича пурпурен, е наметалото на Орфей мага, когато извършва кървави жертвоприношения и забърква магическите билки в бронзов съд заедно с магьосницата Медея.

Мощната му фигура на магьосник от "Аргонавтика"-та, който извършва кърваво-огнено жертвоприношение, удря бронзов съд и запява омайна песен, за да укроти зловещата богиня, пазеща вратата към дъба, където е окачено вълшебното златно руно, не се покрива с миловидния голобрад певец от елинските вази, който не може да се защити от бесуващите жени. Той успява да подчини на волята си дори Артемида – пазителката на портата, и дракона.

Според писмената традиция Орфей е основател на Дионисовите, Елевзинските и Самотракийските мистерии, на астрологията и се слави с чудотворство. В древните свидетелства се говори и за учредени от него култове и ритуали, за написани поеми и книги. Почитан е и като един от мъдреците на света. За него се разказва още, че учи в Египет и овладява майсторството на магическите ритмизирани слова от Идайските Дактили – демоните-спътници на Великата богиня-майка, които изо-

Even when the fresco from the Mycenaean Age (16th-12th century BC) was discovered, the depicted individual was defined as the most ancient image of Orpheus. The idea about him as king-priest was conveyed by Euripides (5th century BC), who called him *"wanax"* – a dynastic title of that time.

The name of Orpheus belongs to the oldest layer of names known since ancient times in Southeastern Europe, but it has not been mentioned in Homer's poems *The Iliad* and *The Odyssey*. Its etymology is probably derived from the colour *òrphninos*, obtained by mixing red, black and white, and it is mentioned in *Argonautica* by Apollonius Rhodius. That colour, which is now referred to as purple, was the colour of the cloak of Orpheus the Magus when he performed blood sacrificial rites and mixed his magic herbs in a bronze vessel together with the sorceress Medea.

His powerful figure of a magician from *Argonautica*, who performed sacrifices with blood and fire, beat a bronze vessel and sang an enchanting song so as to pacify the sinister goddess guarding the gate to the oak-tree on which the magic Golden Fleece was hung, hardly matched the image of the likable beardless singer on the Greek vases, who was unable to protect himself from the frenzied women. He succeeded in subordinating to his will even Artemis who was guarding the gate and the dragon.

According to written tradition, Orpheus was the founder of the Dionysian, Eleusinian and Samothracian mysteries, as well as of astrology, and he was famous for the miracles he performed. The ancient sources mention cults and rituals initiated by him, as well as unwritten poems and books. He was also worshipped as one of the wise men of the world. It is also said about him that he had studied in Egypt and had mastered the magic rhythmicised words from the *Idaen Dactyls* – the daimons-

бретяват изкуствата. Според Диодор (I в. пр.Хр.) в Египет Орфей довършва обучението си особено в областта на теологията и на мистериалните практики. Тази е традиционната представа на елините за придобиването на знание и мъдрост оттам. В същото сведение обаче трябва да се види и кодирането на вярата в Слънцето-бог, която към средата на II хилядолетие пр.Хр. е водеща в земята на р. Нил.

Античните и средновековните автори знаят, че Орфей е по-древен от героите в Троянската война. До нас достига надпис от о. Парос (264/263 г. пр.Хр.), където се изброяват легендарните събития, които водят до учредяването на Елевзинските мистерии. Според тях „историческият" Орфей живее през XIV в. пр.Хр., датировка, посочена и в лексикона Суда (X в.). Всъщност писмените свидетелства стандартизират представата за исторически тип култура и поведение, присъщи на нелитературните общности в Югоизточна Европа и преди всичко на траките. Според обобщението на Павзаний (II в.) има два Орфея: по-древният – Орфей тракиеца, и друг – поет-певец, който според сегашната терминология може да се нарече културен герой.

За древните Орфей е тракиец, а не елин и не произхожда от която и да е друга източноевропейска, островно-средиземноморска или западноазиатска „родина". Връзката му с музите митологически преподчертава този му произход. Тракия е смятана за "страна на мъдростта", защото според елинската визия "северът е посоката на мъдростта". На север в Тракия и отвъд нея се разпорежда Синът на Великата богиня-майка в слънчевия си образ – хиперборейският Аполон, олицетворение на светлото прозрение, докато неговият син и ученик Орфей се превръща в учител по познание, т.е. в наставник по безсмъртие,

companions of the Great Goddess-Mother, who invented the arts. According to Diodorus (1st century BC), Orpheus completed his studies in Egypt predominantly in the sphere of theology and of the mysterial practices. That was the traditional knowledge of the Greeks about the acquiring of knowledge and wisdom from there. However, it is necessary to see in that same evidence also the encoding of the faith in the Sun-god, which was a leading faith in the lands along the Nile around the middle of the second millennium BC.

The ancient and the medieval authors knew that Orpheus was more ancient than the heroes in the Trojan War. An inscription from the Island of Paros (264/263 BC) has survived to our days, listing the legendary events that led to the founding of the Eleusinian mysteries. According to them, the "historical" Orpheus lived in the 14th century BC – a dating also cited in the *Suda* lexicon (10th century). In fact, the written evidence standardises the notion about the historical type of culture and behaviour that were inherent to the non-literary communities in Southeastern Europe, and above all of the Thracians. According to the generalised comment of Pausanias, there were two Orpheuses: the more ancient one – Orpheus the Thracian, and another one – a poet singer, who can be referred to as culture hero in the context of the current terminology.

For the ancient people Orpheus was a Thracian and he did not originate from any other Eastern European, Mediterranean island or Asia Minor "fatherland." His links to the muses reconfirms that origin of his in mythological terms. Thrace was considered to be the "land of wisdom" because according to the Hellenic vision "north is the direction of wisdom." The Son of the Great Goddess-Mother controlled Thrace in the north and beyond it in his solar image: the Hyperboreal

самият той безсмъртен след преминаването си в Отвъд.

Литературната старогръцка традиция митологически обработва образа на тракийските царе-жреци – прототипи на Орфей, но не достига до единна версия, която да се наложи над останалите. Самият Орфей е отнасян към различни райони, населявани от траки – Орфей от Лейбетра в Пиерия, Орфей киконецът и одриският Орфей. В мито-легендите той е син на Аполон или на тракийския речен бог Оеагър (внук на Аполон) и на муза, най-често Калиопа. По този начин се подчертава не само връзката му със слънчевото божество и със светлината, но и с изкуствата и директно се обявява, че по рождение той е с по-висок статут от последователите си.

Достигналите до нас генеалогии са опит за историзиране на фолклорни разкази за битието на тракийски царе-жреци-магове, които обучават и посвещават с музика и припявани свещени текстове. Явно сведенията, които са известни на животописателите са достатъчно странни и дори куриозни за техния светоглед, за да се оформи представата за Орфей тракиеца.

След Омировата епоха в резултат на образуването на колонии по Егейското и по Пропонтийското крайбрежие елините влизат в икономически, политически и културни взаимодействия с живеещите там траки, контактуват с тях и се стремят да си обяснят различните от техните вярвания, обреди, герои, идеи. Наблюдаваната религиозност и чутите разкази оформят представите им за убийството и погребението на певеца и за тракийския му произход. През VI в. пр.Хр. устните предания и визии са вече обработени митографски и в писмените свидетелства на лириците се появява образът на Орфей – едновременно син на Аполон и на Оеагър.

Apollo, incarnation of the bright insight, while his son and student Orpheus became a teacher of knowledge, i.e., an instructor of immortality, being himself immortal after stepping into the World Beyond.

The literary ancient Greek tradition subjected the image of Thracian kings-priests, prototypes of Orpheus, to additional mythological processing, but failed to reach a unified version that would prevail over the rest. Orpheus himself has been attributed to different areas inhabited by Thracians: Orpheus from Leibethra in Piereia, Orpheus the Kikonian, and the Odrysian Orpheus. In the myths and legends he is the son of Apollo or of the Thracian river god Oiagros (grandson of Apollo) and of a muse, most often Kalliope. This emphasises his links both to the solar deity and to light, as well as to the arts, and announces directly that he had higher status by birth than his followers.

The genealogies that have survived to our times are an attempt at historical rendering of folkloric narratives about the life of kings-priests-magi, who taught and initiated with music and with chanted sacred texts. Apparently, the information known to the biographers was sufficiently strange and even curious for their world outlook to help them form the idea about Orpheus the Thracian.

After Homer's times, as a result of the formation of colonies along the Aegean and Propontis coasts, the Greeks engaged in economic, political and cultural interactions with the Thracians living there, they had contacts with them and tried to find explanations for their different beliefs, rites, heroes and ideas. The observed religiousness and the stories heard shaped their notions about the singer's murder and burial, and about his Thracian origin. Oral legends and visions were already processed mythographically in the 6th century BC, and the image of Orpheus appeared in

157

Според запазените фрагменти от трагедията "Басариди" на Есхил (VI в. пр.Хр.) певецът, седнал на скалист връх, за да слави своя бог, и разкъсан от тракийските жени, е вече широко известен. Орфей не почита Дионис, казва Есхил, и смята за най-велик от боговете Хелиос, когото нарича Аполон. Той става през нощта и се качва на свещената планина Пангей, където дочаква изгрева, за да види Хелиос. Разгневеният Дионис изпраща басаридите. Те го разкъсват и разпръскват частите на тялото му, а музите ги събират и погребват при град Лейбетра.

Този разказ отразява времето преди Делфийската реформа, също приписвана на Орфей, която обединява двете божествени начала – Аполоновото (слънчевото) и Дионисовото (хтоничното). В по-късните извори причината за убийството на Орфей от тракийските жени е нежеланието му да ги допусне до тайнствата, на които учи мъжете в специално изградена постройка.

Сократ, Ксенофонт и Платон говорят за две Афродити – Небесната и Простолюдната. За всяка от тях съществуват олтари и храмове. Жертвоприношенията за Простолюдната са по-нечисти, докато за Небесната са по-светли. Простолюдната праща плътската любов, а Небесната – любовта към душата, приятелството и добрите дела. Небесната Афродита е орфическата богиня на Любовта – извечната енергия, която сътворява Света, тя е и богинята на Орфеевата любов.

В културната памет на човечеството остава митът за слизането на Орфей в подземния свят. Там ходят и се връщат и други герои, дори Дионис, но той е символът на успелия да подчини подземните богове на волята си. Историята за омайването на Хадес и Персефона от него е любим сюжет на вазописците в Апулия – Южна Италия.

the written sources of the lyrical poets as being simultaneously the son of Apollo and of Oiagros.

According to the preserved fragments from the tragedy *Bassaridae* by Aeschylus (6th century BC), the singer, seated on a rocky mountain peak to praise his god and dismembered by the Thracian women, was already extensively known. According to Aeschylus, Orpheus did not worship Dionysos and considered Helios, whom he called Apollo, to be the greatest among the gods. He got up during the night and climbed to the sacred Pangaion Mountain, where he waited for the sunrise so as to see Helios. The angered Dionysos sent the Bassaridae who dismembered him and scattered the parts of his body, whereas the muses gathered them and buried then near the city of Leibethra.

This narrative reflects the time prior to the Delphi reform, also attributed to Orpheus, which unites the two beginnings: of Apollo (solar) and of Dionysos (chthonian). Later sources seek the reason for the murder of Orpheus by the Thracian women in his reluctance to give them access to the mysteries that he taught to the men in a specially designed building.

Socrates, Xenophon and Plato speak about two Aphrodites: Aphrodite Urania and Aphrodite Pandemos. There were altars and temples for each of them. The sacrificial offerings to Aphrodite Pandemos were less pure, while those to Aphrodite Urania were lighter. Aphrodite Pandemos sent love of the flesh, whereas Aphrodite Urania sent love of the soul, friendship and good deeds. Aphrodite Urania was the Orphic Goddess of Love – the eternal energy that creates the world, and she was also the goddess of Orpheus' love.

The cultural memory of humankind has preserved the myth about the descent of Orpheus into the Nether World. Other heroes also went there and came back, even Dionysos,

Релеф с изображение на Сабазий от Филипополис (дн. Пловдив), II-III в.

Relief with the image of Sabazios from Philippopolis (present-day Plovdiv), 2nd-3rd century

Орфей, заобиколен от животни, подова мозайка от римската епоха, Палермо

Orpheus surroundend by animals. Ancient Roman floor mosaic from Palermo

159

Според преданието Орфей не успява да си върне Евридика. Сочени са две причини. Едната е недоверието към боговете, които може би го излъжат и му се присмиват, докато той върви по обратния път и вярва, че съпругата му крачи зад него. Другата – силната страст да я зърне.

В по-архаичните версии на мито-разказа обаче Орфей успява да изведе своята любима от царството на смъртта. Запазено е само едно сведение, според което той употребява силата си за отмъщение и то е свързано с обичта му. Според известието певецът убива Арестей – митологически елински герой, тъй като, докато бяга от ухажванията му, Евридика е ухапана от змия.

Отиването и връщането на Орфей от царството на мъртвите е мистериален акт. Неговата сила е в напяваните думи – свещени формули, без които е невъзможен тайнственият обред. Извън него те са безсмислени и дори могат да са нравствено вредни. Древният разказ за учителя, който преодолява границите на световете и връща към живот, също не отговаря на етичните норми, утвърждавани в градовете-държави и в подредената римска държава. В гръко-римския свят това право е оставено само за боговете.

Тракийските царе-служители на бога Син на Великата богиня-майка събират последователите си в изолирани помещения, в затворени светилища и дори в подземни зали. Там владетелят, който е и вярваният "жив Орфей", учителят в познанието за безсмъртност, посвещава мъже аристократи, без оръжия, облечени в бели ленени одежди. Те се учат да мълчат и да се уповават в силата на вечната интелектуална енергия. Участниците в тези затворени мъжки аристократически общества се възвисяват към бога, за да се слеят с неговата енергия и да станат безсмъртни.

but he is the symbol of someone who had succeeded in subordinating the chthonian gods to his will. The story about the enchanting of Hades and Persephone by him is a favourite theme of vase-painters in Apulia in Southern Italy. According to the legend, Orpheus was unable to bring back his Eurydice. Two reasons are cited for this: one was his suspicion that the gods were maybe cheating and mocking him while he was going back and believing that his wife was walking behind him, and the other one – his strong desire to catch a glimpse of her.

However, Orpheus managed to take his beloved out of the kingdom of death in the more archaic versions of the mythical narrative. Only one evidence has been preserved, according to which he used his power for revenge, and it is connected with his love. According to that information, the singer killed Aristaeos, a mythological Greek hero, because while Eurydice was running away from his love pursuits, she was bitten by a snake.

Orpheus going to and returning from the kingdom of the dead is a mysterial act, his power was in the chanted words – sacred formulae without which the sacred rite would have been impossible. The words have no meaning outside the rite, and they can be even morally harmful. The ancient narrative about the teacher who surmounted the boundaries of the world and came back to life similarly did not correspond to the ethical norms endorsed in the city-states and in the ordered Roman state. In the Graeco-Roman world that was left only to the gods.

The Thracian kings-servants to the Son of the Great Goddess-Mother gathered their followers in isolated chambers, in closed sanctuaries and even in underground halls. It was there that the ruler, who was believed to be the "living Orpheus", the teacher of the

160

Сведенията за въздържанието на орфиците не са много. От пасаж на Еврипид става ясно, че траките орфици се хранят с „недишаща храна", т.е. те са вегетарианци, и са капнобанти („хранят се с дим"), т.е. посветени са в неуловимото. Идеята за въздействието на различните храни и напитки върху човека се приписва на Аполон/Орфей и на Пеон, след това на Асклепий и на Питагор. Още Омир съобщава за общества на посветени (справедливи), между които са и абиите – най-рано засвидетелстваното в текстовете мъжко орфическо общество, чиито членове носят меч и чаша – царски инсигнии.

От тракийския език, един от най-дълго просъществувалите древни индоевропейски езици, е запазена думата зибютидес (zibythides), която е прозвище за високопоставени аристократически кръгове в европейска и в малоазийска Тракия. Засвидетелствани са още траките ктисти (ktistai), които, според коментара на Страбон (I в. пр. Хр.– I в.) са смятани за свещени. Те живеят без жени и в пълно въздържание на тялото и духа. Авторът ги сравнява с "благочестивите мизи", т.е. със северните траки, които не употребяват за храна живи същества, а мед, мляко и сирене.

Ктисти е едно от названията на затворените мъжки общества от благородници, въведени в орфическите мистерии. Правилата за въздържание на посветените, изглежда, са спазвани до много късно време, след като Страбон разказва и за жреца Декеней, който внушава да се изкоренят лозята, а даките започват да живеят без вино. Декеней живее по времето на Буребиста, продължава древният географ, пътува до Египет, където се научава да предрича божествената промисъл и е обявен за бог, както преди него Залмоксис.

Благодарение на художници на вази от V в. пр.Хр. от областта Атика до нас дости-

knowledge about immortality, initiated male aristocrats, unarmed and dressed in white linen clothes. They were taught to be silent and to believe in the power of the eternal intellectual energy. The members of these closed male aristocratic societies rose to the god to fuse with his energy and to become immortal.

The information on the abstinence of the Orphics is scanty. From a passage in Euripides it becomes clear that the Thracians-Orphics ate "non-breathing food," i.e., they were vegetarians, and they were *kapnobatai* ("feeding on smoke"), i.e., they were initiated in the intangible. The idea about the effect of the various foods and beverages on man is ascribed to Apollo/Orpheus and to Paion, and then to Asklepios and to Pythagoras. Even Homer reports about the existence of societies of initiated (just) individuals, among whom were also the Abioi – the earliest attested male Orphic society, whose members carried the royal insignia: sword and cup.

The word *zibythides* – a name for high-ranking aristocratic circles in European and Asia Minor Thrace – has been preserved from the Thracian language, one of the longest existing Indo-European languages. The Thracians Ktistai have also been attested, who were believed to be sacred, according to Strabo's comment (1st century BC – 1st century AD). They lived without women and in total abstinence of body and spirit. Strabo compared them to the "chaste Moesians", i.e., to the northern Thracians who did not use living creatures for food, living on honey, milk and cheese.

Ktistai is one of the names of the closed male societies of aristocrats initiated in the Orphic mysteries. It seems that the abstinence rules for the initiated persisted until a very late time, because Strabo also narrates about the priest Dekaneios who suggested that the vineyards need to be eradicated and the Dacians

161

Орфей, заобиколен от животни, глинена матрица от Павликени, римски период

Orpheus surrounded by animals, clay matrix from Pavlikeni, Roman period

Метоп от съкровищницата на Сикион в Делфи с изображение на Орфей, първата половина на VI в. пр.Хр.

Metope from the treasure house of Sicyon in Delphi with an image of Orpheus, first half of the 6th century BC

Чернофигурен лекит с изображение на певец, интерпретиран като Орфей, вероятно ок. 580 г. пр.Хр.

Black-figured lekythos featuring the image of a singer interpreted as Orpheus, approximately 580 BC

Паница с изображение на седящ брадат музикант, вероятно Орфей, втора половина на VI в. пр.Хр.

Plate with the image of a seated bearded musician, probably Orpheus, second half of the 6th century BC

Кантарос от Вълчитрънското съкровище, втората половина на II хилядолетие пр.Хр.

Kantharos from the Vulchitrun treasure, second half of the second millennium BC

Гобеле от съкровището от с. Рогозен, Врачанско, IV в. пр.Хр., и неговото дъно

Goblet from the silver treasure from the village of Rogozen, Vratsa district, 4th century BC, and its bottom.

гат тридесетина фрагмента с образа на Орфей. Той седи на висока скала с лира или китара в ръце и пее свещени слова пред заслушани тракийски воини, наметнати със зейрии, с алопекс (тракийска шапка от лисича кожа) на главите и с по две копия в ръка. Музиката е магическо изкуство, чрез което се извършва общуването с космическата енергия, т.е. с боговете. Поради тази причина Орфей овладява и укротява живата и мъртвата природа и подчинява на волята си страшната Артемида – пазителка на медните порти, и дори боговете на подземното царство Хадес и Персефона.

В древната писмена традиция не се говори за орфизъм, а за "поеми от Орфей" или "приписани на Орфей" и за култове, ритуали и мистерии, "учредени от Орфей". Литературно-философското предпочитание към метафоричния образ на певеца в качеството му на учител за същността на Космоса, боговете и хората се дължи на тракийската вяра-обредност, опозната и описана от елинските поети и писатели. Тя е отправена към бога – Сина на Великата богиня-майка, в двата му образа – земен и слънчев, и се крепи на упованието, че той "умира разкъсан", за да се роди наново и за да постави началото на всички небесни, природни и човешки цикли на смъртта и възраждането.

Такъв е тракийският Загрей-Дионис – богът на Орфей. Ето защо в елинския мит поетът-прорицател също е разкъсан като него от тракийки-вакханки, свещенослужителки на Дионис, за да изживее страданието му. Жриците са татуирани, за да се разпознае отговорността и вината им, както казват древните автори. Упованието в новото раждане превръща Орфей в антроподемон (богочовек), който придобива безсмъртие, без да е божествен по естеството си.

need to start living without wine. The ancient geographer went on to narrate that Dekaneios lived at the time of Burebista, he travelled to Egypt where he learned to prophesise the divine wisdom, and he was proclaimed god, just as Zalmoxis before him.

About thirty fragments with the image of Orpheus have survived to this day owing to 5th century BC vase-painters from the area of Attica. He is sitting on a high rock, holding a lyre or a guitar in his hands, and he is chanting sacred words to the intensely listening Thracian warriors with *zeiras* thrown over their shoulders, with *alopekes* (Thracian foxskin hat) on their heads and holding two spears each. Music was the magical art through which the communication with the cosmic energy, i.e., with the gods, took place. Hence Orpheus mastered and pacified living and non-living Nature, subordinating to his will the awe-inspiring Artemis – the guardian of the copper gates, and even the gods of the chthonian kingdom Hades and Persephone.

The ancient written tradition does not talk about Orphism, only about "poems by Orpheus" or "attributed to Orpheus", as well as about cults, rituals and mysteries "initiated by Orpheus." The literary-philosophical preferences for the singer's metaphoric image in his capacity of teacher on the nature of the Cosmos, gods and people is due to the Thracian faith-ritual as understood and described by Hellenic poets and writers. It is addressed to the god, the Son of the Great Goddess-Mother in his two images – chthonian and solar – and it is based on the firm belief that he "dies dismembered" so as to be reborn and to start all celestial, natural and human cycles of birth and resurrection.

Such is the Thracian Dionysos-Zagreus – the god of Orpheus. This is why, in the Greek myth the poet-oracle is also dismembered like him by Thracian women-Bacchae, priestesses

Скално светилище Белинташ, Пловдивско

Belintash rock sancruary, Plovdiv region

*Каничка от съкровището от с. Рогозен,
Врачанско, IV в. пр. Хр.*

*Jug from the treasure in the village of Rogozen
near Vratsa, 4th century BC*

Антроподемонът е "посредник" между хората и божествата, но неговото посредничество не е физическо. То е интелектуално и нравствено, за да отнася молбите на смъртните и за да им донася посланията на безсмъртните. По този път се оформя и образът на другия учител в орфическата вяра в безсмъртието – Залмоксис. Царете-жреци, наставници в щастливото следсъществуване, схващани като синове на Великата богиня-майка и на нейния Син-Слънце/Огън, са равнозначни във вярата на единния бог, поради което за древните набюдатели Орфей и Залмоксис също са богове.

2.5. ЗАЛМОКСИС

и още Салмоксис. Най-ранният и най-колоритният разказ за него се отнася за края на VI в. пр.Хр. и се намира у Херодот. Ето и целият текст:

"Те (гетите) обезсмъртяват по следния начин. Те мислят, че не умират, но че починалият отива при бога Залмоксис. Някои от тях наричат него същия и Гебелейзис. Всеки четири години те изпращат едного, избран помежду им по жребий, като вестител при Залмоксис и му поръчват това, от което всеки път се нуждаят. Пращат го по следния начин: едни от тях, отредени за това, държат три копия, а други улавят пратеника до Залмоксис за ръцете и краката, размахват го във въздуха и го хвърлят върху копията; ако умре, обвиняват пратеника, като твърдят, че бил лош човек; след

of Dionysos, so that he can experience the god's suffering. The priestesses are tattooed for easy recognising of their responsibility and their guilt, according to the ancient authors. The profound belief in the new birth transformed Orpheus into an anthropodaimon who acquired immortality without being divine in his nature.

The anthropodaimon is "intermediary" between humans and deities, but his mediation is not physical. It is intellectual and moral, so that they can take the prayers of mortals and bring back the messages of the immortal. In this way, the image of the other teacher of the Orphic faith in immortality – Zalmoxis – took shape. The kings-priests, instructors in the happy after-existence, perceived as sons of the Great Goddess-Mother and of her Son-Sun/Fire, were equal in their faith in the one god, hence in the eyes of the ancient observers Orpheus and Zalmoxis were also gods.

2.5. ZALMOXIS and also SALMOXIS

The earliest and the most colourful narrative about him is dated to the end of the 6th century BC and it is in Herodotus. Here is the entire text:

"And their [of the Getae] belief in immortality is of this kind, that is to say, they hold that they do not die, but that he who is killed goes to Salmoxis, a divinity, whom some of them call Gebeleizis; and at intervals of four years they send one of themselves, whomsoever the lot may select, as a messenger to Salmoxis, charging him with such requests as they have to make on each occasion; and they send him thus: certain of them who are appointed for this have three javelins, and others meanwhile take hold on both sides of him who is being sent to Salmoxis, both by his hands and his feet, and first they swing him up, then throw

тези обвинения пращат другиго, поръчките му дават, докато е още жив. Същите тези траки стрелят с лък нагоре към небето, срещу гръмотевицата и светкавицата, с което заплашват бога, като смятат, че няма друг бог освен техния.

А както научавам от живеещите край Хелеспонта (дн. Дарданели) и Понта (дн. Черно море) елини, този Залмоксис бил всъщност човек, който бил роб в Самос на Питагор, сина на Мнесарх. След като бил освободен, спечелил си много богатство и със спечеленото се върнал у дома си. Но понеже траките водели тежък живот и били наивни, той, като познавал йонийския начин на живот и по-изтънчени нрави от тези на траките и тъй като бил общувал с елините и с не твърде слабия философ на елините – Питагор, построил си андреон (стая, зала само за мъже).

Там той приемал първите измежду гражданите, угощавайки ги, и ги учел, че нито той, нито сътрапезниците му, нито потомците им ще умрат някога, но че ще отидат на такова място, където ще живеят вечно и ще имат всички блага.

И докато вършел и разказвал тези неща, Залмоксис си строял подземно жилище. И когато то било готово, изчезнал за траките и слязъл долу в подземното си жилище, където прекарал три години. А те тъгували за него и го оплаквали като умрял. Но на четвъртата година той се явил отново на траките и така те повярвали в това, което им говорел."

Преди да пристъпя към разкриването на същността на Залмоксис, е важно да обърна внимание на неговата локализация, тъй като доскоро той се поставяше единствено в североизточните предели на страната – в земите на гетите. От едно известие на Платон обаче за тракийски лекари на божеството става ясно, че почитането

him into the air so as to fall upon the spear-points: and if when he is pierced through he is killed, they think that the god is favourable to them; but if he is not killed, they find fault with the messenger himself, calling him a worthless man, and then having found fault with him they send another: and they give him the charge beforehand, while he is yet alive. These same Thracians also shoot arrows up towards the sky when thunder and lightning come, and use threats to the god, not believing that there exists any other god except their own.

This Salmoxis I hear from the Hellenes who dwell about the Hellespont [present-day Dardanelles] and the Pontus [present-day Black Sea], was a man, and he became a slave in Samos, and was in fact a slave of Pythagoras the son of Mnesarchos. Then having become free he gained great wealth, and afterwards returned to his own land: and as the Thracians both live hardly and are rather simple-minded, this Salmoxis, being acquainted with the Ionian way of living and with manners more cultivated than the Thracians were used to see, since he had associated with Hellenes (and not only that but with Pythagoras, not the least able philosopher of the Hellenes), prepared a banqueting-hall, where he received and feasted the chief men of the tribe and instructed them meanwhile that neither he himself nor his guests nor their descendants in succession after them would die; but that they would come to a place where they would live for ever and have all things good.

While he was doing that which has been mentioned and was saying these things, he was making for himself meanwhile a chamber under the ground; and when his chamber was finished, he disappeared from among the Thracians and went down into the underground chamber, where he continued to live for three years: and they grieved for his loss and mourned for him as dead. Then in the fourth

Кантарос и детайли от него от Голямата могила при с. Дуванлий, Пловдиско, средата на V в. пр.Хр.

Kantharos and details of it from the Big Tumulus near the village of Duvanlii, Plovdiv region, mid-5th century BC

му е валидно и за областта на Югозападна Тракия и по-точно в Халкидика.

Хезихий пък твърди, че при завръщането си от о. Самос в Тракия Залмоксис попада най-напред в нейната югоизточна част. Там той "научил първите от астите" на тайните на своето учение и следователно то е популярно и в района между Аполония (дн. гр. Созопол) и Бизантион (дн. гр. Истанбул) – територията на астите. Самият Херодот пише, че това, което узнава за бога, го чува най-напред от гърците, които живеят по Хелеспонта, т.е. от тези, които обитават крайния тракийски югоизток.

Лингвистичните данни също подкрепят местонахожденията на Залмоксис. Тук трябва да се изходи от тракийската глоса (дума) "залмос", която се запазва в името му, и от съставките "салм-", "селм-", които се срещат в географски и лични имена в Гърция, принадлежат на неелински етнически слой, показват негръцки фонетични особености и се отнасят към трако-пеласгийската етнокултурна общност. Този път най-показателните примери са с местното име Салмидесос от Югоизточна Тракия и със Салмоней по отношение на крайния югозапад – един легендарен тесалийски, но очевидно предгръцки цар, чийто паралелизъм със Залмоксис се проследява чрез обичайно обредните им практики.

В тази връзка е важно и названието на планината, в която живее божеството. Според Страбон тя "се смята свещена и така я наричат: името и е Когайон". Тя сполучливо е локализирана в двуречието Прут-Серет на североизток и явно на тракийски език Когайон е преводът за "свещен". В основата на образуването на оронима стои коренът "гайон" (от Гея) – безспорна идентификация с Великата планинска богиня-майка, който намира място и в

year he appeared to the Thracians, and in this way the things which Salmoxis said became credible to them."

Before proceeding to reveal the nature of Zalmoxis, it is important to draw attention to his localisation, because until recently he was localised only in the northeastern part of present-day Bulgaria – in the lands of the Getae. However, it becomes clear from information in Plato about Thracian healers of the deity that his worshipping was also valid for the area of Southwestern Thrace, and more specifically in the Chalkidiki.

On the other hand, Hesychius claims that on returning to Thrace, Zalmoxis first came to its southeastern part. There he "taught the first among the Astai" the secrets of his teaching and hence it was popular also in the region between Apollonia (present-day Sozopol) and Byzantion (present-day Istanbul) – the territory of the Astai. Herodotus himself writes that what he learned about the god was something he heard first from the Greeks living along the Hellespontos, i.e., from those who inhabited the southeasternmost part of Thrace.

Linguistic evidence also supports the localisation of Zalmoxis. Here it is necessary to start from the Thracian gloss *zalmos* that is preserved in his name, as well as from the elements *salm-* and *selm-*, which occur in geographic and personal names in Greece. They belong to a non-Greek ethnic layer, demonstrate non-Greek phonetic characteristics and can be attributed to the Thracian-Pelasgian ethnic-cultural community. The most eloquent examples in this respect are the local name Salmydessos in Southeastern Thrace and Salmonaios in the southwesternmost part of Thrace – a legendary Thessalian king, apparently also pre-Greek, whose parallelism with Zalmoxis is traced on the basis of their customary ritual practices.

The name of the mountain in which the

169

наименованието на планината Ганос при Хелеспонта. През цялата античност тя изглежда нарицателно на Свещената планина (Хиерон орос), където одриските царе пазят хазната си, а локализацията ѝ се отнася за югоизточните тракийски земи.

Коренът "гайон" присъства и в името на прочутата планина Пангей – Пангайон, т.е. Вселемие, където се мисли, че се намира прословутото прорицалище на Дионис. Според Макробий търсеният религиозен център е разположен точно в зоната на Югозападна Тракия, и то на хълма Зилмисос – несъмнено едно реликтово означение на върховното божество – цар Залмоксис за тези територии. Впрочем какво по-подходящо място за взаимодействията на Великата богиня-майка с властелина на траките.

Ако се върнем към текста на Херодот, веднага се разбира, че древният автор отчетливо разграничава две версии за божеството. В първата той предава местния вариант на една легенда, а в другата съобщава нейната елинска интерпретация. Основното и в двете е разбирането за смъртта при траките, което поради същността на учението на Залмоксис кулминира в идеята за безсмъртието, за вечното ново раждане, т.е. за възраждането въобще.

Прави впечатление, че употребеният глагол "атанатидзо" не се използва, за да се обозначи с него вярата в безсмъртието на душата – типична за гърците. Неговият смисъл е обезсмъртявам (безсмъртствам) и ще рече, че гетите не толкова мислят, че са безсмъртни, колкото се правят безсмъртни и практикуват обредите на безсмъртието.

Да се говори, че траките-гети изповядват безсмъртието на душата фактически означава, че модерното възприемане логично съпоставя учението им с принци-

deity lived is also important in this connection. According to Strabo, it was considered to be sacred, and that is how it was called: Kogaion. It has been appropriately localised between the Prut and Seret rivers, and apparently Kogaion meant "sacred" in the Thracian language. The oronym is formed on the basis of the root *gaion* (from Gaia) – an indisputable identification with the Great Mountain Goddess-Mother, and it can also be discerned in the name of the Ganos Mountain near the Hellespontos. Throughout the antiquity it appeared to be the appellation of the Sacred Mountain (Hieron Oros), where the Odrysian kings kept their treasury, and it is localised in the southeastern Thracian lands.

The root *gaion* is present in the name of another mountain as well: the famous Pangaion, i.e., All-Earth, where the renowned sanctuary of Dionysos is believed to have been located. According to Macrobius, the sought religious centre was precisely in the area of Southwestern Thrace, moreover on Mount Zilmissos – an indisputably relict designation of the supreme deity in these territories: king Zalmoxis. Incidentally, there can hardly be a more suitable place for the interactions of the Great Goddess-Mother with the ruler of the Thracians.

If we go back to the text of Herodotus, it becomes immediately clear that the ancient author clearly distinguished two versions about the deity. In the first he narrated the local variant of a legend, and in the other he reported its Hellenic interpretation. The important thing in both versions is the understanding of death among the Thracians, which – owing to the nature of the teaching of Zalmoxis – culminated in the idea about immortality, about the eternal new birth, i.e., of rebirth in general.

It is interesting to note that the verb *athanatizo* is not used to designate the faith in

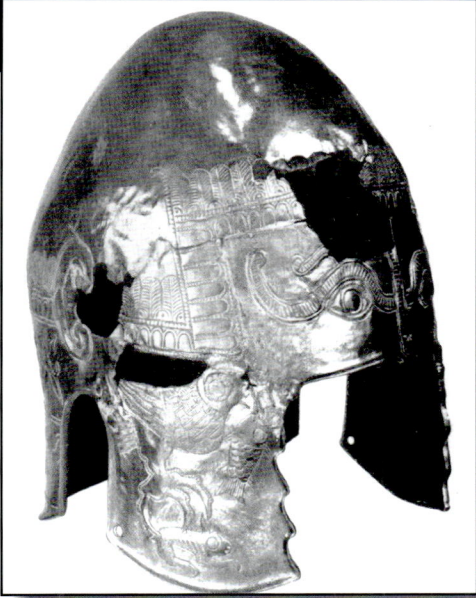

Шлем от неизвестно място (Румъния),
IV в. пр.Хр.

Helmet, unknown provenance in Romania,
4th century BC

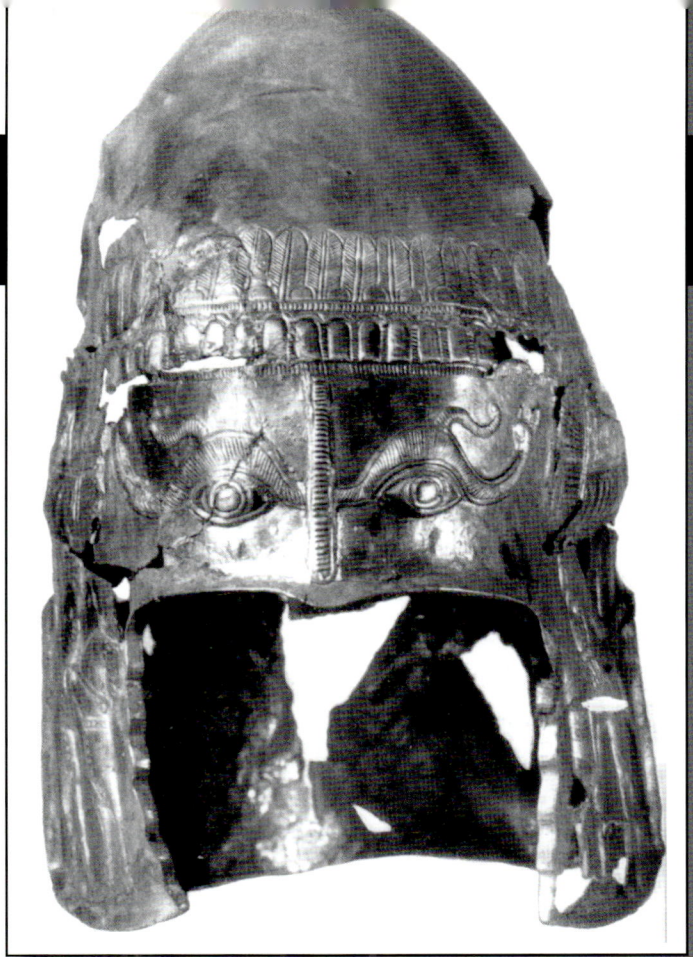

Гобеле от Аджигьол
(Румъния), средата и
втората половина на
IV в. пр.Хр.

Goblet from Agighiol (Roma-
nia), middle and second half
of the 4th century BC

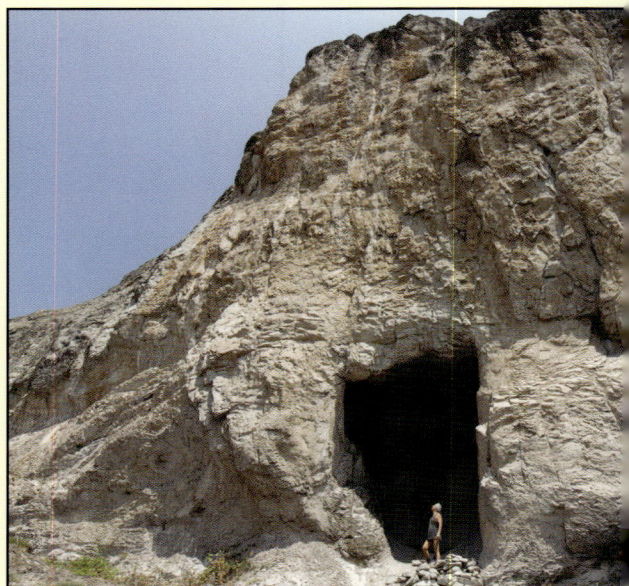

Поглед от въздуха към пещерата-светилище Саръ кая, между с. Три могили и махала Шарен нос на с. Безводно, Източни Родопи

Bird's eye view to the Sara Kaya cave-sanctuary between the Tri Mogili village and the Sharen Nos area of the Bezvodno village in the Eastern Rhodope Mountains

Гробница в могилата Голямата Косматка, Казанлъшко, IV в. пр.Хр.

The tomb in the Golyamata Kosmatka tumulus near Kazanlak, 4th century BC

Пещерата светилище
Саръ кая, Източни
Родопи

*Sara Kaya cave-sanctuary
in the Eastern Rhodope
Mountains*

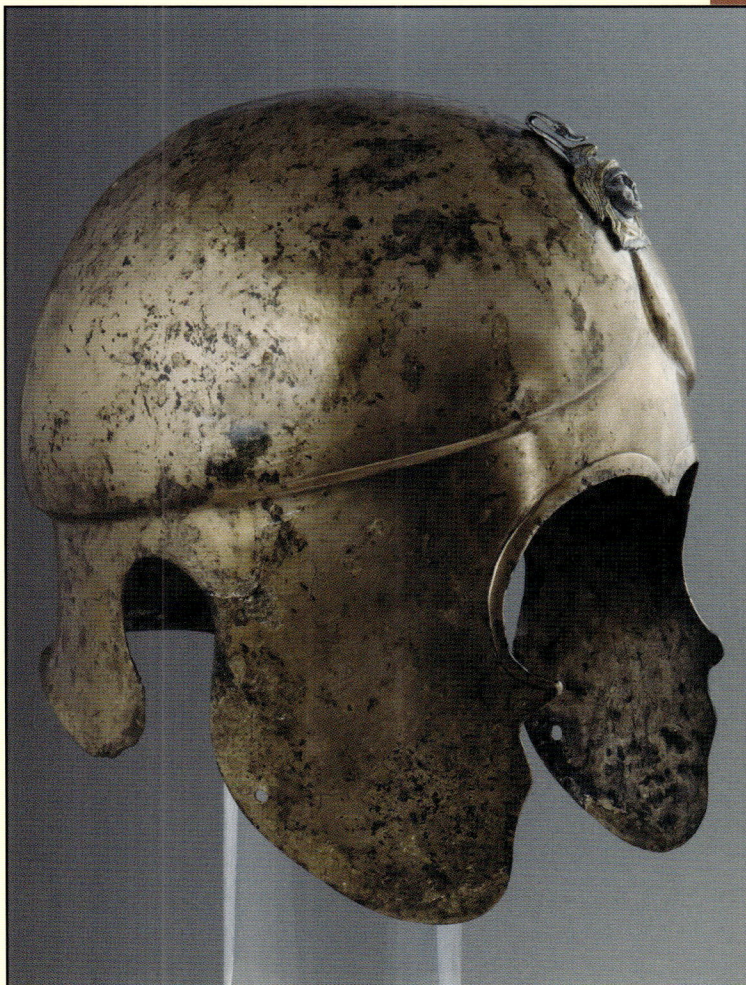

Пръстен от с. Старосел,
Хисарско, IV в. пр.Хр.

*Ring from the village of Starosel
near Hissarya, 4ᵗʰ century BC*

Шлем от гробницата Голямата Косматка,
Казанлъшко, IV в. пр.Хр.

*Helmet from the Golyama Kosmatka tomb near Kazan-
lak, 4ᵗʰ century BC*

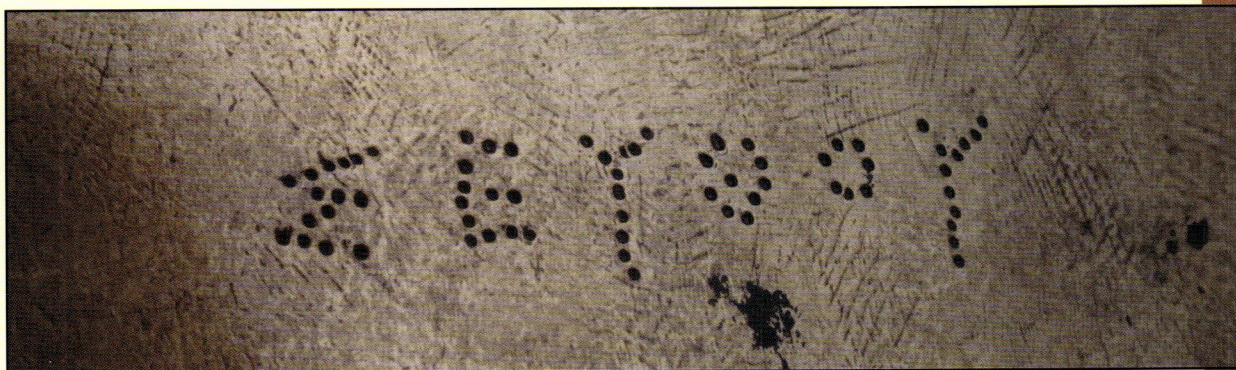

пите на сложните канони за разбиранията за душата във философско-религиозните схващания на елините и преди всичко с теорията за метемпсихозата (прераждането) – типично за Питагор и неговите последователи.

Тук трябва да се отчита обстоятелството, че Залмоксис не може да проповядва метемпсихозата дори само поради факта, че той не се явява пред съплеменниците си след четиригодишното отсъствие в подземното си жилище под друга форма. Самият процес на метемпсихоза прави невъзможно завръщането на една вече позната личност. В този смисъл не би могло и да се гостува на Залмоксис, както посочва Страбон, а неговата поява съвсем не е метемпсихозна, нито пък е метемсоматозна, след като той не приема друг образ или форма.

Най-голямото смущение в елинското мислене внася неразделността между душата и тялото в тракийското възприятие. Красноречив в това отношение е диалогът "Хармид" на Платон, в който един от тракийските лекари (жреци?!) на Залмоксис заявява, че "както не бива да се почне да се лекуват очите без тялото, така не бива да почва да се лекува и тялото без душата".

Единството на тялото и душата, тяхната неразривност и същевременно отношенията част–цяло и причина–следствие доказват за траките тоталния психосоматичен способ за безсмъртието, който включва идеята да се лекува цялото = на всичкото, а не неговите отделни части.

От значение е също, че Херодот описва два начина да се постигне безсмъртие, засвидетелства ги самостоятелно в двете версии на изложеното от него и не оставя съмнение, че ги разграничава. Според автора на едно първо равнище гетите "ми-

the immortality of the soul, which was typical of the Greeks. Its meaning is "immortalise, be immortal", hence the Getae did not necessarily think that they were immortal, but rather that they made themselves immortal and practiced the rites of immortality.

Saying that the Thracians-Getae professed immortality of the soul actually means that the modern perception logically compares their teaching with the principles of the sophisticated canons on the different perceptions of the soul in the philosophical-religious beliefs of the Greeks, and above all with the theory on metempsychosis (transmigration of the soul) that was typical of Pythagoras and his followers.

Here it is necessary to take into account the circumstance that Zalmoxis could not preach metempsychosis at least due to the fact that he did not appear before the members of his tribe in another form after his four-year absence spent in his underground dwelling. The actual process of metempsychosis makes the return of an already known person impossible. In this sense, it would not have been possible to visit Zalmoxis, as Strabo indicates, and his appearance was not a manifestation of metempsychosis or metemsomatosis, if he did not acquire another image or form.

The biggest confusion in the Hellenic thinking came from the indivisibility of body and soul in Thracian perceptions. Plato's dialogue *Charmides*, in which one of the Thracian healers (priests?!) of Zalmoxis stated that just as one should not start healing the eyes without the body, similarly one should not start healing the body without the soul.

The unity of body and soul, their indivisibility, and at the same time the relations between the whole and its parts, and between cause and effect, proved to the Thracians the total psychosomatic method of attaining immortality, which includes the idea of treating the whole = all, and not its separate parts.

слят, че не умират, а че починалият отива при Залмоксис". На второ място той съобщава как същият Залмоксис внушава, че "нито той сам, ни сътрапезниците му, нито потомците им ще умрат някога, но ще отидат на едно такова място, където ще живеят вечно и ще имат всички блага". Следователно бащата на историята засвидетелства най-общо два пътя за постигане на безсмъртие – най-малко две нива на изповядване на учението.

При това положение първият метод покрива идеята за социалната адресираност на доктрината, валиден е за всички – за масата от населението, и се свежда до постигането на убеждение във възможността за безсмъртие. Вторият метод отговаря на чисто аристократичната концепция за учението, достъпно за посветените в свещеното знание, след като Залмоксис обучава в андреона само най-първите измежду гражданите, т.е. благородническия елит. Несъмнено думата е за различни смислови равнища на внушение и на поведение. Те са и доктринално степенувани, но и са социално адресирани и показват, че учението има своята езотерична (тайна) и екзотерична (явна) страна.

Двата начина за постигане на безсмъртие поставят редица проблеми, най-вече поради отъждествяването на Залмоксис с Кронос, засвидетелствано от Мнасей и от Хезихий. Въпросът сега е как да се тълкува тракийският бог? Дали той трябва да се схваща като господар на мъртвите, за което посочената връзка е добър аргумент, или неговата природа е различна и не бива да се смесва с функциите на покровител на отвъдния свят и следователно е логично да се търси по линия на мистериите.

Принципът този път е да не се изхожда от гръцките разбирания за разликата, която съществува между божествата на

It is also important that Herodotus described two ways of attaining immortality, attesting them in the two versions of his arguments and leaving no doubt that he made a difference between them. According to that author, at a first level the Getae "hold that they do not die, but that he who is killed goes to Salmoxis." In the second place, he narrates how that same Zalmoxis suggested that "neither he himself nor his guests nor their descendants in succession after them would die; but that they would come to a place where they would live for ever and have all things good." Consequently, the Father of History most generally attests two ways of attaining immortality and at least two levels of professing the teaching.

Consequently, the first method covers the idea of the social targeting of the doctrine, it was valid for all – for the population mass, and it consists in attaining a conviction that immortality is possible. The second method corresponds to the purely aristocratic notion about the teaching, which was accessible to those who were initiated in the sacred knowledge, because Zalmoxis taught in the andreon only the first among the citizens, i.e., the aristocratic elite. There is no doubt that this implied different semantic levels of suggestion and of behaviour. They were both doctrinally graded and socially targeted, which shows that the teaching had its esoteric (secret) and exoteric (apparent) aspects.

The two ways of attaining immortality raise a number of problems, above all resulting from the identification of Zalmoxis and Kronos, attested by Mnaseos and by Hesychius. The question now is how the Thracian god is to be interpreted, whether he was to be perceived as the king of the dead, for which the cited connection is a good argument, or whether his nature was different and was not to be confused with the functions of a patron-deity of the World Beyond, and hence it was logical to seek a solution through the mysteries.

175

Пръстен от с. Брезово, Пловдивско, края на
V-началото на IV в. пр.Хр.

Ring from Brezovo near Plovdiv, late 5th – early 4th
century BC

Наколенник от с. Златиница, Елховско (детайл), IV в.
пр.Хр.

Greave from the village of Zlatinitsa near Elhovo (detail),
4th century BC

Шлем и броня от с. Златиница, Елховско, IV в. пр.Хр.

Helmet and armour from the village of Zlatinitsa near Elhovo, 4th century BC

Шлем и броня от с. Златиница, Елховско, IV в. пр.Хр.

Helmet and armour from the village of Zlatinitsa near Elhovo, 4th century BC

Протоме на Пегас от с. Вазово, Разградско, средата на IV в. пр.Хр.

Protome of Pegasus from the village of Vazovo near Razgrad, mid-4th century BC

мистериите и тези на умрелите, тъй като те наистина обозначават две различни есхатологични (за отвъдното) системи, а да се преодолеят трудностите, като анализът продължава да върви по линията на двата метода за постигане на безсмъртие. Първият е експлицитно заявен и се изразява във възможността умрелите да отидат при бога и според Хеланик пак да се върнат, и то на горния свят, както сочи Солин.

В такъв случай Залмоксис, при когото се отива, е пълна персонификация на един бог на мъртвите и на подземното царство и тази е причината за по-късното му отъждествяване с Кронос. Това е чисто народностното осмисляне на учението, след като всички починали, т.е. цялото население или поне по-голямата част от него, могат да го посетят. Конкретната връзка между човешкото и божественото е демонстративно подчертана, защото след пребиваването там всички пак ще се завърнат, т.е. ще се възродят след смъртта си за вечен живот под светлината на слънцето.

Вторият метод очевидно е в зависимост от тайните обреди и мистериите (телетай), за които говори Хеланик. Те се проповядват сред тесните, затворени кръгове на аристократичния елит начело с владетеля, където се внушават откровенията на учението. Не случайно и според сведенията на Страбон достъпът до Залмоксис е забранен за външни лица, с изключение на царя и на приближените му. Сега идва неговият ред като бог на мистериите и като основател на инициационен (посветителен) култ, от който зависи режима на блаженото след-съществуване.

В това отношение показателен е и Хезихий, след като съобщава, че "други казвали", т.е. не тези "първи от астите", сред чиито среди се извършват сакралните церемонии, че го имат за Кронос. И понеже

The principle this time is not to ensue from the Greek understanding about the difference between the deities of the mysteries and those of the dead, because they indeed denoted two different aeschatological systems, but rather to overcome the difficulties and to proceed with the analysis along the line of both methods for attaining immortality. The first one is explicitly stated and consists in the possibility the dead to go to the deity and, according to Hellanikos, to come back, moreover to the Upper World, as suggested by Solinus.

In that case Zalmoxis, to whom it was possible to go, was complete personification of a god of the dead and of the chthonian kingdom, and this is the reason for his later identification with Kronos. This is the purely popular interpretation of the teaching, if all deceased persons, i.e., the entire population, or at least most of it, could visit him. The concrete link between human and divine is expressly emphasised, because after going there, all would come back, i.e., they would be reborn after their death for eternal life under the light of the Sun.

The second method was apparently dependent on the secret rites and mysteries (*teletai*) about which Hellanikos is referring. They were professed among the closed narrow circles of the aristocratic elite, headed by the dynast, where the revelations of the teaching were suggested. It is likewise not accidental that according to Strabo's evidence, the access to Zalmoxis was prohibited to outsiders, with the exception of the king and of his immediate surroundings. Then his turn came as the god of mysteries and as the founder of an initiation cult that determined the regime of the blissful afterlife.

Hesychius is also indicative in this respect with his information that "others said", i.e., not those "first among the Astai" among whom the sacral ceremonies were performed, that they

Статуетка на богиня от гробницата при с. Свещари, Исперихско, III в. пр.Хр.

Statuette of a goddess from the tomb in the village of Sveshtari near Isperih, 3rd century

Матрица от с. Гърчиново, Шуменско, V в. пр.Хр.

Matrix from the village of Garchinovo near Shumen, 5th century BC

Протоме на ритон от съкровището от с. Борово, Русенско, IV в. пр.Хр.

Protome of a rhyton from the treasure from the village of Borovo, Ruse region, 4th century BC

първият способ за постигане на безсмъртие опира до слизането в долния свят, има основания да се предположи, че този бленуван рай се намира някъде в урано-соларните селения, в светлинните пространства, където ще се възродят всички, които имат щастието да преминат през посветителната смърт. Там те ще получат в изобилие блага и добрини и там ще е местоживелището, в което ще отидат след заника си. В това се изразява същността на доктринално-идеологическото, на чисто аристократичното осмисляне на учението.

От тракийска гледна точка явно няма никакво противоречие, че Залмоксис персонифицира едновременно идеите за божество на умрелите и за божество на мистериите. Славната, блажената страна, която очаква посветените, не бива да се бърка с подземния свят, където се събират мъртвите. Нещата опират до коренно различни географски есхатологии и задължително трябва да се разграничат. При това положение е ясно, че едно е да имаш надеждата в безсмъртието, а съвсем друго да постигнеш обезсмъртяване, т.е. да се превърнеш в бог. Антитезата между религиозната изповед на обикновеното население и на благородническата знат – на непосветените и на посветените – е подчертано заявена. Поради тази причина като идеи безсмъртието и обезсмъртяването, макар и условно, трябва да се разграничат.

С голямо значение за обогатяване на познанията за Залмоксис са и неговите многобройни преводи-означения и отъждествявания. Прави впечатление, че в античната писмена литературна традиция идентификацията му съзнателно се търси във връзка със същностната характеристика на едно върховно божество. Кронос например е типичен случай за максимално приближаване до качествената определе-

took him for Kronos. And as the first way of attaining immortality actually involved going to the Nether world, there are reasons to believe that this coveted paradise was somewhere in the Uranian-solar realms, in the light spaces, where all who had had the luck of passing through initiational death would be reborn. There they would receive "all things good" in abundance, and they would go to reside there after their demise. That was the nature of the doctrinal-ideological and purely aristocratic interpretation of the teaching.

From a Thracian point of view there was apparently no controversy whatsoever in the claim that Zalmoxis personified at the same time the ideas of a deity of the dead and a deity of mysteries. The glorious blissful country awaiting the initiated was not to be confused with the chthonian world where the dead gathered. These are radically different aeschatologies in geographic terms, hence they were to be mandatorily distinguished. Therefore, it is clear that it was one thing to have hopes of immortality and quite a different thing to attain immortalisation, i.e., to be transformed into a deity. The antithesis between the religious confession of the ordinary population and of the aristocracy, of the non-initiated and of the initiated, was emphatically stated. Hence immortality and immortalisation need to be differentiated as ideas, at least conditionally.

The numerous translations-designations and identifications of Zalmoxis are of great importance for enriching knowledge about him. It is interesting to note that the ancient written literary tradition deliberately seeks his identification in connection with the essential characteristic of a supreme deity. For example, Kronos is a typical example of maximum closeness to the qualitative determination of such a supreme power. The association occurred simply in order to distinguish that

ност на една такава висша сила. Просто свързването става, за да се отграничи този тракийски бог от Зевс и за да се подчертае как той предхожда тоталното му възцаряване на най-високия връх в гръцката религия – на Олимп.

По същия начин стои този въпрос и с Плейстор – богът на траките апсинтии, който също изисква човешки жертвоприношения и е абсолютно съответствие на Залмоксис от района на Югоизточна Тракия. По този повод езиковедските изследвания са недвусмислени, защото откриват преки паралели с дакийските плейсти, споменати от Йосиф Флавий. Именно те са праведните люде сред даките – преките наследници на гетите, които според Херодот са "най-смели и най-справедливи" от траките. В превод от старогръцки самата дума "плейстой" означава "най-голям", "най-велик" и от културно-историческа гледна точка отлично отговаря на представата за един всемогъщ повелител.

Вероятно по този начин може да намери обяснение и известието на Порфирий, че Залмоксис се почита от траките като Херакъл. Името на най-популярния гръцки герой е отново точният му превод-означение, защото според най-ранните митологични версии Хера е не само най-властна между божествата на Олимп и тяхна царица, но и ражда Херакъл. Още по-любопитно е, че в лексикона "Суда" като гръцки вариант на Залмоксис се посочва Хера. Това ще рече, че неговата елинска идентификация – Херакъл, взема името на майка си и по този начин подчертава, че носителят му е неин син.

Може би у Йордан същият механизъм намира съответствие в Марс (Арес) – божеството на "прославените гети", техният прародител – родоначалник, който Вергилий нарича "втурващия се бог-баща". Него

Thracian god from Zeus and to stress how he preceded his total enthroning on the highest peak in Greek religion: on Mount Olympos.

The situation was the same with Pleistor – the god of the Thracian tribe of the Apsinthoi, who also demanded human sacrifice and was the absolute correlate of Zalmoxis from the area of Southeastern Thrace. Linguistic research is unequivocal on this, because direct parallels have been discovered with the Dacian Pleistoi that had been mentioned by Josephus Flavius. Precisely they were the righteous people among the Dacians – the direct successors of the Getae, who, according to Herodotus, were "the bravest and the most fair" of the Thracians. The actual ancient Greek word *pleistoi* is translated as "the biggest, the greatest" and that perfectly corresponds to the notion of an all-powerful ruler from a cultural-historical viewpoint.

This is probably also a way to find an explanation for the evidence in Porphyrius that the Thracians worshipped Zalmoxis as Herakles. The name of the most popular Greek hero is again his exact translation-designation, because according to the earliest mythological versions, Hera was not only the most powerful among the gods on Mount Olympos, and their queen, but she also gave birth to Herakles. It is even more curious that Hera is indicated as a Greek variant of Zalmoxis in the *Suda* lexicon. This means that his Greek identification – Herakles – took his mother's name, thus emphasising that the bearer of that name was her son.

In Iordanes the same mechanism possibly finds a correlate in Mars (Ares) – the deity of the "famed Getae", their progenitor, referred to by Virgil as the "surging god-father." The Thracians worshipped him with an extremely cruel cult. They performed human sacrifices in his honour, hung their military trophies on trees and dedicated their first booty to him.

Съкровището от с. Борово, Русенско, IV в.
пр. Хр.

The treasure from the village of Borovo, Ruse
region, 4th century BC

траките почитат чрез най-жесток култ. В негова чест те извършват човешки жерт-воприношения, окачват по дърветата бой-ните си трофеи и му посвещават първата плячка. Той най-добре отговаря на внуше-нието за всесилния господар, тъй като е субект на обреда и не е нещо друго, а е следващото отъждествяване на Залмоксис в изворите.

В една къса версия на Антоний Диоген – писател от I в. пр.Хр., тракийският бог е наречен Астрей. Самото име Астрей, т.е. „звездното небе", на което се отдават бо-жествени почести, показва направо след-ващия превод-означение на многознач-ността на върховното божество – този път разпоредител с нощния, осеян със звезди небосвод.

За областта на Югозападна Тракия мо-заичната картина се попълва изцяло пора-ди присъствието там на фигурата на Сал-моней. В преданието за този предгръцки цар на Елида, а впоследствие и на Тесалия не могат да не се открият и елементи на Залмоксис. Баснословният суверен поня-кога се описва дори като по-висш от Зевс. Теоманията, която го владее, вдъхновява самочувствието му да преминава в пълен галоп по бронзов мост на медна колесни-ца и със завързаните на нея метални каза-ни, тасове и тимпани да наподобява чрез кънтежа им и поради невероятния шум грохота на гръмотевиците.

Заедно с това Салмоней хвърля по земя-та разпалени факли, горящи главни, като по този начин симулира светкавиците и на-пълно подражава на непобедимия гръмо-вержец, който препуска с колесницата си по небесния свод. В заслепението си този

He corresponded best to the suggestion of the all-powerful master, being the subject of the rite and not something else, and being the next identification of Zalmoxis in the sources.

In a late version of the 1st century BC writer Antonius Diogenes, the Thracian deity is called Astraios. The actual name Astraios, i.e., "dawn of the skies", who received divine worship, points directly to the next translation-designation of the multiple aspects of the supreme deity, who controlled this time the star-studded night sky.

The jigsaw puzzle in Southwestern Thrace is completed with the presence of the figure of Salmonaios in it. No elements of Zalmoxis can be found in the legend about that pre-Greek king of Elis, and subsequently of Thessaly. The fabulous sovereign is sometimes described as having even a higher status than Zeus. The theomany reigning there inspired his self-confidence to pass in fast gallop in a copper chariot on a bronze bridge, with metal cauldrons, bowls and tympani tied to the chariot to resemble thunder on account of the enormous noise that they made.

In addition, Salmonaios threw burning torches and burning logs on the ground, thus simulating lightning and fully imitating the invincible thunder god racing with his chariot on the firmament. In his delusion, that sacrilegious individual demanded blasphemously to be worshipped with sacrifices worthy only of Zeus. Finally the god carrying the aegis of Olympos destroyed him with his fulmen.

The case with Salmonaios undoubtedly led to Gebeleizis – the other name-appellation mentioned in Herodotus – which Zalmoxis used, and which will be examined separately. For the moment it is important to say in

184

светотатец богохулно изисква да се чества с жертвоприношения, достойни само за Зевс. Най-сетне олимпийският егидоносец го унищожава с мълнията си.

Безспорно случаят със Салмоней отвежда и до Гебелейзис – другото име-прозвище, споменато само у Херодот, под което се подвизава Залмоксис и което ще разгледам отделно. За момента е важно, че заедно с урано-соларното начало съвкупните данни в писмените извори държат и на хтоничната характеристика на бога господар. Представата опира до двете равнища за постигане на безсмъртие, най-добре се демонстрира в обичайнообредната практика и съчетава в един носител и двете начала, но не в чистия им вид, а в смесеното им единство.

Въпреки опитите на лингвистите да дешифрират името на Залмоксис със значението "земя", при което той трябва да обозначава смислово "бог на земята" и да персонифицира извора на живота, много по-убедително е разчитането "покровител, господар, закрилник", откъдето по-общо "цар" – още едно отлично определение на върховното божество.

Ето защо сред траките не трябва да се търси наличието на своеобразен религиозен дуализъм, поставен на етническа, на сексуална или на социална основа, при който например Залмоксис е носител на хтоничното, а Гебелейзис на урано-соларното начало. Те са една типична синкретична персонификация на слънчево-земното единство, въплътено във върховния бог, известен чрез различни и многобройни преводи-означения, а както ще се разбере, от не по-малко имена-прозвища – персонификация, присъща на историческата практика на епохата. На свой ред самата доктрина, която произтича от същностната характеристика на това най-важно божест-

addition to the Uranian-solar beginning, the overall evidence in the written sources insists on the chthonian characteristics of the ruler-god as well. The notion is connected with two levels of attaining immortality, it is best demonstrated in the customs and ritual practice, and it combines both beginnings in one carrier, not in their pure form, but in their mixed unity.

In spite of the attempts of linguists to decipher the name of Zalmoxis with the meaning of "Earth", whereby he is to denote semantically an "Earth god" and to personify the source of life, it would be much more convincing to decipher "protector, master, patron" and from there the more general "king" – yet another excellent definition of the supreme deities.

This is why, one should not seek among the Thracians a kind of religious dualism placed on an ethnic, sexual or social basis, whereby, e.g., Zalmoxis is the bearer of the chthonian beginning, and Gebeleisis – of the Uranian-solar beginning. They are a typical syncretic personification of the solar-chthonian unity incarnated in the supreme deity who was known through different and numerous translations-designations, and – as it will become clear later – through no fewer names-appellations, i.e., a personification inherent to the historical practices of those times. In its turn, the actual doctrine that stems from the essential characteristics of that most important deity, was shaped as a solar-chthonian teaching whose duality was an eternal process of the blending of the two beginnings and of a fight between the principal elements.

Information in Diodorus places Zalmoxis in close connection with Hestia. It is even claimed there that it was she who was giving him the laws, i.e., she was sanctifying his rights to rule over the territory that the goddess personified. It was mentioned already that the

во, се оформя като соларно-хтонично учение, чиято дуалност е вечен процес на сливането на двете начала и на борба между основните стихии.

Едно известие на Диодор поставя Залмоксис в тясна връзка с Хестия. Там дори се твърди, че тя е тази, която му дава законите, т.е. освещава неговите права да владее територията, чието олицетворение е тя самата. Вече се разбра, че в лексикона "Суда" за гръцки вариант на тракийския бог се посочва Хера. Наименованията на богините съвсем не са случайни и са търсени логично като преводи-означения, които най-убедително подкрепят идеята за една Велика богиня-майка. Според системата на тракийския орфизъм тя по правило се идентифицира със земята, но ражда и своя син – Слънцето. Вероятно по този начин може да се обясни съобщението в лексикона"Суда", че има богиня тъкмо с това същото име – Залмоксис, но формата на изписването ѝ е красноречиво и звучи Замолксис (от земя, земля), за да е разбираемо отъждествяването ѝ със земята.

Пак в тази връзка прави впечатление, че Залмоксис е дефиниран в писмената традиция не само като бог. Още Херодот го нарича демон (антроподемон), но и най-обикновен човек. Той е известен още като херой, обявен е и за цар, и за жрец – характеристики, които всичките са верни и не си противоречат. Така е най-малкото, защото според орфическата доктрина по този начин се набляга както на степенното усъвършенстване на тракийските династи, така и на посредническата роля на самия Залмоксис между света на хората и света на боговете. Ето как царете действително въвеждат бога в себе си, придобиват всичките му способности на върховен повелител и на практика освещават собственото си обезсмъртяване.

Suda lexicon cites Hera as a Greek variant of the Thracian god. The names of the goddesses are not at all accidental, having been sought logically as translations-designations that most convincingly support the idea of a Great Goddess-Mother. According to the system of Thracian Orphism, she is generally identified with the Earth, but she also gives birth to her son – the Sun. This can probably explain the information in the *Suda* lexicon that there is a goddess with the very same name, i.e., Zalmoxis, but the form in which her name is spelled – Zalmoxis (from the word for Earth) is eloquent and it makes it easier to understand her identification with the Earth.

Again in this connection, it is interesting to note that Zalmoxis is defined in the written tradition not only as a god. Even Herodotus calls him *daimon* (*anthropodaimon*), as well as ordinary man. He is also known as hero, he has been proclaimed king and priest – characteristics that are all true and there is no contradiction in them. This is so at least because, according to the Orphic doctrine, this constituted an emphasis both on the acquiring of perfection by the Thracian dynasts in stages, and on the mediator role of Zalmoxis himself between the world of humans and the world of the gods. Hence that was the way in which the kings indeed introduced the god within themselves, acquired all his abilities of supreme deity and in practice they sanctified their own immortalisation.

The custom-ritual ceremonies in honour of Zalmoxis and the ideological levels of their semantic interpretation by the aristocratic elite headed by the ruler and by the ordinary population were the most colourful. Herodotus narrates first about the human sacrifices that he was entitled to and that were performed once every four years. It was then that the Getae sent "one of themselves, whomsoever the lot may select, as a messenger to Salmoxis,

Най-колоритни при Залмоксис са оби-чайнообредните церемонии в негова чест и идейните равнища на тяхното осмисляне от аристократичния елит начело с владе-теля и от масата на обикновеното насе-ление. Най-напред Херодот съобщава за човешките жертвоприношения, които му се полагат и се извършват на всеки четири години. Именно тогава гетите "изпращат едного, избран помежду им по жребий, като вестител при Залмоксис и му поръч-ват това, от което всеки път се нуждаят".

При механизма на реализацията на об-редната смърт е ясна крайната цел – чо-век да стане безсмъртен, да се постигне ново раждане. Това означава, че човешкото жертвоприношение не само е пряко насо-чено към бъдещето, но то възпроизвежда и реактуализира началния митичен преце-дент. По отношение на тракийската дейст-вителност той е засвидетелстван най-ясно в сведенията за Дионис-Загрей, и за Орфей и се изразява в разкъсването им. Точно раз-късването, разрязването, въобще унищоже-нието са необходими условия за бъдещото възраждане. И колкото по-радикално, по-пълно и по-окончателно е предстоящото унищожение, толкова по-триумфално и по-тържествено е новото раждане.

Всъщност смъртта или човешката жерт-ва е естественият завършек на природния и на социалния цикъл, но едновременно с това тя възпроизвежда всевъзраждаща-та се мощ в околния свят и качествени-те достойнства, необходими за живота в обществото. Именно човешката жертва е призвана да преодолее разстоянието меж-ду хората и боговете, тя е идеалният по-средник помежду им, а периодичното ѝ извършване непрестанно подчертава необ-ходимостта от така мечтаната връзка.

Този е пътят на превъплъщението към вечен живот, т.е. към пълното прераждане

charging him with such requests as they have to make on each occasion."

The final goal in the mechanism of effecting ritual death is clear: man must become immortal so as to achieve a new birth. This means that the human sacrifice was not only aimed at the future, it also reproduced and re-updated the original mythical precedent. With respect to Thracian reality, it has been most clearly attested in the evidence about Dionysos-Zagreus and about Orpheus, and it was manifested in their dismemberment. It was precisely the dismemberment, the cutting and generally the destruction that constituted necessary preconditions for the future rebirth. And the more radical, fuller and final the forthcoming destruction was, the more triumphant and solemn the new birth would be.

In fact, death or human sacrifice are the natural end of the natural and of the social cycles, but at the same time it reproduces the reviving power in the surrounding world and the qualitative values needed for life in society. It was precisely the human sacrifice that was called upon to overcome the distance between humans and the gods, it was the ideal mediator between them, and the fact that it was periodically performed constantly emphasised the need of that coveted communion.

That was the road of the incarnation to eternal life, i.e., to the total rebirth of one's own nature and to immortality, but according to the two methods for its attaining, it had different dimensions for the Thracians and did not consist merely in a journey to the Nether World, but – as was pointed out already – it was simply a road to the World Beyond, which is not located only in Hell.

The second rite reported by Herodotus was the practice of the Thracians to "shoot arrows up towards the sky when thunder and lightning come." The aim of sending arrows

Детайл от каничката-ритон от съкровището от с. Борово, Русенско, V в. пр.Хр.

Detail of the jug-rhyton from the treasure from the village of Borovo, Ruse region, 4th century BC

Колан от с. Ловец, Старозагорско, IV в. пр.Хр.

Belt from the village of Lovets, Stara Zagora region, 4th century BC

на собствената природа и към безсмъртието, но според двата метода за неговото постигане то има за траките различни измерения и не се изразява само до отиването в подземния свят, а както вече се показа, е просто път в отвъдното царство, чието местонахождение не е само преизподнята.

Вторият обред, съобщен от Херодот, е стрелбата на траките с лък "нагоре, към небето, срещу гръмотевицата и светкавицата". Чрез изпращането на стрели, които са преки подражания на мълниите, се преследва целта да се отстранят демоничните сили, въплътени в облаците, и да се отдалечат те от лицето на животворното слънце. Целият ритуал е положителен култов акт, защото по този начин се имитира и, макар и непряко, се помага на бога на бурята, на гръмовержеца в битката му с демоните на мрака и тъмнината, които се противопоставят на слънчевата, въобще на небесната светлина.

Всички церемониални действия и найвече тези летящи нагоре стрели, които не само помагат, но и подражават изцяло на гръмовержеца–змееборец, имат предназначението да осигурят или по-скоро да възстановят пряката връзка с него – безусловен принцип за получаване на безсмъртие, който също, както и човешките жертвоприношения, се осмисля на различни равнища.

Преките взаимодействия между двата обреда ги обединява смислово, каквото е положението и с ритуалните в андреона и в подземното жилище (по Херодот), или в пещерата (по Страбон), където се оттегля Залмоксис. Очевидно те са посветителни и разкриват две последователно степенувани инициационни равнища. И докато в андреона по примера на свещеносказанията се извършва въвеждането в тайните на митичния прецедент за едно затворено,

that are direct imitations of lightning was to eliminate the demonic powers incarnated in the clouds so that they would move away from the face of the life-giving Sun. The entire ritual is a positive cult act, because it imitates and helps – albeit indirectly – the god of thunder and storm in his fight against the daemons of darkness who oppose sunlight and celestial light in general.

All ceremonial acts, and above all these arrows flying upwards, which not only help but also imitate fully the dragon-fighting god of thunder, are intended to secure, or rather to restore, the direct link with him as an unconditional principle for attaining immortality, which was semantically interpreted at different levels, just as human sacrifices.

The direct interactions between the two rites unite them semantically. The situation is the same with the rituals in the *andreon* and in the "chamber under the ground" (after Herodotus), or in the cave (after Strabo), where Zalmoxis retreated. Apparently they were initiation rites and reveal two successive hierarchic initiation levels. And while the *andreon* was used, on the example of the sacred *logos*, for initiation into the mysteries of the mythical precedent for a closed elite male society of aristocrats, headed by the king, the human sacrifices and the sending of arrows into the sky ritually effected the active side of the sacral knowledge.

The retreat into an underground dwelling or into a cave in itself presents a mythical-ritual scenario that was frequent in the Mediterranean world and in Southeastern Europe, demonstrating the occult practice of disappearance and of reappearance (epiphany). The eternal cycle of the alternation of life and death, and of eternal rebirth, is present, and the whole rite intended to give knowledge about the "initiation death" was mandatory in the process of attaining immortality, and it was also experienced at different levels.

190

Шлем от Коцофенещи (Румъния), IV в. пр.Хр.

Helmet from Coţofeneşti (Romania), 4th century BC

Ризница от с. Руен, Търговищко, втората половина на IV в. пр.Хр.

Armour from the village of Ruen near Targovishte, second half of the 4th century BC

Фиала от с. Върбица, Преславско, втората половина на IV в. пр.Хр.

Phiale from the village of Varbitsa near Preslav, second half of the 4th century BC

191

Апликация от Стара Загора, I в. сл.Хр.
(Херакъл убива Немейския лъв)

*Appliqué from Stara Zagora, 1st century AD
(Herakles killing the Nemean lion)*

Детайл от амфората-
ритон от съкровището от
Панагюрище, края на IV-
началото на III в. пр.Хр.
(малкият Херакъл задушава
змията, изпратена от Хера)

*Detail from the amphora-rhyton
in the gold treasure from Pa-
nagyurishte, late 4th – early 3rd
century BC (the young Herakles is
strangling the snake sent by Hera)*

елитно общество от мъже благородници, начело с царя, чрез човешките жертвоприношения и чрез изпращането на стрели към небето обредно се осъществява действената страна на сакралното знание.

На свой ред оттеглянето в подземното жилище или в пещерата изправя пред един мито-ритуален сценарий, който се среща често в Средиземноморския свят и в Европейския югоизток и демонстрира практиката на изчезване (окултност) и на нова поява (епифания). Вечният цикъл на смяната на живота със смъртта и на постоянното възраждане е налице, а целият обред, чрез който се познава "инициационната смърт", е задължителен при процеса за постигане на безсмъртие и също се съпреживява на различни равнища.

Точно те отговарят на двата метода за постигане на безсмъртие, на урано-соларната, но и на хтоничната характеристика на Залмоксис, на неговите персонификации като божество на мъртвите и като божество на мистериите, на последователно степенуваните посветителни практики, но и на действената, функционална страна при осъществяването на обредните церемонии.

2.6. ГЕБЕЛЕЙЗИС

Безспорно друго име-прозвище на Залмоксис, категорично засвидетелствано от Херодот, който твърди, че „някои от гетите наричат него същия (Залмоксис) и Гебелейзис". При всички случаи названието е вече на изчезване към края на VI в. пр.Хр., защото след бащата на историята нито един от древните автори не го споменава.

Правени са различни опити за извеждане на етимологията му, като обикновено се изхожда от радикала „светя", „блестя".

They correspond to the two methods of attaining immortality, to the Uranian-solar and also to the chthonian characteristics of Zalmoxis, to his personifications as a deity of the dead and as a deity of the mysteries, of successively graded initiation practices, and also of the active, functional aspect in the performing of the ritual ceremonies.

2.6. GEBELEIZIS

That was undoubtedly another name-appellation of Zalmoxis that had been reliably attested by Herodotus, who claimed that some of the Getae called him "Salmoxis and Gebeleizis." At any rate, the name was on the point of disappearing around the end of the 6th century BC, because none of the ancient authors mentioned him after the Father of History.

Different attempts have been made to derive his etymology, usually on the basis of the meaning of the radical "shine, glimmer."

Пълният преглед на кодексите на Херодот показва, че формата „Гебелейзин" се среща в по-късните ръкописи, докато в по-ранните преписи стои „Белейзин". Най-сигурен е архетипът „ебелейзин", от който могат да се образуват формите „Гебелейзис", „Небелейзис", „Белейзис", „Гебелейзейс" и други.

Поради възможното объркване на изписването на гама и замяната ѝ с ню се приема четенето „Небелейзис", при което първата част означава „облак", „буреносно небе", а втората е логично да се открие в името на Зевс–Зеус. По този начин Гебелейзис получава същностната характеристика на ураничен бог на бурята, на буреносното небе, бог гръмовержец.

Очевидно чрез единственото споменаване на божеството и неговата етимология не може да се пресъздадат нито структурата, нито функциите му, нито пък неговият култ или обичайно-обредната система, която го съпровожда. От друга страна, фактът, че след Херодот Гебелейзис не се среща в изворите, съвсем не е аргумент за задължителното му изчезване в историческата действителност – от живота на обществото. Сега е необходимо да се има предвид, че самият бог на бурята – гръмовержецът, е вторична трансформация на първоначалния върховен небесен бог на сияещото небе – бог-баща /бог-небе – главен обект в религията на индоевропейците и на източносредиземноморските общества. С редки изключения, и това е принципът, този първоначален небесен бог се измества в култа от бога на бурята, т.е. неговата същностна характеристика се реактуализира и добива по акцентирана смислова натовареност.

Следователно сведението на Херодот, където се говори за Гебелейзис – другото име-прозвище на Залмоксис, отразява впрочем точно този момент на извърше-

A complete analysis of Herodotus' codices shows that the form *Gebeleizin* appeared in later manuscripts, whereas earlier transcripts give *Beleizin*. The archetype *ebeleizin* is the most certain, from which the forms *Gebeleizis*, *Nebeleizis*, *Beleizis*, *Gebeleizeis*, etc., could be formed.

On account of the possible mistake in the writing of the letters *gamma* and its replacing with *nu*, the reading *Nebeleizis* is accepted, the first part of which means "cloud" or "stormy sky", and the second one is logically discovered in the name of Zeus. In this way, *Gebeleisis* acquired the essential characteristic of a Uranian god of storm, of the stormy sky, a god of thunder.

Obviously, the mere mentioning of the deity and of his etymology could recreate neither his structure, nor his functions, nor his cult or the system of customs and rituals accompanying him. On the other hand, the fact that Gebeleizis does not appear in the sources after Herodotus is not at all an argument that he had necessarily disappeared from historical reality and from the life of society. It is necessary to bear in mind that the actual god of thunder and storm was secondary transformation of the initial supreme celestial god of the shining sky – a god-father/god-sky – who was the principal figure in the religion of the Indo-Europeans and of the Eastern Mediterranean societies. With rare exceptions that confirm the principle, that original celestial god was replaced in the cult by the god of thunder and storm, i.e., his essential characteristic was re-updated and acquired a more emphatic semantic charge.

Consequently, the evidence in Herodotus, where there is reference to Gebeleizis – the other name-appellation of Zalmoxis – actually reflects accurately the exact moment of the transformation of the qualitative determinateness of the supreme celestial deity

194

Шлем от с. Ковачевица,
Благоевградско, IV в. пр.Хр.

*Helmet from the village of Ko-
vachevitsa, Blagoevrgad district,
4th century BC*

Шлем от Сашова могила,
Казанлъшко,
IV в. пр.Хр.

*Helmet from the Sashova
Mogila tumulus near Kazanlak,
4th century BC*

195

ното вече преобразуване на качествената определеност на върховното небесно божество в бог гръмовержец. Следващата модификация е също честа и последователно и постепенно включва и преплита тази характеристика с функциите на едно слънчево божество на плодородието.

Последните два момента са почти паралелни и вървят заедно във времето, но за да има по-голяма яснота и прегледност, грубата схема на развитието на идеята изглежда по този начин: върховен небесен бог – бог на бурята (гръмовержец) – соларен бог на плодородието. С други думи, със съобщеното за Гебелейзис древният автор като че ли запечатва определен момент от "историята" на развитието на това божество.

И все пак, макар че Гебелейзис се споменава само веднъж в писмената традиция, съвсем не е нужно задължително да се мисли за неговото окончателно и за действителното му изчезване от култа. Възможно е от този момент нататък той да се синкретизира с друго божество (божества), а не е изключено да присъства като преживелица под друго име и дори под други имена на божества, каквото е например Збелсурд.

2.7. ЗБЕЛСУРД

Единственото споменаване на Збелсурд в античната писмена литературна традиция принадлежи на перото на Цицерон и се среща в речта му "Срещу Пизон", произнесена през 55 г. пр.Хр. Най-знаменитият римски оратор обвинява наместника на Македония Луций Калпурний Пизон в редица престъпления и между другото съобщава: "Ти ограби светилището на Юпитер Сбелсурд, най-старото и най-таченото у варварите (т.е. у траките) светилище".

into a god of thunder. The next modification is also frequent, and it gradually and consistently started to include that characteristic and to blend it with the functions of a solar deity of fertility.

The last two elements were almost parallel and they went together in time, but for the sake of greater clarity, the rough outline of the evolution of the idea looked as follows: supreme celestial deity – god of thunder – solar god of fertility. In other words, with the information about Gebeleizis the ancient authors seems to have captured a definite moment from the "history" of the evolution of that deity.

Nevertheless, although Gebeleizis was mentioned only once in the written tradition, it is not at all mandatory to think about his definite and actual disappearance from the cult. It was possible that he was syncretised with some other deity or deities, and it cannot be ruled out that he was present as an anachronism under another name or names of deities, e.g., Zbelsourdos

2.7. ZBELSOURDOS

The only reference to Zbelsourdos in the ancient written literary tradition belongs to Cicero and it occurred in his speech *Against Piso* delivered in 55 BC. The most famous Roman orator accused the consul of Macedonia Lucius Calpurnius Piso of a number of crimes, and reported, *inter alia*, that he had robbed the sanctuary of Jupiter Zbelsourdos, the oldest and the most respected sanctuary of the "barbarians", i.e., of the Thracians.

Ensuing from the historical reality

196

Ако се изходи от историческата действителност относно конкретния повод за светотатството, изглежда, Цицерон атакува Пизон, защото през 57–56 г. пр.Хр., без каквато и да е основателна причина, той започва безмилостни бойни действия срещу тракийското племе дентелети – до този момент верни и послушни съюзници на римляните. Вероятно по времето на тази разбойническа война управителят на Македония оплячкосва светилището, което се намира именно в областта на Югозападна Тракия.

Епиграфските паметници, в които божеското име се среща под формите Збелтиурдос, Збелтурдос, Збелсурдос, Зберсурдос, Збелтурдис, Свелсурдис, са дванадесет, всичките са посветителни и имат датировка от римската епоха – от I в. пр.Хр. до II–III в. сл.Хр. Сравнително бедната документация, която не съдържа никакви данни относно функциите на божеството и неговата качествена определеност, се допълва донякъде от изображенията му, присъстващи върху каменните релефи с надписи.

Обикновено за представянето на Збелсурд се използва иконографският тип на Зевс Кераунос или на Зевс Керауниос, който отговаря на Юпитер Фулминатор – Фулгур, Фулмен на римляните. Върху плочките той заема позата на Зевс гръмовержец, който с издигнатата си дясна ръка държи светкавица или се готви да я хвърли, а понякога до него или на протегнатата му лява ръка има или каца орел с разперени криле – негово въплъщение и едновременно олицетворение на мълнията. Всичко в изображенията говори, че се намираме пред персонификацията на един бог "гръмовержец", "мълниеносец", "светкавицодържец".

Но макар и да заимства буквално гръцката и римската иконография, този тракийски разпоредител със светкавицата и мъл-

concerning the concrete pretext for the sacrilege, it appears that Cicero was attacking Piso, because without any valid reason, he started merciless wars in 57-56 BC against the Thracian tribe of the Denteletai, who had been until that time loyal and obedient allies of the Romans. It was probably during that criminal war that the consul of Macedonia plundered the sanctuary that was located precisely in the area of Southwestern Thrace.

There are twelve epigraphic monuments in which the theonym occurs in the forms *Zbeltiourdos*, *Zbeltourdos*, *Zbelsourdos*, *Zbersourdos*, *Zbelsourdis* and *Svelsourdis*, they are all of a votive nature and are all dated to the Roman period: from the 1st century BC until the 2nd-3rd century AD. The relatively scanty documentation, which contains no data on the functions of the deity and on his qualitative identification, is somewhat complemented by his images present on stone reliefs with inscriptions.

Zbelsourdos is usually presented with the iconographic type of Zeus Keraunos (Thundering) or Zeus Keraunios (Hurler), who corresponded to Jupiter Fulminator – Fulgur, Fulmen – of the Romans. He is depicted on the votive tablets in the posture of Zeus the Thundergod, who is holding a fulmen in his raised right hand or is ready to hurl it. Sometime there is an eagle near him or on his extended left arm, perched or perching, with spread wings – his incarnation and at the same time an incarnation of the fulmen. Everything in the image suggests that this was the personification of a god of thunder holding a fulmen and hurling lightning.

However, in spite of the literal borrowing of the Greek and Roman iconography, that Thracian deity of lightning and thunder was neither Zeus Keraunos of the Greeks, nor Jupiter Fulminator of the Romans. The actual iconography explains his nature to a certain

197

нията не е нито Зевс Кераунос на елините, нито Юпитер Фулминатор на римляните. Самата иконография е донякъде обяснение на неговата същност и в никакъв случай не може да се каже доколко тракийското и гръко-римското божество се покриват.

Безспорно думата е за един местен върховен господар със собствена характеристика, чиито изображения са показателни как елинският, респективно римският бог и иконографията му просто донякъде навеждат на мисълта, отчасти въвеждат, малко обясняват или подсказват някои аспекти на неговия действителен облик, но съвсем не съвпадат изцяло с него.

Безспорният за момента факт е, че както елините и римляните, така и траките превръщат и схващат гръмотевицата, мълнията, светкавицата като атрибути – определения на своя върховен небесен бог.

На свой ред езиковедите са, общо взето, единни в крайните си заключения относно смисловото значение на Збелсурд, колкото и всяка етимология да не е достатъчно сигурна. Въпреки различните варианти на разчитане на отделните съставки на името-прозвище, а именно "Збел-", "Збер-" и съответно "-турдос", "-сурдос", те приемат, че то обозначава "този, който държи, хваща, обладава мълнията и светкавицата", но също така и "този, който замахва, засилва мълнията и светкавицата" и при случай я "мята, стоварва, сгромолясва, за да повали, за да събори" с нея – една недвусмислена идентификация на гръмовержеца и достатъчно избистрено обяснение на бога на бурята.

Значението на възможните етимологични версии се потвърждава красноречиво от изображенията на самия Збелсурд върху релефите. Още по-интересни са представянията на бога върху оброчните плочки в момента, когато на летящата си колесни-

extent, and it is not at all possible to determine to what extent the Thracian deity overlapped with the Graeco-Roman god.

Apparently he was a local supreme master, with his own characteristics, whose images eloquently show how the Greek or Roman god and his iconography suggested, slightly presented, explained a little or hinted at some aspects of his actual image, but did not coincide with him in the least.

The indisputable fact at the moment is that both the Greeks and the Romans, as well as the Thracians, transformed and perceived thunder, lightning and fulmen as attributes-designations of their supreme celestial deity.

Linguists are generally unanimous in their final conclusions on the meaning of Zbelsourdos, although all etymologies are not sufficiently reliable. In spite of the different variants in the reading and interpretation of the components of the name-appellation, namely *Zbel-*, *Zber-* and accordingly *-turdos*, *-surdos*, they assume it to mean "he who is holding, catching, mastering lightning and thunder", but also "he who is hurling, throwing lightning and thunder" and occasionally he is "wielding, hurling and throwing the lightning and thunder so as to bring down" with it – an indisputable identification of the god of thunder, and a sufficiently clear explanation of the god of the storm.

The meaning of the possible etymological versions is eloquently confirmed by the actual images of Zbelsourdos on the reliefs. Even more interesting are the images of the god on votive tablets at the moment when he is in a flying chariot pulled by strong horses, and he is taking a goddess with him to unite with her in matrimony. The female deity is most frequently identified as Hera, but there is nothing that would prevent her identification with Demeter or with her daughter Kòre (Persephone).

The preserved monuments again demonstrate borrowed Greek iconography of Zeus

ца, теглена от буйни коне, той отвежда със себе си богиня, за да се съчетае в брак с нея. Най-често женското божество е определено като Хера, но нищо не пречи то да се схване като Деметра или като дъщеря ѝ Коре (Персефона).

В запазените паметници отново е заимствана гръцката иконография на Зевс Кераунос, който държи с лявата си ръка юздите на впряга, а с дясната издига мълния. До него стои богинята с було, хитон и химатион. С едната си ръка тя придържа жезъл, а в другата има фиала, за да приеме излиянието.

Всичко в композицията набляга на тържествената сватбена церемония. В такъв случай колесницата изпъква като брачен символ, тя е празничната каляска на женитбата, но тя е и колесницата на победата, защото свещената връзка с Великата богиня-майка може да се осъществи едва след преминаването на ценностно изпитание. Това е борбата със Змея, с Дракона, със Злото въобще и победата над него, която вече е спечелил гръмовержецът.

При това положение така наречената Хера изпъква по-скоро в своя виргинален аспект, въпреки че иконографията подчертава матроналната ѝ характеристика. Но и това е естествено при прехода от състоянието на девица, която ще бъде оплодена, към съпругата и майката, която ще ражда. Следователно жената, която се представя на колесницата до върховния бог, е пълно олицетворение на Великата богиня. Тя притежава както урано-соларна, така и силно изразена хтонична характеристика и в това отношение може да се отъждестви с гръцката Деметра и едновременно с дъщеря ѝ Персефона.

Връзката със земята, с плодородието, с вечното ново раждане и оттук с безсмъртието се подчертава в посочените релефи

Keraunos holding the reins of the horses in his left hand and in his right hand he has raised a fulmen. Next to him is the goddess with a veil, *chiton* and *chimation*. The goddess is holding a sceptre in one hand and a phiale in the other to receive the libations.

Everything in the composition strongly suggests a solemn wedding ceremony. In that case the chariot is a matrimonial symbol, it is the festive carriage for the wedding, but also the chariot of victory, because the sacred union with the Great Goddess-Mother can occur only after her future husband had passed the value trial successfully. That was the fight against the Dragon, against Evil in general, and the victory that the god of thunder had already won.

In that situation the so-called Hera tends to appear more in her virginal aspect, although the iconography emphasises her matronal characteristics. However, that was only too natural in the transition from the status of a virgin who is to be fertilised to the status of a wife and mother who is to give birth. Consequently, the woman presented in the chariot next to the supreme male deity is the complete personification of the Great Goddess. She possesses both Uranian-solar and strongly manifested chthonian characteristics, and in this respect she can be identified with the Greek Demeter and at the same time with her daughter Persephone.

The link with the Earth, with fertility, with the eternal new birth and hence with immortality is emphasised in the cited reliefs by the snake as well, which is crawling under the chariot, or is twisting around the altar in front of it. The snake is usually associated with the lower zone of the Cosmos and with the nether world, it has a chthonian characteristic, but it also achieves the transition to life on Earth, i.e., to the middle zone. Just as the snake sheds its skin every spring, similarly

199

Оброчна плочка на Збелсурд от с. Бозаджии, Сливенско, II–III в.

Votive tablet of Zbelsourdos from the village of Bozadzhii near Sliven, 2nd–3rd century

Оброчна плочка на Збелсурд от Ексквилинския хълм в Рим, II–III в.

Votive tablet of Zbelsourdos from the Esquiline Hill in Rome, 2nd–3rd century

Бронзова статуетка на Зевс (Збелсурд) от с. Прибой, Радомирско, I в. пр. Хр.

Bronze statuette of Zeus (Zbelsourdos) from the village of Priboy near Radomir, 1st century BC

Оброчна плочка на Збелсурд от с. Кардам, Поповско, II–III в.

Votive tablet of Zbelsourdos from the village of Kardam near Popovo, 2nd–3rd century

Оброчна плочка на Зевс (Збелсурд) и Хера от Рациария, II–III в.

Votive tablet of Zeus (Zbelsourdos) and Hera from Ratiaria, 2nd–3rd century

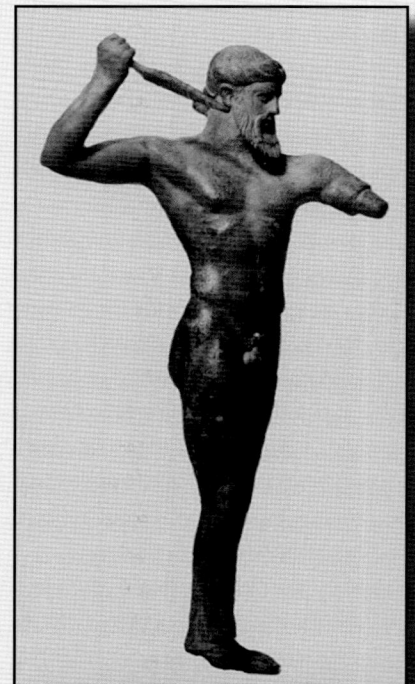

Оброчна плочка на Зевс (Збелсурд) и Хера от с. Сухаче, Белослатинско, II–III в.

Votive tablet of Zeus (Zbelsourdos) and Hera from the village of Suhache near Byala Slatina, 2nd–3rd century

и от змията, която пълзи под колесницата или се увива около олтара пред нея. Обикновено тя се свързва с долната зона на космоса и с подземния свят, има хтонична характеристика, но и осъществява преминаването в земния живот, в средната зона. По същия начин както всяка пролет змията сменя кожата си, така и тогава всичко се ражда наново. Нещо повече, представата за върховното божество, обладател на мълнията и на дъжда, и на Великата богиня-майка, отнасяни на колесница от галопиращи коне, съпроводени със змия, е чисто тракийска и не се среща другаде.

На последно място тук ще приведа примера с Есквилинския релеф от Рим от II–III в. сл.Хр. с изображенията на Збелсурд прав, с мълния в дясната и с орел в лявата си ръка и на Ямбадула на кон. Независимо дали се приема етимологията на името ѝ в смисъл на "тази, която твори, която прави, която създава храна, богатство", или на "дъждовна буря" и двете дешифровки отвеждат към същността на една Велика богиня-майка в единение с върховния бог гръмовержец.

Все пак основният проблем произтича от обстоятелството как да се разбира Збелсурд. Въпросът е дали това е самото име на божеството, защото посвещения от вида "на бога Збелсурд" го предполагат, или Збелсурд и вариантите му са просто епитети, прякори на бога, който се подвизава под гръцкото име Зевс, респективно римското Юпитер, тъй като посвещения от типа "на Зевс (Юпитер) Збелсурд" преобладават в надписите.

Констатацията, че нещата опират до едно от прозвищата и заедно с това означения и обяснения на върховното небесно божество на траките, е естествена, понеже то наистина няма, не притежава, не носи собствено, единствено име. Тя се налага и

everything is born anew then. What is more, the notion about the supreme deity who is the master of thunder, lightning and rain, and of the Great Goddess-Mother, carried away in a chariot by galloping horses, accompanied by a snake, is purely Thracian and does not occur anywhere else.

Finally, I shall cite here the example of the Esquiline relief from Rome, 2nd-3rd century AD, where Zbelsourdos appears standing, with a fulmen in his right hand and with an eagle in his left, and Iambadoula on horseback. Irrespective of whether her name will be deciphered as "she who creates, who makes food and creates wealth" or as "rainstorm", both interpretations lead to the nature of a Great Goddess-Mother coupled with the supreme god of thunder.

Nevertheless, the principal problem stems from the way in which Zbelsourdos is to be understood. The question is whether that was the actual name of the deity, because votive inscriptions of the type "to the god Zbelsourdos" presuppose it, or whether the name Zbelsourdos and its variants were merely epithets for the god known under the Greek name Zeus, or the Roman Jupiter, accordingly, because votive inscriptions of the type "to Zeus (Jupiter) Zbelsourdos" prevail in the inscriptions.

The finding that the issue is in one of the epithets and at the same time in the names and appellations of the supreme celestial deity of the Thracians is natural, because it indeed does not possess its own unique name. It seems also plausible in view of the examples analysed in detail with Zalmoxis and Gebeleizis, and the analyses that will follow with Suregetes and Perko(u)s/Perkonis – other qualifications, identifications and definitions of the anonymous supreme deity that lead to other of its aspects.

One thing is certain: Zbelsourdos should not be understood as a translation of the Greek

201

поради вече подробно анализираните примери със Залмоксис и Гебелейзис, а и тези, които ще последват със Сурегетес и Перко(у)с /Перконис – други квалификации, идентификации, определения на анонимното върховно божество, които отвеждат към други негови аспекти.

Това, което е сигурно, е, че Збелсурд не бива да се разбира като превод на гръцкия Зевс Кераунос, нито пък на Юпитер Фулминатор на римляните, а точно Зевс и Юпитер обясняват и насочват донякъде към същността му, но и към по-пълната характеристика на ураничното божество, чието име ни убягва.

Просто съчетанията Зевс Збелсурд, Юпитер Збелсурд са достатъчни квалификации на върховния небесен бог, който остава анонимен. Неговото име и неговият образ винаги ще бъдат табуирани и вечно ще останат в тайна поради действащата в Тракия аристократична доктрина, която кристализира в идеята за безсмъртието.

Поради необходимостта обаче учението да се сведе и в социалната практика, за да изпълнява идеологическите си функции, тайнствеността се разчупва и се изгубва донякъде, а определени страни от природата на безименното върховно божество стават достъпни и се разпространяват и сред масата от населението чрез огласени имена, но както се разбра, единствено като божески епитети, прякори, прозвища. Впрочем точно такъв е и случаят със Збелсурд.

И след като обикновеното население не използва едно и също наименование за определен аспект от цялостната същност на върховното божество, на свой ред елините, а и римляните още по-малко могат да знаят съкровеното му название и поради тази причина го превеждат със съответствия, които приблизително най-точно отговарят

Zeus Keraunos, or of Jupiter Fulminator of the Romans, but it is precisely Zeus and Jupiter who explain and indicate his nature to a certain extent, as well as the fuller characterisation of the Uranian deity whose name escapes us.

Simply the combinations Zeus Zbelsourdos and Jupiter Zbelsourdos are sufficient qualifications of the supreme celestial deity, who remains anonymous. His name and his image will be taboo eternally and will remain a mystery because of an aristocratic doctrine prevailing in Thrace, which crystallised in the idea about immortality.

However, due to the need to introduce the teaching in the social practice so that it can perform its ideological functions, the mysteriousness was broken and lost to a certain extent, and certain aspects of the nature of the anonymous supreme deity became accessible and spread among the population masses with announced names, but – as was understood – only as epithets, nicknames and appellations of deities. Incidentally, the case with Zbelsourdos was precisely such.

As the ordinary population did not use the same name for a concrete aspect of the overall nature of the supreme deity, the Greeks and the Romans could know even less his sacred name, therefore they translated it with correlates that corresponded approximately most accurately to their notions about him. This explains how Zbelsourdos was called both Zeus and Jupiter.

Фалери от съкровището
от с. Галиче, Оряховско,
II–I в. пр.Хр.

*Phalerae from the treasure
from the village of Galiche
near Oryahovo,
2nd–1st century BC*

на представите им за него. Именно този е пътят, по който Збелсурд е наречен и Зевс, и Юпитер.

2.8. СУРЕГЕТЕС

Богът е известен чрез надписи от пет посветителни и един надгробен паметник, които датират най-общо от II–III в. и произхождат съответно от с. Баткун, Пазарджишко, от с. Доброплодно, Варненско, от Дуросторум (дн. гр. Силистра), от м. Дълга лъка, Търновско, от с. Прилепци, Кърджалийско, и от Филипи. Предполагаеми негови светилища са посочени при с. Прилепци, както може да се отсъди от епитафията върху погребалната стела, и във Филипи.

Според надписите от с. Доброплодно и от с. Баткун посвещението е на бога Сурегетес, според тези от Дуросторум и м. Дълга лъка обръщението към него е херос, а според паметника от с. Прилепци той е наречен „господарят Арес" (кюриос Арес). Интересни са и епиграфските данни от плочата във Филипи, защото там се споменава и богът Сурегетес, но и херосът като патрон на едно от религиозните сдружения в града.

Замяната на обръщението теос-бог с херос не бива да смущава, защото е честа практика в тракийската религия. Освен това за самите траки двата термина често са натоварени с еднакво значение като концепции и съдържание и по този начин обозначават за почитателите два различни аспекта на едно и също върховно божество.

Що се отнася до етимологията на името, лингвистите са, общо взето, единни и приемат Сурегетес като „герой", който „бие", който „убива", който притежава „геройски удар" и дори има своя прототип във ве-

2.8. SUREGETES

The god was known from inscriptions on five votive and one sepulchral monument dated most generally to the 2nd-3rd century, and they came accordingly from the village of Batkun near Pazardzhik, from the village of Dobroplodno near Varna, from Durostorum (present-day town of Silistra), from the Dalga Laka locality near Veliko Tarnovo, from the village of Prileptsi near Kardzhali and from Philippi. Hypothetical sanctuaries of that deity have been referred to near Prileptsi, as can be judged from the epitaph on a funerary stele, and in Philippi.

According to the inscriptions from the villages of Dobroplodno and Batkun, the dedication is to the god Suregetes, according to those from Durostorum and Dalga Laka, he was addressed as *heros*, and according to the monument from Prileptsi he was called *kyrios Ares*, i.e., "master Ares." The epigraphic data from the stele in Philippi are also interesting, because the inscription there mentions both the deity Suregetes and the heros as patron of one of the religious societies in the city.

The substituting of the name with which he was addressed from *theos*-god to *heros* should not be disturbing, because that was frequent practice in Thracian religion. Besides, the Thracians often perceived both terms as being equivalent in terms of concepts and content, thus designating for the worshippers two different aspects of the same supreme deity.

Linguists are generally unanimous on the etymology of the name, accepting Suregetes as a "hero" who "beats", who "kills", who possesses a "heroic blow" and he even has his prototype in the Vedic god Surya, i.e.,

дийския бог Суриа, т.е. Слънце – самият той небесен соларен бог. Колкото и всяка етимология да съдържа известна доза несигурност, констатацията е важна относно изграждането на същностната характеристика на тракийския бог и играе важна роля за изясняването на неговото естество.

С висока стойност в това отношение са епитетите, които придружават Сурегетес. Според надписите от с. Доброплодно, от с. Баткун и от Дуросторум той е определен като „епекоос" или „прехибентиус", т.е. „вслушващ се", „чуващ" (молбите), а според паметника от с. Доброплодно е още „епифанес", т.е. „явен, ясен, видим", с други думи, „явяващ се", „появяващ се". Върху плочата от с. Прилепци пък е наречен „господарят", и то изрично преведен и изяснен като Арес. Изредените означения безспорно обогатяват неговата качествена определеност и дават възможност да се очертае действителният му образ.

Допълнителна информация може да се извлече от надписа от Дуросторум, който посочва, че богът е честван от сътрапезници (конвиве) на общи угощения (конвивиум) със сакрален характер. Това ще рече, че участниците в тези тържествени церемонии оформят свои колегии или общества от посветени. Те се събират по повод, а и под покровителството на Сурегетес за обредни свещенодействия. Ако се следва текстът от стелата във Филипи, изглежда, това става в специални помещения за пиршества (сюмпосион), в които вярващите се посвещават чрез различни ритуали в тайнствата на знанието за божеството.

За разбирането на Сурегетес с висока стойност е изображението върху стелата от с. Доброплодно. Върху нейното горно поле са представени една над друга по девет фигури в ход надясно. Те са много схематични. Главите им са във фас, а телата в

Sun, being himself a celestial solar deity. In spite of the fact that all etymologies have a certain degree of uncertainty, the finding is important with respect to the building of the essential characteristic of the Thracian god, and it played an important role in clarifying his nature.

The epithets accompanying Suregetes have a high value in this respect. According to the inscriptions from Dobroplodno, Batkum and Durostorum, he was defined as *epekoos* or *prehibentius*, i.e., "heeding" and "hearing" (pleas), whereas according to the monument in Dobroplodno, he is also *"epiphanes"* i.e., "apparent, clear, visible", i.e., "appearing." On the other hand, on the stele from Pripeptsi he is called "the master", moreover specifically translated and clarified as Ares. The cited designations indisputably enrich his qualitative determinateness and give an opportunity to outline his real image.

Additional information can be gleaned from the inscription from Durostorum, which indicates that the deity was worshipped by table-companions (*convivae*) in common feasts (*convivium*) of a sacral nature. This means that the participants in these solemn ceremonies formed their colleges or societies of initiated individuals. They gathered for ritual sacred acts on concrete occasions, and also under the patronage of Suregetes. Following the text of the stele from Philippi, it seems that this took place in special premises for feasts (symposia) during which believers were initiated into the mysteries of the knowledge about the deity through different rituals.

The image on the stele from Dobroplodno has a high value for the understanding of Suregetes. Nine figures walking to the right are presented above one another on its upper field. They are very schematic. Their heads are en face and their bodies are in profile, as can be seen from only one right hand and one

профил, като се вижда само по една дясна ръка и по един десен крак. Лявата ръка е скрита зад гърба, а левият крак – зад десния. Облеклото е от надиплени дрехи, които стигат до под колената.

Макар и да не може да се различи със сигурност, най-вероятно всички са мъже. В горната редица те държат в дясната си ръка фиала, с която правят излияния, а в долната редица фигурите са снабдени с ритон, който също служи за либации. Главната цел е да се подчертае, че нещата се свеждат до тържествена свещена процесия, която, както личи от жестовете, може би е и ритмизирана.

Не по-маловажно за Сурегетес е, че името на този тракийски бог се среща върху монети от Тиос във Витиния (Мала Азия), а и върху други надписи там винаги във връзка със Зевс, и то като Зеус Сургастес и като Зеус Сургастейос. Явно, както при примерите със Збелсурд, точно Зевс обяснява, превежда, улеснява разбирането на божеското име, а не обратното, по същия начин както и "господарят Арес" е достатъчна квалификация и същевременно превод-означение на едно върховно божество.

Пак в тази връзка е и неговият синкретизъм с тракийския бог-конник – с хероса, както личи от някои от надписите и от оброчната плочка с негово изображение от м. Дълга лъка. Тази идентификация разкрива възможността да се твърди, че именно Сурегетес е вариант на властелина на небето на траките и на всевъзможните му прояви в различни райони на страната. Ако не се изпуска предвид етимологията на името, тракийският бог не само притежава власт и сила. Той е герой-херос, който "бие, убива", който нанася "юначни удари", както и богът на бурята – Гръмовержецът Зевс, но същевременно е и небесен, соларен бог –

right leg. The left arm is concealed behind the back, and the left leg – behind the right one. They are dressed in pleated garments falling below the knees.

All figures were probably male, although it is not possible to discern them with certainty. In the upper row they are holding phialae in their right hands, with which they are performing libations, and in the lower row the figures have rhytons that were also used for libations. The main aim is to emphasise that this was a sacred procession, which – as can be seen from the gestures – was rhythmicised.

It is no less important about Suregetes that the name of that Thracian god occurred on coins from Thios in Bithynia (Asia Minor) and on other inscriptions there, always in connection with Zeus, moreover as Zeus Surgastes and as Zeus Surgastaios. Apparently, just as in the examples with Zbelsourdos, precisely Zeus explained, translated and facilitated the understanding of the deity's name, and not vice versa, just as the "master Ares" was sufficient qualification and at the same time translation-designation of a supreme deity.

Again in this connection is his syncretism with the Thracian god-horseman – with the Heros, as can be seen from some of the inscriptions and from the votive tablet with his image from Dalga Laka. That identification allows to claim that it was precisely Suregetes who was a variant of the patron-deity of the skies of the Thracians and of his various manifestations in different regions of the land. Bearing in mind the etymology of the name, the Thracian god not only possessed power and strength, he was also hero-heros who "beat and killed", who dealt "heroic blows" just like Zeus, the God of Thunder, being at the same time a celestial, solar god, himself being the Sun.

The analysis inevitably leads to the direct parallelism in the functional significance

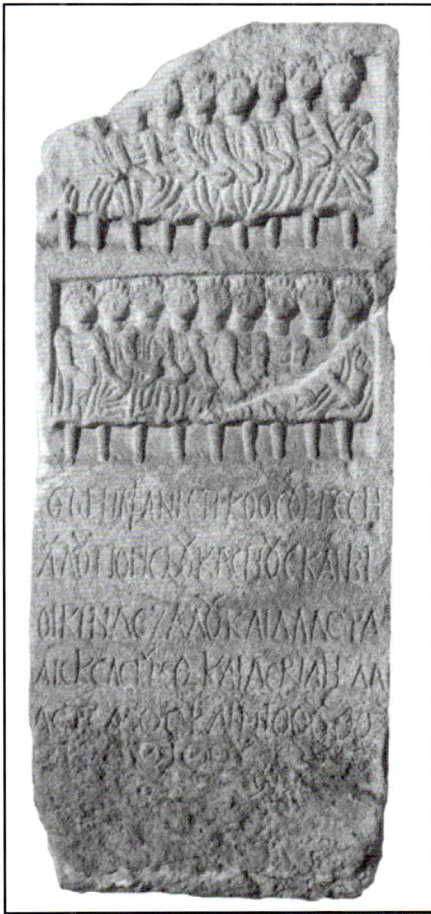

Оброчен релеф на Сурегетес от с. Доброплодно, Варненско, II–III в.

Votive relief of Souregetes from the village of Dobroplodno near Varna, 2nd–3rd century

Оброчна плочка на тракийския конник–Сурегетес от Амфиполис, II–III в.

Votive tablet of the Thracian Horseman – Souregetes from Amphipolis, 2nd–3rd century

Оброчна плочка на тракийския конник–Сурегетес от Търновско, II–III в.

Votive tablet of the Thracia Horseman – Souregetes from the area of Veliko Tarnovo, 2nd–3rd century

207

самият той Слънце.

Анализът неизбежно отвежда до прекия паралелизъм във функционалното значение на Сурегетес и на Залмоксис, Гебелейзис, Збелсурд, Перко(у)с/Перконис, до смисловата равнозначност на естеството и на качествената определеност на тези божества – едновременно гръмовержци, които хвърлят, удрят и убиват с мълниите и със светкавиците си, но са и уранични, соларни персонификации на плодородието. По друг начин казано, както Залмоксис, Гебелейзис, Збелсурд, Перко(у)с/Перконис, така и Сурегетес са имена-прозвища на върховното небесно божество на траките.

Картината за неговото честване и почитане се обогатява и чрез данните за колегиите на Сурегетес, за очевидно тесните кръгове от съподвижници на бога. Така е най-малкото, защото такова е положението и при Залмоксис, понеже и той си построява андреон – зала, предназначена само за мъже, където общува единствено с „първите от гражданите", т.е. с елита на гетската аристокрация, и докато ги угощава, ги въвежда в съкровеното знание на доктрината на безсмъртието.

Сътрапезници обаче са и почитателите на Сурегетес, за да не остане сянка на съмнение, че случаят се отнася до сравнително ограничено сдружение – до съприкосновение с него, достъпно само за малцина. Състоянието на нещата е идентично, още повече че освен като „чуващ" и „вслушващ" се в молбите на вярващите Сурегетес е отличен и с епитета „явяващ", „появяващ" се пред тях.

Този път паралелите са още по-показателни, защото и Залмоксис се скрива от съплеменниците си за четири години в своето подземно жилище, а после се показва отново, за да им докаже истинността на учението си за безсмъртието. Преминал

of Suregetes and of Zalmoxis, Gebeleizis, Zbelsourdos, Perko(u)s/Perkonis, to the semantic equivalence of the nature and of the quantitative determinateness of these deities, being at the same time thunder gods who throw, hit and kill with their fulmens and lightning, and being also Uranian, solar personifications of fertility. In other words, Zalmoxis, Gebeleizis, Zbelsourdos and Perko(u)s/Perkonis, as well as Suregetes, were the names-epithets of the supreme celestial deity of the Thracians.

The picture of his worshipping is further enriched also with the data on the colleges of Suregetes and the apparently narrow circles of that god's adepts. This is so at least because the situation is the same with Zalmoxis as well, because he built himself an *andreon* – a hall intended only for men, where he communicated only with the "first among the citizens," i.e., with the elite of the Getic aristocracy, and while he feasted them, he introduced them into the sacred knowledge of the immortality doctrine.

However, the worshippers of Suregetes were also table companions, so that there cannot be even a shadow of a doubt that the association in question was very limited: the contact with him was accessible to only very few. The situation is identical, all the more that Suregetes was not only "hearing" and "heeding" the prayers of the believers, he was also distinguished with the epithet of "appearing" before them.

This time the parallels are even more eloquent, because Zalmoxis, too, hid from his fellow-tribesmen for four years in his underground dwelling, and then he reappeared so as to prove to them the authenticity of his teaching about immortality. Having passed through all phases of his graded perfectioning from ordinary man, then hero and anthropodaimon, and finally god, his reappearance (epiphany) was indisputable argument for the multifunctionality of his

през всички фази на степенното си усъвършенстване от обикновения човек през хероя и антроподемона до бога, неговата епифания (нова поява) е безспорен аргумент за многофункционалността на свръхестествените му възможности.

Но явно такъв е и Сурегетес, който се появява пред почитателите си, за да всели в тях упованията на вярата и да изпита чистотата на тяхната изповед към него. Цялостната атмосфера подсказва повече или по-малко мистериалния характер на култа му. Самите мистерии са загатнати още от тесните затворени общества или колегии от сътрапезници, от специалните помещения за пиршества и угощения, където се събират тези сдружения за осъществяване на обредните свещенодействия, ритуалните практики, посвещенията – въобще на тържествените церемонии, забулени в тайна.

Ето как случаят със Сурегетес е още едно потвърждение, че върховното божество на траките, което едновременно е натоварено с уранична и със соларна характеристика, остава по-скоро анонимно. Неговата действителна същност се разкрива донякъде чрез многобройните му имена-прозвища като Залмоксис, Гебелейзис, Збелсурд, Перко(у)с /Перконис – засвидетелствани на различни места в тракийските земи – поредица, в която отлично се вписва и разглежданият бог.

2.9. ПЕРКО(У)С/ПЕРКОНИС

Името Перко(у)с, Перконис е засвидетелствано като епитет на хероса, на тракийския бог-конник в два надписа, открити в района на Одесос (дн. гр. Варна). Първият епиграфски паметник датира от II–I в. пр.Хр. и е посвещение на всевслушващия се херос Перко(у)с. Вторият е от I в. пр.Хр.–I в. сл.Хр. и

supernatural powers.

However, apparently that was what Suregetes is, appearing before his worshippers in order to instil in them the devotion of faith and to test the purity of their confession to him. The overall atmosphere suggests the mysterial character of his cult to a greater or lesser extent. The actual mysteries were hinted at even by the closed narrow societies or colleges of table companions at feasts, where these associations gathered to perform the ritual sacred acts, the ritual practices and the initiations, all of which were solemn ceremonies shrouded in mystery.

This is how the case with Suregetes is yet another confirmation that the supreme deity of the Thracians, who possessed simultaneously both Uranian and chthonian characteristics, tended to remain anonymous. His actual nature was revealed to a certain extent by his numerous names-appellations, notably Zalmoxis, Gebeleizis, Zbelsourdos, Perko(u)s/Perkonis, which had been attested in different places in the Thracian lands – a series in which the deity under consideration firs perfectly.

2.9. PERKO(U)S/PERKONIS

The name Perko(u)s, Perkonis has been attested as epithet of the heros, of the Thracian god-horseman, in two inscriptions discovered in the region of the city of Odessos (present-day Varna). The first epigraphic monument is dated to the 2nd-1st century BC, and it is dedicated to the all-hearing heros Perko(u)s. The second monument is from the 1st century

*Матрица от Абритус
(днешен Разград), II в.*

*Matrix from Abritus (present-day
Razgrad), 2nd century AD*

*Нагръдник от Мушовица могила
при с. Дуванлий, Пловдивско – края
на VI в. пр.Хр.*

*Pectoral from Muchovitza tumulus
from the village of Duvanlii near
Plovdiv, end of the 6th century BC*

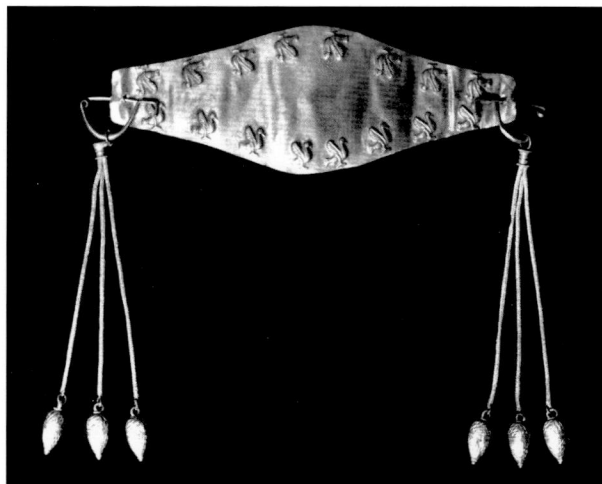

210

е също посвещение, този път на хероса Перконис.

Според анализите на езиковедите те попадат в една семантична редица на родствени наименования с основа Пер(к). Тя възхожда към хетското "Перва", производно на древноиндийското "Первата", със значение на "планина, скала, камък". Божеството Перва – скалата-бог или богът-скала, се споменава още в староасирийските таблички, свързано е с конете, и реконструира прототипа на един конен бог на бурята. В тази връзка не е изключена възможността за езиково отъждествяване на хетското "Перва" с тракийското "херос" не само поради отсъствието на надеждна етимология на старогръцката дума, но и поради опитите да се изведе, да има тя до или негръцки произход.

Името на бога на бурята – бог-гръмовержец, се възстановява на основата на съвпадението на ред древни традиции, защото във веригата Первата – Перва – Херос се включва още славянският бог на гръмотевицата Перун (с многочислени трансформации) и равнозначните му идентификации при балтите – Перкун, и при литовците – Перкунас, божества на бурята, на буреносната вихрушка. Съвсем естествено точно тук е мястото и на епитетите на тракийския бог-конник Перко(у)с/Перконис.

Съответствията са естествени и по линия на топонимията. Този път най-напред идва тракийското Перинт, защото, както сочи суфиксът "-интос", името на града принадлежи към най-древния ономастичен слой, сигурен за II хилядолетие пр.Хр. до Троянската война (XIII в. пр.Хр.) за балканско-егейско-малоазийската етнокултурна зона. Следва топонимът Форуна, включен от Тит Ливий в названието на „столицата"-крепост на медите – Ямфорина, от I в. пр.Хр., в областта на средно-

BC – 1st century AD and it is also a dedication, but this time to the heros Perkonis.

According to the analyses of linguists, they belong to one semantic series of family names with root *Per(k)*. It can be traced back to the Hittite *Perva*, derived from the Old-Ind. *Pervata* with the meaning of "mountain, rock, stone." The deity Perva – the rock-god or god-rock – is mentioned as early as in the Old-Assyrian tablets, he is connected with horses and reconstructs a god of storm on horseback. In this connection the possibility of linguistic identifying of the Hittite Perva with the Thracian heros cannot be ruled out, not only for lack of reliable etymology of the ancient Greek word, but also on account of the attempts to attribute to it pre- or non-Greek origin.

The name of the god of storm – thunder god – is reconstructed on the basis of the coincidence of a number of ancient traditions, because the chain Pervata – Perva – Heros is complemented by the Slavic thunder god Perun (with numerous transformations) and his equivalent identifications with the Baltae – Perkun, and Perkunas, the deities of storm for the Lithuanians. Hence this is naturally the place for the epithets of the Thracian god-horseman Perko(u)s/Perkonis as well.

The correlations are natural in the context of toponymy as well. This time the Thracian Perinthos comes first, because, as the suffix *-inthos* suggests, the name of the city belonged to the most ancient onomastic layer reliably attested for the second millennium BC until the Trojan War (13th century BC) for the Balkan-Aegean-Asia Minor ethnic and cultural zone. Then the toponym Foruna followed, included by Titus Livius in the name of the "capital"-fortress of the Maidoi – Iamphorina – in the 1st century BC, along the middle course of the Strymon River (present-day Struma). The identification of Foruna with Perin/Pirin, as

то течение на р. Стримон (дн. р. Струма). Най-важно е отъждествяването на Форуна с Перин/Пирин, както и валидността на това положение по отношение на всички други върхове на „Пер/Пир" в България от типа Персенк, Перелик и други подобни, тук включително и обредът за дъжд пеперуда в българската традиционна народна култура.

Явно тракийските топоними Перинт и Форуна нямат пряко отношение към славянските географски обозначения и са паралелни образувания в кръга на родствени основи. При съвпаденията и при редуването на Перинтос/Форуна със славянското Перин/Пирин не е изключена и езикова и културно-митологическа контаминация, но е недопустимо да се мисли за пряко влияние на славяните върху тези тракийски имена, след като те са налице векове преди идването им на Балканския полуостров.

В тази обстановка е допустимо, че голяма група имена, които непосредствено възхождат към славянското Перун, и тяхното широко разпространение в сравнение с другите територии на славянския свят трябва да се търси в съвместяването на пренесеното на Балканите славянско божество с местния тракийски култ към героса в реконструкцията на бог-гръмо-вержец – най-почитаният от тракийските богове в предславянския период.

Проблематиката се усложнява, но и изпъква още по-релефно поради героя Пейрой – един от вождовете на траките от района на Хелеспонта (дн. Дарданели), който идва на помощ на трояните за войната им с ахеите и е регистриран още у Омир. Изглежда, не случайно в "Илиада" той е обозначен като херос, а връзката му с хетското Перва и логичната аналогия с героса Перко(у)с и с героса Перконис се налага от само себе си.

well as the validity of this assertion with respect to all other mountain peaks with *Per/Pir* in Bulgaria, of the type Persenk, Perelik, etc., including the rite for bringing rain peperuda in Bulgarian traditional folk culture.

The Thracian toponyms Perinthos and Foruna were not directly related to the Slavic geographic designations, being parallel formations in the circle of related roots. Linguistic and cultural-mythological contamination cannot be ruled out for the coincidences and alternations of Perinthos/Foruna with the Slavic Perin/Pirin, but it is not permissible to think about direct influence of the Slavs on these Thracian names, because they existed centuries before the Slavs came to the Balkan Peninsula.

In this situation it can be assumed that a large number of names immediately derived from the Slavic Perun and their widespread occurrence compared to other territories of the Slavic world should be sought in the coexistence of the Slavic deity brought to the Balkans with the local Thracian cult of the heros in the reconstruction of a thunder god – the most worshipped god among the Thracian deities during the pre-Slavic period.

The situation becomes complicated, but it is even more salient on account of the heros Peiroos – one of the military commanders of the Thracians from the Hellespontos (present-day Dardanelles), who came to help the Trojans in their war against the Achaeans, and was registered even in Homer. Apparently it is not accidental that he is denoted in *The Iliad* as heros, and the logical analogy with the heros Perko(u)s and with the heros Perkonis is self-evident.

What is more, it is known from Book Four of the poem that Peiroos defeated his adversary with an enormous sharp stone, i.e., the image of the god-rock or rock-god coincided with that of the divine heros who won the battle by throwing stones, or the "stone-thrower"

Нещо повече, от четвъртата песен на поемата се знае, че Пейрой поразява врага си с огромен остър камък, т.е. образът на бога-скала или на скалата-бог съвпада с този на божествения херой, който надделява, като хвърля камъни, или „хвърлячът на камъни" опосредства връзката между „камък" (скала) и „(поразяващ) божествен герой".

В същия семантичен ред попада и женският род на Перкос–Перке, наименованието на Тракия. Формата е документирана от Стефан Византийски, който следва Ариан, и макар и късна, не оставя съмнение в деривационната си връзка с производното Перкоте – град между Абидос и Лампсак на малоазийския бряг на Хелеспонта. Топонимът също възхожда към най-древния ономастичен пласт и се споменава в „Илиада". При това положение е ясно, че най-древното название на земята на траките също се извежда в ономастична единица с основа „Перк-" и се локализира в Югоизточна Тракия във времето до Троянската война. Това е страната на хероя Пейрой, чието име е вече огласяване на името на сина на Великата богиня-майка, на соларен бог.

Връзката Пейрой–Перва–Херос–Перкос едва ли подлежи на съмнение и налага комбинацията скала (планина) – скален (планински) бог – бог на бурята, бог на хвърлянето – бог-конник (гръмовержец). Самото обявено име на сина на върховната повелителка, този централен космогонически персонаж, е съвсем естествено да е епоним (да дава името си) на земята, където се изповядва упованието в нея.

Възможността „Перке хора" да означава „страна на дъбовете", „дъбрава" не противоречи на същностната характеристика на поразяващия бог-гръмовержец, бог на бурята, чието място е тъкмо на такива свещени места – скалисти върхове и масиви. Не случайно балто-славянският бог на

mediated the link between the "stone" (rock) and "(slaying) divine hero."

The female form of Perkos/Perke – the name of Thrace – falls within the same semantic series. The form is documented by Stephanus Byzantius, who followed Arrian, and although his information is late, he leaves no doubt about the derivation link with the resulting Perkote – a city between Abydos and Lampsakos on the Asia Minor coast of the Hellespontos. The toponym can also be traced back to the oldest onomastic layer, and it is mentioned in *The Iliad*. Hence it is clear that the most ancient name of the land of the Thracians is also derived in an onomastic unit with root *Perk-* and it is localised in Southeastern Thrace at the time before the Trojan War. That was the land of the hero Peiroos, whose name already meant the uttering of the name of the Great Goddess-Mother, i.e., of a solar deity.

The link Peiroos-Perva-Heros-Perkos hardly evokes any doubt, and it imposes the combination rock (mountain) – rock (mountainous) god – god of storm – hurling god – god horseman (thunder god). The actual proclaimed name of the son of the supreme goddess, that central cosmogonic figure, is perfectly naturally the eponym giving the name where the faith in her is professed.

The possibility *Perke chora* to mean "land of oaks, oak forest" does not contradict the essential characteristic of the thunder god or god of storm, whose place was precisely in such sacral places: rocky mountain peaks and massifs. It is not accidental that the Baltic-Slavic god of thunder Per(k)un was also connected with the oak tree, which strongly suggests that the name of the thunder god was compared at Indo-European semantic level with the name of the oak tree (cf. the Latin *quercus* from *percus*) and it represents the "deity of the oak tree."

This is how *Perko heros* legitimately means "the oak tree of the heros" and the dedication

213

гръмотевицата Пер(к)ун също е свързан с дъба и налага позицията, че името на бога гръмовержец на индоевропейско смислово равнище се сравнява с названието на дъба (срв. латинското кверкус от перкус) и представя „божеството на дъба".

Ето как „Перко херой" напълно правомерно ще означава „дъба на хероса" и съответно посвещението ще е на хероса – божеството на дъба, което обитава дъба, а пък „хероней Перконей" основателно може да се изтълкува като херос гръмовержец. Очевидно и в двата случая изпъква идентификацията на един бог на гръмотевицата, на мълнията, на светкавицата, който има пряко отношение към дъба, който поразява, но и живее в дъб – респективно в дъбрава.

По всичко личи, че култът към дъба или към бога дъб и оттук гръмовержец е общ за всички индоевропейски народи. Самата гръмотевица – мълнията, се възприема като бога, който бързо слиза от небето и разцепва с пламтящ трясък дървото, върху което най-често стоварва силата на удара си – върху дъба. Именно по този начин дъбът се превръща в зримо обиталище на поразяващия бог-небе, който тътне със страховития си глас, който нанася бляскави, огнени удари и винаги оставя следи от присъствието си.

Съвсем естествено е вождът (царят) на дърветата – дъбът, да е посветен на бога-господар на всичко и всички. Подобно е положението и при древните германи, които отличават между боговете Донар (Тунар) или Донер, напълно равностоен на скандинавския Тор. Дъбовете са посветени и на основното божество на балтите и на литовците, а именно Перкун(ас), който обладава гръмотевицата и светкавицата. В негова чест се поддържа непрекъснато огън от същото дърво, а хората принасят жертви на тези вековни исполини за добра реколта.

would be to the heros accordingly: the deity of the oak tree that lives in the oak tree, whereas *heronaios Perkonaios* can be interpreted as the heros of thunder. Apparently, both cases highlight the identification of a god of thunder, of lightning, who is directly associated with the oak, who destroys and also lives in an oak tree, or in an oak forest respectively.

Everything suggests that the cult of the oak tree, or of the god-oak and hence god of thunder, was a cult shared by all Indo-European peoples. The actual thunder is perceived as the god who swiftly descends from heaven and splits with fiery thunder the tree against which his strike is most frequently directed: the oak. And the oak is transformed in this way into a visible habitat for the striking god-heaven, with the thundering voice, who inflicts brilliant fiery strikes and always leaves traces of his presence.

It is perfectly natural for the leader (king) of trees – the oak – to be dedicated to the god who is the supreme master of everyone and everything. A similar situation was observed for the old Germans, who distinguished the gods Donar (Thunar) or Doner, who was completely equivalent to the Scandinavian Thor. Oaks were also dedicated to the principal deity of the Baltae and of the Lithuanians, namely Perkun(as), who was the master of thunder and lightning. Fire from the same tree was kept permanently in his honour, and people also made sacrifices to these centuries-old giants for good crops.

The devotion of the Celtic druids to the oak tree is no secret either, there are even hypotheses that the actual name of the druids meant "oak people." The Roman kings, who were a pure personification of Jupiter, wore crowns of massive gold shaped like oak leaves, i.e., leaves of the sacred tree of the supreme god. They claimed they were his representatives, or rather incarnations of the god of heaven, of thunder and of the oak.

Не е тайна и преклонението на келтските друиди към дъба, а някои дори предполагат, че самото име друиди означава "хора на дъба". Римските царе, които са чисто олицетворение на Юпитер, носят корони от масивно злато във формата на дъбови листа, т.е. на свещеното дърво на върховния бог. Те претендират да са негови представители или по-точно да са въплъщения на бога на небето, на гръмотевицата, на дъба.

Едва ли са необходими повече примери, за да се разбере, че това е пълнокръвният образ на всесилния господар на сияещия небосвод – бог-баща, бог-небе, който е бог на бурята, бог-гръмовержец. Именно той предизвиква дъжда на плодородието и чрез всевластието на гръмотевиците и мълниите, на които е носител, стимулира растежа и изобилието за добро и щастие на своите поданици и за ужас и страх на враговете си. Още една крачка и този бог ще придобие и соларна натовареност, ще носи характеристиките на бога на слънцето.

Всичко споделено дотук разкрива възможности за идентификация по линията Пейрой/Перке (Перкоте) – Перко(у)с/Перконис. По друг начин казано, докато Пейрой наистина може да се окаже името на сина на Великата богиня-мака, чието название носи и страната му Перке (Перкоте), епитетите на хероса Перко(у)с/Перконис се оказват други прозвища на върховния небесен бог, бог на бурята, бог гръмовержец, соларен бог на плодородието. Те дообогатяват познанията за неговата същност и най-важното е, че се вписват във веригата Залмоксис, Гебелейзис, Збелсурд, Сурегетес – отлични квалификации на качествената му определеност.

It is hardly necessary to cite more examples to bring home the idea that this was the full-blooded image of the all-powerful master of the shining firmament – god-father, god-heaven – who is also god of the storm, thunder god. It is he who brings the fertile rain and through the omnipotence of thunder and lightning, which he brings, he stimulates growth and abundance for the good and for the happiness of his subjects, instilling fear and awe among his enemies. One more step and that god would acquire a solar charge as well: he would bear the characteristics of the god of the Sun.

Everything presented so far provides possibilities for identification along the line Peiroos/Perke (Perkote) – Perko(u)s/Perkonis. In other words, while Peiroos can indeed prove to be the name of the son of the Great Goddess-Mother, whose name was also borne by his land Perke (Perkote), the epithets of the heros Perko(u)s/Perkonis proved to be other appellations of the supreme celestial deity, the god of the storm, the god of thunder and the solar god of fertility. They enrich further the knowledge about his nature and their most important characteristic is that they form part of the sequence Zalmoxis, Gebeleizis, Zbelsourdos and Suregetes – excellent qualifications of his qualitative definiteness.

Поглед от въздуха на скалноизсечения град Перперек, Източни Родопи

Bird's eye view of the rock-hewn town of Perperek in the Eastern Rhodope mountains

2.10. ВЕЛИКИТЕ САМОТРАКИЙСКИ БОЖЕСТВА

Те са почитани през древността най-вече поради мистериите в тяхна чест. Думата се появява за пръв път у Херодот и възхожда към глагола „мюо", т.е. „затварям" (очи, уста), с други думи, „мълча" за култ, ритуални действия и предмети в култа. Оттук у древния автор идва и глаголът „мюео" в значение „посвещавам", „поучавам". С него се означава разказът, който се слуша от новопосветените и който не може да се оповести.

Термините са употребени по повод на тайната инициация в религията на Великите богове на острова и заимстването от елините на итифалическото (с изправен фалос) изображение на Хермес. „А пеласгите – пише Херодот – разказват за това някакво свещено сказание (хиерос логос), смисъла на което разкриват мистериите в Самотраки."

От изложението на бащата на историята става ясно единствено, че божествата там първоначално нямат имена. Те са анонимни, каквото е положението и с ранните тракийски, и просто са "Велики", което рязко противоречи на гръцките разбирания за йерархично подреден пантеон на безсмъртните.

В тази обстановка не остава съмнение, че произходът на обредната практика на о. Самотраки е тракийска или за още по-голяма коректност трако-пеласгийска. Макар и все още неразшифровани, загадъчните надписи оттам с все по-голяма сигурност също трябва да се отнесат към тази етнокултурна общност. Тези сакрални формули, обозначени чрез свещеността на езика, който пази тайната на знанието, имат продължителен живот. Култовият говор не

2.10. THE GREAT SAMOTHRACIAN GODS

They were worshipped during the antiquity above all on account of the mysteries in their honour. The word appeared for the first time in Herodotus and it can be traced back to the verb *myo*, i.e., "close" (eyes, mouth), in other words – "be silent" for a cult, ritual acts or objects in the cult. Hence the ancient author has also used the verb *myeo* with the meaning of "initiate, instruct." It is used to denote the narrative that is listened to by the newly-initiated individuals and which cannot be disclosed.

The terms are used in connection with the secret initiation into the religion of the Great Gods on the island and the ithyphallic image of Hermes, borrowed from the Greeks. Herodotus writes: "And the Pelasgians narrated about that sacred story (*hieros logos*) whose meaning is revealed by the mysteries in Samothrace."

From the writings of the Father of History it becomes clear only that the deities there had no names initially. They were anonymous, similar to the early Thracian deities, they were simply "Great Gods" – in stark contrast to the Greek notions on the hierarchically ordered Pantheon of the immortal.

In this situation there is no doubt that the origin of the ritual practice on the Island of Samothrace was Thracian, or Thracian-Pelasgian – for the sake of greater correctness. Although not yet deciphered, the mysterious inscriptions from there should also be attributed with an increasing degree of certainty to that ethnic and cultural community. These sacral formulae, designated through the sacred nature of the language guarding the secret of knowledge, had a long life. Cult speech did not disappear abruptly and continued to be

изчезва внезапно и не излиза от употреба дори през IV в. пр.Хр. Има достатъчно основания да се допусне, че той продължава да живее в ритуалното всекидневие.

Освен тук най-рано култът към Великите самотракийски богове е разпространен и по островите Самос, Лемнос, Имброс – отново с тракийско население. Проблемът е кои са те. Основният текст е схолион към стих 917 от първа песен на поемата на Аполоний Родоски "Аргонавтика", който гласи:

„В Самотраки се посвещава на Кабирите, на които Мнасей дава имената Аксиерос, Аксиокерса, Аксиокерсос и Касмилос. Аксиерос е Деметра, Аксиокерса – Персефона, Аксиокерсос – Хадес, пък както казва Дионисидор, прибавеният четвърти Касмилос е Хермес".

Това единствено място, където те се появяват, обаче е много спорно, защото всъщност е преразказ на неизвестен коментатор, който цитира двама слабо познати свои съвременници или недалечни предходници от късноелинистическата епоха. Освен това не може да се установи дали Мнасей е по-ранен писател от Дионисидор или е противното, за да се види кой в каква историческа обстановка поставя своя разказ. Още по-подозрителен е преводът, който насочва към две женски и едно мъжко божество в триадата, докато според окончанията на изписването на имената думата е за точно обратното.

От това, което вече се знае, излиза, че „четвъртият" Кабир на о. Самотраки, а именно Хермес, който Дионисидор нарича КАСМИЛОС/КАДМИЛОС, е сигурно тракийско (трако-пеласгийско) реликтово име-прозвище на итифалически бог. Той персонифицира абстрактното мъжко начало и именно поради тази причина е поставен и стои отделно от другите.

used even in the 4th century BC. There are sufficient grounds to assume that its existence persisted in everyday rituals as well.

Apart from these lands, the earliest dissemination of the cult of the Great Samothracian gods was also to the islands of Samos, Lemnos and Imbros – again with a Thracian population. The problem is who they were. The principal text is a scholion to verse 917 of the first song of the poem *Argonautica* by Apollonius Rhodius, which reads:

In Samothrace the initiations are performed to the Kabeiroi, to whom Mnasaios gave the names of Axieros, Axiokersa, Axiokersos and Kasmylos. Axieros is Demeter, Axiokersa – Persephone, Axiokersos – Hades, and, as Dionysidoros says, the fourth one added, Kasmylos, is Hermes.

This is the only place where they appear and it is very debatable, because the text is the paraphrase by an unknown commentator who is citing two very slightly known contemporaries of his, or not too distant predecessors from the Late Hellenistic Age. Besides, it is not possible to determine whether Mnasaios was an earlier writer than Dionysidoros, or vice versa, so as to see who placed his narrative in what historical context. The translation is even more suspicious, which suggests two female and one male deity in the triad, whereas the endings in the transcription of their names suggests precisely the opposite.

From the already available information it appears that the "fourth" Kabeiros on the Island of Samothrace, whom Dionysidoros refers to as Kasmylos/Kadmylos, was most probably a Thracian (Thracian-Pelasgian) relic name-appellation of an ithyphallic god. He personified the abstract male beginning and precisely for that reason he was placed and stood apart from the others.

The remaining names form a triad linguistically, in which one name is female:

Останалите имена езиково образуват триада, в която едното е женско – АКСИ-ОКЕРСА. Тя е отлично прозвище на анонимната Велика богиня-майка на о. Самотраки, защото в елинските разбирания се отъждествява с Деметра и с Персефона едновременно – най-точните преводи-означения на същностната ѝ характеристика, които недвусмислено назовават основните функции на хтоничното женско начало, първично спрямо мъжкото.

Както се разбира, богинята е напълно анонимна през трако-пеласгийския и дори през трако-гръцкия период от съществуването на свещенодействията на острова и се сдобива с име-прозвище едва през късния елинизъм. През това време тя е възприемана като скална (утробна), аналогична на малоазийската или на фригийската Велика майка или на нейните персонификации. Тук е важна съставката Акси- поради близостта с хидронима Аксиос (дн. р. Вардар), защото отвежда идеята за богинята вода в единство с богинята – скална утроба, т.е. сближава двете възпроизводителни космически сили.

АКСИОКЕРСОС съдържа освен теонима и първата съставка на тракийското царско име Керсе- или Керсо-, познато от владетеля на одрисите Керсеблепт/ Керсоблепт. Щом това е така, не е изключена възможността анонимната Велика богиня-майка (по-късно Аксиокерса) да самозачене своя син – Слънцето (по-късно АКСИЕРОС), а от техния свещен брак, съгласно системата на тракийския орфизъм, да се роди техният доктринален син – бъдещият цар-жрец/ цар-бог (по-късно Аксиокерсос).

Ето как четирите литературно обработени през елинистическата епоха божества на о. Самотраки са Великата богиня-майка, нейният митологически син, нейният доктринален син и персонифицираното

Axiokersa. This is the perfect appellation of the anonymous Great Goddess-Mother on the Island of Samothrace, because she was identified in the Hellenic notions simultaneously with Demeter and with Persephone – the most precise translations-designations of its essential characteristic, which named unambiguously the principal functions of the chthonian female beginning, which is primeval with respect to the male.

It can be understood that the goddess was completely anonymous during the Thracian-Pelasgian and even during the Thracian-Greek period in the existence of the sacred rites on the island, and she acquired a name-appellation as late as during the Late Hellenistic Age. During that time she was perceived as rock (womb) goddess, analogous to the Asia Minor or Phrygian Great Mother or of her personifications. The important component here is *Axi-* in view of the closeness with the hydronym Axios (present-day Vardar), because it suggests the idea of the goddess-water in unity with the goddess-rock-womb, i.e., it brings the two reproductive cosmic forces closer to one another.

Axiokersos contains both the theonym and the first component of the Thracian royal name *Kerse-* or *Kerso-*, known from the ruler of the Odrysae Kersebleptes/Kersobleptes. If this is so, then it cannot be ruled out as impossible for the anonymous Great Goddess-Mother (later Axiokersa) to self-conceive her son – the Sun (later Axieros), and their doctrinal son – the future king-priest/king-god (later Axieros) – to be born from their sacred marriage, according to the system of Thracian Orphism.

This is how the four deities that had undergone literary treatment on the Island of Samothrace during the Hellenistic Age were the Great Goddess-Mother, her mythological son, her doctrinal son and the personified Orphic abstract conception, introduced through the

орфическо абстрактно зачатие, въведено чрез принципа за свещения брак. Именно такава е загадката на тайнството на т.нар. самотракийски мистерии.

При съпоставка с известието на Херодот за божествата на траките обаче изниква естественият въпрос дали самотракийската тетрада не е общотракийска. Така е най-малкото, защото пасажът у бащата на историята има идентична подредба и последователност, която включва Арес, Дионис и Артемида – божества, почитани от всички траки, и Хермес, от когото царете извеждат произхода си и приемат като свой собствен култ.

От изложеното излиза, че траките вярват в тетрада. Тя се състои от Великата богиня-майка, представена в един от възможните си преводи-означения като Артемида, от сина ѝ на митологично равнище, какъвто е соларно-хтоничният бог, схванат от автора като Дионис, и от техния син на доктринално равнище, наречен Арес, за да се подчертае изключителната роля на царя-жрец/царя-бог в типичното войнско всекидневие на тези хора.

Съгласно учението на тракийския орфизъм въпросната триада действа заради космическото абстрактно съществуване на мъжкото начало. Тази божествена персонификация получава името и образа на Хермес. Както съобщава Херодот, под този превод-означение тя е почитана от тракийските царе като техен прародител, за да удостовери произхода им от свещената брачна връзка.

Но такова е положението и по отношение на религията на Залмоксис. Безспорно в нейния център също стои фигурата на Великата богиня-майка в своята най-свята идентификация, каквато е земята. В това отношение нейните елински преводи-означения – Хестия и Хера, са убедителни доказателства. Загадката на тайнството на мистериите

principle of the sacred marriage. Precisely this is the enigma of the secret of the so-called Samothracian mysteries.

However, a comparison with the information in Herodotus about the gods of the Thracians leads to the logical question whether the Samothracian *tetractys* was not universally Thracian. This is so at least because the passage in the Father of History has identical ordering and sequence comprising Ares, Dionysos and Artemis – deities worshipped by all Thracians, and Hermes – from whom the kings derived their origin and accepted as their own cult.

It follows from the above that the Thracians believed in the triad consisting of the Great Goddess-Mother, presented on one of her possible translations-designations as Artemis, her son at the mythological level – the solar-chthonian god perceived by the author as Dionysos, by their son at the doctrinal level, referred to as Ares, so as to emphasise the exceptional role of the king-priest/king-god in the typical warrior everyday life of these people.

According to the teaching of Thracian Orphism, the triad in question acted owing to the cosmic abstract existence of the male beginning. This divine personification acquired the name and the image of Hermes. From the evidence in Herodotus it becomes clear that she was worshipped under that name-appellation by the Thracian kings as their progenitor, thus verifying their origin from the sacred marriage.

The situation is the same with respect to the religion of Zalmoxis as well. Undoubtedly, the figure of the Great Goddess-Mother in her most sacred identification – the Dearth – is standing in its centre. Her Greek translations-designations – Hestia and Hera – constitute convincing proof in this respect. The enigma of the secret of the mysteries and of the initiation in the *andreon* consists in the sacred marriage of the goddess

и на инициацията в андреона е свещеният брак на богинята и на съучастието на посветения в този сюблимен акт на сливането.

По принципа на тракийския орфизъм върховната повелителка самозачева и ражда своя син – Слънцето. На едно първо равнище това е ураничен бог на гърма, бог на бурята, точно какъвто е Гебелейзис – другото име-прозвище на Залмоксис. На едно второ и по-извисено равнище идеята за сина, но и за любовника на Великата богиня се развива в главното космическо божество, върховен бог-баща, какъвто е Залмоксис – Уран и Кронос едновременно, за да олицетвори мистериалното сношение със собствената си Майка.

Персонифицираното зачатие, въведено чрез принципа на свещения брак, оформя доктрината на Залмоксис като соларно-хтонично учение. На този фон на доктринално равнище се ражда и израства фигурата на царя-жрец/царя-бог, който е най-истинното чедо на тази връзка и който е идеалното олицетворение на соларно-хтоничната дуалност.

При това положение отношението Залмоксис – Гебелейзис – Великата богиня-майка (= на Хестия и на Хера) и царя-жрец/царя-бог удивително съвпада с известието на Херодот за божествата на траките и със структурната подредба на Великите самотракийски богове, за да утвърди почитта към общотракийската тетрада.

2.11. ДАРЗАЛАС

Това име-прозвище се приписва на Великия бог на Одесос (дн. гр. Варна) – един от Великите самотракийски богове, известен от монети и надписи, където носи и епитетите господар (кюриос) и слушащ, вслушващ се (епекос) в молбите. Вероятно

and the complicity of the individual initiated into that sublime act of fusion.

According to the principle of Thracian Orphism, the supreme goddess self-conceived and gave birth to her son – the Sun. At one level he is the Uranian god of thunder god of storm, just as Gebeleizis – another name-appellation of Zalmoxis. At a second – higher – level the idea about the son and also lover of the Great Goddess develops into the principal cosmic deity, the supreme god-father, notably Zalmoxis – Ouranos and Kronos simultaneously, so as to personify the mysterial copulation with his own Mother.

The personified conception, introduced through the principle of the sacred marriage, shaped the doctrine of Zalmoxis as a solar-chthonian teaching. The figure of the king-priest/king-god emerged against that background at doctrinal level as the most genuine child of that union and as the ideal personification of the solar-chthonian duality.

Hence the relations Zalmoxis – Gebeleizis – Great Goddess-Mother (= Hestia and Hera) and the king-priest/king-god shows a remarkable coincidence with the evidence in Herodotus about the deities of the Thracians and with the structural ordering of the Great Samothracian Gods, so as to endorse and promote the worshipping of the all-Thracian tetractys.

2.11. DARZALAS

This name-appellation is ascribed to the Great God of Odessos (present-day city of Varna) – one of the Great Samothracian Gods, known from coins and inscriptions, where he also bears the epithets *kyrios* (lord) and *epekoos* (listening to the prayers). He probably played

той играе много голяма роля в религията на града, защото независимо от анонимността му представа за образа на бога такъв, какъвто го виждат почитателите му, се добива от неговите изображения върху релефи и монети.

В първата група монети от бронз, датирани след 270 г. пр.Хр., той е показан полуседнал, дори полуизлегнат. В лявата си ръка държи рог на изобилието, а над дясната има фар, който разпръсква лъчи. Над него с устието надолу виси амфора. И докато рогът на изобилието е атрибут на божествата на плодородието и на мъртвите, обърнатата надолу амфора означава богатството, добито от презморска търговия, символ на която е фарът.

Върху сребърните тетрадрахми, сечени в края на III или през II в. пр.Хр. с надписи Мегас теос (Велик бог) и името на града, предадено в родителен падеж от етникона Одеситон, иконографията е различна. Върху аверса е представена главата на бога в профил надясно с дълга коса, препасана с панделка, и с дълга до петите дреха. В лявата си ръка той държи рог на изобилието, а в дясната – фиала, за да приеме излиянието.

Предполага се, че фигурата върху реверса възпроизвежда някаква статуя на този загадъчен Мегас теос. Доколкото може да се съди по малките му изображения, същата статуя личи много по-късно в храм под фронтон, облегната на колони, върху римски монети от времето на император Гордиан (235–238 г.). Това показва, че в града има и храм на бога. Върху неговия фронтон едва се вижда Хелиос в квадрига.

Голямата серия от бронзови монети от края на II и през I в. пр.Хр. разкрива съвсем нова и неочаквана иконография. Върху тях богът е конник със същата дълга коса и брада. В дясната си ръка той издига копие,

a very important role in the city's religion, because irrespective of his anonymity, it was possible to acquire an idea about the deity's image as his worshippers perceived him from his images on reliefs and coins.

In the first group pf bronze coins, dated after 270 BC, he appears half-seated and even half-lying. He is holding the cornucopia in his left hand, and above his right hand there is a beacon scattering rays of light. An amphora with its mouth downwards is hanging above him. And while the cornucopia is an attribute of the deities of fertility and of the dead, the amphora turned upside down means wealth acquired through overseas trade, symbolised by the beacon.

The iconography is different on the silver tetradrachms minted in the late 3rd or during the 2nd century BC. They feature inscriptions Megas Theos (Great God) and the genitive form of the name of the city from the ethnicon Odessiton. The god's head is presented on the obverse in profile to the right, with long hair tied with a band, and with a garment falling to his feet. He is holding the cornucopia in his left hand, and in his right hand he has a phiale to accept the libation.

The figure on the reverse is assumed to reproduce some statue of that mysterious Megas Theos. Insofar as it is possible to judge from his small images, the same figure appeared much later in a temple below a pediment, leaning on columns, on Roman coins from the time of Emperor Gordian (235-238 AD). This shows that there was a temple of the god in the city. The figure on its pediment can barely be identified as Helios on a quadriga.

The large series of bronze coins dated to the late 2nd and 1st century BC reveals an entirely new and unexpected iconography. On these coins the god is a horseman with the same long hair and beard. In his right hand he is raising a spear, ready to hurl it, or is

Тетрадрахма на Одесос (дн. Варна) с изображение на Дарзалас и негова култова статуя, II в. пр.Хр.

Tetradrachm of Odessos (present-day Varna) with the image of Darzalas and his cult statue, 2nd century BC

Оброчна плочка на Дарзалас от Търговище, II–III в.

Votive tablet of Darzalas from Targovishte, 2nd–3rd century

Оброчна плочка на тракийския конник (Дарзалас?) от Касписан, II–III в.

Votive tablet of the Thracian Horseman (Darzalas?) from Kaspichan, 2nd–3rd century

223

което се готви да хвърли, или пък държи рог на изобилието. Ето как Мегас теос е показан в много по-подчертан тракийски облик.

Най-вече поради рога на изобилието се мисли, че това е Хадес, тъй като от боговете само той е характеризиран по този начин в изкуството. Този одесоски Хадес обаче вероятно постепенно се отделя от представите за Хадес на гърците и на него започва да се гледа като на самостоятелно божество – покровител на града. Вярно е, че в тукашните надписи, а и в тези от други черноморски градове, като Истрия на устието на р. Дунав, Томи (дн.гр. Констанца, Румъния), Калатис (дн.гр. Мангалия, Румъния), Бизоне (дн.гр. Каварна), Дионисополис (дн.гр. Балчик), той продължава да се нарича Мегас теос.

Не по-малко истина е, че през римската епоха (без да се знае точно кога) богът получава едно тракийско име-прозвище – Дарзалас. Това е видно от почетните декрети от Одесос от 215, 221 и 238 г. Разбира се, има и други надписи от града, в които той е споменат, но те не могат да се датират по-точно.

Един оброчен релеф, открит някъде около Търговище, от II–III в. на свой ред убедително показва, че под това име се крие същият бог. Той е посветен на Великия бог Дарзалас от някой си булеутес, т.е. член на градския съвет, вероятно от Одесос. Иконографията пък разкрива явни прилики с тази от сребърните монети. Тук Дарзалас е прав с дълга коса и брада, облечен в дълъг хитон и наметка. В лявата ръка държи рог на изобилието, а в дясната фиала.

В Одесос в чест на този Мегас теос Дарзалас дори има учредени атлетически игри, които носят красноречивото име Дарзалея. Не остава съмнение, че това е предпочитаното божество на града – негов покровител. Самото име-прозвище по-

holding the cornucopia. This is how Megas Theos appeared in a much more pronounced Thracian image.

He is thought to be Hades, mostly on account of the cornucopia, because he is the only one among the gods characterised in this way in art. However, that Hades from Odessos, probably departed gradually from the notions of the Greeks about Hades, and he began to be viewed as an autonomous deity and patron of the city. It is true that he continued to be called Megas Theos in the inscriptions here, as well as in those from other cities on the Black Sea: Histria on the Danube estuary, Tomis (present-day Constanţa), Kallatis (present-day Mangalia), Bizone (present-day Kavarna) and Dionysopolis (present-day Balchik).

It is no less true that the god received a Thracian name-appellation – Darzalas – during Roman times, though it is not known exactly when. This is evident from the honorary decrees from Odessos from 215, 221 and 238 AD. Naturally, there are other inscriptions as well from the city, in which he is mentioned, but they cannot be dated more accurately.

A votive relief discovered somewhere near Targovishte, dated to the 2nd-3rd century, in turn shows convincingly that the same god stood under that name. It is dedicated to the Great God Darzalas by some buleutes, i.e., member of the city council, probably from Odessos. The iconography, on the other hand, reveals clear resemblances with that on the silver coins. Here Darzalas is depicted standing, with long hair and beard, wearing a long *chiton* and a cloak. He is holding the cornucopia in his left hand and a phiale in his right hand.

Athletic games were organised in Odessos in honour of that Megas Theos Darzalas and they bore the eloquent name Darzaleia. There is no doubt that this was the preferred deity of the city and its patron god. The actual name-appellation shows that the Thracians with their

казва, че в местната религия значителна роля играят и траките с тяхното върховно божество. От една страна, то е Хадес – разпоредител в царството на мъртвите, а поради рога на изобилието, който държи, е и господар на плодородието – висша сила за благоденствието. От друга страна, това е и богът Слънце поради изображението на Хелиос, което се съзира върху фронтона на неговия храм от времето на III в., както сочат монетите на Гордиан. По този начин в един носител се обединяват и двете начала – и слънчевото, и земното, а соларно-хтоничното единство е показателно за всестранните му възможности.

2.12. ДЕЛОПТЕС

Богът е известен от един декрет, намерен в Пирей, на оргеоните (служителите) на Бендида от II в. пр.Хр., където се споменава заедно с богинята и другите божества. Текстът не остава съмнение в тракийската му принадлежност. Негово изображение присъства върху т.нар. Копенхагенски релеф от 329/ 328 г. пр.Хр., открит също в Пирей. Там Делоптес съвместно с Бендида е представен като възрастен брадат мъж, опрян с дясната си ръка на тояга, облечен в дълъг хитон, преметнат през лявото му рамо така, че дясното рамо и част от гърдите остават открити. Двамата оформят централна сцена в цялостната композиция.

Главно поради тоягата, която държи, са направени опити той да се изтълкува като Асклепий, т.е. да се оприличи на здравеносния бог, но предположението е доста умозрително. Най-напред мъжът по нищо не се различава от изобразените почитатели, които стоят пред него. Те имат еднакви хитони и брадати физиономии. В този си вид той може да е всеки – и Зевс, и Посейдон, и Плутон, и дори най-обикновен човек.

supreme deity also played a substantial role in the local religion. On the one hand, the deity was Hades who had control over the kingdom of the dead, but on account of the cornucopia in his hand he was also the master of fertility – a supreme power for prosperity. On the other hand, he is also the god-Sun on account of the image of Helios seen on the pediment of his 3rd century temple, as indicated by Gordian's coins. In this way, one carrier unifies both principles – solar and chthonian – and the solar-chthonian unity is indicative of his universal potential.

2.12. DELOPTES

The god is known from a decree found in Piraios, of the *orgeons* of Bendis from the 2nd century BC, where he is mentioned together with the goddess and the other deities. The text leaves no doubt as to its Thracian belonging. His image is present on the so-called Copenhagen Relief of 329/328 BC, which was also found in Piraios. Deloptes is presented there together with Bendis. He is an elderly bearded man, his right hand is resting on a club, and he is wearing a long chiton thrown over his right shoulder so that his right shoulder and part of his chest remain exposed. The two deities form the central scene in the overall composition.

Attempts have been made to interpret him as Asclepius, mainly on account of the club he is holding, i.e., to draw a similarity between him and the healing deity, but the hypothesis is rather speculative. First of all, the man does not differ in any way from the depicted worshippers standing before him. They all have identical chitons and bearded faces, and he can be anyone with that appearance: Zeus, Poseidon, Pluto, and even an ordinary man.

Те всички се представят еднакво, но атрибутите им са тези, които ги отличават един от друг и определят същностната им характеристика. Наистина, тоягата, на която се подпира фигурата, е белег на Асклепий, но сама тя е недостатъчна, за да го докаже. Тук липсват най-отличителните му емблеми, каквито са яйцето и змията. Освен това в случая по-скоро става дума за жезъл, защото, използвана по този начин, тя никога не присъства в изображения на божества, а съвсем недвусмислено загатва една цивилна, гражданска среда.

По този начин до голяма степен може да се уточни качествената определеност на мъжа до Бендида, макар че в надписа, където се споменава Делоптес, той изрично е причислен към боговете. На помощ за разрешаването на проблема идва етимологията му. Независимо от предпазливостта, с която трябва да се пристъпва към нея, тя има своето място при допълването на картината. Според лингвистите името може да се изтълкува като "любимец на майката-земя" като богиня или означава "този, който опложда майката-земя" като богиня.

Но ако Делоптес е наречен бог и е бог според надписа от Пирей, съвсем различно е положението с един жертвен релеф от о. Самос, където той е назован херос Делоптес. Изведнъж с него настъпва метаморфоза и ако се пропусне антроподемонът, следващата степен при тази низходяща градация остава да е обикновеният човек, което е загатнато и чрез иконографията му.

В духа на приведените данни Делоптес не е нещо друго, а е земният любовник на Великата богиня-майка, именно каквато е Бендида, и съвсем точно обобщава и персонифицира тракийския владетел въобще. Неговите превъплъщения затварят кръга

They are all depicted in the same way, but their attributes distinguish them from one another and determine their essential characteristics. Indeed, the club on which the figure is resting is a characteristic of Asclepius, but it is insufficient in itself to prove his identity. His most distinctive emblems – the egg and the snake – are absent here. Moreover, the club is more probably a sceptre, because it is never present in this way in images of deities, but it perfectly unambiguously hints at a civilian environment.

In this way, it is necessary to specify the qualitative identification of the man next to Bendis, although he is categorically classified among the gods in the inscription where Deloptes is mentioned. His etymology helps resolve the question. Irrespective of the caution with which it is to be approached, it has its due place in complementing the picture. According to linguists, the name can be interpreted as "favourite of the Mother-Earth" as a goddess, or it means "he who fertilises the Mother-Earth" as a goddess.

However, if Deloptes has been called god and he is a god according to the inscription from Piraios, the situation is different with a sacrificial relief from the Island of Samos, where he is called Heros Deloptes. A metamorphosis occurs suddenly with him, and if the anthropodaimon is omitted, the ordinary man remains the next stage in this descending gradation, which is hinted at through his iconography as well.

In the spirit of the data adduced, Deloptes was the earthly lover of the Great Goddess-Mother, precisely what Bendis is, and he summarises very accurately and personifies the Thracian ruler in general. His reincarnations close the circle earthly king – heros – anthropodaimon – god, which – according to

земен цар – херой – антроподемон – бог, който според системата на тракийския орфизъм е абсолютно задължителен при степенното му усъвършенстване и същевременно е твърде подвижен при преливането на съставните си части.

Ето как чрез активността в свещения си брак с Великата богиня-майка (с Бендида) Делоптес или мъжът до нея върху Копенхагенския релеф приема божественото начало. Макар и да е неин син, той сам се превръща и във върховен бог-баща, чиято същност е точното ѝ съответствие. При това кръгът божествено дете – син любовник – божествен съпруг – бог баща се въплъщава в личността на тракийския цар и повелител.

the system of Thracian Orphism was absolutely mandatory for his perfectioning in stages, while at the same time it was too mobile in the transition from one of its component into another.

This is through the activity in his sacred marriage with the Great Goddess-Mother (with Bendis), Deloptes – or the man next to her on the Copenhagen Relief – received the divine beginning. Although he is her son, he himself also turns into supreme god-father, whose nature is actually his precise correlate. Moreover, the circle of the divine child – son-lover – divine husband – god-father is personified in the figure of the Thracian king and supreme ruler.

Копенхагенския релеф на Бендида и Делоптес от Пирей (детайл), IV в. пр.Хр.

The Copenhagen Relief of Bendis and Deloptes from Piraios (detail), 4th century BC

228

◄ Детайл от каничката-ритон от съкровището от с. Борово, Русенско, IV в. пр.Хр.

Detail of the jug-rhyton in the treasure from the village of Borovo, Ruse region, 4th century BC

Детайл от каничка от съкровището от с. Рогозен, Врачанско, IV в. пр.Хр. ►

Detail of the jug in the treasure from the village of Rogozen, Vratsa district, 4th century BC

Пръстен от Голямата могила при с. Дуванлий, Пловдивско, V в. пр.Хр.

Ring from the Big Tumulus near the village of Duvanlii, Plovdiv region, 5th century BC

▼

Тракийският конник

Царят-жрец/царят-бог

За тракийската религия е знаменито известието на Херодот за божествата на траките. През V в. пр.Хр. той твърди, че те "почитат само тези богове: Арес, Дионис и Артемида, а царете им отделно от другите сънародници почитат от боговете най-много Хермес, кълнат се в него и казват, че те самите са произлезли от Хермес".

Древният автор не само изрежда за яснота на елинските си читатели имената на тракийските божества с приблизителните им гръцки съответствия, т.е. съобщава техните преводи-означения, но и предава разликата между религиозните вярвания на владетелите им, по-общо казано, на аристокрацията и на масата от населението – на общинниците. Това съвсем не означава, че царете не почитат Арес, Дионис и Артемида, нито пък, че "другите сънародници" не вярват в Хермес и явно нещата опират до различните равнища на изповядване на едни и същи култове.

Това, което е сигурно, е, че при политико-религиозната антитеза между разбиранията на благородниците и на обикновените хора Херодот влага и внушението за божествения характер на царската власт при траките. Идеологическото оправдание на господството намира естествена подкрепа в логиката за свръхестественото начало на династическите достойнства, за техни-

Information about the Thracian religion can be found in Herodotus' narrative about the deities of the Thracians. He claimed in the 5th century BC that they worshipped the following gods: Ares, Dionysos and Artemis, while their kings, separate from the other fellow-countrymen, worshipped Hermes most among all gods, swore in him and claimed their origin from Hermes.

The ancient author not only listed the names of the Thracian deities with their approximate Greek correlates for the sake of clarity for his Greek readers, i.e., he gave their translations-designations, but he also specified the difference between the religious beliefs of their rulers, in more general terms, of the aristocracy and of the population masses: the commoners. This did not mean at all that the kings did not worship Ares, Dionysos and Artemis, nor that the "other fellow-countrymen" did not believe in Hermes, hence clearly the same cults were professed at different levels.

One thing is certain: Herodotus introduced also the suggestion of the divine character of the royal rule of the Thracians in the political-religious antithesis between the notions of the nobility and of the ordinary people. The ideological justification of the supremacy finds natural support in the logic of the supernatural beginning of the dynastic dignity, of their privileges received from above, the protection and the sanctions.

230

CHAPTER FOUR

The Thracian Horseman

The King-Priest/King-God

те свише получени привилегии, защита и санкции.

Божественото начало на управлението се подкрепя косвено и от обстоятелството, че Херодот включва в свидетелството си точно Хермес, защото той олицетворява соларно-хтоничния характер на тракийската царска идеология. Та нали в гръцката религия това е божеството на изгрева и залеза. Именно то осъществява непрекъснатото движение чрез появяването си всяка сутрин на изток и изчезването си всяка вечер на запад. Това е типичният посредник, който реализира връзката между световете и обединява слънчевото и земното начало, така съкровено за местното възприятие и въплътено в личността на владетелите, съвършени в способностите си да извършат чудото с безсмъртието.

При това положение и след като най-древните и най-важните белези на култа към този бог са хтонизмът и соларността, не остава съмнение, че Хермес в текста на „бащата на историята" се корени и налага в него поради аристократичната доктрина за вечен живот. Това равнище в схващанията за божествения произход на властта не се свързва обаче с разбиранията на "другите сънародници", т.е. на повечето хора – на общинниците, които не изповядват учението в чистия му вид.

The divine beginning of the rule is also indirectly supported by the circumstance that Herodotus included precisely Hermes in his narrative, because he personified the solar-chthonian character of the Thracian royal ideology. Indeed, this is the deity of sunrise and sunset in Greek religion, and precisely that deity performed the continuous movement by appearing every morning in the east and by disappearing every evening in the west. This is the typical mediator linking the worlds and uniting the solar and the chthonian principles, highly cherished in the perceptions of the local population and incarnated in the persons of the rulers with their accomplished ability to perform the miracle of immortality.

Therefore, bearing in mind that the most ancient and the most important characteristics of the cult of that god were chthonian and solar, there is no doubt that Hermes featured prominently in the text by the Father of History, owing to the aristocratic doctrine about eternal life. However, that level in the notions about the divine origin of power was not associated with the notions of the "other fellow-countrymen", i.e., of the majority, of the commoners, who did not profess the teaching in its pure form.

There is no doubt that the Thracians, i.e., the people, knew that their kings had a high, divine beginning. This is so because after the

231

Не остава съмнение, че и самите траки, т.е. народът, знаят, че техните царе имат високо, божествено начало. Така е, защото поне след края на VI и особено през V–IV в. пр.Хр. със стабилизирането на тракийските държавни организации доктриналната идеология постепенно започва да отстъпва в социалната практика за сметка на търсенето и реализирането на едно пряко потисничество. Тя задължително има своето обществено-политическо равнище редом с доктриналното – своята езотерична (тайна) и екзотерична (явна) страна.

Явно като носител на царски орфически белези Хермес в пасажа на Херодот няма допирни черти с гръцкия психопомпос (водач на душите) и не олицетворява по негово подобие вярата в безсмъртието на душата, типична за елините. Той демонстрира за всички идеята за митичния родоначалник – "първи човек" и "първи цар" едновременно, след като владетелите започват генеалогията си с него и именно него обикновеното население обожествява и почита като бог в лицето на действителния си господар.

Положението не може да бъде различно, тъй като в двусъставната структура на тракийското общество е уместно да се предположат поне два типа реализация на учението за безсмъртието и по-точно доктринално-религиозният – аристократичният, на посветените в него, и общинният, народностният – социално-политическият, на онези, които знаят за учението, но остават сравнително непосветени в него или в най-добрия случай са само негови адепти. Думата е за различни смислови равнища на внушение, които са доктринално степенувани, но са и социално адресирани.

end of the 6th, and especially in the 5th-4th century BC, with the stabilising of the Thracian state organisations, the doctrinal ideology gradually started to give way to the social practice at the expense of the search for and imposing of direct oppression. It mandatorily had its own socio-political level parallel with the doctrinal level, its esoteric (secret) and exoteric (apparent) aspects.

As the bearer of royal Orphic characteristics, Hermes clearly had no points of contact in Herodotus' passage with the Greek *psychopompos* (guider of souls) and he did not personify, like him, the faith in the immortality of the soul, typical of the Greeks. He demonstrated to all the idea of the mythical progenitor: "first man" and "first king" simultaneously, after the rulers started their genealogy with him and the ordinary population deified and worshipped precisely him as a god in the person of their actual ruler.

The situation cannot be different, because it would be appropriate to assume at least two types of realisation of the teaching about immortality in the two-component structure of Thracian society, namely the doctrinal-religious – aristocratic – type of the persons initiated in it, and the common, popular – socio-political – type of those who knew about the teaching, but remained relatively uninitiated into it, or at best – just its adepts. This means that there were different semantic levels of suggestion that were doctrinally graded and also socially targeted.

However, the deification of the Thracian rulers, the faith in the king-god, was semantically mediated by some intermediate stages in the process of its evolution. The dynasts were sometimes defined in the

233

Но обожествяването на владетелите при траките, вярата в царя-бог е опосредствана смислово от някои междинни степени в процеса на изграждането си. В античната писмена традиция заедно или поотделно с характеристиката бог понякога династите носят определенията антроподемони или херои. Еврипид например твърди чрез думите на музата, която оплаква злощастния край на сина си Резос, че "той не ще отиде под черната земя", т.е. не ще сподели баналната съдба на всеки смъртен, но затворен в пещерата на богатата със сребро земя (планината Пангей) ще стане антроподемон (т.е. бого-човек)".

Според Херодот Залмоксис също познава преходното стъпало от царя към бога – антроподемона. Наистина древният автор на два пъти го нарича "демон", но тази характеристика не бива да смущава, защото е сравнително вярно гръцко тълкуване на наблюдател, който не е в състояние да вникне в системата на доктрината за безсмъртието и за да си обясни нещата, се влияе от категориите на питагорейците.

Но Залмоксис е представен в изворите и с определението херой. В едно сведение на Порфирий за Питагор се казва, че той се почита от "варварите", т.е. от траките, като Херакъл, за да се направи алюзия със същността на най-типичния измежду гръцките херои. Филострат пък съвсем директно представя Резос като херой, който отблъсква чумата от планината. "Той обитавал Родопите...., отглеждал коне, въоръжен бил и се занимавал с лов. А доказателство за заниманията на героя с лов било, че глиганите, сърните и каквито животни имало сами се отправяли към жертвеника му".

Херооони и светилища са известни и от други древни автори, а консервативността в традициите и устойчивостта при съхра-

ancient written tradition as anthropodaimons or heroes, together with or separately from the characteristic of a god. For example, Euripides claims through the words of the muse lamenting the sad end of her son Rhesos that "he would not go under the black earth", i.e., he would not share the banal fate of every mortal, but shut in the cave of the land rich in silver (Pangaion Mountain), he would become anthropodaimon (i.e., god-man).

According to Herodotus, Zalmoxis was also familiar with the transitional stage from king to god: the *anthropodaimon*. Indeed, the ancient author refers to him twice as "*daimon*", but this characteristic should not disturb us, because it is a relatively correct Greek interpretation by an observer who was unable to gain an insight into the system of the doctrine about immortality, and in trying to find an explanation for himself, he was influenced by the categories of the Pythagoreans.

However, Zalmoxis is presented in the sources also with the definition of *heros*. An evidence of Porphyrius about Pythagoras informs that he was worshipped by the "barbarians", i.e., by the Thracians, like Herakles, so as to hint at the nature of the most typical among the Greek heroes. On the other hand, Philostratus very directly presents Rhesos as a heros who pushed the plague away from the mountain. "He inhabited the Rhodope Mountains ... breeding horses, he was armed and he went hunting. The proof that the *heros* engaged in hunting was that the boar, the deer and all other animals went alone to his sacrificial altar.

Heroons and altars were known from other ancient authors as well, and the conservatism in the traditions and the sustainability in the preservation of the ideas was maintained stable by a number of archaeological monuments, like the tombs found in different places, and subtumular heroons-sanctuaries. Apparently,

Нагръдник от Башова могила при с. Дуванлий, Пловдивско, края на V в. пр.Хр.

Pectoral from the Bashova Mogila tumulus near the village of Duvanlii, Plovdiv region, end of the 5th century BC

Пръстени от Голямата могила при Дуванлий, Пловдивско, първата половина на V в. пр.Хр.

Rings from the Big Tumulus near the village of Duvanlii, Plovdiv region, first half of the 5th century BC

Монета на одриския цар Спарадок

Coin of the Odrysian king Sparadokos

Монета на анонимно тракийско племе, V в. пр.Хр.

Coin of an anonymous Thracian tribe, 5th century BC

Пръстен от с. Брезово, Пловдивско, края на V – началото на IV в. пр.Хр.

Ring from Brezovo near Plovdiv, late 5th – early 4th century BC

235

нението на идеите се поддържат стабил-
но от ред археологически паметници като
разкритите на различни места гробници,
но едновременно с това и подмогилни хе-
роони – светилища. Очевидно, че подобно
на определението антроподемон степента
херой отново играе междинна роля в из-
граждането на пълната същностна характе-
ристика на тракийските царе. Тя е свързва-
щото звено в стремежа към извисяването
до бога и в превръщането на владетеля в
бог.

В тази обстановка е видно, че разбира-
нията на гърците за култа към хероя съв-
сем не се споделят във вярванията на тра-
ките. За тях хероизацията е първата степен
от пълния цикъл в развитието на човека.
Той се изминава на различни равнища, тъй
като това е пътят към съвършенството. В
този смисъл хероизацията е най-близка до
разбирането на хтонизма като безсмъртие
въобще. От тази гледна точка всеки може
да бъде херой.

Следващата степен с елементи на обо-
жествяване е антроподемонът, точно такъв,
какъвто го описва Еврипид чрез Резос.
Третата и последна степен е богът, който
не само е безсмъртен, но е и съвършен,
понеже олицетворява пълната хармония в
баланса земя – небе, между хтоничното и
соларното. Ето как царете на траките сами
се превръщат в богове.

Осъществяването на описаната практика
личи отлично от примера със Залмоксис.
След оттеглянето си в подземното жили-
ще или в пещерата той се появява отново
пред съплеменниците си едва след четири
години и ги убеждава във възможността за
безсмъртие, залегнала като цел в негово-
то учение. Този път обаче Залмоксис е с
характеристиката бог. Той е преминал през
фазите на хероя и на антроподемона и е
добил истинската качествена определеност

similar to the definition *anthropodaimon*,
the title *heros* again played an intermediary
role in the building of the complete essential
characterisation of the Thracian kings. It is
the link in the striving to rise to the god and
to transform the ruler into god.

In this situation it is clear that the notions of
the Greeks on the cult of the heros were not at
all shared in the beliefs of the Thracians. For
them the heroisation was the first stage in the
full cycle of human evolution. It was passed
at different levels, because this is the road to
perfection. In this sense, the heroisation came
closest to the understanding of chthonism in
general. From that perspective, everyone could
be a heros.

The anthropodaimon is the next stage
with elements of deification, just as Euripides
describes him with Rhesos. The third and last
stage is the god who is both immortal and
perfect, because he personifies the complete
harmony in the heaven-earth balance, the
balance between chthonian and solar. This is
how the kings of the Thracians transformed
themselves into gods.

The described practice is perfectly visible
from the example with Zalmoxis. After he
withdrew into his underground abode or cave,
he reappeared before his fellow-tribesmen
four years later and convinced them that
immortality was possible, which is a goal in his
teaching. However, this time Zalmoxis is with
the characteristics of a deity. He passed through
the phases of *heros* and *anthropodaimon*, and
acquired a real qualitative determination: god.
The four-stage cycle of human development
was respected.

For lack of understanding of this doctrinal-
religious system, the ancient authors hesitated
in their definitions of the Thracian kings as
heroi, *anthropodaimons*, gods or ordinary
people. Moreover, the intermediary positions
from simple mortal to deity were valid of the

236

– бог. Четиристепенният цикъл на развитието на човека е спазен.

Поради неразбирането на тази доктринално-религиозна система древните автори се колебаят в определенията си за тракийските царе като херои, антроподемони, богове и най-обикновени хора. Освен това междинните позиции от простия смъртен до божеството са в сила за династите не само по време на действителното им управление, но особено след тяхната смърт, без представата да се смесва, както се видя, с елинските схващания за хероизацията.

Трябва да се има предвид, че разчленението на космогония, митология и религия е непознато за тракийските предели. Тук мисленето и представите за света са единни и обединяват на различни равнища тези модели на вселената. Към тях е необходимо да се прибави и социалният, защото именно в този план владетелят, мислен като син на Слънцето (на Върховния властелин) и на Великата богиня-майка, единствен може да стане бог.

Божественото начало на властта и обожествяването на тракийските царе личи добре чрез примерите за престижната им позиция като конници и може да се проследи чрез техните изображения върху предметите на изкуството.

Идеята се наблюдава върху елипсовидните полета на някои от златните пръстени, открити при богати погребения на различни места. Такъв е пръстенът, намерен при с. Розовец, Пловдивско, който датира от края на V или началото на IV в. пр.Хр. На него се вижда конник, облечен според тогавашната мода на аристокрацията. Цялата му фигура, дрехата, прическата, жестът на ездача позволяват в него да се види не по-късният херой-херос, а истинският образ на владетеля.

Същата представа присъства и върху пръстена, открит при с. Брезово, Пло-

dynasts not only during their accrual reign, but especially after their death, without mixing the notion – as was seen – with the Greek notions about heroisation.

It must be borne in mind that the differentiation of cosmogony, mythology and religion was unknown in the Thracian lands, where thinking and the notions about the world were unified and united these models of the Universe at different levels. It is necessary to add to them the social model as well, because it was only in this plan that the ruler, perceived as the son of the Sun (the Supreme Lord) and of the Great Goddess-Mother, could alone become god.

The divine beginning of power and the deification of the Thracian kings is clearly visible from the examples of their prestigious position as horsemen, and it can be traced thorough their images on works of art.

The idea is observed on the ellipsoid fields of some of the gold rings found in rich burials in various places, e.g., the ring found near the village of Rozovets, Plovdiv region, dated to the late 5th – early 4th century BC. It features a horseman dressed according to the aristocratic fashion of that time. His figure, clothing, hairstyle and gestures allow to see in the horseman not the later heros, but the real image of the ruler.

The same notion is present on the 4th century BC ring discovered near the village of Brezovo, Plovdiv region. By the engraved image on the flat oval plaque the artist has tried to suggest an analogous semantic content. It was clear from the burial that the ring was on the left hand of the deceased, while in his right hand he held a sceptre to emphasise his dynastic dignity. It is obvious that here, too, the person depicted did not correspond to the nature of the Thracian heros not only on account of the absence of all his later attributes, but mainly due to the fact that the

вдивско, от IV в. пр.Хр. Чрез вдлъбнатото изображение на конника върху плоското овално лице гравьорът се стреми да внуши аналогично смислово съдържание. От самото погребение е установено, че докато пръстенът се намира на лявата ръка на покойника, с дясната си той държи жезъл-скиптър, за да подчертае династическите си достойнства. Видно е, че и този път представената личност не отговаря на същността на тракийския херой не само защото отсъстват всичките му по-късни атрибути, а главно поради факта, че целта на майстора е да разкрие висшите привилегии чрез един типизиран, но и индивидуализиран образ на предводителя на аристокрацията – на царя.

Идентичен подтекст се влага и върху релефните полета на златните пръстени от с. Гложене, Тетевенско, от V в. пр.Хр., от Арабаджийската могила при с. Дуванлий, Пловдивско, пак от това време, от този между селата Маломирово и Златиница, Елховско, от IV в. пр.Хр., а последният пример е с неизвестно местонахождение и е отнесен към края на IV или по-приемливо към началото на III в. пр.Хр.

Изображенията на тракийските династи като ездачи са съвсем естествени, защото конницата е същинското олицетворение на аристократичния елит и реално отразява политическото и социалното им положение. Тя е ударният боен отряд на армията, но едновременно е и съвет, и свита, обединена около върховния господар за непрекъснати операции и реализиране на всевъзможни задачи.

Върху предметите на изкуството нейният най-висш представител, но и най-типичното ѝ индивидуално олицетворение – царят, е най-често неотделим от коня. Точно той пък го предпазва от допира с хаоса и от разрушителните сили на непознатото,

artist's aim was to reveal the high privileges of a typified and at the same time individualised image of the leader of the aristocracy: the king.

Identical context is also included in the relief fields on the 5th century BC gold rings from the village of Glozhene near Teteven, from the Arabadzhiyska tumulus near the village of Duvanlii, Plovdiv region, again from the same time, and on the 4th century BC ring found between the villages of Malomirovo and Zlatinitsa. The last example is of unknown provenance, and it has been dated to the late 4th or – more likely – to the early 3rd century BC.

The images of the Thracian dynasts as riders are perfectly natural, because the cavalry was the real incarnation of the royal elite and realistically reflected their political and social status. It was the striking force of the army, being at the same time council and retinue, rallied around the supreme leader for permanent operations and for implementing various tasks.

Its highest representative and also its most typical individual personification – the king – appears most frequently inseparable from his horse on works of art. The horse protects him from the contact with chaos and against the destructive forces of the unknown, i.e., every place outside his own palace. This is how the stabilisation of the separate Thracian alliances and their internal consolidation from the end of the 6th century BC onwards stimulated the appearance of the first images of the horseman. The ideological need of such an emblem best reveals the transformation of the state into an instrument of supremacy.

In a definite context, the Thracian dynasts-horsemen were present also on appliqués from the treasures from the villages of Letnitsa and from the village of Lukovit near Lovech, on the belt from the village of Lovets, near

Пръстен от неизвестно място, IV в. пр.Хр.

Ring of unknown provenance, 4th century BC

Апликация от съкровището от с. Летница, Ловешко, средата на IV в. пр.Хр.

Appliqué from the treasure from the village of Letnitsa, Lovech district, first half of the 4th century BC

239

което е всяко място извън собствения му дворец. Ето как стабилизирането на отделните тракийски обединения и вътрешната им консолидация от края на VI в. пр.Хр. насетне стимулират появата на първите представяния на конника. Идеологическата потребност от подобна емблема най-добре показва превръщането на държавата в инструмент за господство.

При определен контекст тракийските династи-конници присъстват още върху апликации от съкровищата от с. Летница и от с. Луковит, Ловешко, върху колана от с. Ловец, Старозагорско, върху една от каничките на Рогозенското съкровище, Врачанско, върху наколенника и върху шлема от Аджигьол (Румъния), върху пръстена от с. Старосел, Хисарско, върху наколенника, открит между селата Маломирово и Златиница, Елховско – всички находки са датирани през IV в. пр.Хр.

Особено впечатляват те при стенописите на гробницата при с. Александрово, Хасковско, от IV в. пр. Хр. и във фреските на тази при с. Свещари, Исперихско, от III в. пр.Хр. Традицията не се прекъсва, а продължава да съществува и се демонстрира чрез някои паметници от II–I в. пр.Хр. Между тях изпъкват фалерите от с. Галиче, Оряховско, и конникът върху един от съдовете от съкровището от с. Якимово, Монтанско.

Идеята се подчертава добре и от появата на ездача върху някои монети на тракийските царе, предимно от IV в. пр.Хр. – изображение, което не се среща въобще върху емисиите на гръцките колонии по Егейското крайбрежие. Появата и развитието на този нов тип може да се обясни с факта, че за разлика от платежните средства на елинските полиси тези се секат от името на владетеля като регалия на неговата власт. Нещо повече, конниците

Stara Zagora, on one of the jugs from the silver treasure from Rogozen near Vratsa, on the greave and on the helmet from Agighiol (Romania), on the ring from the village of Starosel near Hissar and on the greave found between the villages of Malomirovo and Zlatinitsa near Elhovo – all these finds being dated to the 4th century BC.

They are particularly impressive in the 4th century BC frescoes of the tomb near the village of Alexandrovo, Haskovo district, and in the 3rd century BC frescoes of the tomb in the village of Sveshtari near Isperih. The tradition was not interrupted, it continued to exist and to be demonstrated through some monuments dated to the 2nd-1st century BC, notably the phalerae from the village of Galiche near Oryahovo, and the horseman on one of the vessels in the treasure from the village of Yakimovo near Montana.

The idea is emphasised well also by the appearance of the horseman on some coins of Thracian kings, mainly from the 4th century BC – an image that does not appear at all on coin issues of the Greek colonies along the Aegean coast. The appearance and the development of that new type can be explained with the fact that these coins were minted on behalf of the ruler as regalia of his power, unlike the means of payment of the Greek *poleis*. What is more, the horsemen are on the obverse of these coins, which is usually reserved for the various deities – a circumstance suggesting that the complete deification of the dynasts was a practice in Thrace.

The earliest evidence of this practice can be found in the silver tetradrachms attributed to the Odrysian king Sparadokos (ca. 464 – ca. 444 BC), where the rider, who is wearing a tunic and is holding two long spears in his left hand, is presented in relief on their oval field. He is wearing a hat, a *chlamys* and is holding a long spear on the silver didrachms

върху монетите заемат лицевата им страна, обикновено предназначена за отделните божества – обстоятелство, което говори, че, изглежда, в Тракия се внушава пълното обожествяване на династите.

Най-рано тази практика удостоверяват сребърните тетрадрахми, приписвани на одриския цар Спарадок (+ 464–+ 444 г. пр.Хр.). Там ездачът, който носи туника и държи две дълги копия с лявата си ръка, е представен релефно върху овалното им поле. Върху сребърните дидрахми на Севт I (424–407/405 г. пр.Хр.) той е с шапка, хламида и с дълго копие. Върху дидрахмите и драхмите, които се отнасят към Севт III (+ 330–302/301 или 297 г. пр.Хр.), конникът върху лицевата страна е в галоп и замахва с копието. Върху бронзовите емисии на Котис I (383–359 г. пр.Хр.) фигурата му често стои върху аверса на отделните типове.

Прехвърлянето на изображението на ездача от аверса на реверса може да се обясни чрез самостоятелното развитие на тракийските емисии. То е в пряка връзка с появата в края на класическия и в началото на елинистическия период на портретите на исторически личности, които изместват от лицевата страна образите на божествата. Типичен пример е случаят със Севт III. И докато лицето на монетите представя собствения му лик, конникът се прехвърля на опакото, за да наблегне допълнително върху божествената природа на повелителя. Преминаването на ездача от аверса на реверса е характерно и за някои емисии на Котис I, както и за тези на тракийските династи Сройос и Скосток.

Най-важната черта на изредените изображения е, че в иконографията им липсват всички онези подробности и атрибути, които ги свързват с тракийския херой, а оттук и с божествата на римската импера-

of Seuthes I (424-407/405 BC). The horseman on the obverse of the didrachms and drachms attributed to Seuthes III (ca. 330-302/301 or 297 BC) is galloping and is wielding the spear. His figure often appears on the obverse of the bronze coins of Kotys I (383-359 BC),

The transfer of the horseman's image from the obverse to the reverse can be explained with the autonomous development of Thracian coinages. It was directly related to the appearance at the end of the Classical and at the beginning of the Hellenistic period of the portraits of historical persons and they replaced the deities on the obverse of the coins. Seuthes III is a typical case. And while his image appears on the obverse of the coins, the horseman is relegated to the reverse to stress additionally the ruler's divine nature. The transfer of the horseman from the obverse to the reverse also appears on some issues of Kotys I, as well as on the coins of the Thracian dynasts Sroios and Skostokos.

The most important feature of the cited images is that their iconography lacks all those details and attributes that link them to the Thracian Heros and hence with the deities of the Roman Imperial Age. Standing at the top of the social and political pyramid, the horseman on rings, belts, greaves, helmets, appliqués, phalerae, coins, etc. is an iconographic pattern that was intended to unify and to typify the features of the aristocracy, of an elite consisting of heavy cavalry and horsemen organised in dynastic homes at the head of which there was one ruler.

It is highly probable that most of the gold rings also played the role of personal seals of the different rulers. Defined as horsemen in their essence, they actually acquired divine prerogatives to a greater or lesser extent, and secured the inviolability of their power as the personifications of the supreme deity on Earth. In this way, the high representatives of the aristocracy and above all the kings

Детайл от каничка от съкровището от с. Рогозен, Врачанско,
IV в. пр.Хр.

*Detail of the jug from the treasure in the village of Rogozen near Vratsa,
4th century BC*

Монета на тракийското племе
дерони – V в. пр.Хр.

*Coin of the Thracian tribe of the
Deroni, 5th century BC*

торска епоха. Застанал на върха на соци-
алната и на политическата пирамида, кон-
никът по пръстени, колани, наколенници,
шлемове, апликации, фалери, монети и
т.н. е иконографска щампа, която има за-
дачата да обобщи и да типизира белезите
на аристокрацията, на един елит, съставен
от тежки конници, организирани в динас-
тически домове, начело с един господар.

Твърде е възможно повечето от златните
пръстени да изпълняват и ролята на лични
печати на отделните владетели. Определе-
ни същностно като конници, фактически те
придобиват повече или по-малко божестве-
ни прерогативи и като земни персонифи-
кации на Върховния бог осигуряват непо-
клатимостта на своята власт. Ето как чрез
многобройните изображения на ездачи от
предримската епоха висшите представители
на аристокрацията и първи царете демонс-
трират не толкова родството и близостта си с
най-популярното сетне божество – с тракий-
ския херой-конник, колкото те сами служат
като прототипи при неговото изграждане.

В безкнижовните общества, където всеки
паметник е многозначен, изделията трябва
да се изследват предимно чрез функциите
им в социалната среда и именно тогава те
се превръщат в документи на мисленето и
на поведението. В тракийското изкуство и
в иконографията централно място заемат
фигурите на Великата богиня-майка и на
царете, персонифицирани чрез изображе-
нията на конници. Те често са представени
в отношения помежду им или поотделно.
Разностранни са техните образи в откъси
от цялостното повествование, при това на-
ситено с идеен заряд. Най-често срещаните
сюжети и епизоди от тях са инвеститурата
на владетеля и неговите ценностни изпита-
ния, многообразните му варианти на появи
и прояви, както и тези на върховната съ-
творителка, и накрая свещения брак с нея.

demonstrated with the numerous images
of horsemen from the pre-Roman Age not
so much their kinship and closeness to the
subsequently most popular deity – the Thracian
Horseman-Hero – but rather they themselves
served as prototypes in building that image.

In the non-literary societies, where every
monument is polysemantic, objects must be
studied predominantly through their functions
in the social environment, and precisely then
they turn into documents of thinking and of
behaviour. The figures of the Great Goddess-
Mother and of the kings personified through
images of horsemen, feature very prominently
in Thracian art and in Thracian iconography.
They are often depicted interrelated or
separately. Their images are varied in excerpts
from the entire narrative, moreover charged
with ideas. The most frequent themes and
episodes from them comprise the ruler's
investiture and his value trials, his numerous
variants of appearances and manifestations, as
well as those of the supreme creatress, and
finally the sacred marriage to her.

Although the Thracian interpretation of
many scenes and compositions will never be
deciphered, it is certain that it was discussed
and interpreted precisely in such a society. The
archaeological documentation and above all
the works of toreutics highlight the unlimited
potential of the Great Goddess-Mother to
control power. A woman is standing before
the dynasts-horsemen on the rings from the
villages of Rozovets and Brezovo, as well as
from the one found between the villages of
Malomirovo and Zlatanovo. In the first case
the woman is wearing a long dress, she has a
tiara in her hair, and is approaching the rider,
holding some vessels (a rhyton or phiale?) in
his hand. On the second ring the woman is
again in front of the horseman, extending a
rhyton towards him, and on the third ring – a
phiale instead of the rhyton.

Независимо че тракийската интерпретация на много сцени и композиции никога няма да може да се разгадае, сигурното е, че тъкмо в едно такова общество тя е разисквана и тълкувана. Археологическата документация и главно произведенията на торевтиката най-напред наблягат на неограничените възможности на Великата богиня-майка да разполага с властта. Върху пръстените от с. Розовец и от с. Брезово, както и върху този между селата Маломирово и Златиница пред династите-конници се изправя жена. В първия случай тя е облечена в дълга рокля, носи диадема в косите си и се приближава към ездача, като държи някакъв съд (ритон или фиала?) в ръката си. При втория случай жената е отново пред конника и протяга към него ритон, а при третия фиала.

Има всички основания да се твърди, че и трите фигури могат да се тълкуват като изображения на върховната господарка. Подобен сюжет се наблюдава и върху наколенника от Аджигьол. Символиката е непосредствено заявена, след като върху него присъства ездач с лък, а богинята е представена чрез самата маска на коляното.

Върху кнемидата, открита между селата Маломирово и Златиница, също се виждат реални персонажи, обединени в две образни полета: в горното династът-конник пие от ритон, а под него всемогъщата повелителка седи на трон. Много реалистично и прецизно изработена, нейната глава увенчава горната част на изделието.

Идентично е съдържанието и на наколенника от Враца, където също централно място се заема от женското божество. Неговите глави са изключително майстор-

There is every reason to claim that all three figures can be interpreted as images of the supreme goddess. A similar scene is observed on the greave from Agighiol as well. The symbolism is directly stated by the presence of a horseman with a bow, whereas the goddess is presented with the mask on the knee.

Real persons united in two pictorial fields are also seen on the cnemis found between the villages of Malomirovo and Zlatinica: in the upper one the dynast-horseman is drinking from a rhyton, and below him the supreme goddess is seated on a throne. Her head, rendered very realistically and executed very precisely, crowns the upper part of the object.

The content of the greave from Vratsa is identical and the central place there is also occupied by the female deity. Her heads on two 4th century BC cnemides from the Kazanlak Valley are executed with exceptional skill. A similar greave adorns demonstratively the leg of the horseman-king on an appliqué from the village of Letnitsa near Lovech and on a round phalera from the Peychova Mogila tumulus near the village of Starosel, Hissarya area, dated to the mid-4th century BC, where the horseman has raised a rhyton in his left hand.

At a first level, the cited monuments and the scenes on them convincingly reflect the ritual acts of the handing of the power insignia to the ruler by the deity. They emphasise his investiture, and the Thracian kings received the power insignia from the hands of the Great Goddess-Mother. She is holding the signs of greatness and the emblems of valour, with which she introduced him to his rank and to the possession of the sacred dignity.

ски изпълнени върху две кнедмиди от Казанлъшката долина от IV в. пр.Хр. Подобен наколенник стои демонстративно и на крака на царя-конник върху една апликация от с. Летница, Ловешко, и върху една кръгла фалера от Пейчова могила при с. Старосел, Хисарско, от средата на IV в. пр.Хр., където ездачът издига с лявата си ръка ритон.

На едно първо равнище изредените паметници и сцените върху тях убедително отразяват обредните актове на връчването на символите на властта от божеството на владетеля. Те подчертават неговата инвеститура, а тракийските царе получават инсигниите на управлението от ръцете на Великата богиня-майка. Тя държи знаците на величието, емблемите на доблестта, с които въвежда в сан и в притежание на свещените достойнства.

За тракийските земи инвеститурата е най-представително показана чрез фреските в гробницата от с. Свещари. Подобно на композициите върху пръстените династът приближава на кон, за да поеме протегнатия от богинята венец и по този начин да се приобщи към безкрайните ѝ възможности. Аналогична смислова натовареност имат златните венци от Враца и от с. Луковит, Ловешко, и тези от богатите погребения между селата Маломирово и Златиница и от Казанлъшката долина – всичките от IV в. пр.Хр.

При съвместното представяне на владетеля и всесилното женско божество съвсем не е задължително той да е непременно на кон. Такова е положението върху пръстена от гробницата в Малката могила, Казанлъшко, от IV в. пр.Хр., където боги-

In the Thracian lands, the investiture is best depicted on the frescoes of the tomb in the village of Sveshtari. Similar to the compositions on the rings, the ruler is approaching on horseback to take the wreath that the goddess has extended to him and to become thus integrated to her infinite powers. An analogous semantic charge is also seen in the gold wreaths from Vratsa and from the village of Lukovit near Lovech, as well as from the rich burials between the villages of Malomirovo and Zlatinitsa, and from the Kazanlak Valley – all of which are dated to the 4th century BC.

In scenes of the joint presentation of the ruler and of the all-powerful female deity it is not at all necessary for him to be on horseback. The situation is the same in the 4th century BC ring from the tomb in the Malkata Mogila tumulus near Kazanlak, where the goddess is standing on the left and has an obscure object (rhyton?) in her hand, and she is ready to hand it to the dynast as the regalia for his supremacy.

The Great Goddess-Mother and the supreme male deity-horseman live in parallel also on the images on the vessels in the treasure from the village of Yakimovo and on phalerae from the village of Galiche. However, her presence is not always compulsory for the handing of the insignia. This solemn moment had passed already on the ring from the village of Glozhene, and she was absent from the field in relief. The horseman had come down from his horse and is standing next to it, holding a rhyton in his right hand. The symbolic transfer of power is completed and the deity has withdrawn.

The development of the ritual scene is traced on an appliqué from the village of

ията стои отляво и има в ръката си неясен предмет (ритон?), който се готви да предаде на династа като регалия за неговото господство.

Великата богиня-майка и върховният господар-конник живеят успоредно и в изображенията върху съдовете от съкровището от с. Якимово, и върху фалери от с. Галиче. Присъствието ѝ обаче невинаги е задължително при предаването на инсигниите. Този тържествен момент вече е отминал в пръстена от с. Гложене, а тя отсъства от релефното поле. Ездачът е слязъл от коня, стои до него и държи в дясната си ръка ритон. Символичното предаване на властта е завършило и божеството се е оттеглило.

Развитието на обредната сцена се проследява върху една апликация от с. Летница. Тук конникът препуска протегнал в едната си ръка фиала. В металното украшение няма и следа от богинята, а тракийският владетел, поел един от знаците на управлението, е вечно устремен напред, възседнал коня си.

Няма съмнение, че царете поръчват на майстори и гравьори такива сцени, в които по един или друг начин се държи и се показва божественото им начало и всички преимущества, които следват от него. Изтъкването на собствения произход и на връзките с Великата богиня-майка са идеологическо оправдание за тяхното ръководство. Изображенията върху предметите на изкуството непрестанно напомнят на поданиците за свещеността и неприкосновеността на всичко онова, което се свързва с личностите им или ги заобикаля.

Понякога върху паметниците богинята присъства и съвсем сама. Такъв е ритонът от Поройна (Румъния) от края на IV или началото на III в. пр.Хр., където има четири нейни изображения. Две от жените

Letnitsa. Here the horseman is riding, holding a phiale in his extended hand. There is not even a trace of the goddess on the appliqué, and the Thracian ruler who had taken one of the power insignia is heading forward, riding his horse.

There is no doubt that kings gave orders to craftsmen and engravers to make such scenes that highlight and demonstrate their divine origin and all advantages stemming from it. The emphasis on their own origin and on their links with the Great Goddess-Mother are an ideological justification of their supremacy. The images on objects of art constantly remind the king's subjects of the sacred nature and inviolability of everything that is connected with their personality or is surrounding them.

The goddess is sometimes present on monuments all alone, e.g., on the rhyton from Poroina in Romania from the late 4th or early 3rd century BC, where there are four of her images. Two of the female figures are seated on thrones without backrest, holding a rhyton in one extended hand and clutching a phiale to their chest. Although the dynast is absent from the composition, it is only in his hands that the vessel and the suggestions emanating from it can be perceived as bearers of the idea of the transfer of power, whose emblems are being magnanimously handed to him by the goddesses, more specifically by their personification of the consubstantiality of the Great Goddess-Mother.

The Thracians perceived the sacral characteristics of the rulers in one of their insignia in the rhytons, phialae, wreaths, etc. The characteristics of the royal insignia attribute to their owner the halo and the power of the deity, making him equal to the deity and transforming him into god by virtue of his suggested origin. This is a kind of initiation into the system of the ritual practice.

седят на тронове без облегалки и протягат в едната си ръка ритон, а с другата притискат до гърдите си фиала. Независимо че в цялата композиция династът липсва, само в неговите ръце съдът и внушенията, които се излъчват от него, могат да се възприемат като носители на идеята за предаването на властта, чиито емблеми богините – по-точно тяхната персонификация на единната същност на Великата майка, великодушно му връчват.

За траките сакралната характеристика на владетелите намира някои от своите инсигнии в ритоните, фиалите, венците и т.н. Белезите на царските достойнства придават на притежателите им ореола и могъществото на самото божество, изравняват го с него и го превръщат в бог по силата на внушения му произход. Това е един вид инициация, реализирана в системата на обредната практика.

В тракийското изкуство човекът често се поставя в ситуация на ценностно изпитание. Ако се има предвид династът, земно въплъщение на сина на Великата богиня-майка и на Върховния бог – Слънце, идеята отговаря на победата на бога или на божествения херой над силите на злото и за възтържествуване на силите на доброто.

Наистина, за да спечелят и да съхранят властта си, както и да дадат нужните гаранции и да докажат наличието на качества за степенното си усъвършенстване, тракийските царе трябва да преминат през редица ценностни изпитания, да преодолеят всички препятствия, за да утвърдят своите достойнства и да регламентират положението си. Тук е в сила постановката, че всяка победа носи основания за периодичното реактуализиране на техните възможности, мотивира насоките на управлението, пропагандира социалния им ранг и непобедимост, божествените им черти и

In Thracian art man is often placed in a situation of value trial. If one has in mind the dynast as a terrestrial incarnation of the son of the Great Goddess-Mother and of the supreme god-Sun, the idea corresponds to the victory of the god or of the divine heros over the forces of evil so that the forces of good can triumph.

Indeed, in order to win and to preserve their power, as well as to give the necessary guarantees and to prove the existence of qualities for their accomplishment in stages, the Thracian kings had to pass a number of value trials, to overcome all obstacles so as to confirm their merits and to stipulate their position. The guiding principle there was that every victory brought grounds for the periodic updating of their abilities, motivated the trends of governance, promoted their social rank and invincibility, their divine features, and at the same time restored order and harmony in Nature and in society – in the Universe in general, defeating chaos and the forces of death, hence it was the sought path to immortality.

The clash of opposing elements was usually presented on monuments by depicting the fight with and the victory over animals or over fantastic creatures that had locked the springs of fertility and had plunged everything in the cold uncertainty of darkness. And as the ruler in the Thracian world was perceived as a personification of the deity on Earth, being himself a living deity, at a first level the scenes of man's fight against the animal or his victory over it can be interpreted as his triumph and apotheosis, as a victory that would bring order and security.

A number of examples of a concrete hunting combat and of fight against some animal can be cited in local art. There are two such appliqués from the village of Lukovit, in which the horseman is attacking a lion with a spear.

едновременно с това възстановява реда и хармонията в природата и в обществото – във вселената въобще, надвива хаоса и силите на смъртта и следователно е така търсеният път към безсмъртието.

Обикновено върху паметниците сблъсъкът на противоположните стихии получава израз чрез изображенията на борбата и на победата над животни или над фантастични същества, заключили изворите на плодородието, потопили всичко живо в студената неизвестност на тъмнината. И след като в тракийския свят владетелят се схваща като земна персонификация на бога – самият той живо божество, на едно първо равнище сцените на борбата на човека с животното и на победата над него могат да се изтълкуват като негов триумф и апотеоз. Победа, която ще въдвори ред и сигурност.

В местното изкуство могат да се посочат редица случаи за конкретна ловна схватка и за борба с някакво животно. Такива са две подобни апликации от с. Луковит, в които конникът напада с копието си лъв. Сблъсъкът се вижда и върху апликация от с. Летница, където ездачът поразява с копието си изправилата се срещу него мечка, а в краката на коня лежи убитият преди това вълк.

Ловът присъства и върху отделните части на колана от с. Ловец. Около дървото на живота, обозначено чрез лотосов цвят, се виждат симетрично разположени двама конници, които преследват с копията си глиган, но и двама приклекнали воини, които стрелят по него с лъкове. Сюжетът присъства и върху една от каничките от съкровището от с. Рогозен, където се вижда и ликът на Великата богиня-майка, която ще осигури победата над животното. Възможно е точно нейното копие да е пронизало вече шията на глигана. От богат

The clash is also seen on an appliqué from the village of Letnitsa, where the horseman is slaying with his spear a bear standing opposite him and a previously killed wolf is lying at the horse's feet.

Hunting appears also on the elements of the belt from the village of Lovets. Two horsemen are seen symmetrically on either side of the Tree of Life, depicted as a lotus blossom. The horsemen are chasing a boar with their spears, and two squatting warriors are trying to shoot it with bows and arrows. The scene is present on one of the jugs from the Rogozen silver treasure as well and it is also possible to discern there the image of the Great Goddess-Mother who would secure the victory over the animal. It is possible that precisely her spear had pierced the animal's neck. A gold ring with the image of a horseman piercing the beast with his spear is known from a rich grave in the Peychova Mogila tumulus near the village of Starosel. Two warriors assisted by dogs are also killing a boar with spears on the rhyton found between the villages of Malomirovo and Zlatinitsa.

The 4th century BC frescoes of the tomb near the village of Alexandrovo, Haskovo region, are the most impressive. Boar hunt scenes appear there between the stag hunt scenes on the northern and on the southern wall of the burial chamber. The boar on the northern wall is chased by a warrior on foot and encountered by the horseman, and the two spears had already pierced him. It is attacked by two dogs and a naked plump man, swinging a labrys with both hands over his head. The boar on the southern side is chased by a horseman and the warrior on foot is facing the animal. The spear hurled earlier has also pierced the animal's leg a little above the hoof.

These anonymous weapons, hurled in an unknown direction, create the impression that the hunters have the support of divine forces, apparently the Great Goddess-Mother, although

Съкровището от с. Галиче, Оряховско,
II–I в. пр.Хр.

The treasure from the village of Galiche near Orya-
hovo, 2nd-1st century BC

Монета от о. Тасос, V в. пр.Хр.

Coin from the Island of Thasos, 5th century BC

гроб в Пейчова могила при с. Старосел е известен златен пръстен с изображение на конник, който пробожда с копието си звяра. Върху ритона, открит между селата Маломирово и Златиница, двама воини, подпомагани от кучета, също го убиват с копия.

Най-много впечатляват стенописите от гробницата при с. Александрово, Хасковско, от IV в. пр.Хр. Там между сцените с лов на елени са разположени тези, в които дивечът е глиган – съответно по северната и по южната стена на камерата. Този от север е гонен от пешак и пресрещнат от конник, а две копия вече са го пронизали. Към него се нахвърлят и две кучета и гол дебеланко, който с двете ръце замахва над главата си с двойна брадва. Този пък от юг е преследван от конник, а пешакът стои срещу животното. Предварително метнато копие също е пробол крака на жертвата малко над копитото.

Тези анонимни, незнайно откъде запратени оръжия, създават впечатление, че ловците са подпомагани свише от божествени сили. По всичко изглежда отново думата е за Великата богиня-майка, независимо че присъствието ѝ в стенописите така или иначе липсва. Точно тя закриля и подпомага успешното преодоляване на ценностното изпитание от царя. Та нали звярът е гонен, защото опустошава земите, унищожава посевите и реколтата, заплашва плодородието. Това е противникът, който е необходимо да се надвие, за да се осигури благополучие.

Естествено двубоят трябва да протича между равностойни противници, а паметниците показват, че срещу династа се изправя или лъв, или мечка, или вълк, или глиган. В този смисъл на едно второ равнище борбата, като ценностно изпитание за царя, и нейният изход определят принадлежността

she is not present in the frescoes. It is precisely she who protects and assists the successful overcoming of the king's value trial. Indeed, the beast is chased because it devastates the lands, destroys the crops and the fields, and threatens fertility. This is the adversary that has to be defeated so as to secure prosperity.

Naturally, the combat must be between equal adversaries, and the monuments show that the animals facing the dynast are either a lion, or a bear, or a wolf, or a boar. In this sense, at another level, the fight as a value trial for the king and its outcome determine the dynast's supremacy and his fate, life or the end of his rule.

In all probability, the same idea is reflected in zoomorphic terms as well in Thracian art, e.g., in the parallel anthropomorphic and zoomorphic appliqués from the village of Lukovit, where a horseman is attacking a lion in two of the compositions, and in the other two a lion is biting a stag. Their semantic equivalence is perfectly feasible, each of the scenes translating the other into its own language and attesting the existence of a dual code for revealing religious and ideological notions in Thracian art in the 4th century BC.

Images of a lion attacking a stag or a bull are very popular and occur also on an appliqué from Vratsa, on a frontlet from the village of Letnitsa, on two of the jugs from the Rogozen silver treasure, on one of which the victim is a doe, on a vessel from the Borovo treasure, where a griffin is attacking a doe – all these monuments being dated to the 4th century BC, as well as on some other objects, notably the appliqué from the village of Dolna Koznitsa near Kyustendil, dated to the late 4th – early 3rd century BC, where the lion is attacking a doe.

In fact, the king and the lion are identical in principle, being the supreme masters in society and in the animal world. Hence the lion is present even alone on the 5th century BC gold pectoral from the Bashova Mogila tumulus near the village of Duvanlii, Plovdiv region, so as to designate him. However, in Thracian art the lion is also an animal

на господството и съдбата на монарха, живота или края на управлението.

По всяка вероятност същата идея се отразява и зооморфно в тракийското изкуство. Думата е най-вече за паралелните антропоморфни и зооморфни апликации от с. Луковит, където в две от композициите конник напада лъв, а в останалите две лъв захапва елен. Смисловата им равнозначност е напълно допустима, като всяка една превежда другата на собствения си език и засвидетелства съществуването в тракийското изкуство през IV в. пр.Хр. на един двоен код на разкриване на религиозно-идеологически представи.

Изображенията на лъв, който напада елен или бик, са доста популярни и се срещат още върху апликация от Враца, върху началник от с. Летница, върху две от каничките на съкровището от с. Рогозен, където жертвата върху едната е кошута, върху съд от съкровището от с. Борово, където грифон напада сърна – всичките паметници от IV в. пр.Хр., а и върху някои други, като апликацията при с. Долна Козница, Кюстендилско, от края на IV – началото на III в. пр.Хр., където лъвът се нахвърля върху сърна.

Фактически царят и лъвът са принципно идентични, защото те са върховните господари в обществото и в животинския свят. Ето как звярът присъства дори сам върху златния нагръдник от Башова могила при с. Дуванлий, Пловдивско, от V в. пр.Хр., за да го обозначи. В тракийското изкуство лъвът обаче е и животното противопоставено на династа. Той задължително трябва да го убие (надвие) поради необходимостта да се устои престолът, да се обновят и увеличат неговата младост, сила, възможности.

Сега идва ред на Херакъл, който върху различни паметници на местната торевти-

opposed to the dynast. He has to kill it or defeat it mandatorily so as to remain on the throne, and so that his youth, strength and abilities would be renewed and increased.

Another figure is Herakles, who appears on numerous monuments of local toreutics also in a battle: most frequently with the (Nemean?) lion. This is seen on two appliqués from Panagyurishte, dated to the second half of the 4th century BC, on which the famous Greek hero is depicted following the canons of Greek iconography. However, there is another appliqué, again from there and again from that time, on which his image is different.

First, unlike Hellas, his figure is dressed in a long chiton and his torso is *en face*, following the characteristic Eastern practice, whereas his face and his feet are in profile. Besides. Herakles is not fighting the animal – the (Erymanthian) boar in that case – but is leading the animal after him, unlike Greek monuments where he is always fighting against his adversaries. The composition is further complicated by the inclusion of a lion-griffin and a Siren in his company, the latter being most probably a personification of the Great Goddess-Mother, who brings luck and guarantees his triumph in the battle.

This is in no way a case of contamination of local images with purely Greek ones and of following foreign models. The appearance of Herakles in Thracian art is not mere borrowing. The radically different world outlook systems presuppose also total lack of correspondence in the ideological structures, i.e., it is not possible to see in the cited examples worshipping of and faith in the purely Greek hero. Everything suggests that his images were reinterpreted locally and were charged with a considerable weight of their own.

Two lions, two lions-griffins and two winged lions are seen around Herakles fighting the (Nemean) lion on another appliqué from Stara Zagora. Although it is dated to the 1st century BC, the metal ornament shows that the semantic link with earlier times had not

253

Апликации от съкровището от с. Луковит, Ловешко, втората половина на в. IV пр.Хр.

Appliqués in the treasure from the village of Lukovit near Lovech, second half of the 4th century BC

Ритон от с. Златиница, Елховско, IV в. пр.Хр.

Rhyton from the village of Zlatinitsa near Elhovo, 4th century BC

Ритон от с. Златица, Елховско
(детайли), IV в. пр.Хр.

*Rhyton from the village of Zlatinitsa
near Elhovo (details), 4th century BC*

ка също е в схватка – най-често с (Немейския) лъв. Такива са две апликации от Панагюрище от втората половина на IV в. пр.Хр., върху които прославеният гръцки герой е представен по каноните на елинската иконография. Същевременно отново оттам и пак от това време е известна друга апликация, върху която образът му е различен.

Най-напред в отличие от Елада неговата фигура е облечена в дълъг хитон и според характерната за Изтока схема торсът е във фас, докато лицето и краката са в профил. Освен това Херакъл не се бори с животното – в случая (Еримантския) глиган, а го води след себе си, в противоположност на елинските паметници, където той е винаги в двубой със своите противници. Композицията се усложнява поради факта, че в неговата компания се включват още лъв-грифон и Сирена – най-вероятно персонификация на Великата богиня-майка, която осигурява сполука и гарантира триумфа му в състоялата се битка.

Тук съвсем не става дума за контаминацията на местни с чисто гръцки образи – за следване на чужди образци. Появата на Херакъл в тракийското изкуство не е просто заимстване. Коренно различните светогледни системи предполагат и напълно несъответстващи идейни структури, което ще рече, че при разгледаните примери не може да се говори за почит и вяра в чисто гръцкия герой. Всичко показва, че изображенията му се преосмислят на местна почва и притежават значителна, собствена натовареност.

Върху друга апликация от Стара Загора около борещия се срещу (Немейския) лъв Херакъл се виждат два лъва, два лъва-грифони и два крилати лъва. Макар и от I в. пр.Хр., металното украшение разкрива, че семантичната връзка с предходните време-

been broken. Here the hero is dressed again and he defeats the animal by piercing him with a knife, which is particularly indicative of the Eastern treatment of the theme, because he strangles the animal in Greek art. This canon was also followed on the appliqué with a scene of the fight of Herakles and the (Nemean) lion from the village of Dolna Koznitsa near Kyustendil, dated to the late 4th – early 3rd century BC.

Apparently, when local artists created the figure and the specific features of Herakles, they introduced in him their notions about the power of their dynasts, and that was valid also for the monuments executed in a purely Greek style. The ready iconographic pattern was used as additional argument for the comprehensiveness and inviolability of power obtained by overcoming value trials, through battle and victory.

And as the Hero's fight against the lion is the most typical of his Labours and marks the triumph over the forces of evil and darkness, there is no doubt that the Thracians perceived the examined scenes as semantically identical to the king's irreconcilable clash with death. At a subsequent level they are metaphors for its overcoming, done in the name of life, of preservation and of the revival of the regeneration process, and of the new repetition of an eternal rejuvenating cycle that finally borders on the idea of immortality.

The relations of the Thracian kings with the Great Goddess-Mother often reflect directly or indirectly the idea about their sacred marriage. Their marriage is intended to secure the turnover of the seasons and the fertility of the land, and at the same time to renew the reign, to promote the eternal youth of the dynast, and the permanent renewal of his qualities and abilities.

The hierogamy (sacred marriage) is most demonstratively observed on an appliqué from

на не се прекъсва. Тук героят пак е облечен и надделява над звяра, като го пробожда с нож – особено показателно за източната трактовка на сюжета, понеже в гръцкото изкуство той просто го задушава. В този канон попада апликацията със сцена на борба между Херакъл и (Немейския) лъв от с. Долна Козница, Кюстендилско, от края на IV – началото на III в. пр.Хр.

Явно при случаите с Херакъл местните майстори, които сътворяват неговата фигура и специфичните му черти, влагат представите си за силата и могъществото на своите династи. Това е валидно и за паметниците, изпълнени в чисто елински стил. Готовата иконографска щампа е използвана като допълнителна мотивировка за всестранността и неприкосновеността на властта, получена по пътя на преодоляването на ценностни изпитания чрез борба и победа.

И след като схватката на героя с лъва олицетворява най-типичния от подвизите му и бележи тържеството над силите на злото и мрака, не остава съмнение, че при траките разгледаните сцени съвпадат смислово с непримиримия сблъсък на царя със смъртта. На едно следващо равнище те са метафори за нейното преодоляване, извършено в името на живота, на съхранението и на възраждането на регенерационния процес, на новото и на новото повторение на един вечен обновителен цикъл, който в крайна сметка опира до идеята за безсмъртието.

В отношенията на тракийските царе с Великата богиня-майка често се отразява пряко или подтекстово идеята за свещения им брак. Сватбата помежду им е предназначена да осигури кръговрата на сезоните и плодородието на страната и същевременно да поднови управлението, да пропагандира вечната младост на династа,

the village of Letnitsa, where the craftsman has shown in naturalistic detail the intimate relations of a married couple. A woman is standing behind the couple, dropping a bough between them, and on her left there is an amphora. In fact, the goddess is present in the scene in two of her variants: as a source of life and as a guarantee of the ruler's prerogatives. Her images suggest her matronal and her virginal aspects, whereas the man in the composition, who corresponds to the Thracian king, covers the idea and the personality of the god so as to give meaning to the marriage ceremony.

The notion is suggested, albeit indirectly, also in the scene involving a rider opposite a goddess, which is best seen from the frescoes of the tomb near the village of Sveshtari, highlighting both the divine royal investiture and the idea of fertilisation and rebirth. Hence the dynasts are always in closer or more distant relations with the supreme goddess. Their bond is indissoluble, and the marriage of the ruler – earthly personification of the deity – to her or to her daughter as the incarnation of the territory of the state and a symbol of the land secured his power.

Parallel with that, his wife was probably also identified with the Great Goddess-Mother or with her daughter. This double register, with the divine flowing into the royal, and vice versa, demonstrates the same hereditary reality in which the figures of the all-powerful Mother and of the kings – her correlates – are of prime importance.

Moreover, it became clear already that the idea of the son-lover of the supreme goddess was elevated in Thrace to the image of the god-father. Accomplished and stripped of everything irrelevant, having passed through all stages of the metamorphosis, that idea was born and existed, taking into account in parallel all semantic levels that the god-father

◄ *Каничка от съкровището от*
с. Рогозен, Врачанско (детайл),
IV в. пр.Хр.

Jug from the treasure in the village of Rogozen near
Vratsa (detail), 4ᵗʰ century BC

постоянното обновление на неговите качества и способности.

Най-демонстративно хиерогамията (свещеният брак) се наблюдава върху една апликация от с. Летница, където майсторът с подробности и натуралистично показва интимните отношения на една съпружеска двойка. Зад нея се изправя жена, която пуска помежду им клонка, а от лявата ѝ страна стои амфора. Всъщност богинята участва в сцената в два свои варианта – и като източник на живота, и като гаранция за владетелските прерогативи. Изображенията ѝ подсказват нейния матронален и виргинален аспект, а мъжът в композицията, който съответства на тракийския цар, покрива идейно и личността на бога, за да се осмисли брачната церемония.

Представата се загатва, макар и косвено, и при сюжета ездач срещу богиня и това най-добре личи от фреските в гробницата при с. Свещари. Тя подчертава не само божествената царска инвеститура, но и внушението за оплождане и възраждане. Ето защо династите са винаги в някакво по-близко или в по-далечно отношение с върховната господарка. Връзката между тях е неразривна, а женитбата на владетеля – земна персонификация на божеството, с нея или с дъщеря ѝ – олицетворение на територията на държавата, символ на земята, осигуряват властта му.

Заедно с това неговата съпруга вероятно също се отъждествява с Великата богиня-майка или с нейната дъщеря. Този двоен регистър на отношения, при който божественото прелива в царското и обратното, показва една и съща наследствена действителност, в която фигурите на всесилната blended within himself. And the circle divine child – son-lover – divine husband – god-father was incarnated in the person of the Thracian king.

Indeed, the figure of the Great Goddess-Mother is at the basis of Thracian religion. Her presence is in the inception of things and it is felt everywhere. Next to her, the figure of the ruler is of greatest importance. He is the all-powerful god-father in life on Earth and he guides the tendencies in the development of his people and his state. He is the protector and the ruler on which everything depends, and he fully overlaps the transfunctionality of his patron-goddess, because he is not only her son, he is equivalent to her in every respect as a husband, god and father.

The rulers were always at the centre of life and of events in the lands of the Thracians. First, they featured prominently as kings-priests, because they possessed both the political and the religious power, which is evident from the aggregate data in the ancient literary tradition and from the various archaeological finds. Without ruling out the existence of priests and of associations of priests, the dynasts always preserved their supreme powers over cult matters.

For example, it is not by chance that their "palaces" in their temporary residences also comprised the sanctuary where the ruler instructed and taught the secrets of the sacred knowledge about immortality in his capacity of supreme spiritual teacher. The tradition is sufficiently resilient and it was preserved from very early times until the end of the existence of the Thracian state organisations and their absorption by the Roman provinces even owing to the circumstance that this was the

259

*Фалера от Панагюрище,
втората половина на IV в. пр.Хр.*

*Phalera from Panagyurishte, second
half of the 4th century BC*

Апликация от
Панагюрище, втората
половина на IV в. пр.Хр.

*Appliqué from Panagyurishte,
second half of the
4th century BC*

Майка и на царете – нейни корелати, са с първостепенно значение.

Нещо повече, вече се разбра, че в Тракия идеята за сина-любовник на върховната господарка се извисява до образа на бога-баща. Завършена и изчистена, преминала през всички фази на метаморфозата, тя се ражда и съществува, като паралелно държи сметка за всички смислови равнища, които богът-баща съдържа слети в себе си. При това кръгът божествено дете – син-любовник – божествен съпруг – бог-баща се въплъщава в личността на тракийския цар.

Наистина в основата на тракийската религия стои фигурата на Великата богиня-майка. Нейното присъствие е заложено в зачатието на нещата и се чувства навсякъде. Редом с нея от най-голямо значение е и личността на владетеля. Той е всемогъщият бог-баща в земния живот и направлява тенденциите в развитието на своя народ и държава. Той е закрилникът и властелинът, от когото зависи всичко, и напълно застъпва трансфункционалността на своята покровителка, защото не само е нейн син, но е и равнозначен на нея във всяко отношение съпруг – бог-баща.

В земите на траките владетелите винаги са в центъра на живота и на събитията. Най-напред те изпъкват като царе-жреци, защото разполагат не само с политическата, но и с религиозната власт и това е видно от съвкупните данни в античната писмена литературна традиция и от разностранните археологически материали. Без да се изключва съществуването на жреци и на жречески колегии, династите винаги запазват върховните си прерогативи да разполагат с култовите дела.

Не случайно например техните "дворци" във временните им резиденции помещават в себе си и светилището, където в avidly sought means of ideological justification of their unlimited privileges.

The dynasts stood out as a dynamic axis and point of support in the world in their capacity of kings-priests/kings-gods. Order and harmony in Nature and in society depended on their actions, hence they acted as a natural link and as intermediaries both within the socium and with the world of the gods, and in the Universe in general. At the same time, they could reduce everything and everyone to complete catastrophe and to unprecedented cataclysm.

The local Thracian rulers made annual ritual rounds of their territory and of their subjects in order to bolster their dynastic self-confidence. The tradition is clearly attested by Theopompos with respect to the Odrysian Kotys I, who "toured his land and wherever he saw shady places with trees, rich in water, he built there banquet halls (i.e., temporary residences). And when he visited each of them as many times as he could, he offered sacrifices to the gods" and communicated with his nobility, i.e., with the aristocratic elite.

The journey undertaken united the Universe in one whole, designated the cardinal directions and the horizontal structure of the world, because precisely the territory of the state was perceived as its ritual image and was identified with the places visited. It was these fortified places that marked the curve of the annual ritual rounds of the rulers. From a social and political perspective, the periodic rounds endorsed the dynast's supreme and unlimited powers over the toured lands.

The fenced territory had a purely sacral character as well, because the line of movement and its closing separated it from the outside world, and protected it against the unordered chaos by making it sacred. In this way, the dynasts reproduced the rebirth of Nature and their own rebirth. They stimulated the

качеството си на главен духовен наставник господарят обучава и наставлява в тайните на съкровеното знание за безсмъртието. Традицията е достатъчно устойчива и се съхранява от твърде ранна епоха чак до края на съществуването на тракийските държавни организации и поглъщането им от римските провинции дори само поради обстоятелството, че именно това е тъй търсеното средство за идеологическото оправдание на неограничените им привилегии.

В качеството си на царе-жреци / царе-богове династите изпъкват като динамична ос и опорна точка на света. От техните действия и постъпки зависят редът и хармонията в природата и в обществото. Те се изявяват като естествена връзка и посредническо звено както вътре в самия социум, така и със света на боговете и въобще във вселената. Едновременно те могат да доведат всичко и всички до пълна катастрофа и до безпрецедентен катаклизъм.

За да подхранват действителното самочувствие на управлението си, местните владетели ежегодно правят ритуална обиколка на подвластната им територия и на поданиците си. Традицията е ясно засвидетелствана от Теопомп по отношение на одриселеца Котис I, който „обхождал страната си и където виждал места сенчести с дървета и богати с води, построявал зали за пиршества (т.е. временни резиденции). И като посещавал всяка една от тях, колкото пъти му се удавало, принасял жертви на боговете“ и общувал със сановниците си, т.е. с аристократичния елит.

Предприетото пътешествие обединява в едно цяло вселената, обозначава четирите посоки на света и неговата хоризонтална структура, защото точно територията на държавата се възприема като нейно ритуално изображение и се отъждествява с посетените места. Именно тези укрепе-

movement of the cosmic powers, the change of the seasons and the birth of the seasons. At the same time, that was also one of the forms of renewal of the royal power and its constant rejuvenation.

For lack of a permanent centre, i.e., capital, the entire state-political and religious-ideological life was concentrated in the temporary residences of the rulers, in their "royal" cities, where they spent time and from where they ruled for the moment. The taxes flowed there, the gifts were also brought there, foreign emissaries went there, and all who communicated with the ruler or with the circles around him.

These people had enormous wealth. Homer describes in *The Iliad Rhésos* the Thracian king who arrived under the walls of Troy with "horses ... whiter than snow, and speed to match the wind!", with a "chariot finished off with gold and silver" and with "tremendous equipment ... no gear for a mortal man to wear" but "fit for the deathless gods." About those times it is sufficient to recall the legend about the ruler of the Thracian Brygoi – Midas – who turned everything he touched into gold and his name became synonymous with the possession of enormous wealth.

The texts from the time of written history are also convincing. The ancient authors are also exuberant in their narratives about the splendour in the everyday life of the aristocracy. Xenophon gave a particularly extensive description in the very beginning of the 4th century BC of a magnificent dinner hosted in his honour by the Thracian dynast Seuthes (end of 5th century – 387/376 BC). Theopompos is categorical about Kotys I that "of all Thracian kings he indulged most in pleasures and splendour."

Thucydides is most convincing when he claims that in the second half of the 5th century BC, at the time of Seuthes II, the taxes that

ни пунктове описват кривата на ежегодния обреден маршрут на владетелите. В социално-политически план периодично осъществяваната обиколка потвърждава върховните и неограничени права над обходените земи.

Оградената територия има и чисто сакрален характер, защото линията на движението и нейното затваряне я отделят от всичко външно и като я освещават, я предпазват от неподредения хаос. По този начин династите възпроизвеждат възраждането на природата, както и собственото си възраждане. Те стимулират движението на космическите сили, смяната на годишните времена, раждането на сезоните. Същевременно това е и една от формите на обновяването на царската власт и на нейното постоянно подмладяване.

Поради липсата на постоянен център – на столица, целият държавно-политически и религиозно-идеологически живот е съсредоточен във временните резиденции на владетелите – в техните "царски" градове, в които те престояват и откъдето управляват за момента. Там се стичат данъците и се носят подаръците, там идват чуждите посолства и всички, които имат работа с господаря или с неговите приближени.

Безмерни са богатствата на тези хора. Тракийският цар Резос, който пристига под стените на Троя, е описан от Омир в "Илиада" "с коне по-бели от сняг, като вихъра бързи", с колесница "цяла в украса от злато и сребро", със страховити доспехи, които "прилича да носят не кратковечни мъже", а безсмъртните богове. За тези времена е достатъчно да се припомни преданието за владетеля на траките бриги – Мидас, който превръща в злато всичко, до което се докосне, а името му става нарицателно за притежание на огромно богатство.

the Odrysian state received from the Greek cities along the coast and from the conquered Thracian tribes amounted to the impressive 400 talents (one talent being approximately equal to 26 kg) in coins, paid in gold and silver. The historian goes on to say that "no less gold and silver was given in the form of gifts as well."

This evidence about the wealth of the Thracians and of others pale when compared to the finds from the archaeological excavations. The most remarkable example in this respect is the famous Panagyurishte gold treasure from the late 4th – early 3rd century BC, which was sufficient to pay the wages of an army of 762 soldiers for a whole year, estimated just on the basis of the weight of the gold. But even it pales before the silver treasure from the village of Rogozen near Vratsa, which is dated from the end of the 6th until the second half of the 4th century BC, and it consists of 165 silver vessels, many of them with gilt.

The wealth and the treasures, as well as the overflowing treasury and the personal wealth accumulated, conceal a great strength because they reflect the personal qualities of their owners, preserving and incarnating their happiness and their success: they guarantee and guard the future of their owners. Being deprived of them meant in practice parting with important qualities, subjecting one's own wellbeing and one's own fate to tests, including the loss of one's social prestige.

However, if individual wealth and treasures were zealously guarded, it should be borne in mind that they had to be used in life at the same time on account of their strong impact. The splendid clothes of the Thracians were proverbial, as well as the magnificent ornamentation on the garments, the luxury of the weapons, the shining and exquisite horse-trappings, the weight of the sets and the tableware.

Апликации от с. Долна Козница, Кюстендилско, края на IV–началото на III в. пр.Хр.

Appliqués from the village of Dolna Koznitsa near Kyustendil, late 4th – early 3rd century BC

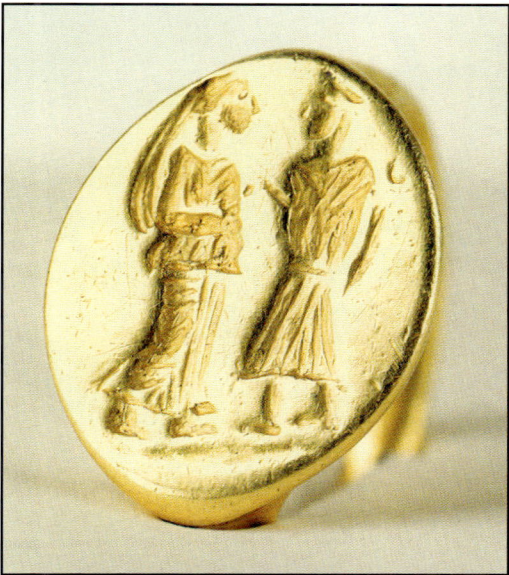

Гробницата в могилата Шушманец, Казанлъшко, V–IV в. пр.Хр.

The tomb in the Shushmanets tumulus near Kazanlak, 5th–4th century BC

Пръстен от Малката могила, Казанлъшко, IV в. пр.Хр.

Ring from the Small Tumulus near Kazanlak, 4th century BC

Убедителни са и текстовете от епохата на писаната история. В разказите си древните автори са многословни при предаването на блясъка, присъщ на аристократичното всекидневие. Особено подробно е описанието на Ксенофонт в самото начало на IV в. пр.Хр. за пищния обряд, устроен в негова чест от тракийския династ Севт II (краят на V–387/386 г. пр.Хр.). За Котис I Теопомп е категоричен, че „от всички тракийски царе той най-много се отдавал на удоволствия и разкош".

Най-убедителен е Тукидид, който твърди, че през втората половина на V в. пр.Хр. по времето на Севт I данъците, които одриската държава получава от елинските градове по крайбрежието и от покорените тракийски племена, достигат до внушителните 400 таланта (1 талант е равен приблизително на 26 кг) в пари, които се плащат в злато и сребро. „Не по-малко злато и сребро – продължава историкът – се поднасяло и във форма на подаръци."

Тези свидетелства за богатствата на траките, както и редица други бледнеят при съпоставка с находките от археологическите разкопки. Най-забележителен е примерът с прочутото Панагюрско златно съкровище от края на IV – началото на III в. пр.Хр., което по пресмятанията, взето само като тегло на метала, би било достатъчно за заплатата на една войска от 762 бойци в продължение на една година. Но и то е засенчено в сравнение със съкровището от с. Рогозен, Врачанско, което датира от края на VI до втората половина на IV в. пр.Хр. и се състои от 165 сребърни съда, като много от скъпоценните предмети са позлатени.

In such an atmosphere, the economic and aesthetic criteria gave way to the weight of the world outlook. The demonstrativeness with insignia and attributes aimed at emphasising social status and rank. They not only differentiated the aristocracy from the ordinary population, but their deliberate display became even a matter of personal dignity. The utilitarian function of the objects gradually gave way to their ideological content, which could become really sacred in the minds of the Thracians.

Their beauty and exquisite workmanship, the rich ornamentation and the high price made these elegant objects affordable only to the highest circles. A Thracian gloss is even preserved in Hesychius for these noblemen: *zibythides*. its deciphering leads to the meaning "shining", "brilliant" people, emphasising their high position in the hierarchy, which had been acquired not without showing off their clothes, weapons, jewellery, etc., or – in simpler terms – through the impact of the treasures possessed.

Riches in Thracian society were not merely an important means to endorse the authority of their owners, but they also had to be spent by different forms of distribution, depending on the generosity of their owners: a no less essential quality than any other. That was precisely a sign of nobility, a certain emblem of valour, integrity and dignity, a guarantee for public glory that can be preserved and augmented through magnanimity. Otherwise, it was threatened, its existence was doubtful, just as the happiness and success of its bearers were insecure.

During the time of written history there is a narrative with very colourful details by Xenophon about Seuthes II and the solemn

Богатствата и съкровищата, както и препълнената хазна и натрупаното лично състояние крият огромна сила, понеже олицетворяват личните качества на притежателите си, съхраняват и въплъщават щастието и успеха им – те осигуряват и пазят бъдещето на стопаните си. На практика да се лишиш от тях означава да се разделиш с важни качества, да подложиш на изпитания личното си благополучие и собствената съдба, включително да изгубиш социалния си престиж.

Но ако отделните богатства и съкровища старателно се пазят, трябва да се има предвид, че едновременно с това е необходимо те да се използват в живота поради силното въздействие, което оказват. Пословично е пищното облекло на траките, разкошната украса на дрехите, луксът на въоръжението, изобилстващата с блясъка си конска амуниция, тежестта от сервизи и съдове на трапезата.

В подобна атмосфера икономическите и естетическите критерии отстъпват място на светогледната натовареност. Показността и демонстрирането на инсигнии и атрибути преследват целта да изтъкнат обществено положение и ранг. Те не само открояват аристокрацията от обикновеното население, но съзнателното им представяне се превръща дори във въпрос на лично достойнство. Утилитарното предназначение на предметите неусетно отстъпва мястото си на тяхното идейно съдържание, което може да се превърне в истинска светиня за съзнанието на самите траки.

Красотата и виртуозността на изработката, богатата украса, високата цена правят изящните изделия достъпни единствено за първенците. У Хезихий даже е запазена тракийската глоса (дума) за тези благородници – "зибютидес". Нейното разшифроване насочва към значението "блестящи",

reception that he organised for the mercenaries who came to him.

The ancient writer narrates: "When they were at the door, and on the point of stepping in to dinner, they were met by a certain Heracleides of Maroneia. He came up to each guest, addressing himself particularly to those who, as he conjectured, ought to be able to make a present to Seuthes... It is customary when people are invited to dinner by Seuthes for the guests to make him a present ... Such were the solicitations which he applied to each man in turn whom he accosted...

When the drinking had advanced somewhat, in came a Thracian with a white horse, who snatched the brimming bowl and said: 'Here's a health to thee, O Seuthes! Let me present thee with this horse. Mounted on him, thou shalt capture whom thou choosest to pursue, or retiring from battle, thou shalt nor dread the foe.' He was followed by one who brought in a boy, and presented him in proper style with 'Here's a health to thee, O Seuthes!'; a third had 'clothes for his wife.' Timasion, the Dardanian, pledged Seuthes and presented a silver bowl and a carpet... Xenophon ... manfully rose, and seized the cup and spoke: 'I also, Seuthes, have to present you with myself and these my dear comrades to be your trusty friends....'"

The unadulterated description proves the popularity of gift-giving among the Thracians. The extensive use of that practice marked the dynamism of contacts in society, and at the same it regulated them. All more essential events in life were accompanied by exchange of gifts. This presupposed reciprocity in concluding contracts, exchange of visits, negotiations, trade operations, diplomatic contacts, as well as initiations, weddings, funerals, etc. Above all, the exchange of gifts was an outer expression of politeness and a festive occasion. Their circulation characterised the diversity in their

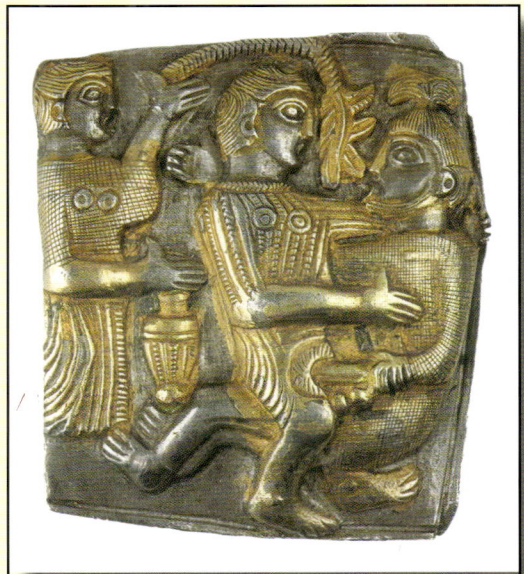

"сияйни" хора, за да подчертае високото им място в йерархическата стълбица, добито не без помощта на показност на дрехи, въоръжение, бижута и т.н. или, още по-просто казано, чрез въздействието на притежаваните съкровища.

Богатствата в тракийското общество са не само важно средство за утвърждаване на авторитета на стопаните си, но и трябва да се изразходват чрез най-разнообразни раздавания. Те зависят пряко от щедростта на притежателите си – качество, не по-малко съществено от което и да е друго. Именно то е признак на благородство, сигурна емблема за доблест, чест и достойнство, гаранция за обществена слава, която може да се запази и умножи по пътя на великодушието. В противен случай тя е застрашена, съществуването й е съмнително, както са несигурни щастието и успехът на нейните носители.

Във времето на писаната история особено колоритен с подробностите си е разказът на Ксенофонт за Севт II и за тържествения прием, който той организира за пристигналите при него наемници.

„Още преди угощението – пише древният автор, – когато били на вратите, през които щели да минат, за да отидат да обядват, някой си Хераклид от Маронея се доближил до всекиго от тези, които по негово мнение могли да поднесат на Севт някакъв дар...., защото имало обичай, щото всеки път, когато Севт канел на обяд, поканените да му поднасят дарове... По такъв начин той просил дарове от всекиго, до когото се приближавал....

А когато продължило пиенето, дошъл един тракиец, който водел със себе си един бял кон, взел рог, напълнен с вино, и рекъл: „Пия наздравица за тебе, Севте, и ти подарявам този кон: с него преследвай когото си искаш и ти ще го догониш, а

semantic value and determined the relations within the socium.

All that was so typical for the local environment that already back in the 5th century BC, Thucydides claimed that "nothing can be done without gifts here" and then continued that "gifts were offered not only to the king, but also to the governors and to the noble Odrysae" – probably on a smaller scale than the gifts for the ruler.

There is no doubt that gift-giving among the Thracian was characterised by the fact that almost all exchanges included various compensations. Moreover, the recipient was obliged to respond not even with an equal gift, but with a bigger one. In fact, every gift possessed a personal and dangerous spiritual power. It presupposed and even imposed reciprocity. Refusing to accept and to offer a gift was equivalent to refusing the relations in the community, therefore every new owner tried not so much to keep the gifts for himself, but rather tried to offer them to someone else in turn.

Provided the exchange was effected between equitable partners, it was far from the unilateral gift-offering and actually consisted of exchange of essentials. Xenophon narrates convincingly that Heracleides convinced him that they should "honour Seuthes in the most magnificent style ... the greater the gift you are ready to bestow on him, the better the treatment you will receive at his hands." The Athenian Gnessippos, who was also present at the banquet, said: "It was a good old custom, and a fine one too, that those who had should give to the king for honour's sake, but to those who had not, the king should give."

It is evident that the reciprocal gift-giving reflected the conviction that a part of the success and happiness of the gift-giver passed with the gift to the recipient, and he was integrated to the personality of the giver.

отстъпваш ли, не бива да се боиш от неприятеля си".

Друг тракиец подарил по същия начин на царя млад роб, като преди това пил наздравица с него. Донесли дрехи за съпругата му. Елинът Тимасион пък му поднесъл сребърна чаша и килим... А Ксенофонт взел рога и казал: „Аз пък, Севте, ти подарявам в дар себе си и тези свои другари".

Неподправеното описание доказва популярността на даряването при траките. Широката му застъпеност бележи динамиката на връзките в обществото и заедно с това ги регулира. Всички по-съществени прояви на живота са съпътствани от обмяната на дарове. Тя предполага взаимност при сключване на договори, посещения на гости, преговори, търговски операции, дипломатически контакти, но и инициации, сватби, погребения и т.н. Преди всичко размяната на блага е външен израз на вежливост и празничност. Тяхната циркулация характеризира многообразието на смисловото им значение и определя отношенията вътре в самия социум.

Всичко е дотолкова типично за местната среда, че още през V в. пр.Хр. Тукидид твърди, че тук „нищо не могло да се извърши без подаръци" и после продължава: „Подаръци се поднасяли не само на царя, но и на управителите, и на благородните одриси", но по всяка вероятност те не са в толкова големи размери както за владетеля.

Несъмнено даряването при траките се отличава с това, че почти всички размени включват различни компенсации. При това получаващият непременно се задължава да отговори не дори равностойно, а с нещо по-голямо. Фактически всеки подарък притежава лична и опасна духовна сила. Той предполага взаимност и дори задължава. Да откажеш да вземеш, както и

This explains why everybody tried to receive something from the ruler, and precisely the gifts that he handed out were a sure guarantee of loyalty and a reward for loyalty. In that way, the rewarded individuals became to a greater or lesser extent integrated with his power, dignity and exceptional abilities.

In this sense, it is obvious that the gifts were not only a means of economic and political communication, of regulating relations within society and their ordering and correlating with the world around. They are permeated by the essence and qualities of their owners, and they best emphasised the power of the state through the king's person and his acts.

The riches and the treasures in Thracian society were at the basis of the feasts and banquet that were permanently organised and characterised the everyday life of the aristocracy. In turn, they became a peculiar form of exchange of gifts, of a demonstration of generosity and prosperity, and they accompanied all watershed moments in the development of Nature and of society, thus marking the rhythm of existence. Indeed, all more important events in the life of people, notably birth, wedding, military victory, initiations, negotiations, treaties, death, etc., were marked with ceremonious banquets with a multi-tier meaning.

With respect to the Thracians, Xenophon's description of the feast organised by Seuthes in his honour is most detailed. The ancient writer kept stressing the fact that ancient Thracian customs were followed, assuming a stable traditionalism in the ritual practices and strict conservatism of the bequeathed ritual heritage.

"When they [the Greek mercenaries] drew near," the author wrote, "Seuthes bade Xenophon enter, and bring with him any two he might choose. As soon as they were inside, they greeted one another warmly, and then,

да дадеш, е равносилно да се откажеш от отношенията в общността и поради тази причина всеки нов собственик не толкова се старае да задържи даровете за себе си, а на свой ред се стреми да ги предостави другиму.

Взаимната размяна, стига тя да се осъществява между равностойни партньори, е далеч от едностранното дарение и в действителност се свежда до обмен между същности. Ксенофонт убедително предава, че Хераклид го увещава да зачете Севт с най-големи дарове, „защото зная добре, че колкото по-големи поднесеш, толкова по-големи ще получиш". Атинянинът Гнесип, който присъства на банкета, заявява, "че е твърде похвален обичаят заможните да дават на царя дарове в знак на почит, а царят да дава на незаможните".

Видно е, че в основата на взаимното даряване се крие увереността, че заедно с даденото у получаващия преминават определени части от успеха и щастието на дарителя – извършва се приобщение към личността му. Ето защо всички се стремят да получат от владетеля и точно неговите раздавания са сигурен залог за преданост, отплата за вярност. По този начин наградените стават повече или по-малко съпричастни на неговата сила и достойнства, на изключителните му възможности.

В този контекст е видно, че даровете не са само средства за икономическо и политическо общуване, за регулиране на отношенията вътре в обществото и за тяхното подреждане и съотнасяне с околния свят. Те са пропити от същността и от качествата на притежателите си и най-добре подчертават могъществото на държавата чрез особата на царя и неговите действия и дела.

Богатствата и съкровищата в тракийското общество са в основата на пиршествата

according to the Thracian custom, pledged themselves in bowls of wine... As soon as the company, consisting of the most powerful Thracians there present, with the generals and the captains of the Hellenes, and any embassy from a state which might be there, had arrived, they were seated in a circle and the dinner was served."

In addition to the factual details of the description, it is obvious that eating and drinking had their origin and their explanation in religious matters. This dependence marks them traditionally, because food and drink played a prime role in the initial range of ideas, whereas the faith that they were sacred and that they were filled with part of the divine attributed to them the high value of a source of power and strength. They were not only a kind of filters to the happy afterlife, because they guaranteed health, happiness, success and prosperity, and in certain cases they could even guarantee immortality.

This is how at a first level collective consumption confirmed the understanding of the sacredness of shared eating and drinking. Gathering around the dinner table links the participants in the meal in a cohesive spiritual community. Feasting together and the shared aliments create bonds among the participants, attain solidarity in the thinking and consolidate relations additionally.

Hospitality, honour and trust are sacred in a similar way as food and drunk. In this sense, it is absolutely impossible to eat and drink with an enemy. Shared meals ruled out any intention of inflicting harm. They guaranteed friendship and protection of the invited guests. The persons present are sufficient guarantee for the good attitude to one another. The bond between them is at the same a sacrament and a pledge for mutual assistance and support. A kind of solemn alliance was thus formed, and contractual relations were established within the community.

и угощенията, които се организират посто-
янно и са характерни за аристократичното
всекидневие. На свой ред те се превръщат
в своеобразна форма на обмяна на даро-
ве, на демонстрация на щедрост и благо-
получие и съпровождат всички преломни
моменти в развитието на природата и со-
циума и в този смисъл бележат ритъма
на съществуването. Наистина всички по-
важни събития от живота на хората, като
раждане, сватба, бойна победа, посвеще-
ния, преговори, договори, смърт и т.н., се
ознаменуват с тържествени банкети, чието
съдържание е многопластово.

По отношение на траките най-подробно
е описанието на Ксенофонт за пиршество-
то, организирано от Севт II в чест на Ксе-
нофонт. Древният писател непрекъснато
подчертава факта, че са следвани древни
тракийски обичаи и сам предполага ста-
билен традиционализъм при реализиране-
то на ритуалната практика и стриктната
консервативност на завещаното обредно
наследство.

„Когато (гръцките наемници) дошли
наблизо до Севт – пише авторът, – той
заповядал да влезе при него Ксенофонт с
двама други, които сам си избере. А като
влезли, най-напред се прегърнали по тра-
кийски обичай и като взели рогове, на-
пълнени с вино, пили взаимно наздрави-
ца...После, като се събрали най-знатните
от присъстващите траки и военачалниците
и стотниците на гърците, и пратеници на
градовете, колкото имало, насядали в кръг,
за да обядват.“

Наред с битовите моменти от описа-
нието е видно, че от най-стари времена
яденето и пиенето, най-грубо казано, имат
произхода и обяснението си в религиозни-
те дела. Тази зависимост ги бележи тради-
ционно, защото в изначалния идеен фонд
храната и напитката играят първостепенна

In the descriptions of feasts by the ancient
authors, which lead chronologically to different
times, it is interesting to note the similarities in
their organising and development. First of all,
probably everybody observed a specific court
protocol, with a strict sequence of events and
with coincidence in the details of the protocol
in most cases. In all probability, the feast
started with ceremonious drinking for which
there were different rules.

During their meeting, Seuthes II and
Xenophon raised toasts with horns full of
wine. It can be assumed that the exchange of
toasts continued and, following the text, the
rest of the drink was spilled on the clothes.
This evidence is confirmed by Plato as well,
who says that when the Thracians and the
Scythians drank wine, they "sprinkled their
clothes with it, believing this to be a good
custom."

The festivities were accompanied by songs,
music and dance. Xenophon narrates in detail
how halfway through the dinner, just at the
moment of drinking with the king, "at this
stage entered musicians blowing upon horns
such as they use for signal calls, and trumpeting
on trumpets made of raw oxhide, tunes and
airs, like the music of the double-octave harp.
Seuthes himself got up and shouted, trolling
forth a war song; then he sprang from his
place and leapt about as though he would
guard himself against a missile, in right nimble
style. Then came a set of clowns and jesters."
The entire situation stresses the importance of
the moment with the central role reserved for
the ruler.

The atmosphere recreated is extremely
elevated. This is not accidental, bearing in
mind that for all peoples participation in
feasts and banquets was always considered to
be an act of great respect and an honour for
the invitee. Seuthes himself was brought up
as an orphan of the Odrysian ruler Medokos

Съкровището от с. Рогозен, Врачаснко, края на
VI–IV в. пр.Хр. (общ кадър)

*The treasure from the village of Rogozen near
Vratsa, 6th-4th century BC (general view)*

Фиала от съкровището от с. Рогозен,
Врачанско, IV в. пр.Хр.

*Phiale from the treasure in the village of Rogozen
near Vratsa, 4th century BC*

Фиала от съкровището от с. Рогозен, Врачанско (детайл), IV в. пр.Хр.

Phiale from the treasure in the village of Rogozen near Vratsa (detail), 4th century BC

Амфората от Кукова могила при с. Дуванли, Пловдивско, началото на V в. пр.Хр.

The amphora from the Kukova Mogila tumulus near the village of Duvanlii, Plovdiv region, early 5th century BC

роля, а вярата, че са свещени и че са изпълнени с част от божественото, им придава високата стойност на извор на сила и мощ. Те не само са един вид филтри към щастливото следсъществуване, тъй като гарантират здраве, щастие, успех, благоденствие, а при определени случаи могат да осигурят самото безсмъртие.

Ето как на едно първо равнище колективната консумация потвърждава разбирането за светостта на общото ядене и пиене. Събирането на трапезата свързва участниците в единен духовен колектив. Съвместният пир и споделените алименти създават връзки между присъстващите, постигат солидарност в мисленето, допълнително укрепват и утвърждават отношенията.

Гостоприемството, честта, доверието са по същия начин свещени, както храните и напитките. В този смисъл е абсолютно невъзможно да се яде и да се пие с неприятел. Общата маса изключва каквато и да е умисъл за вредителство. Тя гарантира другарство и закрила на поканените. Присъстващите са достатъчен залог за доброто разположение един към друг. Връзката между тях е едновременно тайнство и клетва за взаимна помощ и поддръжка. Създава се един вид повече или по-малко тържествен съюз, а в рамките на общността се установяват договорни отношения.

При описанията на празненствата от древните автори, които хронологически отвеждат към различно време, правят впечатление сходствата в организирането и развитието им. Най-напред вероятно всички те се придържат към определен дворцов церемониал. Той се осъществява последователно при строг ред и в повечето случаи подробностите на протокола съвпадат. По всичко изглежда, че угощението започва с тържествено пиене, за което има различни правила.

(late 5th – 387/386 BC), so he shared with Xenophon: "I could no longer live with eyes fixed on someone else's dinner table."

Precisely the ownership of the banquet table was proof of the personal merits of the host organising the feast and inviting the people chosen by him to take part in its joint use. It focuses the symbolism of happiness and success, of the opportunities that the host has as a man who can control his own wealth, as well as of the pronounced striving to demonstrate generosity in various forms of gift-giving. Feasts and banquets thus became the principal means of direct communication and of contact with the king – links that were most demonstratively of immediately personal nature.

The prime importance and the functions of the dynast are indisputable, because it is he who is at the centre of the banquets, and his actions set their tone. Here is how Xenophon described the behaviour of Seuthes:

"The tables, as a rule, were set before the guests at intervals. That was the custom; and Seuthes set the fashion of the performance. He took up the loaves which lay by his side and broke them into little pieces, and then threw the fragments here to one and there to another as seemed to him good; and so with the meat likewise."

The ruler is the principal and most important figure on whom the course of the dinner depended. He apportioned and distributed the bread and meat among the table companions. And, as was seen, he was the first to start the ritual dances. Each of his actions depends on his high social status and possession of the supreme political power. In his capacity of dispenser of food and drink, the dynast also assumed the function of benefactor of everyone present, and hence by analogy – feeder of the people, of the entire population.

276

При срещата си Севт II и Ксенофонт вдигат наздравици с рогове, пълни с вино. Допустимо е да се мисли, че взаимната размяна на тостове продължава и ако се следва текстът, остатъците от питието се разливат върху дрехите. Сведението се потвърждава и от Платон, който пък предава, че траките и скитите, когато пият вино, „пръскат с него дрехите си и считат това за хубав обичай".

Празненствата са съпроводени от песни, музика и танци. Ксенофонт подробно излага как в разгара на обяда, точно в момента на взаимното пиене с царя, „влезли хора които им приглясяли с един вид гайда в такта на магадида. И сам Севт – продължава той – се дигнал и заскачал ловко, като че ли се пазел от удара на стрела. Влезли и шегобийци". Цялата обстановка набляга върху значението на момента, а в оживеното действие главната, централната роля е отредена за владетеля.

Пресъздадената атмосфера е изключително приповдигната. Това не е случайно, ако не се изпуска предвид обстоятелството, че у всички народи участието в пиршествата и угощенията се смята винаги като акт на оказване на голяма почит и на чест за поканения. Самият Севт е отгледан като сирак на одриския владетел Медок I (краят на V в. пр.Хр.–387/386 г. пр.Хр.). Поради тази причина той споделя с Ксенофонт: „Аз не можех да живея повече с поглед, отправен към чужда трапеза".

Точно притежанието на трапезата е доказателство за личните достойнства на онзи, който организира празненството и кани избраните от него да вземат участие в общото ѝ ползване. В нея е съсредоточена символиката за щастието и успеха, за възможностите, с които разполага стопанинът в качеството си на разпоредител със собствените богатства, както и с изявения

The king symbolised the coveted prosperity and was also the source of fertility. The abundance, happiness and success of his trusted associates depended upon him, because precisely he disposed of the benefits and shared the aliments. Being at the centre of the banquet, the Thracian ruler personified in the same way the nucleus of his tribe, and everything depended on him. His person was perceived as the centre of the world, and the divine forces and potential were concentrated in him. Order and the correct course of events were integrated with his activities, because the ruler gives life, just as he dispenses food and drink, but he can take life as well,

As can be seen, Thracian kings were starkly isolated from the world and from the society around them on account of their clothes and insignia, on account of the human sacrifices that were their exclusive right, on account of the god Hermes from whom only they derived their origin, etc. On the other hand, the dynasts stood out as the natural link and as mediators both within society and with the world of the gods and with the Cosmos in general, and in these capacities they were indeed the truest teachers of immortality.

Обеци от с. Дуванлий, Пловдивско – V в. пр.Хр.

Earrings from the village of Duvanlii near Plovdiv, 5th century BC

стремеж към показност на щедрост под формата на най-разнообразни раздавания. По този начин пиршествата и угощенията се превръщат в основно средство за пряко общуване и за контакт с царя – връзки, които най-демонстративно са от непосредствено личен характер.

Първостепенното значение и функциите на династа са неоспорими, той като именно той се намира в центъра на пиршествата, а неговите постъпки определят протичането им. Ето как Ксенофнт разкрива държанието на Севт:

„Ястията били слагани най-напред пред гостите, защото имало такъв обичай. И Севт най-напред постъпил според него, като взел хлебните пити, които били пред него, разчупил ги на парчета и ги подхвърлял между гостите, както му било угодно. И с месото тъй също постъпвал.“

Основната и най-важната фигура, от която зависи ходът на обяда, е личността на господаря. Той разпределя хляба и месото между сътрапезниците – пръв, както се видя по-горе, започва ритуалните танци. Всяко от действията му е в зависимост от високото социално положение и от притежанието на върховната политическа власт. В качеството си на разпоредител с яденето и с пиенето династът поема и функцията на благодетел на всички присъстващи, а оттук по аналогия на хранител на хората – на цялото население.

Царят символизира бленуваното благоденствие и освен това е източникът на плодородието. От него зависят изобилието, щастието и успехът на доверените му приближени, защото точно той разполага с благата и поделя алиментите. Както се намира в центъра на угощението, по същия начин тракийският повелител олицетворява ядрото на своето племе и на държавата и от него зависи всичко. Личността му се

Огърлица от с. Дуванлий, Пловдивско – V в. пр.Хр.

Necklace from the village of Duvanlii near Plovdiv, 5th century BC

Венец от Враца – първа половина на IV в. пр.Хр.

Wreath from Vratsa, first half of the 4th century BC

*Фиала от съкровището от с. Рогозен,
Врачанско (детайл), IV в. пр.Хр.*

*Phiale from the treasure in the village of
Rogozen near Vratsa (detail), 4th century BC*

*Гробница в
могилата Острушa,
Казанлъшко, IV в.
пр.Хр.*

*The tomb in the
Ostrusha tumulus near
Kazanlak, 4th century
BC*

279

схваща като център на света, а божествените сили и възможности се концентрират в нея. Редът и правилният ход на нещата се интегрират към собствената му дейтелност, защото владетелят раздава живот, както прави с храната и напитката, но той и отнема живот.

Както се вижда, от една страна, тракийските царе са ярко изолирани от света и от обществото, които ги заобикалят, поради облеклото и инсигниите, с които са снабдени, поради човешките жертвоприношения, на които само те имат право, поради божеството Хермес, от когото те единствени извеждат произхода си, и т.н. От друга страна, династите изпъкват като естествена връзка и посредническо звено не само вътре в самото общество, но и със света на боговете и въобще в космоса и в тези си качества действително са най-истинните учители на безсмъртието.

* * *

От предходното изложение вече се разбра, че чрез многобройните представяния на ездачи върху всевъзможни предмети на изкуството и върху монети и стенописи отпреди елинистическата и от елинистическата епоха тракийските царе не само полагат начало на божествената си канонизация, но и самите те служат като прототипи и помагат при изграждането на представата за най-популярното, основно и анонимно божество – на хероя конник, чиито изображения са познати от оброчните плочки, откривани в неговите светилища. Тяхната смислова натовареност често има качествената определеност на тези династи и олицетворява достойнствата им.

Върху паметниците, най-вече от римската епоха (II–III в.), обръщението към това загадъчно божество, под което про-

Обеци от Враца – първа половина на IV в. пр.Хр.

Earring from Vratsa, first half of the 4th century BC

* * *

It became clear that through the numerous images of horsemen on all kinds of works of art, as well as on coins and frescoes from the pre-Hellenistic and the Hellenistic periods, the Thracian kings not only marked the beginning of their divine canonisation, but they also served as prototypes and assisted in the building of the notion of the most popular, fundamental and anonymous deity: of the Heros-Horseman whose images are known from the votive tablets discovered in his sanctuaries. Their meaning often had the qualitative determination of those dynasts and personified their merits.

On monuments, above all from the Roman Age (2nd-3rd century AD), that mysterious deity betraying the actual image of preceding Thracian rulers, was addressed as Heros, god (master), god-Heros, god-master and just

*Ритон от Башова
могила при с. Дуванлий,
Пловдивско, началото на
IV в. пр.Хр.*

*Rhyton from the Bashova
Mogila tumulus near the
village of Duvanlii, Plovdiv
region, early 4th century BC*

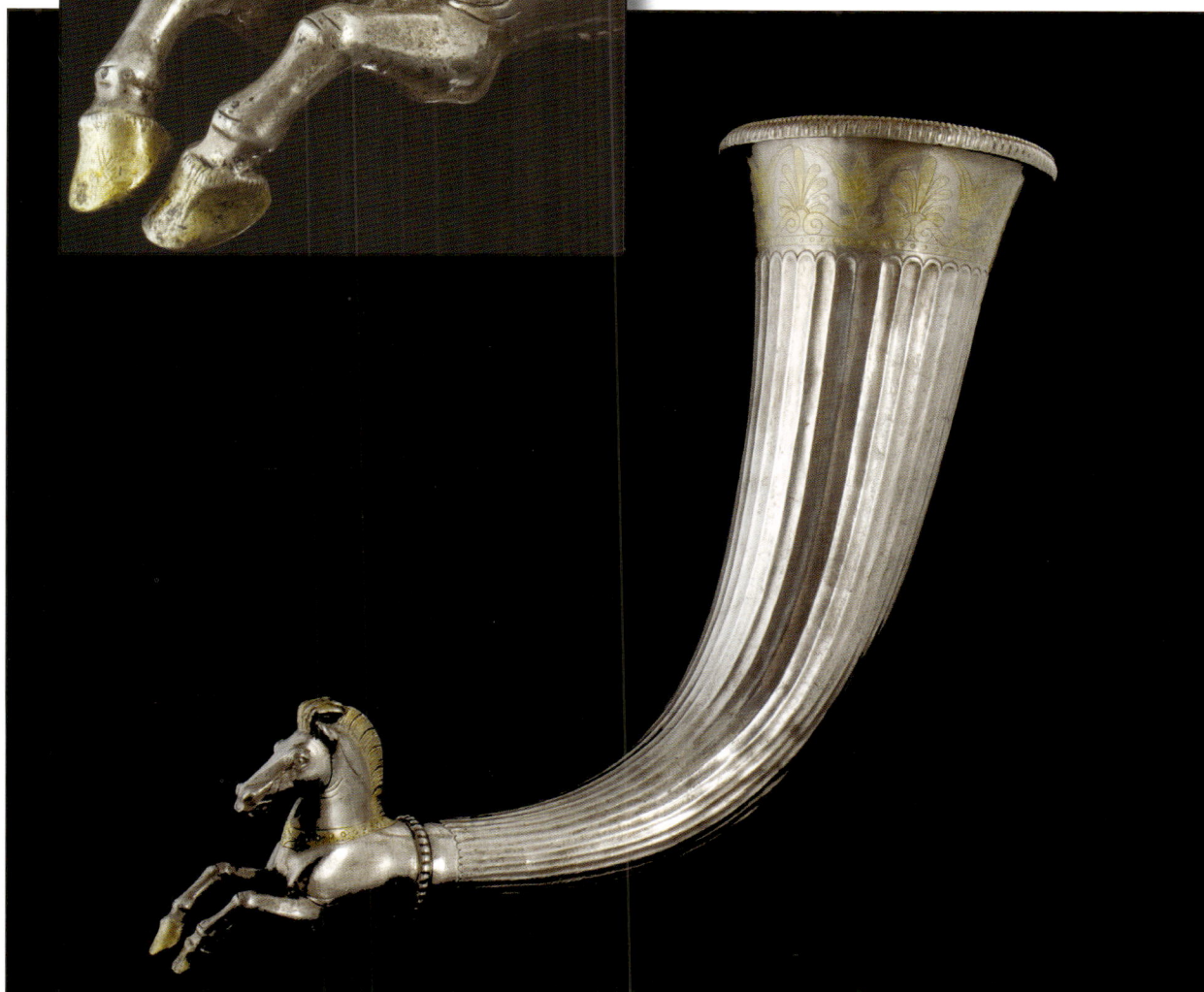

зира действителният образ на предходните тракийски владетели, е и херос, и господ (господар), и бог херос, и господ бог, и само бог. През тези времена то е най-популярно и само броят на откритите до днес плочки е над 3000. Нямало е място, дори и в най-затънтените краища, където то да не е почитано.

Ако се изходи от общия иконографски образ, е ясно, че по своята същност това е едно божество на природата, на вегетацията, на животинския свят, на плодородието, което черпи сили и от подземния свят – един всебог. Най-интересно е обстоятелството, че тракийският конник не носи определено и постоянно име и остава анонимен, наричан някъде с едно прозвище, а другаде с друго.

В светилището при с. Глава Панега, Луковитско, той е назован Салдокеленският херос или Салдокеленският бог. В светилището при с. Баткун, Пазарджишко, той е Зюлмидренският бог, в с. Лозен, Харманлийско, е Гейкетиенският бог, в Пловдив е Кендрисенският и т.н. Има и прякори, които са познати от няколко места, като например Пюрумерула, което вероятно го свързва с посевите (ако, разбира се, на тракийски език "пюрос" е "жито", както е на гръцки).

Както у този, който поръчва плочката с изображението, така и у онзи, който я прави, съществува идеята за вечната борба в природата, в космоса въобще. Върху тези паметници принципно е отразено виждането за изконния сблъсък между противоположните стихии – една схватка, при която силата на доброто категорично налага властта си над силата на злото. Ето защо конникът винаги е побеждаващото, положителното начало, както впрочем и тракийските царе непрестанно доказват възможностите си на благодетели на на-

god. During that period the deity enjoyed the greatest popularity, which is proven by the more than 3,000 votive tablets found to this day. There was no place, however remote, where that deity was not worshipped.

Judging from the general iconographic image, it is clear that this deity was essentially a deity of Nature, of vegetation, of the animal world and of fertility, who drew his force from the chthonian world as well, i.e., a universal god. It is most interesting that the Thracian Horseman did not have a definite and permanent name, he remained anonymous, being referred to with one epithet in one place and with another epithet elsewhere.

In the sanctuary near the village of Glava Panega, Lukovit district, he was referred to as Saldokelenian Heros or Saldokelenian god. In the sanctuary near the village of Batkun, Pazardzik district, he was the Zylmidrenian god, in the village of Lozen near Harmanli he was the Geicetienian god, in Plovdiv he was the Kendrisenian god, etc. There were epithets that were familiar in several places, e.g., Pyrumerula, which probably linked him with crops (if, of course, *pyros* meant "wheat" in Thracian as in Greek).

The idea of the eternal struggle in Nature and in the Cosmos in general existed both for the person ordering the tablet and for the person making it. These monuments reflect in principle the view on the inherent clash between opposite elements: a combat in which the force of god definitely imposes its power over the force of evil. This is why, the Horseman is always the winning, positive beginning, as – incidentally – the Thracian kings constantly proved their abilities to be benefactors of their people and state, who give orders about everything and everyone around them.

Although the iconographic image of the god on horseback appeared as far back

Оброчна плочка на тракийски конник от Тополовград, II–III в.

Votive tablet of the Thracian Horseman from Topolovgrad, 2nd-3rd century

Огърлица от Малката могила до Шипка, Казанлъшко, IV в. пр.Хр.

Necklace from the Small Tumulus near Shipka, Kazanlak district, 4th century BC

род и държава, на разпоредители с всичко и всички в заобикалящата ги действителност.

Независимо че още през елинистическата епоха иконографският образ на бога-ездач се появява в елинската му интерпретация на гръцки херос и така постепенно се посяга върху изповедта на траките в безсмъртието, все пак чистотата на вярата продължава да се пази. В новите времена най-популярното божество живее в един собствен микробожествен свят, в който всяко от действащите лица си има мястото (и то не само докато е част от него) и който в значителна степен отговаря на всекидневието на предишните тракийски владетели. Нека сега да видим какъв е той!

Богът е представен като обикновен тракиец, който може да е гол или пък облечен с къс хитон, късо наметало, панталони и ботуши. Върху една част от релефите той е в спокоен ход надясно, като държи поводите на коня или пък има в ръката си фиала, с която се готви да приеме поднесеното му излияние, или в качеството си на покровител поздравява. Понякога сцената е допълнена от олтар, върху който дори гори огън.

Най-много са паметниците, където конникът е показан като ловец, който преследва дивеч или пък се връща с него. Обикновено се гони глиган, но животното може да е също бик, елен, сърна, коза, заек. В това си начинание ездачът е подпомаган от куче и по-рядко от лъв, като кучетата в отделни случаи са две или три и отново са заменими с лъвове. В издигнатата си над главата ръка той винаги държи копие, с което се готви да прониже плячката, която бяга към жертвеника, следвана или захапана от кучето, или пък се показва иззад олтара и е пресрещната от него.

as during the Hellenistic Age in his Greek interpretation of a Greek hero and thus gradually encroached upon the Thracian belief in immortality, nevertheless the purity of the faith continued to be observed. Later, the most popular deity lived in a micro-divine world of his own, in which each of the actors had his own place (moreover not only while he was part of it) and which corresponded to a considerable degree to the everyday life of the earlier Thracian rulers. We shall see below what he was.

The god is depicted as an ordinary Thracian who could be naked or wearing a short chiton, a short cloak, trousers and boots. On some of the reliefs he is walking calmly to the right, holding the reins of his horse or holding a phiale in his hand, with which he is getting ready to receive the libation offered to him, or he is greeting in his capacity of protector. The scene is sometimes complemented by an altar on which fire is burning.

On the highest number of monuments the horseman is depicted as a hunter chasing game or returning with it. He usually hunts a boar, but the animal can also be a bull, a stag, a doe, a goat or a hare. The horseman is assisted in this task by a dog, less frequently by a lion, in some cases the dogs are two or three and may again be substituted by lions. He is always holding a spear in his hand raised above his head, with which he is preparing to pierce the sacrificial animal that is running to the altar, followed by or bitten by the dog, or is peering from behind the altar and is affronted by him.

The entire aim is to highlight his activities, and it is pursued so strongly that while the animals in scenes depicting other deities only characterise their functions and accompany or follow them, with the Thracian Horseman they are always active and they participate in an endless fight waged by him, because precisely

Монета на одриския цар Севт III

Coin of the Odrysian king Seuthes III, reverse

Гробница в могилата Хелвеция, Казанлъшко, IV в. пр.Хр,

The tomb in the Helvaetia tumulus near Kazanlak, 4th century BC

Целият стремеж е да се изтъкне неговата дейност и той е така силно прокаран, че докато животните при другите божества само характеризират функциите им и ги придружават или следват, при тракийския конник те са винаги активни и участват в една неспирна борба, която се води от него, защото именно той е повелителят на цялата действителност и неизменно поразява злото.

Самият лов често се разиграва пред олтара на бога, разположен някъде сред природата, над която властва. Тя пък е представена чрез едно дърво, около което понякога се увива змия. Освен означение на смъртта и на подземното царство тя символизира също възраждането на вегетативните сили чрез непрекъснатото си спотаяване под земята и излизането от своето скривалище под слънчевите лъчи, за да подчертае идването на пролетта и събуждането от зимния сън – равнозначен на смъртта.

При сцената завръщане от лов някои от релефите на тракийския конник, макар и в изключително редки случаи, са допълнени и чрез мотива на една катурната пред олтара урна, от която тече вода, за да го свърже с напояването на земята, с изворите и реките, с водите въобще и оттук по принцип с божествата на плодородието. Този господар на дивата природа присъства сред своя кръг от персонажи, грижи се за ежегодното събуждане на растежа, за избуяването на живота, за лова и за баланса на всичко наоколо и заедно с това той е властелинът в царството на мъртвите, което ясно личи от присъствието на негови изображения върху редица надгробни плочи.

Малкият божествен свят, в който богът-ездач живее и действа, така и не се изчерпва, защото върху много от оброчните паметници се вижда един прислужник,

he is the master of the entire reality and he invariably defeats evil.

The actual hunting often takes place in front of the deity's altar which is located somewhere amidst Nature over which he reigns. Nature is presented with a tree around which a snake is sometimes twisted. Apart from designating death and the chthonian kingdom, it also symbolises the regeneration of the vegetative forces by their hiding underground and appearance from their hiding place under the sun rays so as to emphasise the coming of spring and the awakening from hibernation, which is equivalent to death.

In the scene with the return from hunting, some of the reliefs of the Thracian Horseman, albeit extremely rarely, also feature the additional motif of an urn tipped over in front of the altar, from which water is flowing, linking the deity to the irrigation of the land, to springs and rivers, to water in general and hence in principle to the fertility gods. That master of wild Nature was present among his entourage, he took care of the annual awakening of vegetation and the sprouting of life, of hunting and of the balance of everything around him, and at the same time he also reigned in the kingdom of the dead as well, which is clearly seen from the presence of his images on a number of funerary steles.

The small divine world in which the god-horseman lived and acted is not exhausted. On many votive reliefs it is possible to see also a male servant walking behind him, often holding his horse's tail so as to follow him more easily. Sometimes he is in the role of arms-bearer and is carrying the two spears (typical weapon of the Thracians), always ready to hand them to the deity. In some reliefs there are two or three male assistants, and this is also valid of the women standing in front of him.

Пръстен от могилата при с. Златиница, Елховско, IV в. пр.Хр.

Greave from the tumulus near the village of Zlatinitsa near Elhovo, 4th century BC

Апликации от съкровището от с. Луковит, Ловешко, втората половина на IV в. пр.Хр.

Appliqué from the treasure of the village of Lukovit near Lovech, second half of the 4th century BC

Пръстен от с. Гложене, Тетевенско, IV в. пр.Хр.

Ring from the village of Glozhene near Teteven, 4th century BC

Пръстен от Чирпанско, IV в. пр.Хр.

Ring from the area of Chirpan, 4th century BC

Оброчна плочка на тракийския конник от с. Златна Панега, Ловешко, II – III в.

Votive tablet of the Thracian Horseman from the village of Zlatna Panega near Lovech, 2nd–3rd century

Апликация от с. Долна Козница, Кюстендилско – края на IV–началото на III в. пр.Хр.

Appliqué from the village of Dolna Koznitsa near Kyustendil, late 4th – early 3rd century BC

287

който върви зад него и за да го следва по-лесно, често се държи за опашката на коня му. Понякога той поема ролята на оръженосец и носи неговите две копия за хвърляне (типичното за траките въоръжение), които всеки момент е готов да му подаде. В отделни релефи помощниците са и двама, и трима, каквото е положението и с изправилите се пред него жени.

Най-често те са представени пред олтара, към който препуска конникът, забулени със забрадки – само с открити лица, облечени в хитони и химатиони. Под тях личат единствено върховете на краката им, китките на ръцете и шията, а може би някои от жените също са натоварени с функциите на прислужнички. Отразено е едно всекидневие, което възстановява връзките с миналото и напълно отговаря на характеристиките от епохата на действителните тракийски царе-жреци/царе-богове.

През римската епоха най-любопитни са метаморфозите, които преживява богът-конник върху релефи и чрез изображения, тъй като самата му същност предоставя възможности за сливане с редица други божества. В светилището при с. Лозен, Харманлийско, той е отъждествен с Аполон и е представен с неговите атрибути. Вместо щит ездачът държи зад главата на коня лира, в други случаи носи на гърба си колчан със стрели, понякога дори е облечен в одеждите на Аполон и най-сетне се случва да има и неговата типична фризура.

Същият процес на синкретизация е документиран в светилището при с. Баткун, Пазарджишко, и при с. Глава Панега, Луковитско. Изведнъж голобрадият тракийски конник получава брадата и мустаците на Асклепий, дългата му дреха, а с дясната си ръка вместо копие поема тоягата на здравеносния бог, около която се увива змия.

They are most frequently depicted in front of the altar to which the Horseman is galloping, veiled, with only their faces exposed, wearing chitons and himations under which only the tips of their feet, their wrists and their neck are seen. Maybe some of the women are also in the function of servants. An everyday life is depicted, which restored the links with the past and corresponded fully to the characteristics from the time of the real Thracian kings-priests/kings-gods.

During the Roman period the metamorphoses experienced by the god-horseman on reliefs and images are the most curious, because his very nature allows blending with a number of other deities. In the sanctuary in the village of Lozen near Harmanli he is identified with Apollo and is presented with his attributes. The rider is holding a lyre instead of a shield above the horse's head, in other scenes he has a quiver with arrows on his back, sometimes he is even dressed in Apollo's clothes and finally he sometimes has his typical hairstyle.

The same process of syncretisation has been documented in the sanctuaries near the village of Batkun, Pazardzhik district, and near the village of Glava Panega, Lukovit district. The beardless Thracian Horseman suddenly acquired the beard and the moustache of Asclepius, his long garment, and in his right hand, instead of a spear, he was depicted with the club of the healing god, around which a snake is twisted.

On a relief from Eastern Bulgaria the rider has the axe and the long garment of Hades – Pluto, and is holding his cornucopia. In the sanctuary near the village of Lilyache, Vratsa district, he is holding the double pruning knife of Sylvanus – a Roman god of forests, wild Nature and shepherds. On a tablet from the Pazardzhik area he is wearing the helmet of Ares on his head and is armed with a long spear, being hence merged with the god of war.

288

Оброчна плочка на тракийския конник от с. Лозен, Хасковско, II–III в.

Votive tablet of the Thracian Horseman from the village of Lozen near Haskovo, 2nd–3rd century

Оброчна плочка на тракийския конник от Пловдив, II–III в.

Votive tablet of the Thracian Horseman from Plovdiv, 2nd–3rd century

Оброчна плочка на тракийския конник от с. Лозен, Хасковско, II–III в.

Votive tablet of the Thracian Horseman from the village of Lozen near Haskovo, 2nd–3rd century

Върху релеф от Източна България ездачът взема брадата и дългото облекло на Хадес–Плутон и държи неговия рог на изобилието. В светилището при с. Лиляче, Врачанско, този път той има в ръцете си двойния косер на Силван – римски бог на горите, на дивата природа и пастирството. Върху една плочка от Пазарджишко носи на главата си шлема на Арес, въоръжен е с дълго копие и следователно се смесва с бога на войната.

Подобно сливане е известно и спрямо бога на виното и опиянението – Дионис, с малоазийските божества Сабазий и Долихен, защото държи двойната им брадва, със Зевс поради скиптъра, с който е представен, дори с Митра, понеже конникът има фригийска шапка и от двете му страни се намират бюстовете на слънцето и луната. Както се вижда от един релеф от с. Кривина, Разградско, божеството е изобразено с лъчиста корона около главата, т.е. то е приело образа на бога на Слънцето – Хелиос.

Поради силния религиозен синкретизъм всички гръцки и римски богове в Тракия се качват на кон и ходят на лов. Идеята за бога-конник е до такава степен популярна в обществото, че местните майстори започват да представят и Хермес – гръцки бог на търговията, вестоносец на олимпийците, да язди овен, а пък Пан дори върху пантера. Образът на първичната, но и върховна сила у траките, спомен и реминисценция за техните царе, е тази на бога-конник. Той движи всичко в света и в качеството си на всебог, който вижда и чува всичко, е представян дори с три глави.

Such merging is also known with respect to the god of wine and inebriation Dionysos, the deities from Asia Minor Sabazios and Dolichenus, because he is holding their double axe, with Zeus on account of the sceptre with which he is depicted, and even with Mithra, because the horseman has a Phrygian hat and the busts of the Sun and of the Moon on either side. As can be seen on a relief from the village of Krivina near Razgrad, the deity is depicted with a crown of rays around his head, i.e., he had assumed the image of the sun god Helios.

Due to the strong religious syncretism, all Greek and Roman gods in Thrace were on horseback and went hunting. The idea about the god-horseman was so popular in society that local craftsmen began to depict even Hermes – the Greek god of commerce and the herald of the Olympians – on horseback, and Pan even on a panther. The image of the primary, but supreme power among the Thracians, a reminiscence of their kings, was the image of the god-horseman. He set in motion everything in the world and in his capacity of a universal god who sees and hears everything he was even depicted with three heads.

290

Матрица от Абритус (дн. Разград), II–III в.

Matrix from Abritus (present-day Razgrad), 2nd–3rd century

Плочка от дунавските конници от провинция Долна мизия, III в.

Tablet with the Danube horsemen from the Moesia Inferior Province, 3rd century

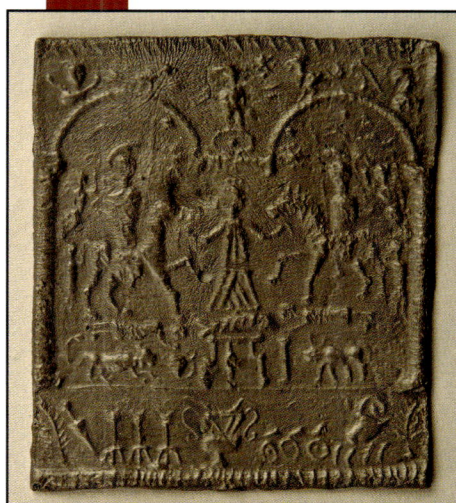

Матрица от Абритус (дн. Разград), II–III в.

Matrix from Abritus (present-day Razgrad), 2nd–3rd century

*Венец от гробницата Голяма Косматка,
Казанлъшко, IV в. пр.Хр.*

*Wreath from the Golyama Kosmatka tumulus near
Kazanlak, 4th century BC*

*Статуя на тракийски конник от с.
Брестник, Пловдивско, III в.*   ➤

*Statue of a Thracian Horseman from the
village of Brestnik near Plovdiv, 3rd century*

Завещано безсмъртие

Тракия запазва микенския характер на социално-политическото си устройство чак до времето на елинизма, когато то бавно започва да се видоизменя в кризисни условия. Равнопоставеността на Великата богиня-майка и на нейния Син-Слънце/Огън се съхранява и през тази епоха в скалните паметници и в обредността. През римската епоха промените са персонифицирани от синкретичния балкано-малоазийски пантеон, преди всичко от Сабазий или от Хероса.

Структурообразуващата роля на погребението и на жертвоприношението като уравновесяване на първичните космогонични елементи и същевременно като универсален механизъм за регулиране на вярата се пренася и в социалния модел на света. Затова той се проявява във фолклорната обредност, която става най-важна за съхраняването на знанието. Тя е същинското духовно наследство, което се усвоява приемствено. То се предава чрез обредността и винаги оживява чрез припомнянето.

В устния орфизъм, наречен още и тракийски, основна роля играе образът на царя – върховен жрец-учител, който след преминаването Отвъд става безсмъртен. Най-известните негови митологически персонификации, които извършват странни ритуали за описващите ги елини, са Орфей и Залмоксис.

Thrace preserved the Mycenaean character of its socio-political structure until the Hellenistic Age, when it began to change slowly under crisis conditions. The equal status of the Great Goddess-Mother and of her Son-Sun/ Fire was preserved during that period as well in the rock monuments and in the rituals. During the Roman Age, the changes were personified by the syncretic Balkan-Anatolian Pantheon, above all by Sabazios, or by the Heros.

The structure-forming role of the burial and of the sacrifice as a way to balance the primary cosmogonic elements, and at the same time as a universal mechanism for regulating faith was transferred to the social model of the world as well. Hence it was manifested in the folklore rites, which became of prime importance for the preservation of knowledge. It is the real spiritual heritage that was mastered through continuity and was passed from one generation to the next through the rights, always coming alive through remembrance.

The image of the king – supreme priest and teacher who became immortal after he stepped into the World Beyond – played a central role in oral Orphism, referred to also as Thracian Orphism. Orpheus and Zalmoxis, who performed strange rituals in the eyes of the Greeks who described them, were his best known mythological personifications.

294

Bequeathed Immortality

Вярата в царете-жреци позволява на ранното християнство да проникне рано сред траките. Много от светилищата, особено тези, където е извършвана масова мистериална обредност, продължават да функционират и след приемането на новата монотеистична религия. Мястото на почитаните Велика богиня-майка, на нейния Син-Слънце/Огън, на станалите безсмъртни херои-покровители се заемат от Богородица, св. Марина, от св. св. Константин и Елена и от други ранни светци.

През средновековието в земите със слабо влияние от книжовните центрове на България и Византия нелитературната култура запазва езическата вяра-обредност с повърхностна християнизация и много често я иновира чрез архаизация. Тогава се извършва и десакрализация на християнски свещени текстове и интегрирането им в устната традиция.

В Югоизточна Европа живата старина не може да се изследва по територия между съвременните политически граници на държавите. Народностната специфика – сюжети, мотиви, персонажи, митологеми, фабулирани наративи, се определя не от тяхната оригиналност – с изключение на ритмиката, метриката и ладовете в музикалния фолклор, – а от функционирането им като наследена, усвоена и осъзната

The faith in the kings-priests made it possible for Early Christianity to penetrate early among the Thracians. Many sanctuaries, especially those in which mass mysterial rites had been performed, continued to function even after the new monotheistic religion was adopted. The worshipped Great Goddess-Mother, her Son-Sun/Fire and the heroes-patrons who had become immortal were replaced by the Virgin Mary (the Holy Mother of God), St. Marina, St, Constantine and St. Helena, and by other early saints.

During the medieval period, non-literary culture in the lands subject to weak impact from the literary centre of Bulgaria and Byzantium preserved the pagan faith-ritual with superficial Christianisation, and very frequently innovated it through archaisation. It was then that the desacralisation of Christian sacred texts took place, with their subsequent integration into the oral tradition.

The living antiquity in Southeastern Europe cannot be studied on the territory between the contemporary political borders of the states. The popular specificity – themes, motifs, personalities, mythologems and fabulated narratives – is determined not by their originality, with the exception of the rhythmics, metrics and melodies in musical folklore, but by their functioning as an inherited, mastered and consciously perceived value, which participates in

295

Икона на св. Илия и св. Марина, Малко Търново

Icon of St. Elijah and St. Marina, Malko Tarnovo

Икона на св. Марина, Малко Търново

Icon of St. Marina, Malko Tarnovo

ценност, която участва във формирането на културно-историческото поведение на всеки народ.

Тракийската орфическа двойка Велика богиня-майка – Син-Слънце е вярван двигател на космическата и на социалната уредба. Най-популярните им теоними Кибела и Сабазий са боговете на огнената обредност в трако-фригийската контактна зона – Константинополската хòра (прилежащите европейски и малоазийски територии на града). Тази обредност е сложна и се разполага в годишния слънчев календар между януари и октомври.

Тогава се изпълняват различни свещенодействия, най-известното от които е жертвопринасянето на бога-Син в зооморфния му образ на бик, разчленяването на тялото и въвеждането му във вярващия чрез вкусването на кръв и плът. Кръвта на Сина е и мислената хиерогамия Майка–Син, от която се ражда синът – цар-жрец-учител-водач. Снизяването (= профанацията) на тази тракийска аристократическа доктрина през първите столетия на Римската империя в Тракия довежда до почитта към конника-ловец – към Хероса, който съчетава и двете равнища на мъжкото начало: той е бог и антроподемон, т.е. Син и син на Сина на Великата богиня-майка.

През късната античност изповедта към нея сравнително лесно прелива в почит към Богородица, св. Марина и други ранни светици. Образът и вярата в бога-Син, който е и Огън, и Слънце, по-трудно се трансформира и преминава през преклонението към божествената същност на владетеля, промислен чрез представата за "добрия цар", а същността на Орфей постепенно се прелива в тази на добрия пастир. В европейската зона на Константинопол върху Константин I Велики и майка му св. Елена фолклорната вяра пренася отговорността за добруването на света.

the formation of the cultural-historical behaviour of every nation.

The Thracian Orphic pair of the Great Goddess-Mother and the Son-Sun was believed to be the driving force between the cosmic and the social structure. Their most popular theonyms Kybele and Sabazios were gods of the fiery rituals in the Thracian-Phrygian contact – the Constantinople *chòra* (the adjacent European and Asia Minor territories of the city). These rites are sophisticated and are spread in the annual solar cycle between January and October.

Different sacred acts were performed then, the best known among them being the sacrifice of the god-Son in his zoomorphic image of a bull, the dismembering of the body and his introduction into the believer by the tasting of blood and flesh. The Son's blood was also the perceived Mother-Son hierogamy from which the son – king-priest-teacher-leader – was born. The lowering (= profanation) of that Thracian aristocratic doctrine during the first centuries of the Roman Empire in Thrace led to the worshipping of the horseman-hunter – the Heros – who combined both levels of the male beginning: he was god and anthropodaimon, i.e., he was the Son and son of the Son of the Great Goddess-Mother.

During the Late Antiquity, the confession to her was transformed relatively easily into worshipping of the Holy Mother of God (the Virgin Mary) and other early female saints. The image and the faith in the god-Son, who is both Fire and Son, is more difficult to transform and it passes through the veneration of the divine nature of the ruler, contemplated through the "good king" notion, and the nature of Orpheus gradually flowed into that of the good shepherd. In the European zone of Constantinople, folkloric faith transferred the responsibility for the wellbeing of the world to Constantine I the Great and his mother St. Helena.

Този синкретизъм обаче не е еднократен акт, а се разполага чак докъм X в. През това време той се споява и от други съставки, които произхождат от биографията и делата на реалния велик император. В столицата на Византийската империя и в прилежащите територии обредните практики, обичаи, паметници се свързват с фолклорните реалии, тъй като внушават основни кодове на старата орфическа двойка богове – змията, слънцето, пурпурния цвят и пр., сиреч в напълно официална среда се ситуират други знаци и символи, които се усвояват от фолклора. Това е време на новосъздаващите се легенди в устната култура, които също така са свързани и повлияни и от апокрифната, и от църковната книжовност.

Нестинарството се съхранява през вековете заради самоорганизацията на вярващите. За това своеобразно общество говори системата от свещени места (манастирчета, аязми и конаци), които те поддържат, изборът на главна нестинарка/нестинар и ритуалните посещения при нея/него, общият „панагир" на няколко нестинарски села на Голямата аязма, срещите и гостуванията с цел правилно да се изпълни ритуалът. Поради тази причина те наричат вярата си "закон". Според разкази, които са потвърдени във всички анкети – от първите до последните, спазването му е традиционно задължение на определени родове.

В разглежданата обредност няма полово разделение, но, изглежда, жените са повече. От най-ранните сведения е ясно, че нестинарите имат много проста йерархична структура. Начело е главната нестинарка/нестинар, полът няма значение, изборът е според качествата й/му да пророкува най-добре и най-точно и да играе най-дълго в пламтящата жарава. Тази фигура е излъчвана от участниците от няколко близки села.

However, that syncretism was not a single act, it spread all the way until the 10th century. During that time, it was rendered more consistent by other components as well, stemming from the biography and the deeds of the real great emperor. In the capital of the Byzantine Empire and in the adjacent territories, the ritual practices are associated with the folkloric realia, because they suggest fundamental codes of the old Orphic couple of deities: the snake, the Sun, the purple colour, etc., i.e., other signs and symbols were situated in a completely official environment and were assimilated by folklore. That was the time of the newly-emerging legends in the oral culture, which were also connected with and influenced by both by the apocryphal and by the Church literary tradition.

The *Nestinari* tradition was preserved over the centuries owing to the self-organisation of the believers. This peculiar society is attested by the system of sacred places (little monasteries, holy springs and *konaks*), which they kept, the choice of chief female or male *nestinar* and the ritual visits to her/him, the common "*panagyr*" of several villages practising the *nestinari* tradition at the Big Holy Spring, the meetings and the visits with a view to performing the ritual accurately. For this reason, they call their faith "law." According to narratives that have been confirmed from the first to the last in all inquiries, the compliance with that law was the traditional obligation of certain designated families.

There is no gender division in the rites examined, but it appears that women were more numerous. It is clear from the earliest evidence that the *nestinari* dancers had a very simple hierarchic structure. The chief *nestinar* – irrespective of gender – is at the head, the choice depends on his/her capacity for best and most accurate prophecy, and his/her ability to dance longest in the live embers. That figure was se-

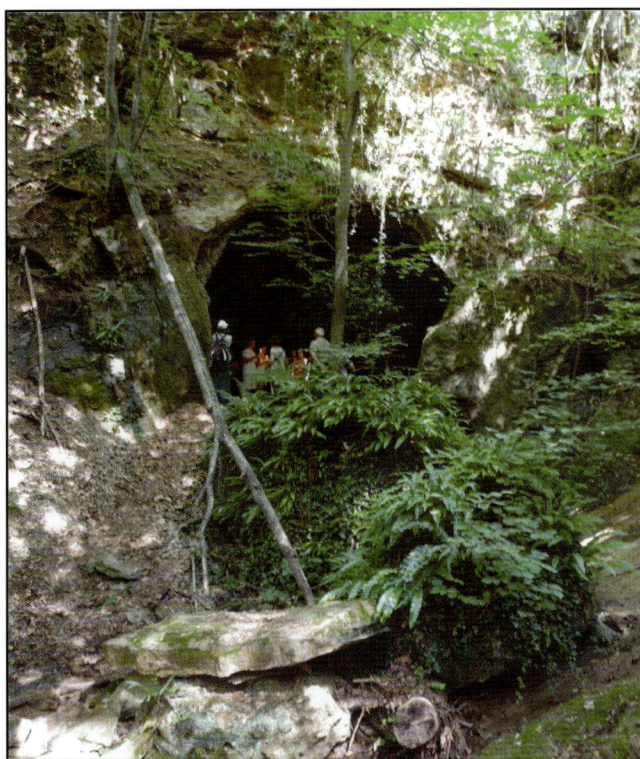

Пещерата на св. Марина,
с. Сливарово, 17 юли 2009 г.

*The cave of St. Marina,
Slivarovo village, 17 July 2009*

Пещерата на св. Марина, с.
Сливарово, 17 юли 2009 г.

*The cave of St. Marina, Slivarovo
village, 17 July 2009*

С постепенното отмиране на обреда на преден план излиза епитропът/викилинът/ телетархът, който може и да не играе в огъня, но трябва да има роднинска връзка с нестинарски род. Той окончателно изземва функциите на главната нестинарка в селата Българи и Кости, след като там не остава никой, който да танцува върху жаравата, но ритуалът продължава да се извършва. В Северна Гърция, където обстановката е различна от Странджа, фигурата на телетарха също става първостепенна. Засега такива са промените в традиционната йерархична структура на тези организации.

Нестинарската обредност, извършвана по традиционния за общността календар, е с космически характер – правилното й изпълнение е начин да се подпомогнат космическите сили, олицетворени от Великата богиня-майна, равнозначна на Земята, и от нейния Син-Слънце/Огън, в осъществяването на дневния и на годишния природен цикъл. Древната представа, че светът е създаден от четири стихии – въздух, земя, огън и вода – е кодирана в ритуалността на открито, от шествията със свещените предмети, почитта към сакралните извори, даващи здраве и живот, нестинарския жив огън и земята, която попива кръвта на бика, за да бъде оплодена.

По този начин нестинарската общност осигурява съпричастността на хората към природния кръговрат, а това им гарантира плодородие, здраве и мир. Човекът и природата се превръщат в едно цяло. Знанието за сътворението на Космоса и за неговия ритъм придобива магическа сила и се пази в мълчание и чрез обреди. Силата на тази вяра се вижда дори от факта, че въпреки половинвековното невлизане в огъня на родовита нестинарка или нестинар в селата в Странджа, ритуалът е жив, защото за културната памет е ясно, че играта върху

lected from among the participants from several neighbouring villages.

With the gradual phasing out of the rite, the church warden/*vikilin*/*teletarchos* came to the foreground. It was not necessary for him to dance in the fire, but he had to be related to a *nestinari* family. He definitely took over the functions of the chief *nestinar* in the villages of Balgari and Kosti, after no one was left there to dance in the live embers, but the ritual continued to be performed. In Northern Greece, where the situation is different compared to the region of the Strandzha Mountain, the figure of the *teletarchos* also acquired prime importance. These are for the time being the changes in the traditional hierarchic structure of these organisations.

The *nestinari* rites, performed according to the traditional calendar for the community, are of a cosmic nature, and their correct performing is a way to assist the cosmic forces, personified by the Great Goddess-Mother, equivalent to the Earth, and by her Son-Sun/Fire, in achieving the diurnal and annual cycles of Nature. The ancient notion that the world was created out of four elements – air, earth, fire and water – is encoded in the rituals performed in the open, in the processions with the sacred objects, the worshipping of the sacral springs that give health and life, the nestinari live fire and the earth that absorbs the bull's blood so as to be fertilised.

In this way, the *nestinari* community secured the commitment of the people to the turnover in Nature, and this guarantees fertility, health and peace to them. Man and Nature become one whole. The knowledge about the creation of the Cosmos and about its rhythm acquires magic force and it was preserved in silence and through rites. The power of that faith is seen even from the fact that although no *nestinar* – man or woman – from a family of *nestinari* had danced in the fire in the vil-

301

жаравата е важна, но не е най-съществен елемент на нестинарството. Явно Светокът, както наричат св. Константин, „не отваря пътя" никому.

Днес в огнения кръг се играе в деня на Светите равноапостоли Константин и Елена, а в миналото, по своеобразен нестинарски календар – в дните на светци, които наследяват тракийски божества, свързани със слънчевия календар – зимния св. Атанас, св. св. Константин и Елена, Еньовден, св. Марина, св. Илия. Пламтящите въглени, върху които се танцува, са земната проекция на бога Слънце. За да не се противопоставят на официалната християнска църква, тракийските почитатели на огнения празник го закрепват през тези дни, тъй като на тях се честват Майка и Син. В образите на християнските паредри покръстените езичници продължават да виждат своите орфически богове, равнопоставени като Кибела и Сабазий.

Названието нестинари/анастенари на носителите на огнената обредност е с две обяснения. Името може да се тълкува чрез израза "в огъня/огнището" на старогръцкия език на наблюдателите, както и чрез диалектното "анаста" в смисъл на змия. Възможно е то да носи и двете значения, тъй като последователите на Сабазий ги знаят – огън, земната проекция на слънцето на земята, и змия, инкарнацията на хтоничната хипостаза на космическото божество.

Началото на огнения нестинарски календар е през януари на деня на св. Атанас (18 или 31 януари по различните календари), тъй като тогава завършва зимата. И в Централна Стара планина, над Етрополе, е съхранен реликтов ритуал, който е свързан със слънчевия и с огнения аспект на древната Сабазиева обредност. Почитателите изкачват след полунощ свещен връх, из-

lages in the Strandzha Mountain region, the ritual is alive, because it is clear to the cultural memory that dancing on the live embers is an important – but not the most essential – element of the nestinari tradition. Obviously, the *Svetok*, as St. Constantine is popularly referred to, "is not opening the road" to anyone.

Nestinari dancing is performed today on the Day of St. Constantine and St. Helena, whereas in the past a peculiar *nestinari* calendar was observed in the days of saints who had inherited Thracian deities connected with the solar calendar, notably the winter St. Athanasius, St. Constantine and St. Helena, Midsummer Day, St. Marina and St. Elijah. The flaming embers on which the *nestinari* dance are the earthly projection of the god-Sun. In order to avoid confrontation with the official Christian Church, the Thracian worshippers of the fiery festivities fixed it on these days and they are days when Mother and Son are celebrated. The pagans who had converted to Christianity continued to see their Orphic gods, with an equal status as Kybele and Sabazios, in the images of the Christian paredroi.

The name *nestinari/anastenari* of the bearers of the fiery rites has two explanations. The name can be interpreted through the expression "in the fire/fireplace" in the ancient Greek language of the spectators, as well as through the dialect form anasta meaning "snake." It may have had both meanings, because the followers of Sabazios knew them: fire as the earthly projection of the Sun on earth, and the snake as the incarnation of the chthonian hypostasis of the cosmic deity.

The fiery *nestinari* calendar starts on the day of St. Anasthasius (18 or 31 January, according to the different calendars), i.e., at the end of winter. A relict ritual connected with the solar and with the fiery aspects of the ancient Sabazios rites has been preserved in the Central Balkan Range, above the town of Etropole as

Нестинарска икона на св. св. Константин и Елена, с. Кости

Nestinari icon of St. Constantine and St. Helena, Kosti village

Нестинарски икони в конака на св. св. Константин и Елена в с. Кости

Nestinari icons with the konak of St. Constantine and St. Helena, Kosti village

копават ями в снега, запалват в тях огньове, хранят се с месо и пият. Когато небето просветлява от изгрева на слънцето, те се окичват с бръшлянови клонки и започват да танцуват под постепенно обливащата ги светлина с протегнати напред ръце и разтворени длани. Тържественият им приветстващ вик „Сабо, Сабо“, както по времето на Аристофан, Есхин и обредниците, припяващи орфическите химни, призовава всепроникващата светлина на бога-Слънце.

Друга двойка светци, свързана от народната вяра, са св. Илия и св. Марина. Света Марина е изключителен образ, особено в района на Странджа и в зоната на югозападното българско етническо землище. Християнската светица, която също е фолклорен знак, а не реално живяло момиче, много повърхностно покрива едно от тачените проявления на Великата богиня-майка – на богинята-вергина (девица), която покровителства девойките в навечерието на задомяването им, т.е. преди брака, а също на бременните и малките деца. Не случайно е избран и денят – третият от Горещниците, на който е закрепен празникът й в църковния календар. Знае се, че по това време през древността е тачена Артемида и е наказан Актеон, който дръзва да се любува на богинята-вергина, докато се къпе в реката.

Света Маринка, както галено я наричат във фолклорните разкази, е светица, която е изключително благосклонна към почитащите я, лечителка, повелителка на змиите, сестра на св. Илия. На нейния ден се пали жив огън, от който се пренася във всеки дом. Съхранените сведения за оргиастична обредност в пещерите, в които според народната вяра тя живее, са отглас от инициационна практика, извършвана от момичетата и момчетата, които достигат възраст

well. The worshippers climb a sacred mountain peak after midnight, dig pits into the ground, light fires in them, eat meat and drink. When the sky lightens with the sunrise, they adorn themselves with ivy twigs and start dancing in the light that gradually streams over them, with outstretched arms and open palms. Their solemn cries "*Sabo, Sabo*", as at the time of Aristophanes, Aeschines and the participants in the ritual, chanting Orphic hymns, invoked the all-permeating light of the god-Sun.

St. Elijah and St. Marina are another pair of saints connected by the popular faith. St. Marina is an exceptional figure, especially in the area of the Strandzha Mountain and in the southwestern ethnic Bulgarian lands. The Christian saint, who is also a folkloric sign and not a girl who actually existed, covers very superficially one of the worshipped manifestations of the Great Goddess-Mother – of the virgin goddess who protected young maidens on the eve of their matrimony, i.e., before marriage, and also a patron saint of pregnant women and young children. Her day was not accidentally chosen either: in the Christian calendar it was fixed on the third day of the dog days. It is known that during the antiquity that was the time when Artemis was worshipped and when Akteon was punished for daring to admire the virgin goddess while she was bathing in the river.

St. Marinka, as she is fondly called in folkloric narratives, was a saint who was extremely benevolent to her worshippers, she was a healer, a patron saint of snakes and sister of St. Elijah. Fire is lit on her day and is transferred burning into every home. The preserved evidence about orgiastic rites in the caves where – according to popular beliefs – she lived, are an echo of initiation practices performed by boys and girls reaching the age for marriage. St. Marina is included in the *nestinari* calendar in the Strandzha region, and in the recent past the *nestinari* danced in the fire on her day.

Игра на български и на гръцки нестинари в жаравата в м. Голямата Аязма, 2007 г.

Dancing of Bulgarian and Greek nestinari in live embers in the Golyamata Ayazma locality, 2007

за женитба. В Странджа планина св. Марина е включена в нестинарския календар, а в близкото минало на деня й нестинарите са играели в огъня.

В тракийската масова народна вяра мистериално посветеният не се въздига към бога, а го въвежда в себе си и в състоянието на обсебеност се пречиства. Тези хора изиграват ритуалното представление за смъртта и новото раждане на орфическия бог с кърваво жертвоприношение на кон, бик, овен или мъжко агне. Маскарадната обредност е присъща на много народи, обикновено е свързана със слънчевия календар и бележи края на старата и началото на новата година.

Маскирането и травестирането винаги са преследвани от християнската църква и заклеймявани в текстовете на църковните събори, както и в тълкуванията към тях. Тези текстове и коментари обаче са ценно свидетелство за маскарадността през късната античност и средновековието. Още Ориген, християнски апологет и философ (II–III в.), споменава травестирането по време на Дионисови обреди. Анкирският поместен събор (314 г.) осъжда освен магьосничеството и езическите обичаи (правило 24). В решенията на Картагенския поместен събор (419 г.) са формулирани две правила (71 и 72) срещу срамните игри и думи, които оскърбяват майчината и семейната чест, и срещу скачанията по полетата и улиците, някои от които се извършват в посветени на светци дни и дори по време на Пасхата.

Тези първи забранителни текстове на църковните деятели не успяват да повлияят на вярващите, тъй като на Шестия вселенски събор (678 г.) всички забрани са развити още по-подробно и са кодифицирани в правила 61, 62 и 65 от неговите решения. Именно от тях се научава, че са "прескачани огньове по някакъв стар обичай" (пра-

The person in the mysteries did not rise to the god in the Thracian mass popular beliefs, but he introduced the god into himself and became purified in the state of obsession. These people enacted the ritual performance of the death and the new birth of the Orphic god with a blood sacrifice of a horse, a bull, a ram or a male lamb. Masquerade ritual practices are inherent to many peoples, they are usually associated with the solar calendar and mark the end and of the old years and the beginning of the new one.

Disguising with masks and travesty have always been persecuted by the Christian Church, and they were denounced at the oecumenical councils and in their interpretations. However, these texts and comments are valuable evidence of the masquerade practices during the Late Antiquity and the Middle Ages. Even Origenes, a Christian theologian and philosopher (2nd-3rd century), mentions travesty during Dionysian rites. The Council of Ancyra in 314 AD denounced sorceries and also the customs of the heathen (Canon 24). Two rules are formulated in the decisions of the Council of Carthage in 419 AD (Canons 71 and 72) against shameful games and words that are injurious to maternal and family honour, and also against jumping in the fields and streets, some of these practices being performed in days dedicated to the saints and even during Easter.

These first prohibition texts of the Church fathers failed to have an impact on the believers, because all bans were developed in greater detail and were codified in Canons 61, 62 and 65 at the Sixth Oecumentical Council (678 AD) as its rules. Precisely from them it is possible to learn that "people jumped over fire according to some old custom" (Canon 65) – a rite practised to this day on Cheese Shrovetide in Southeastern Europe during the *Kouker* games. Canon 62 of the Council's decisions denounced the "dressing of men in women's

вило 65) – обред, който и до-ден днешен се прави в Югоизточна Европа на Сирни заговезни по време на кукерските игри. Правило 62 от решенията на събора заклеймява "преобличането на мъже в женски дрехи и на жени в мъжки, носенето на маски, викането на името на Дионис, смехориите и безумствата", както и воденето на мечки и на други животни (правило 61).

Маскарадната обредност е така дълбоко вкоренена в ритуалния календар на населението, че тълкувателите на правилата на Шестия вселенски събор, които са писани през XII в., не само разясняват забраните, но дават и още подробности за нея. Последният факт е косвено свидетелство, че и по това време тя продължава да съществува.

Когато анализира правило 62 на Шестия вселенски събор, Теодор Валсамон (XII в.), който интерпретира правилата на съборите, за да координира църковното и византийското имперско законодателство, изрично споменава игри на някои селски жители през януари, наричани "Русалии". За мартенската обредност той пише, че е наследство от "елинско време" и участниците – мъже и жени, изпълняват непристойни танци "за благоразтваряне на времето и въздуха". Коментаторът разказва, че те се маскират като монаси и четириноги животни, въоръжават се с мечове, осмиват църковните отци и учреждения. Мъже боядисват бузите си и изпълняват неприлични действия, свойствени на жените, за да събудят смях у зрителите.

Валсамон дори прави етнографска анкета, като пита някои обредници защо си позволяват такива действия. Отговорът, който получава, е: "прави се по отколешен обичай", а това и днес чуват етнолозите при теренни проучвания. В сборника с тълкувания, наречен "Славянская кормчая", по повод на същото правило е вмъкнато

clothes and of women in men's clothes, wearing of masks, calling the name of Dionysos, jokes and craziness," as well as leading bears and other animals (Canon 61).

Masquerade rites are so deeply rooted in the ritual calendar of the population that the interpretations of the canons of the Sixth Oecumentical Council, which were written in the 12th century, not only explained the bans but even provided more details about them. The latter fact is indirect evidence that they continued to exist at that time.

Analysing Canon 62 of the Sixth Oecumentical Council, Theodoros Balsamon (12th century), who interpreted the canons of the councils so as to coordinate the Church and the Byzantine imperial legislation, specifically mentions games in some rural communities in January referred to as Rusalia. On the rites in March he writes that they were inherited from "Hellenic times" and that the participants – men and women – performed indecent dances "for benevolent dissolving of time and air." The commentator narrates that they disguised themselves as monks and as quadrupeds, armed themselves with swords and mocked the Church fathers and institutions. Men painted their cheeks and performed indecent acts inherent to women so as to invoke laughter among the audience.

Balsamon even conducted an ethnographic inquiry by asking some participants in the rites why they took such liberties. Their answer was that "it was done following a very old custom" and this is exactly what ethnologists hear today during in situ research. There is a very valuable addition in the miscellany of interpretations known as Slavyanskaya Kormchaya in connection with the same canon, namely that the masked participants in the rites wore leather cloths and put leather masks on their faces. Dressing like monks and mocking Church and state institutions went even into the Byzantine legislation.

307

много ценното допълнение, че маскираните се обличат с кожени дрехи и слагат на лицата си кожени маски. Преобличането като монаси и осмиването на църковни и държавни институции заляга дори във византийското законодателство.

Един от ценните извори за маскарадните игри на населението, което живее по долното течение на р. Дунав през късната античност и ранното средновековие, е анонимното житие на тракиеца Дазий, християнски мъченик, който е посечен през 303 г. заради отказа си да се маскира с царски одежди и да участва в празника на Кронос. Житието е разказано от летописец в края на V и в началото на VI в. Той коментира, че тогава участниците се увиват в кози кожи и като променят лицата си, „напускат доброто и навлизат в злото".

Образуването на Първата българска държава от настанилите се на Балканския полуостров българи забавя и практически спира християнизацията на завареното късноантично население. Когато българският цар Борис I (852–889) решава да приеме християнството, той пише писма до папа Николай I (858–867), в които му задава въпроси за разясняване на вярата. Явно е, че той пита и за маскарадната обредност, тъй като в запазените отговори се настоява тези „бесовски игри" да се изкоренят.

Презвитер Козма, български книжовник, който живее и твори през втората половина на X в., съставя полемично съчинение срещу богомилската ерес, наречено „Беседа против богомилите". Там той обръща отново внимание на необходимостта да се изкоренят „бесовските" и „сатанински игри". В „Номоканон" (XIV в.) от Матей Властер, известен от запазен сръбски препис от XV в., се говори за маскарадни игри през януари и през март – мъжете се обличат в женски дрехи, а жените – в мъж-

One of the valuable sources on the masquerade games of the population living along the lower course of the Danube during the Late Antiquity and Early Middle Ages was the anonymous Vitae of the Thracian Dazios, a Christian martyr slain in 303 AD for refusing to disguise himself in regal clothes and to participate in the festivities of Kronos. The *Vitae* was narrated by a chronicler in the late 5th or early 6th century BC, who comments that then the participants in the rite wrapped themselves in goatskins and, changing their faces, they "left the good and entered the evil."

The establishing of the First Bulgarian State by Bulgarians who settled in the Balkan Peninsula delayed and practically stopped the Christianisation of the indigenous Late Antiquity population. When the Bulgarian king Boris I (852–889 AD) decided to adopt Christianity, he wrote letters to Pope Nicholas I (858–867 AD), in which he asked him questions to clarify the faith. It is clear that he had asked about the masquerade rites, because the preserved answers insist that these "Satanic games" need to be eradicated.

Presbyter Cosmas, a Bulgarian man of letters who lived and worked during the second half of the 10th century, wrote a polemic work against the Bogomil heresy entitled *Homily against the Bogomils* where he drew attention again to the need of eradicating the "Satanic games." In Nomocanon – 14th century collection of ecclesiastical law by Matthew Blastares, known from a 15th century preserved Serbian transcript, there is reference to masquerade games in January and in March, where men dressed in women's clothes and women dressed as men, changed their faces and their games had the character of fornication. The author even mentions that some of them had brought bears with them. He expressly defines this performance as "Dionysian and Hellenic."

ки, променят лицата си и игрите им имат характер на блудство. Авторът дори споменава, че някои от тях водят със себе си и мечки. Той изрично определя тази проява като „Дионисова и елинска".

Православната църква и досега е противник на маскарадната обредност, която тя определя като „бесовска" и „дяволска", но след Втората световна война светската власт в балканските страни не я забранява и дори отделя финансови средства за провеждането на национални и международни фестивали с такива представления.

По българските земи, особено в Странджа, е запазен най-архаичният вариант на обредното представление с космогоничен характер, в който социумът мимически разиграва смъртта и новото раждане на бога Дионис-Загрей като „монокукер". Затова и в този случай той е един, не носи маска, а лицето му е намазано с пепел от слама, примесена с олио. Облечен е със седем овчи или кози кожи, които след това се разхвърлят из цялото землище, „за да има плодородие". Тук обредът е част от нестинарския календар. В Югозападна България се срещат участници с маски с птици, особено в Брезнишко, но те не пресъздават мита, за който говоря. Те най-често играят на Васильовден (1 януари), докато „монкукерът" и свитата му в Странджа правят това на Сирни заговезни – седем седмици преди Великден.

Най-разгърната е именно предпролетната (античната новогодишна) маскарадна обредност, известна като кукерска. Тя се изпълнява между Месни и Сирни заговезни (в периода февруари-март, 50 дни преди Великден), най-често в понеделника на т.нар. Сирна седмица. Кукерството е характерно за цяла Южна България, но се среща и в някои селища на Източна Стара планина и в Североизточна България. То е

The Orthodox Church is opposed to masquerade rites to this day, defining it as "devilish" and "Satanic", but after World War II the secular authorities in the Balkan countries did not ban it and even allocated financial resources for national and international festivals with such performances.

The most archaic variant of the ritual performance of a cosmogonic character, where the socium enacts in mime the death and the new birth of the god Dionysos-Zagreus as "mono *Kouker*", has been preserved in the Bulgarian lands, and especially in the Strandzha region. In that case the Kouker is one, he is not wearing a mask, and his face is smeared with straw ash mixed with oil. He is dressed in seven sheepskins or goatskins, which are subsequently scattered all over the land "for fertility." Here the image is part of the *nestinari* calendar. Participants in the rites wearing bird masks exist in Southwestern Bulgaria, especially in the Breznik area, but they do not recreate the myth referred to above. They most frequently danced on St. Basil's Day (1 January), whereas the "mono *Kouker*" and his retinue in the Strandzha region do that on Cheese Shrovetide – seven weeks before Easter,

The pre-spring (ancient New Year's) masquerade rites, known as *Kouker* games, are most widespread. They are performed between Meat and Cheese Shrovetide (in February-March, 50 days before Easter), most frequently on the Monday of the so-called Cheese Shrovetide week. The Kouker festivities are characteristic of the entire Southern Bulgaria, but they occur in some settlements in the Eastern Balkan Range and in Northeastern Bulgaria as well. They are documented in Asia Minor (until the Bulgarians and the Greeks were chased from those lands in the late 19th and early 20th century), in Serbia and in Northern Greece (Thessaloniki area).

The rites impress with their openly pre-Christian character that is most eloquently

309

Кукери, с. Домлян, Карловско

Koukers, Domlyan village near Karlovo

310

документирано в Мала Азия (до изселването и прогонването на българите и гърците от тези земи в края на XIX и през първата четвърт на XX в.), в Сърбия и в Северна Гърция (района на Тесалоники).

Обредността впечатлява с откровено предхристиянския си характер, най-ярко подчертан от смъртта и възраждането на главния персонаж, който в това представление е само един, т.е. той е монокукер. Елементите на този вариант се срещат в маскарадността на цяла Югоизточна Европа.

Българите наричат ритуала „Кукер“ и „Кукеров ден“, гърците – „Калогерос“. И едните, и другите изпълняват също така и нестинарската (на български език)/анастенарската (на гръцки език) обредност, чийто най-впечатляващ епизод е играта върху жаравата със свещени предмети. Докато „монокукерът“ е орфическият Дионис-Загрей, който умира и наново се ражда, нестинарството/анастенарството е християнизиран реликт на Дионисово-Сабазиевата вяра, в която богът – Син на Великата богиня-майка, се вселява в почитателя чрез играта върху жарава, освобождава го от самия себе си и го пречиства. Именно тази вяра се съхранява ревностно до днес.

Дионисовата Загреево-Сабазиева обредност, регистрирана в Странджа още през първата половина на XIX в., с основание се определя като ядро на фолклорния театър, който стои в основата на старогръцкия, т.е. на европейския. Тя предоставя и мито-легендарната тъкан на старогръцката трагедия в образа на моноактора, който изстрадва своя патос (страдание) като жертвопринесения и наново роден бог.

Кукерът е главното действащо лице в представлението. Облечен в седем овчи или кози кожи – по една за ръцете, краката, гърдите и гърба, а седмата е съшита като островърха гугла (пилос) за главата,

emphasised by the death and revival of the central figure, who is only one in that performance, i.e., he is mono *Kouker*. The elements of this variant exist in masquerade performances throughout Southeastern Europe.

Bulgarians referred to the rite as *Kouker* or *Kouker*'s Day, the Greeks called it *Kalogeros*. Both performed the *nestinari/anastenari* rites (by their Bulgarian or Greek name), the most impressive rite being the dance in the live embers with sacred objects. While the mono *Kouker* is the Orphic Dionysos-Zagreus who died and was reborn, the *nestinari/anastenari* rites are a Christianised relict of the Dionysos-Sabazios faith in which the god-Son of the Great Goddess-Mother entered the worshipper through dancing on live embers, freed him from himself and purified him. Precisely that faith has been zealously preserved to this day.

The rites of Dionysos-Sabazios-Zagreus, registered in the Strandzha region as early as in the first half of the 19th century, is justifiably defined as the core of the folklore theatre that was at the basis of the ancient Greek, i.e., of the European theatre. It also provides the mythical-legendary fabric of the ancient Greek tragedy in the image of the mono-actor who experiences his suffering (*pathos*) as the sacrificed and reborn god.

The *Kouker* is the central figure in the performance. He is dressed in seven sheepskins or goatskins – one for each arm, leg, the chest and the back, and the seventh skin is sewn as a conical hood (*pilos*) on his head, and he heralded his birth with the sound of cowbells which were mandatorily from bulls or buffaloes. Between the cowbells, in front, the *Kouker* has a large wooden phallos, painted red. All his actions are mimed. Sometimes little horns are placed on the pointed hat, or the ears of the lamb or kid from whose skin the hat is made are left there. The seven skins for the *Kouker*'s costume are given by men from seven differ-

311

той възвестява раждането си със звука на закачените на кръста му хлопки, които са задължително от бикове и биволи. Отпред, между хлопките, кукерът носи голям дървен фалос, боядисан в червено. Всичките му действия са мимически. Понякога на върха на островърхата шапка се поставят малки рогца или там се оставят ушите на агнето или козлето, от чиято кожа е направена. Седемте кожи за костюма се дават от мъжете на седем различни домакинства. След приключването на обреда те се хвърлят или заравят в седем посоки извън селото по землището му. След края на представлението фалосът се пуска тайно в торбата на мъж, чиято жена не може да зачене.

Кукерът носи около двуметров тирс (пометаш), т.е. скиптър. С него той бие земята и всички хора, които срещне, но най-вече жените. Вярва се, че след това те ще забременеят много лесно и бързо. Доста често кукерът извършва с дървения фалос съвсем неприлични действия спрямо мъжете. Той и свитата му, част от които като древните титани са с намазани лица, извършват ритуална обиколка на домовете в селището и навсякъде им се оказва гостоприемство и даряване. Появата, смъртта и възраждането на кукера – снизеният образ на езическия орфически бог, се разиграва на площада след обредно заораване.

Съхраненият вариант от все още живата старина в Странджа планина и сред гърците-преселници от този район в Северна Гърция е структурно-семантично най-близък до архаичните прояви на евразийската масова оргиастичност, при която се изиграва космогоничен мит. Тази вяра-обредност е самата същност на устното (нелитературното) орфическо учение на цялото население (не само на аристократите) за новото раждане (за безсмъртието). То се изразява в упованието в Дионис-Загрей, защото в

ent households. After the completion of the rite, the skins are thrown or buried in seven directions outside the village in the land adjacent to it. After the end of the performance, the phallos is dropped secretly in the sac of a man whose wife cannot conceive.

The Kouker carries a 2 m long *thyrsos*, i.e., sceptre, with which he beats the earth and all people whom he meets, but above all the women. It is believed that after that they would become pregnant very quickly and easily. The Kouker very often performs very indecent gestures towards the men with the phallos. He and his retinue, in which some of the participants are with smeared faces like the ancient Titans, perform ritual rounds of the houses in the settlement, and everywhere they are welcomed hospitably and are given gifts. The appearance, the death and the rebirth of the *Kouker* – the lowered image of the pagan Orphic god – was enacted on the central square of the settlement after ritual ploughing-in.

The preserved variant of the still living antiquity in the Strandzha Mountain region and among the Greek settlers from that region into Northern Greece is closest in structural and semantic terms to the archaic manifestations of Eurasian mass orgiastic rites involving the enacting of a cosmogonic myth. This faith-ritual constitutes the actual essence of the oral (non-literary) Orphic teaching for the entire population (not only for the aristocrats) about the new birth (about immortality). It was expressed as deep faith in Dionysos-Zagreus, because Orphism was professed at two levels in ancient Thrace: as esoteric teaching and ritual practice accessible only to men-aristocrats, and as a mass exoteric mysteriality.

Just like any calendar holiday, the *Kouker*'s Day is initiational. The masked and disguised/travestied young men experience initiational death so as to be reborn in another social status: ready for matrimonial life. The mask

312

древна Тракия орфизмът е изповядван на две равнища – като езотерическо учение и ритуалност, достъпни само за мъже аристократи, и като масова, екзотерическа мистериалност.

Като всеки календарен празник и Кукеров ден е инициационен. Маскираните и предрешени/травестирани младежи изживяват посветителна смърт, за да се родят наново в друг социален статус – готови за брачен живот. Тук маската запазва най-древното си значение – чрез нея се преминава от един свят в друг, придобива се ново качество така, както тя е мислена в погребалната практика още през микенската епоха и насетне.

Още през древността маскарадността в Тракия и в Елада остава действие – дълг за живеещите извън полисите, и запазва до голяма степен космогоничните и митологичните послания на ритуалните представления. Фолклорният театър представя мистерията за появата, смъртта и възраждането на орфическия бог. С течение на векове тази обредност се профанира, но въпреки това запазва посветителната си мисия, яростно отричана от православната църква, която естествено признава само една мистерия – тази за раждането, смъртта и възкръсването на християнския бог.

Същинската мистерия обаче се състои в съхраняването на една дълбока вяра, че обредът-представление е в състояние да разруши и наново да изгради Космоса и социума, както и да установи хармонията между тях. Преходът от мистериално посвещение в хиерогамията на Великата богиня-майка с нейния Син към карнавала, т.е. към "преобразуването на световете", е безспорното доказателство, че социумът е мислен като вселена.

has preserved here its most ancient meaning: transition from one world into another and acquiring of a new quality, just as it was perceived ever since the Mycenaean Age.

Even during the antiquity, masquerade rites in Thrace and in Hellas remained an act that was a duty for the people living outside the poleis and preserved to a great extent the cosmogonic and the mythological messages of the ritual performances. The folkloric theatre presented the mystery about the appearance, death and rebirth of the Orphic god. That ritual practice was profanated over the centuries, but nevertheless it preserved its initiation mission, vehemently opposed by the Orthodox Church, which – naturally – recognised only one mystery: the birth, death and resurrection of the Christian God.

However, the actual mystery consists in the preservation of a deep faith that the rite-performance was in a position to destroy and to rebuild the Cosmos and the socium, as well as to establish the harmony between them. The transition from mysterial initiation in the hierogamy of the Great Goddess-Mother with her Son to the carnival, i.e., to the "transformation of the worlds", is the indisputable proof that the socium was perceived as a universe.

Основна литература

Богданов, Б. *Орфей и древната митология на Балканите.* София, 1991.

Венедиков, Ив. Тракийският конник. – *Векове,* 1972, № 4, 3–14.

Венедиков, Ив. *Медното гумно на прабългарите.* София, 1983.

Венедиков, Ив. *Раждането на боговете.* София, 1992.

Георгиева, Ив. *Българска народна митология.* София, 1983.

Дечев, Д. Една семейна триада в религията на траките. – *ИАИ,* 18, 1952, 7–49.

Лозанова-Станчева, В. *Мито-ритуалният комплекс на тракийските Котитии.* София, 1993.

Маразов, Ив. *Видимият мит. Изкуство и митология.* София, 1992.

Маразов, Ив. *Мит, ритуал и изкуство у траките.* София, 1992.

Маразов, Ив. *Митология на траките.* София, 1994.

Маразов, Ив. *Митология на златото.* София, 1994.

Попов, Д. *Тракийската богиня Бендида.* София, 1981.

Попов, Д. *Залмоксис. Религия и общество на траките.* София, 1989.

Попов, Д. *Богът с много имена.* София, 1995.

Попов, Д. *Тракийските царе. Поведение и превъплъщения.* София, 2007.

Попов, Д. Перко(у)с/Перконис – Пейрой/Перке (Перкоте). – *СпБАН,* 2007, № 4, 47–50.

Попов, Д. Збелсурд – В: *Сборник в чест на проф. дин Иваничка Георгиева.* Т. 2. София, 2008, 1–8.

Попов, Д. Великата богиня-майка на траките. Образи и персонификации. Преводи-означения и имена-прозвища. – В: *История в преход. Сборник в чест на 60-годишнината на проф. дин Драгомир Драганов.* София, 2008, 17–33.

Попов, Д. Сурегетес – В: *Известия на регионален исторически музей.* Русе. Т. 12. 2008. Русе, 206–211

Попов, Д. Тракийският конник. Царят-жрец/Царят-бог. – В: *Сборник в памет на професор Велизар Велков.* София, 2009 75–92

Райчевски, Ст., В. Фол. *Кукерът без маска.* София, 1993.

Тачева, М. *История на източните култове в Долна Мизия и Тракия (V в. пр.н.е.–IV в. от н.е.).* София, 1982.

Тодоров, Я. *Паганизмът в Долна Мизия през първите три века след Христа.* София, 1928.

Фол, Ал., Ив. Венедиков, Ив. Маразов, Д. Попов. *Тракийски легенди.* София, 1981.

Selected Bibliography

Фол, Ал. *Тракийският орфизъм.* София, 1986.

Фол, Ал. *Политика и култура в древна Тракия.* София, 1990.

Фол, Ал. *Тракийският Дионис. Книга първа. Загрей.* София, 1991.

Фол, Ал. *Тракийският Дионис. Книга втора. Сабазий.* София, 1994.

Фол, Ал. *Тракийската култура. Казано и премълчано.* София, 1998.

Фол, Ал. *Тракийският Дионис. Книга трета. Назоваване и вяра.* София, 2002.

Фол, Ал. *Orphica Magica.* I. София, 2004.

Фол, В. *Скалата, конят и огънят. Ранна тракийска обредност.* София, 1994.

Фол, В. *Забравената светица.* София, 1996.

Фол, В., Р. Нейкова. *Огън и музика.* София, 2000.

Фол, В. *Скални топоси на вяра в Югоизточна Европа и в Мала Азия през древността.* София, 2007.

Фол, В. *Орфей тракиецът.* София, 2008.

Beševliev, V. Theos Souregetes. – In: *Studia in honorem Georgii Mihailov.* Sofia, 1995, 55–58.

Crişan, I. H. *Spiritualitatea Geto-Dacilor. Repere istorice.* Bucureşti, 1986.

Eliade, M. *De Zalmoxis à Gengiskhan. Etudes comparatives sur les religions et le folklore de la Dacie et de l'Europe Orientale.* Paris, 1970.

Fol, A., I. Venedikov, I. Marazov, D. Popov. *Thracian Legends.* Sofia, 1976.

Fol, A. *Der Thrakische Dionysos. Erstes Buch.* Zagreus. Sofia, 1993.

Fol, A. Hipta/Hippa. – *ИМЮИБ*, 17, 1994, 45–46.

Fol, A. Sabas/Sabazios/Sabo. – In: *Thracians and Phrygians: Problems of Parallelism.* Ankara, 1998, 55–60.

Fol, V. The anthropodaimons with Golden Masks from the Upper Stream of Tonzos. – *Thracia*, 18, 2009, 35–42.

Gočeva, Z., M. Opperman. *Corpus Cultus Equitis Thracii. 1. Monumenta orae Ponti Euxini Bulgariae.* Leiden, 1979.

Gočeva, Z., M. Opperman. *Corpus Cultus Equitis Thracii. 2. Monumenta inter Danubium et Haemum reperta.* Leiden, 1981.

Kazarov, G. Thrake (Religion). – *RE*, 6A, 1936, 472–551.

Kazarov, G. *Die Denkmäler des thrakischen Reitergottes in Bulgarien.* Budapest, 1938.

Lozanova-Stančeva, V. *The Mysteries of the Thracian Kotytia.* Sofia, 1995.

Opperman, M. *Der thrakische Reiter des Ostbalkanraumen im Spannungsfeld von Graecitas, Romanitas und lokalen Traditionen.* Langenweisbach, 2006.

Perdrizet, P. Cultes et mythes de Pangée. – *Annales de l'Est*, 24, 1910, No. 1.

Popov, D. Artémis Brauro (déesse thraco-pélasgique). – In: *Proceedings of the Second International Congress of Mediterranean Pre-and Protohistory (Interaction and Acculturation in the Mediterranean).* Amsterdam, 1980, 203–221.

Popov, D. La grande déesse mère des thraces. – In: *Macedonia and the Neighbouring Regions from the 3rd to 1st Millennium B. C.* Skopje, 1997, 19–25.

Popov, D. Zalmoxis (le dieu aux différents noms). – In: *The Thracian World at the Crossroads of Civilisations. Proceedings of the 7th International Congress of Thracology.* Vol. 1. Bucureşti, 1997, 571–591.

Popov, D. Zbelsourdos. – *Thracia*, 16, 2005, 53–58.

Popov, D. Le dieu suprême des thraces. Incarnations, et identifications, traductions-notations et noms-appellations. – *Thracia*, 18, 2009, 15–33.

Roller, L. The Phrygian Mother Goddess and her Thracian Connections. – In: *Thrace and the Aegean. Proceedings of the Eighth International Congress of Thracology.* Vol. 2. Sofia, 2002, 683-694.

Russu, I. Religia Geto-Dacilor. – *AIStCl*, 5, 1944–1948, 61–139.

Sanie, S. *Din istoria culturii şi religia Geto-Dacilor.* Iaşi, 1995.

Tačeva, M. *Eastern Cult in Moesia Inferior and Thracia (5th Century BC–4th Century AD).* Leiden, 1983.

Vulcănescu, R. *Mithologie Romăna.* Bucureşti, 1987.

Абревиатури/Abbreviations
ИМЮИБ – Известия на музеите от Югоизточна България, Стара Загора.
СпБАН – Списание на Българската академия на науките, София.
AIStCl – Annuarul Institutului di Studii Clasice, Cluj.
RE – Realencyclopädie der klassischen Altertumswissenschaft, Stuttgart.

ТАНГРА ТанНакРа ОБЩОБЪЛГАРСКА ФОНДАЦИЯ и ЦЕНТЪР ЗА ИЗСЛЕД-ВАНЕ НА БЪЛГАРИТЕ имат за цел да издирва, публикува и разпространява научни знания, митове, легенди и хипотези, свързани с историята на българската народност. Книгите от поредица „Българска вечност" търсят отговор на въпросите за произхода и богатото културно наследство на Българите в областта на философското осмисляне на света, държавното управление, социалното устройство, военното изкуство, писмеността, езиковата култура и строителството, астрономията и религията, за тяхното влияние и принос в световната култура. Нашият стремеж е да дадем човешко и историческо самочувствие на децата на българския род, разпръснати като пясък по света от превратностите на историята. Българите могат да имат много по-значимо присъствие в съвременния интегриращ се свят.

The TANGRA TanNakRa All Bulgarian Foundation and the Centre for Research on the Bulgarians have the aim of seeking, publishing and disseminating scientific knowledge, hypotheses, myths and legends connected with the history of the Bulgarian people. The books from the Bulgarian Eternity series are seeking answers to questions concerning the origin and the rich cultural heritage of the Bulgarians in the sphere of the philosophical insight about the world, state systems, social structure, military art, literature, linguistic culture, construction, astronomy and religion, as well as their influence and contribution to world culture. Our aspiration is to impart human and historical selfconfidence to the children of Bulgaria, scattered like sand by the vicissitudes of history. Bulgarians can have a much more tangible presence in the integrating world of today.

ЕДИН ИСПАНСКИ ДИПЛОМАТ В БЪЛГАРИЯ. СПОМЕНИ *Луис Тобио, на български и испански език.*

ЯКОРУДА – БЪЛГАРСКАТА ДРАМА *Живко Сахатчиев*

ЖИВОТ БЕЗ РЪЦЕ *доц. Борис Соколов*

ШЕТБА ИЗ ПЕРНИШКО *доц. Симеон Мильов, Росен Иванов*

БИБЛИОТЕКИ В ЧУЖБИНА, КОИТО ПОЛУЧАВАТ КНИГИ НА ТАНГРА ТанНакРа ОБЩОБЪЛГАРСКА ФОНДАЦИЯ ЧРЕЗ МЕЖДУНАРОДНИЯ КНИГООБМЕН НА НАЦИОНАЛНАТА БИБЛИОТЕКА "СВ.СВ. КИРИЛ И МЕТОДИЙ"

Библиотека на Конгреса *Вашингтон, САЩ;* Публична библиотека *Ню Йорк, САЩ;* Библиотека на Университета на Индиана *Блумингтън, САЩ;* Библиотека на Станфордския университет *Станфорд, САЩ;* Библиотека на Вашингтонския университет *Сиатъл, САЩ;* Библиотека на Мичиганския университет *Ан Арбър, САЩ;* Калифорнийски университет *Бъркли, САЩ;* Библиотека на Йейлския университет *Йейл, САЩ;* Британска библиотека *Лондон, Великобритания;* Библиотека Бодлеана *Оксфорд, Великобритания;* Национална библиотека *Париж, Франция;* Руска държавна библиотека *Москва, Русия;*

Библиотека за чуждестранна литература *Москва, Русия;* Институт за научна информация по обществени науки *Москва, Русия;* Национална библиотека на Беларус *Минск, Беларус;* Академия на науките на Украйна *Киев, Украйна;* Народна библиотека *Варшава, Полша;* Народна библиотека *Прага, Чехия;* Народна библиотека *Белград, Република Сърбия;* Народна и университетска библиотека *Скопие, Република Македония*